東日本の
弥生時代青銅器祭祀の研究

柳田 康雄 編

雄山閣

はじめに

　弥生時代の北部九州には、中国大陸や朝鮮半島から、水稲・金属器・大陸系磨製石器などが流入した。そして、北部九州で定着した弥生文化は、漸次東進して東日本に伝播する。ところが弥生時代の東日本は、九州や近畿をはじめとする西日本と、必ずしも文化的に同一化してはおらず、金属器の普及も、西日本に比べれば遅々としたものであった。

　しかし、北部九州中心の銅剣・銅矛分布圏と、近畿中心の銅鐸分布圏、両者が混在する山陰文化圏がある一方で、北部九州・近畿の双方に由来する青銅器が共に東日本で見られることは注目に値する。実際、平成19（2007）年に発見された長野県中野市柳沢遺跡の青銅器埋納坑及び周辺の廃土からは、銅戈8点・銅鐸5点が出土し、注目を集めた。正式な発掘調査によって、青銅器が廃棄された当時の原位置まで確認された事例は、残念ながら柳沢遺跡例のみであるが、これまでも長野県域における弥生青銅器の出土事例は東日本地域において際立った件数を示している。

　そこで当研究事業では、東日本、とりわけ長野県を中心とする地域から出土した銅剣・銅矛・銅戈・銅鐸等と、これらが出土した遺跡を総合的に再検討することで、日本列島における青銅器祭祀の実態をトータルに捉えなおすことを目指したい。幸いにも、國學院大學大学院では、平成20（2008）年より柳田康雄をスタッフに迎えた。長らく北部九州の青銅器を検討してきた観点から、東日本の青銅器を検証し、新たな研究の枠組みを提起するのが最終的な目的である。

　具体的には、これまで単発の資料紹介で終わっていた対象地域の青銅器について、近年の進捗が著しい青銅器の製作技術・型式分類・使用痕跡などの研究を活用し、統一的な視点で資料の分析を行うことを第一の目的とする。例えば、細形銅剣と言われている千曲市若宮箭塚遺跡の銅剣は中細形銅剣の改変ではないのか。佐久市社宮司遺跡の銅鏡片は本当に多鈕細文鏡なのか。武石上平遺跡から出土した巴形銅器の製作技術は石製鋳型・土製鋳型のどちらなのか。実は、このような基礎的問題も、なお充分な検討を経ているとは言い難い。

　ここでは、資料を実地に調査し、かかる疑問について一定の見通しを得た上で、銅鐸・銅鏃・銅釧などを含めた様々な青銅器の流入ルートなどの検討を試みる。また、これら青銅器そのものの研究と並行して、青銅器出土遺跡の性格を明らかにし、青銅器模造品の展開についても追究することで、東日本における青銅器祭祀全体を把握したい。なお、本学では文部科学省より21世紀COEプログラム『神道と日本文化の国学的研究発信の拠点形成』（平成14年度〜平成18年度）の採択を受け、「基層文化としての神道・日本文化の研究」グループが日本列島や韓半島の青銅器調査・青銅器祭祀研究を遂行してきた経緯がある。本研究では、主としてローカルな調査研究を行っていく予定であるが、これまでの成果を背景に据えることで、日本列島の青銅器祭祀について東アジア的見地からの考察が可能になるものと考えている。

吉田恵二

東日本の弥生時代青銅器祭祀の研究　目次

はじめに …………………………………………………………………… 吉田恵二　1

例　言

第1章　研究経緯 ………………………………………………………… 尾方聖多　5

第2章　研究史 …………………………………………………… 深澤太郎・尾方聖多　7

第3章　青銅器出土遺跡の現状
　1　青銅器出土遺跡 ………………………………………… 吉田恵二・尾方聖多　19
　2　山形県遊佐町女鹿三崎山青銅刀 ……………………………………… 柳田康雄　22
　3　東日本の弥生集落 ………………… 伊藤　愛・尾方聖多・野尻義敬・長谷川千絵　23

第4章　青銅器形式・型式の検討
　1　銅　鏡 ………………………………………………………………… 柳田康雄　49
　2　銅　剣 ………………………………………………………………… 柳田康雄　57
　3　銅　戈 ………………………………………………………………… 柳田康雄　61
　4　銅　鏃 ……………………………………… 柳田康雄・尾方聖多・久保田健太郎　75
　5　巴形銅器 ……………………………………………………………… 柳田康雄　84
　6　有鉤銅釧 ……………………………………………………………… 柳田康雄　90
　7　銅　鐸 ………………………………………………………… 柳田康雄・楠恵美子　103
　8　小銅鐸 ………………………………………………………… 楠恵美子・長谷川千絵　125

第5章　青銅器模造石器の検証
　1　磨製石剣 ………………………………………… 柳田康雄・久保田健太郎・大久保聡　137
　2　磨製石戈 …………………………………… 柳田康雄・久保田健太郎・楠恵美子・大久保聡　144
　3　磨製石鏃 ………………………………………………………… 柳田康雄・大久保聡　165

第6章　青銅器祭祀の考察
　1　東日本の銅鏡 ………………………………………………………… 柳田康雄　177
　2　武器形青銅器と創作青銅器 ………………………………………… 柳田康雄　191
　3　青銅武器・武器形青銅器模倣品 …………………………………… 柳田康雄　212
　4　東日本の弥生-古墳時代移行期
　　　—シナノにおける初期古墳と副葬鏡の様相から— ……………… 深澤太郎　223
　5　東日本の青銅器祭祀—西日本との比較から— …………………… 椙山林繼　230

あとがき ………………………………………………………………… 柳田康雄　235

例　言

1．本書は、東日本における弥生時代青銅器祭祀の研究である。
2．研究の発端は、柳田康雄が平成20（2008）年に母校の國學院大學に赴任したことから、東日本の弥生時代青銅器の実地調査の機会に恵まれたことに起因する。趣旨は、長野県中野市柳沢遺跡の発見によって東日本の弥生時代青銅器の再検討を余儀なくされたことから、考古学の基本的実地調査から始めるべく國學院大學大学院特定課題研究の一環として「東日本における弥生時代青銅器祭祀研究」を立ち上げた。
3．研究参加者は、代表に吉田恵二教授、共同研究者として椚山林繼教授（現名誉教授）・柳田康雄教授、深澤太郎助教・中村耕作助手、研究補助員として大学院後期の尾方聖多・野尻義敬・久保田健太郎・大久保聡・楠恵美子、大学院前期の伊藤愛・長谷川千絵が参加した。
4．地域名称は、北部九州とは福岡県・佐賀県をさすが、その中で特定地域があれば玄界灘沿岸・糸島平野・福岡平野・佐賀平野などと表現した。西日本とは近畿地方以西をさすが、北部九州を含めないことを前提にしている。東日本とは近畿地方や北海道・東北地方を含まず、東海地方・北陸地方・中央高地・関東地方とした。しかし、今回は福井県・栃木県の実地調査ができなかった。
5．遺跡などの所在地については、極力現在の行政単位の地名による表記に努めた。
6．弥生時代・古墳時代の時期区分については、相対的時期区分である早期・前期・中期・後期を使用し、さらにそれを細分する初頭・前半・中頃・後半・終末などを適宜使用した。北部九州と他地域では少なくとも1小期以上の時期差が存在することから、地域での時期には必要に応じて「当該地」を冠することにした。また、正確さを期するために当該地の土器様式・型式が判明する場合はそれを記した。
　　なお、弥生時代と古墳時代の区分は、庄内式併行期を古墳時代早期、布留Ⅰ式を古墳時代前期前半とした。
7．掲載した写真はその大半を柳田康雄が撮影したものを使用したが、銅鐸・小銅鐸では一部担当者が撮影・編集したものを使用している。
8．掲載した図面は各担当者が実測・作成したものを使用したが、参考文献から引用したものは当該文献を付記した。

柳田康雄

第1章　研究経緯

尾方聖多

　平成19（2007）年に長野県中野市柳沢遺跡で銅鐸と銅戈が発見され、大きな話題となった。銅鐸と武器形青銅器が埋納された状態で発見されるのは昭和58（1983）年島根県出雲市神庭荒神谷遺跡、平成16（2004）年福岡県小郡市寺福童遺跡発見以来の事で、大きなニュースとして柳沢遺跡の名前は全国に知れ渡った。しかしながら、長野県を含む東日本では各遺跡の青銅器が資料紹介されるに留まり、青銅器自体の実態や青銅器祭祀の総合的、かつ地域的特色が明らかにされてこなかった経緯がある。

　そのような中、平成20（2008）年より國學院大學大学院では、青銅器研究を長らく牽引してきた柳田康雄をスタッフとして迎えた。同年末には「東日本における弥生時代青銅器祭祀研究」（研究代表：吉田恵二）を事業申請し、翌年よりの経費の交付が決定された。

　当書で扱う東日本の範囲は東海地方・関東地方・中部地方・新潟県を含む北陸地方とする。

　これらの東日本の範囲で、吉田恵二は青銅器が出土した遺跡の研究を担当し、青銅器発見遺跡の実態分析を試みた。柳田康雄は調査対象青銅器の詳細な実測図を作成し、その型式分類と製作技術・使用痕跡を検証した。その上で椙山林繼は整理された青銅器の種類・型式分類・使用痕跡をもとに、東日本青銅器祭祀行為の研究を分担した。深澤太郎・中村耕作はRA・研究補助員の学生とともに、共同研究者を補助しつつ、研究の一部を分担し、青銅器関連遺跡のデータ整理・分析や、青銅器模造品の実測図作成と研究を担当した。主な研究経緯は下記の通りである。

　平成21（2009）年度は豊富な青銅器の出土が知られていた長野県を対象に資料調査を行い、社宮司銅鏡・若宮箭塚銅剣・海ノ口銅戈・武石上平巴形銅器などの青銅器の製作技法や使用痕跡などを詳細に観察した。また、平行して石戈・磨製石剣などの武器形石製品の観察も行い、詳細な実測図の作成を行った。

　平成22（2010）年度は東日本における青銅器祭祀そのものの実態について調査研究を進めていった。しかしながら、東日本の青銅器祭祀を考察するに当たって十分な資料を観察・資料化できたわけでなく、各地の資料調査も同時に進めた。

　しかしながら、平成23（2011）年3月11日の東日本大震災発生の影響もあり、千葉県・静岡県・神奈川県出土の有鉤銅釧の観察を全て行うことはできず、若干の資料は翌年に繰り越すこととなった。

　平成23（2011）年度は当研究の最終年度であるため、成果報告に向けて各自の分担箇所を執筆した。

第2章　研究史

深澤太郎・尾方聖多

　もともと、長野県では古くから銅鏡・銅剣・銅戈・多孔銅鏃・巴形銅器・銅釧・銅鐸など多種多様な青銅器が報告されており、同様に石剣・石戈・有孔石製品などのように青銅器を模したと考えられる武器形石製品も長野県を中心に多くの報告が行われてきた。

　北部九州で定着した弥生文化は、漸次東進して東日本に伝播する。そのため、縄文文化研究に比べ弥生文化研究は低調であったと言わざるをえない。そのような中、平成19（2007）年に長野県中野市柳沢遺跡の青銅器埋納坑と周辺の廃土から銅戈8点・銅鐸5点が出土し、大きな注目を集めた。この成果は、東日本の青銅器研究に大きな一石を投じる結果となった。

　ここでは柳沢遺跡発見に到るまでの青銅器研究を通観し、従来から報告がなされてきた東日本、特に長野県の青銅器が、どのような位置づけを得られるかを考えていくことにする。

(1) 鏡

　大正2（1913）年に山口県下関市梶栗浜遺跡の箱式石棺墓より細形銅剣2本とともに、多鈕細文鏡1面が出土した。この鏡を高橋健自は「細線鋸歯文鏡」と名付け（高橋1918）、大正7（1918）年には奈良県御所市名柄遺跡から同様のものが出土している。大正12（1923）年には藤田亮策・梅原末治が慶州市入室里遺跡発見の小銅鐸と多鈕細文鏡を初めて学会で紹介したことにより広く知られることになる（藤田・梅原1923）。

　そして、大正14（1925）年の大阪府柏原市大県遺跡からの多鈕細文鏡の出土を機に青銅鏡の型式学的研究が開始される。森本は「多鈕細文鏡考」（森本1927）で粗文から細文への変化を正しく説き、森本が提唱した中間型も含めた3型式分類が定着するようになる。しかしながら、戦前における多鈕細文鏡の研究は日本人によって行われてきたものが全てであったため、第2次世界大戦などの影響で研究は停滞することになる。

　昭和35（1960）年に遼寧省十二台営子遺跡からの多鈕鏡の出土報告を機に（朱貴1960）、再び研究が盛んになる。ここでは鏡に共伴して、遼寧式銅剣に付随する柄頭が出土しており、金元龍は、この鏡を日本や朝鮮半島で発見されていた多鈕鏡の祖形ではないかと指摘している（金1961）。また、樋口隆康（1974）・宇野隆夫（1977）らは十二台営子鏡を多鈕鏡の祖形とは認めておらず、いまだ見解の一致をみていない。

　その後も宇野隆夫（1977）、岩永省三（1983）らが、森本の3型式分類を発展させていく形で型式研究を推し進めるが、それらとは一線を画す研究として、宮里修の多鈕粗文鏡と多鈕細文鏡にみられる石型と土型を使った鏡製作の技術的な画期を強調する研究がある（宮里2001）。

そうした鏡の型式研究の一方で、岡内三眞の粗文鏡は石型、細文鏡は土型で製作されたという研究（岡内 1980）、中口裕の同鋳型鏡の研究（中口 1980）などがあるが、多鈕鏡の製作技術に関する研究は型式研究に比べると少ないのが現状であろう。

また、鏡研究の新たな動向として、柳田康雄の日本出土の多鈕細文鏡・漢式鏡の製作時期・副葬時期・磨減度から使用期間を考察した論考「摩減鏡と踏返し鏡」（柳田 2002b）があり注目される。

これらのような各氏様々な論考がある中、現在では多鈕鏡は朝鮮半島では 76 面、日本では 12 面が知られるようになった（宮里 2011）。

昭和 27（1952）年に、長野県佐久市社宮司遺跡で発見された銅鏡片がその 1 面である。また、この銅鏡片と一緒に硬玉製勾玉 1 点、鉄斧 1 点、鉄片 3 点、碧玉製管玉 10 点、鉄石英製管玉 16 点、土器底部が発見されている。

同年には八幡一郎が「長野県野沢地区発見の弥生式遺物」（八幡 1952）に「銀板と思しきもの」として発表し、昭和 41（1966）年に永峯光一が「鏡片の再加工と考えられる白銅板について」（永峯 1966）で多鈕細文鏡の可能性が高いと指摘を行い、それ以後は 44 年間研究者の目に触れることなく個人蔵となっていたため、社宮司の銅鏡片は多鈕細文鏡片であるとの見方が一般的となっていた。

しかし、平成 22（2010）年に柳田康雄・石川日出志・小林青樹・設楽博己・宮里修らが実に 44 年ぶりの再調査を行い、『佐久考古通信』（佐久考古学会 2011）では各氏が多鈕無文鏡であるとの見解を寄せており、永峯光一の多鈕細文鏡との見解以来、44 年ぶりの見直しがなされつつある。

(2) 武器形青銅器

弥生文化の研究は、弥生町向ヶ岡貝塚で壺が注目されて本格的に開始されたと言えるだろう。しかしながら、弥生文化の特徴の 1 つとして挙げられる金属器、特に青銅器の研究は江戸時代には始まっていた。『柳園古器略考』を記した青柳種信は、福岡県糸島市三雲南小路遺跡・井原鑓溝遺跡甕棺に伴った鏡・青銅武器などを詳述している（青柳 1822）。

明治 19（1886）年には、神田孝平が「古銅剣の記」で武器形青銅器を 3 種類に分類している（神田 1886）。この時、神田が分類した「第三種」は今でいう平形銅剣になるが、この段階で、「茎あれとも僅かに五分に過きす、以って把柄を設くるに足らす実用の具に非さるを知るへし」と述べており、武器形青銅器に実用品と非実用品があったことを指摘している。さらに八木奘三郎は「九州古代遺跡調査報告」で銅剣 4 種、銅矛 2 種に分類しており（八木 1900）、このように青銅器の型式の研究の萌芽が次第に見られるようになっていく。大正 14（1925）年には高橋健自による『銅鉾銅剣の研究』が発刊される（高橋 1925）。『銅鉾銅剣の研究』は集成を伴う体系的研究であり、これ以後は青銅器研究に欠くことのできない基礎資料となっている。

一方、東日本に目を向けると、昭和 2（1927）年に長野県大町市上諏訪神社に代々伝世・保管されてきた「海ノ口銅戈」が一志茂樹によって発見された。一志は小谷・根知地区の間で採集されたのではないかと考えており、海ノ口銅戈を『信濃』でクリス形銅剣として紹介した両角守一もこの考えを踏襲している（両角 1933）。また、代々佐良志奈神社の社宝として伝わっていた若

宮箭塚銅剣も、昭和4（1929）年には中山省三郎・坂口保治によって資料紹介されており（中山・坂口1929）、昭和5（1930）年には森本六爾がこの銅剣を「細形銅剣の最後の様式であり、分布からすれば其の東漸の過程の最末端にあたっている。」と述べており（森本1930a）、これ以後、若宮箭塚銅剣は最東で出土した細形銅剣であるとの認識が一般的に広まっていくことになる。この若宮箭塚銅剣の解釈は、森本の「銅剣銅鉾の研究」（森本1927）を元に行っている。

このように、武器形青銅器の型式が整理されるようになった頃、長野県でも青銅器の報告が見られるようになってきており、このような森本の論考は弥生研究者の目が次第に東日本に向きつつある様子を表しているといえるだろう。

このような青銅器研究の動向は第2次世界大戦の勃発により一時下火となる。そのため、戦後に行われた登呂遺跡の発掘調査は日本考古学の新たな出発点となった。昭和26（1951）年には、日本考古学協会に弥生式土器文化総合研究特別委員会が発足する。その成果は『弥生式土器集成』（小林・杉原1964・1968）として結実することになる。このように戦後になり、弥生文化の成立と発展を解明しようという気運が高まる中、戦後の武器形青銅器の型式・編年研究は岡崎敬によってはじめられたと言えるだろう（岡崎1955）。その後は三木文雄（1956）、森貞次郎（1960）らにより、型式・編年研究は引き継がれ、弥生時代青銅器研究の気運は高まっていく。

そのような流れの中、長野県においては、桐原健が昭和41（1966）年に「信濃国出土青銅器の性格について」（桐原1966）を発表する。それは、昭和41年時点までに長野県内で報告されていた塩崎遺跡群松節地点銅剣・若宮箭塚銅剣・柴宮銅鐸・宮渕本村銅鐸片・武石上平巴形銅器・社宮司銅鏡片・海ノ口銅戈・離山銅釧を詳細に観察し、長野県内の青銅器のあり方を見直すものであった。桐原は長野県内出土の青銅器は破損品・再生品が多いことと、集落遺跡からの出土・発見が多いことに注目し、共同体の祭器的性格の強いものであったと見ている。また、石剣・石戈・磨製石鏃などの武器形石製品にも注目しており示唆に富む論考となっている。

また、1960年代以後の型式・編年研究に目を戻すと、原田大六（1961）、杉原荘介（1964）、近藤喬一（1964）、岩永省三（1980・1986）、難波洋三（1986a・b）、吉田広（2001）、柳田康雄（2004・2007・2008a・b・c・2009a・b・2010a・b・2011a・b・c）などが挙げられる。

海ノ口銅戈を例に挙げると、難波洋三が昭和61（1986）年に「戈形祭器」（難波1986b）で大阪湾型銅戈と分類し、平成10（1998）年には吉田広が実見調査を行い、内の部分に四足獣の鋳出を記録している。平成18（2006）年には常松幹雄が「鹿と鉤の廻廊」（常松2006）で鹿と認めている。このように型式・編年研究が発達するにつれ、遺物の詳細な観察が行われるようになった。

さらに、近年は柳田康雄の「短身銅矛論」（柳田2003）、「青銅武器・武器形青銅祭器の使用痕」（柳田2008b）などの使用痕跡の分析が加わる。このような使用痕跡の分析に加えて、製作技術・型式分類などの分析は近年大幅に進捗した研究分野である。

かつて大場磐雄は「信濃国安曇一族の考古学的一考察」（大場1950）で、なぜ九州の海の一族である「安曇」が山に囲まれた長野県に安曇の地名があるのかに注目し、『延喜式』『和妙抄』の記述を参考に海神氏族の分布の考察を試みた。次に当時報告されていた海ノ口銅戈・若宮箭塚銅剣を用いて、考古学的に論証しようと試みたのである。そのような中で、大場は安曇一族と関連

第2章　研究史

させて、青銅器の流入経路を考察しようとした。

　長野県への青銅器の流入は現在でも問題となるところであるが、当時の時点では柴宮銅鐸や多孔銅鏃が出土した喬木村帰牛原遺跡などは発見されておらず、考古学的論拠は薄弱であったと言わざるをえない。

　しかしながら、進捗著しい製作技術・型式分類・使用痕跡の分析を活用すれば、これまで曖昧であった東日本の青銅器の型式や性格が明確となり、他の地域とは違った東日本青銅器祭祀の実態に迫ることができるだろう。

（3）銅　鐸

　武器形青銅器と同様に、銅鐸も弥生時代を代表する青銅器であるが、銅鐸の研究史もまた江戸時代に遡ることができる。さらに、文献では『続日本紀』に「銅鐸」の記載があり、注目される。

　江戸時代の銅鐸研究は、度会光隆・屋代弘賢・平田篤胤らによって研究がはじめられた。その様子は、度会光隆の『日本諸手船』（1796）や平田篤胤の『弘仁歴運記考』（1836）などに詳しい。

　江戸時代のそれらの研究を概観すると、銅鐸の研究は楽器説が有力視されており、その祖型を大陸の鐘類に求める銅鐸渡来説と、日本で成立したとする説の2つの説を中心に銅鐸研究が行われていた。

　明治期に武器形青銅器の型式分類が進められるようになった一方で、新たな銅鐸研究は大正元（1912）年まで待たなくてはならない。喜田貞吉と沼田頼輔の間で行われた銅鐸使用民族論争である。喜田は、銅鐸は秦人の所持した宝器であるという説を主張し（喜田 1981）、沼田は、銅鐸は天孫降臨以前の出雲系氏族である大国主派の使用したものであるという見解をもとに、銅鐸出雲民族使用説を唱えた（沼田 1913a・b）。この論争において結論には到らなかったが、銅鐸の研究レベルは加速度的に高められたことは間違いない。このような論争の中で、鳥居龍蔵は銅鐸の型式分類を行い、製作使用者の特定を試みた（鳥居 1910・1913）。鳥居の銅鐸分類の基準はその表面に記された絵画であり、その絵画の省略や減少をもとに3時期にわけた。沼田も同年に形状と文様で銅鐸を3型式に分類しており、両者の分類は類似している。佐原眞は「銅鐸型式分類の研究史（上）・（下）」（佐原 1967）で「両者の分類は大きさ・形態・合金成分それぞれの変化、型式の地域差等、銅鐸の変遷に関連して当時認められている重要な観点のほとんど全てを網羅したといえる」と述べており、両者の研究を評価している様子が窺われる。

　銅鐸研究はこれ以後、様々な論考が発表されていく。喜田は実用品に近いものと非実用的なものといった性格の違いを指摘し、機能による型式分類を目指した（喜田 1981）。そして、この喜田の型式分類が佐原眞の鈕による型式分類の原点になっている。このように現在にまで続く型式分類の基礎はこの時期に固められていく。しかしながら、銅鐸の発見は兵庫県神戸市桜ヶ丘銅鐸などのように偶然発見の物が多かった。当時においては出土時の情報を欠いた資料で銅鐸研究が進められていたのである。

　そのような中、昭和35（1960）年に長野県塩尻市柴宮遺跡で完形の銅鐸が発見された。この銅鐸は保育園新築の基礎工事をすることになった際、発見されたもので、当時の國學院大學教授だ

った大場磐雄が調査を行ったものである。大場が現地を訪れた時点で銅鐸が出土した竪穴はコンクリート打ちがなされ、詳細な出土状況は判明していないが、発見・発掘に居合わせた作業員及び、当時の市役所土木課職員の両関係者の立合いのもと、出土様子の検証がなされた。出土状況は地表下36cmの黒土層下のソフトローム褐色土の中に、鈕部を北方に、下部を南方にして、約16度の傾斜をもって鰭を上部にした状態で発見された。この柴宮銅鐸がいわゆる「鰭立て」の状態で発見された日本初の事例である。

　柴宮遺跡はこのように研究史においても重要な遺跡であるが、長野県では柴宮遺跡発見前にも銅鐸の存在は知られていた。昭和19（1944）年に大場磐雄によって報告された宮渕本村遺跡で採集された銅鐸片である。その銅鐸片は鈕部分であり、桐原は磨滅の程度から長い伝世期間があったことを想定している（桐原1966）。宮渕本村遺跡は以前より遺物散布地として知られていたが、銅鐸片発見後、3次にわたって発掘調査が行われており、松本市における拠点集落であったことが判明している。

　また、柴宮銅鐸が発見された同年に佐原眞は「銅鐸の構造」（佐原1960）で鈕断面形に基づき銅鐸を4型式に分類し、鋳型に共伴した土器の時期や文様の比較を通して、銅鐸の製作時期を推定した。この佐原の型式分類は杉原荘介（1968）、難波洋三（1986a）、春成秀爾（1992）らによって細分化されていく。

　そして、銅鐸の使用法に関しての考察も時期を同じくして盛んに行われるようになる。田中琢の「聞く銅鐸」と「見る銅鐸」である（田中1970）。それは突線鈕式2式以後、銅鐸の高さが急激に高くなることを根拠に機能を分けたものであった。

　また、柴宮銅鐸は埋納された典型例であるが、銅鐸埋納に関する考察も、岩永省三（1987）、寺沢薫（1992）、福永伸哉（1998）らによって行われている。

　これらのように銅鐸研究は型式分類から波及し、機能論・埋納に関する研究が多く見られるようになり、このような研究を背景に、弥生時代の地域論・経済論・社会論などが展開されてきた。柳沢遺跡発見後は、難波洋三の「柳沢遺跡出土の銅鐸と銅戈」（難波2009）のように柳沢遺跡出土の銅鐸・銅戈の搬入経路を考察する論考があり、注目される。

　このように、柳沢遺跡で銅鐸と銅戈が共伴していた事例は新たな青銅器研究の画期として捉えることができる。

（4）創作青銅器

　ここでいう創作青銅器とは、柳田のいう巴形銅器・有鉤銅釧・銅鏃のことである（柳田1986・2002a）。弥生時代の銅釧は、木下尚子によると楽浪系銅釧・貝輪系銅釧・これらに属さないその他の銅釧の3系統があるとのことである（木下1982a・b）。特にここでの創作青銅器として挙げられる有鉤銅釧は貝輪系銅釧に含まれる。

　もともと貝輪系銅釧は明治40年代、長崎県対馬白岳の積石塚で発見されたのが初めてである（後藤1922）。当時はこれを釧とする見解はなく、その性格は不明とされていた。その後、昭和12（1937）年に静岡県矢崎遺跡で同種のものが発見された。この時江藤千萬樹はこの青銅器

を、弥生時代の巻き貝腕輪に原形をもつ銅釧であるという小林行雄の指摘を紹介している（江藤1937）。創作青銅器の研究開始の初期段階に、小林は『日本考古学概説』（小林1951）に「青銅の鋳造術を知っていた弥生式時代の人々はこの貝輪の形を写した青銅製の腕輪も作っていた」とあるように自説を展開しており、その後の研究の方向性を位置づけた。

昭和19（1944）年には佐賀県唐津市桜馬場遺跡より26点もの有鉤銅釧が出土し、昭和31（1956）年には福井県西山公園遺跡で破損品も含め9点の有鉤銅釧が出土しており、資料増加と共に、その分布範囲も次第に明らかになってきており、このような資料増加を背景として森貞次郎は銅釧の型式分類・時期検討などを行い、原形となった貝輪との比較を通して、貝輪と銅釧の体系的把握の前進をはかった（森1963）。

また、このような有鉤銅釧の起源論と平行して機能論に関しての考察も行われている。杉原荘介は有鉤銅釧の出現をスイジガイのもつ「呪力」に求めており、有鉤銅釧は北部九州においては宝器であったと考えている（杉原1972）。また、金関丈夫は各地の民族例の「たま結び」の思想から魂をひっかけて繋ぎとめるためにつけられたと解釈しており（金関1975）、昭和57（1982）年には木下尚子は「貝輪と銅釧」（木下1982a・b）で貝輪系銅釧について、それらの原形となった貝輪の比較を中心にその生成と展開を述べている。昭和61（1986）年には「青銅器の創作と終焉」で柳田康雄が有鉤銅釧の型式的序列と年代について考察しており、各氏とも様々な論考が見られる（柳田1986・2002a）。

また、有鉤銅釧は昭和55（1980）年の静岡県沼津市御幸町遺跡の260号住居跡より有鉤銅釧が発掘された後、静岡県・神奈川県でその事例は多く見られるようになる。日本海側では石川県金沢市南新保C遺跡（石川県教育委員会ほか2002）、太平洋側では千葉県市原市北旭台遺跡（市原市埋蔵文化財センター1990）より有鉤銅釧片が出土しており、その分布範囲はさらなる広がりを見せるようになった。時期に関しても静岡県下田市了仙寺洞穴遺跡のように古墳時代後期からの出土事例があり、出土範囲・時期も多岐にわたる。

これら東日本地域では北部九州とは違い、破片での出土が全てとなる。破片を再加工して使用している例も数多く見受けられるが、過去の研究史には、「磨滅」を意識して論じられているものはない。また、弥生時代の東日本では上述してきたように青銅器の報告例が傑出しているが、有鉤銅釧の出土は報告されていない。

平成3（1991）年には駿府城内遺跡より有鉤銅釧片4点が発掘されているが、この有鉤銅釧片には共伴品はなく、時期決定は住居の切り合い関係から行われた。結果、有鉤銅釧は弥生時代中期とされ、東海地方でも最古の有鉤銅釧と言われるようになったが、そうすると九州地方より早く創作青銅器が見出されたことになる。盛んに発掘調査で報告がなされるようになった反面、このように齟齬をきたす例も少なからず存在することがわかってきたこともあり、研究の進展が求められる分野となっている。

また、鉤を持つ青銅器として巴形銅器が挙げられる。古くは青柳種信の『柳園古器略考』（1822）に、井原鑓溝遺跡出土の巴形銅器の拓本と模写図が見られる。その後は後藤守一（1920）、杉原荘介（1971）らが巴形銅器に関する考察を行っており、先に述べた桜馬場遺跡からは有鉤銅釧と

ともに、方格規矩鏡2面、巴形銅器3個、鉄刀片、ガラス小玉などが出土しており、九州では特定個人の所有物であったことが窺える。昭和48（1973）年には三島格が「鉤の呪力─巴形銅器とスイジガイ」（三島1973）で鉤の呪力に関して述べており、当時の社会に鉤の呪力を認める習俗があったからこそ、スイジガイ製腕輪や巴形銅器、有鉤銅釧が出現しえたとのことである。

　また、巴形銅器に関しても分布範囲が広がってきた。それまでは長野県武石上平遺跡出土の巴形銅器が分布の東限であったのに対し、昭和63（1988）年には茨城県石岡市宮平遺跡（石岡市文化財関係資料編纂会編1995）、平成13（2001）年には茨城県一本松遺跡（井上編2001）などが発掘され、いずれの遺跡でも巴形銅器が出土している。「鉤」の部分を意識してなのか、平成元（1989）年には群馬県高崎市新保遺跡、平成21（2009）年群馬県前橋市荒砥前田Ⅱ遺跡からは巴形銅器の鉤部分を再加工したものが発見されている。これらのように分布範囲の拡大と共に、三島格の言う「鉤の呪力」を傍証できる遺物の出土が見られるようになってきた。

　日本で作られた銅鏃は、近畿地方に最も多く分布し、次いで中国・中部・九州の順となっている（山口1976）。銅鏃の型式分類に関しては田中勝弘（1981）・大村直（1984）らが行っているが、銅鏃の研究史は他の創作青銅器と比べたら、比較的浅い。

　また、銅鏃は九州ではより実用的な鉄鏃が普及していたために銅鏃の普及はあまりみられなかったようである（柳田2002a・b）。さらに、銅鏃は集落や包含層からの出土が大部分であり、実用品として用いられていた可能性が高い。しかし、そのような中、森貞次郎は「弥生時代の遺物にあらわれた信仰の形態」（森1981）で、弥生時代後期の銅鏃がその金属質から黄色の光沢を持つ「金の矢」であるとし、祭器である可能性を示唆した。また、赤塚次郎は「鏃のカタチ」に注目し、濃尾平野に分布の中心を持つ多孔銅鏃について弥生時代末から古墳時代初頭にかけて各地へ拡散したものと述べている（赤塚2007）。このように実用品と考えられる銅鏃に関しても当時の物流ルートを推測するために重要な役割を果たすだけではなく、青銅器祭祀の展開過程を想定するために欠かせない資料であることがわかってきており、長野県喬木村帰牛原遺跡出土の多孔銅鏃（喬木村教育委員会1979）、神奈川県藤沢市大庭城遺跡出土の多孔銅鏃（合田1980）などはその好例になりうる。

（5）武器形石製品

　ここでは、特に長野県域で多く報告されている武器形石製品を取り上げる。もちろん青銅器の多く見られる九州でも武器形石製品は見られるが、その分布は青銅器の集中している場所とは異なる。それは長野県域においても同様で、古くは『信濃考古総覧』（信濃資料刊行会1956）などにその集成が行われているが、そのほとんどは採集品であり、正式な発掘調査で得られた資料ではなかった。特に、昭和45（1970）年に長野県更埴市灰塚遺跡で箱清水式土器に共伴して銅鏃が発見されて以後（更埴市教育委員会編1970）、正式な発掘調査が大幅に増え、共伴事例も多く見られるようになる。さらに、長野県を中心とした東日本では長野オリンピックを契機とした交通機関整備の一環として大規模な発掘調査が行われるようになり、長野市松原遺跡・榎田遺跡などのように発掘調査で得られる資料が増加してきた。

平成元（1989）年には松原遺跡の発掘が開始され、9年間発掘が継続された。磨製石剣・石戈・磨製石鏃・独鈷石など多種多様な石器が報告されている。特に松原遺跡は大陸系と言われる石庖丁・太型蛤刃石斧・扁平片刃石斧の出土量が傑出している。一方、平成4（1992）年に発掘調査された榎田遺跡からはそれら石器の多くの未成品が報告されている。

　町田勝則はその関係に注目し、その未完成品を松原遺跡に持ち込み完成品としたと述べており、ここから、福岡県今山遺跡と類似した石斧生産の仕組みの存在を読み取っている（町田2008）。

　また、町田は榎田遺跡出土の石戈の未成品に注目し、磨製石戈（有孔石剣）と有角石斧の考察を行っている（町田1999）。町田は「石戈」から「有角石器」への流れを読み取っており、それは森本六爾の有角石器の祖形を平形銅剣に求める考えとは異なっている（森本1930b）。また、東日本出土の石戈・有孔石剣・有角石器の分布図をまとめており、町田の論考は研究史の上でも重要なものである。

　このように町田の研究があるものの、武器形石製品の研究はあまりなされてこなかった。石川日出志の「N. G. マンロー資料中の『有孔石剣』と『石庖丁』」（石川1992）、当時報告された石戈の集成を全国規模で行った中村修身の「本州四国地方出土の石戈─石戈の基礎調査その5」（中村1996）などがあり、研究史としての蓄積はあるが、近年は武器形石製品の出土は増加の傾向を見せている。石川県小松市八日市地方遺跡では石剣（柄付磨製石剣）・石戈が発見されており、武器形石製品の出土は北陸にまで分布範囲を広げることがわかってきた（小松市教育委員会編2003）。

　石川はかつて栗林土器分布圏内で石戈が製作され、流通していたと述べているが（石川1992）、それ以後の新たな発掘調査で得られた知見を加えれば更なる研究の深化を図ることができるだろう。

　また、石川は「中野市柳沢遺跡・青銅器埋納坑調査の意義」（石川2009）で、長野県内で従来報告されていた青銅器と武器形石製品の見直しを行っている。栗林式土器分布圏で武器形青銅器が見られるという論は同様であるが、その考察は東日本一帯まで視野に入れて行われており、柳沢遺跡の重要性を再認識させるものである。

　この柳沢遺跡発見は西日本弥生文化研究への貢献が大きい。青銅器の埋納状況が西日本と同様であり、入念な発掘調査ができたことが大きな理由であるが、いずれにせよ、柳沢遺跡発見を契機に弥生文化研究は新たな転機に入ったといえ、東日本の弥生文化研究はまだ緒についたばかりである。

(6) 自然科学分析

　弥生時代・弥生文化は、主に型式学と編年研究を中心に行われてきたのであるが、近年の弥生文化研究においては自然科学分析も盛んに行われるようになってきた。

　近年になり、話題を集めているのが、国立歴史民俗博物館によって始められた放射性炭素年代測定法（AMS法）であるが、それは弥生時代が約500年遡るというものであった。また、同じ

年代測定法として光谷拓実が行っている年輪年代測定法がある。それによると、大阪府池上曽根遺跡から発見された柱の伐採年が紀元52年と測定されている（光谷1995）。

しかしながら、年代測定法、特にAMS法に関してはいまなお、意見の一致をみておらず、更なる研究の進展が待たれる。

青銅器に関しては馬淵久夫・平尾良光の鉛同位体法の研究がある。鉛同位対比は鉛の産地同定のほかにも青銅器の材料供給地の産地同定に役立つ。また、この方法は少量の試料で測定可能とのことである（馬淵・平尾1982・1990）。

引用・参考文献
合田芳正　1980「関東地方の青銅製品について―大庭城遺跡発見の銅鏃をめぐって―」『考古学雑誌』65―4　日本考古学会
青柳種信　1822『柳園古器略考』
赤塚次郎　2007「東海・沖積低地の弥生武器とその素材」『稲作とともに伝わった武器』大阪府立弥生文化博物館
石岡市文化財関係資料編纂会編　1995『石岡市の歴史　歴史の里の発掘100年史』石岡市教育委員会
石川県教育委員会・(財)石川県埋蔵文化財センター編　2002「金沢市南新保Ｃ遺跡」『金沢西部地区土地区画整理事業にかかる埋蔵文化財発掘調査報告書』14
石川日出志　1992「N.G.マンロー資料中の『有孔石剣』と『石庖丁』」『考古学雑誌』78―1　日本考古学会
石川日出志　2009「中野市柳沢遺跡・青銅器埋納坑調査の意義」『信濃』61―4　信濃史学会
市原市埋蔵文化財センター編　1990「市原市北旭台遺跡」『財団法人　市原市埋蔵文化財センター調査報告書』39
井上洋一　1988「高橋健自論」『弥生文化の研究』10　雄山閣
井上洋一　1996「弥生文化研究の足跡」『考古学雑誌』82―2　日本考古学会
井上義安　2001『一本松遺跡』茨城県大洗町一本松埋蔵文化財発掘調査会
岩永省三　1980「弥生時代青銅器型式分類編年再考―銅矛戈を中心として―」『九州考古学』55
岩永省三　1983「多鈕細文鏡再考」『文化財論叢　奈良国立文化財研究所創立30周年記念論文集』同朋舎
岩永省三　1986「銅剣」「銅矛」「剣形祭器」「矛形祭器」『弥生文化の研究』6　雄山閣
岩永省三　1987「伝世考」『東アジアの考古と歴史』岡崎敬先生退官記念事業会
宇野隆夫　1977「多鈕鏡の研究」『史林』60―1　史学研究会
江藤千萬樹　1937「駿河矢崎の弥生遺跡調査略報」『考古学』8―6　東京考古学会
大場磐雄　1936「楽石雑筆」14『大場磐雄著作集』7　雄山閣出版
大場磐雄　1949「信濃國安曇族の考古學的一考察」『信濃』1―1　信濃郷土研究會
大場磐雄　1960「長野県塩尻市柴宮発見の銅鐸」『信濃』13―4　信濃史学会
大村　直　1984「石鏃・銅鏃・鉄鏃」『史館』17　史館同人
岡内三眞　1980「朝鮮初期金属器の製作技術」『古代論叢　滝口宏先生古稀記念考古論集』早稲田大学出版部
岡崎　敬　1955「銅剣・銅矛・銅戈」『日本考古学講座』4　河出書房

岡村　渉　1993「駿府城内遺跡出土の有鉤銅釧」『ふちゅーる』1　平成3年度静岡市文化財年報　静岡市教育委員会
小野真一　1964「駿河矢崎遺跡第三次調査略報」『考古館報』4　沼津女子商業高等学校
金関丈夫　1972「魂の色—まが玉の起り」『発掘から推理する』朝日新聞社
神田孝平　1886「古銅剣の記」『人類学会報告』3
喜田貞吉　1981「本邦に於ける一種の古代文明（銅鐸に関する管見）」『喜田貞吉著作集』1　平凡社
木下尚子　1982a「貝輪と銅釧」『末盧国』六興出版
木下尚子　1982b「弥生時代における南海産貝輪腕輪の生成と展開」『森貞次郎博士古稀記念　古文化論集』
桐原　健　1966「信濃国出土青銅器の性格について」『信濃』18—4　信濃史学会
金　元龍　1961「十二台営子の青銅短剣墓」『歴史学報』
群馬県教育委員会　財団法人群馬県埋蔵文化財調査事業団編　1986「新保遺跡Ⅱ」『関越自動車道（新潟線）地域埋蔵文化財八苦調査報告書』18
更埴市教育委員会編　1970『灰塚』更埴市教育委員会
国土交通省、財団法人群馬県埋蔵文化財調査事業団編　2009「荒砥前田Ⅱ遺跡」『一般国道17号（上武道路）改築工事に伴う埋蔵文化財発掘調査（その1）報告書
後藤守一　1920「巴形銅器」『考古学雑誌』11—3　日本考古学会
後藤守一　1922「対馬瞥見録」『考古学雑誌』13—3　日本考古学会
小林行雄　1951『日本考古学概説』創元社
小林行雄・杉原荘介編　1964・1968『弥生式土器集成』1・2　弥生式土器集成刊行会
小松市教育委員会編　2003「八日市地方遺跡Ⅰ」『小松駅東土地区画整理事業に係る埋蔵文化財発掘調査報告書』
近藤喬一　1964「朝鮮・日本における初期金属器文化の系譜と展開」『史林』52—1　史学研究会
財団法人かながわ考古学財団　2010「神奈川県内出土の弥生時代金属器（2）」『研究紀要』15　かながわ考古学財団
佐久考古学会　2011『佐久考古通信』108
佐原　眞　1960「銅鐸の構造」『世界考古学大系』2　平凡社
佐原　眞　1967「銅鐸型式分類の研究史（上）・（下）」『考古学雑誌』53—2・3　日本考古学会
下田市教育委員会　2010『下田市史　資料編一　考古・古代・中世』下田市教育委員会
信濃資料刊行会編　1956『信濃考古綜覧』信濃資料刊行会
朱　貴　1960「遼寧朝陽十二台営子青銅短剣墓」『考古学報』中国科学院考古研究所
杉原荘介　1964「銅剣・銅鉾・銅戈」『日本原始美術』4　講談社
杉原荘介　1968「銅鐸―その時代と社会―」『駿台史学』22　駿台史学会
杉原荘介　1971「巴形銅器」『考古學集刊』4—4　東京考古學会
杉原荘介　1972『日本青銅器の研究』中央公論美術出版
杉原荘介　1974「銅剣・銅鉾・銅戈」『日本原始美術』4　講談社
喬木村教育委員会　1979「帰牛原遺跡十万山地区」『埋蔵文化財発掘調査報告書』
高橋健自　1918「同所発掘の銅鐸及珍鏡」『考古学雑誌』8—11　日本考古学会
高橋健自　1925『銅鉾銅剣の研究』聚精堂学書店
田中勝弘　1981「弥生時代の銅鏃について」『滋賀考古学論叢』1
田中　琢　1970「まつりからまつりごとへ」『古代の日本』5　角川書店

常松幹雄　2006「鹿と鉤の廻廊」『原始絵画の研究』六一書房
寺沢　薫　1992「銅鐸埋納論（上）（下）」『古代文化』44—5・6　古代学協会
寺前直人　2009「銅鐸と武器形青銅器―畿内弥生社会の変質過程―」『考古学ジャーナル』9　ニュー・サイエンス社
鳥居龍蔵　1910「銅鐸と銅鼓について」『東京人類学会雑誌』25—288　東京人類学会
鳥居龍蔵　1913「銅鐸考（銅鐸論文の概要)」『歴史地理』22—1　日本歴史地理研究会
中口　裕　1980「革型による十二台営子鏡の鋳造技術」『古代文化談叢』7　九州古文化研究会
長野県史刊行会　1984「帰牛原」『長野県史　考古資料編（南信)』長野県史刊行会
長野県立歴史館　2009『山を越え川に沿う―信州弥生文化の確立―』長野県立歴史館
永峯光一　1966「鏡片の再加工と考えられる白銅板について」『信濃』18—4　信濃史学会
中村修身　1996「本州四国地方出土の石戈―石戈の基礎調査その5」『地域相研究』24　地域相研究会
中山省三郎・坂口保治　1929「信濃若宮銅剣」『考古学研究』3—1　考古学研究会
難波洋三　1986a「銅鐸」『弥生文化の研究』6　雄山閣
難波洋三　1986b「銅戈」「戈形祭器」『弥生文化の研究』6　雄山閣
難波洋三　2009「柳沢遺跡出土の銅鐸と銅戈」『山を越え川に沿う―信州弥生文化の確立―』長野県立歴史館
沼田頼輔　1913a「銅鐸考」『考古学雑誌』3—10　日本考古学会
沼田頼輔　1913b「銅鐸余響」『考古学雑誌』3—11　日本考古学会
沼津市教育委員会編　1980「御幸町遺跡第2次発掘調査概報」『沼津市文化財調査報告』21
原田大六　1961「平形銅剣の形成と編年」『考古学雑誌』47—2　日本考古学会
春成秀爾　1992「銅鐸の製作工人」『考古学研究』39—2　日本考古学会
樋口隆康　1974「弥生時代青銅器の源流とその展開」『古代史発掘』5　講談社
平田篤胤　1836『弘仁歴運記考』
福永伸哉　1998「銅鐸から銅鏡へ」『古代国家はこうしてうまれた』角川書店
藤田亮策・梅原末治　1923「朝鮮出土の小銅鐸と細文鏡」『考古学雑誌』13—2　日本考古学会
町田勝則　1999「考察（1）磨製石斧（2）太型蛤刃石斧（3）磨製石戈及び有角石器」『長野県埋蔵文化財センター発掘調査報告書』37
町田勝則　2008「石器に弥生の社会を読む」『「赤い土器のクニ」の考古学』雄山閣
馬淵久夫・平尾良光　1982「鉛同位体比からみた銅鐸の原料」『考古学雑誌』68—1　日本考古学会
馬淵久夫・平尾良光　1990「福岡県出土青銅器の鉛同位対比」『考古学雑誌』75—4　日本考古学会
三木文雄　1956「青銅器」『図説日本文化史大系』1　小学館
三島　格　1973「鉤の呪力―巴形銅器とスイジガイ」『古代文化』25—5　古代学協会
光谷拓実　1995「年輪から古代を読む」『新しい研究法は考古学になにをもたらしたか』KUBAPRO書籍
宮里　修　2001「多鈕粗文鏡について」『史観』144　早稲田大学史学会
宮里　修　2011「朝鮮半島からみた社宮司出土の多鈕鏡」『佐久考古通信』108　佐久考古学会
村松洋介　2004「多鈕細文鏡調査成果と予察」『東アジアにおける新石器文化と日本Ⅰ』國學院大學21COE第Ⅰグループ考古学版
森貞次郎　1960「青銅器の渡来」「銅剣・銅矛・銅戈の鋳造」『世界考古学大系』2　平凡社
森貞次郎　1963「福岡県香椎出土の銅釧鎔范を中心として―銅釧鎔范と銅釧の系譜―」『考古學集刊』2—1　東京考古學會

第 2 章　研究史

森貞次郎　1981「弥生時代の遺物にあらわれた信仰の形態」『神道考古学講座』1　雄山閣
森本六爾　1927「銅剣銅鉾の研究」『日本考古学研究』桑名文星堂
森本六爾　1930a「信濃若宮銅剣に就て」『信濃考古学会誌』2—3　信濃考古学会
森本六爾　1930b「関東有角石器の考古学的位置—青銅利器に関係ある石器の一考察」『考古学』1—1　東京考古学会
森本六爾　1935「多鈕細文鏡考」『考古学研究』1　考古学研究会
両角守一　1933「北安曇郡平村諏訪社の銅剣」『信濃』2—1　信濃史学会
八木奘三郎　1900「九州古代遺跡調査報告」『東京人類学会雑誌』15—173　東京人類学会
柳田康雄　1986「青銅器の創作と終焉」『九州考古学』60　九州考古学会
柳田康雄　2002a『九州弥生文化の研究』学生社
柳田康雄　2002b「摩滅鏡と踏返し鏡」『九州歴史資料館研究論集』27
柳田康雄　2003「短身銅矛論」『橿原考古学研究所論集』14　八木書店
柳田康雄　2004「日本・朝鮮半島の中国式銅剣と実年代論」『九州歴史資料館研究論集』29
柳田康雄　2007「銅剣鋳型と製品」『考古学雑誌』91—1　日本考古学会
柳田康雄　2008a「銅戈の型式分類と生産・流通」『古代学研究』180
柳田康雄　2008b「青銅武器・武器形青銅祭器の使用痕」『橿原考古学研究所論集』15　八木書店
柳田康雄　2008c「青柳種信の考古学—拓本と正確な実測図で論証—」『近世の好古家たち—光圀・君平・貞幹・種信』雄山閣
柳田康雄　2009a「弥生時代青銅器土製鋳型研究序論」『國學院雜誌』110—6　國學院大學
柳田康雄　2009b「武器形青銅器の型式学的研究」『考古学ジャーナル』590　ニュー・サイエンス社
柳田康雄　2010a「弥生王権の東漸」『日本基層文化論叢　椎山林継先生古希記念論集』雄山閣
柳田康雄　2010b「日本出土青銅製把頭飾と銅剣」『坪井清足先生卒寿記念論集』
柳田康雄　2011a「佐賀県中原遺跡青銅器鋳型の実態」『古文化談叢』65—3　九州古文化研究会
柳田康雄　2011b「青銅器とガラスの生産と流通」『講座日本の考古学5　弥生時代上』青木書店
柳田康雄　2011c「沖ノ島銅矛と青銅器祭祀」『「宗像・沖ノ島と関連遺産群」研究報告Ⅰ』福岡県
山口讓治　1976「弥生時代銅鏃出土地名表」『福岡市埋蔵文化財調査報告書』35
八幡一郎　1952「長野県野沢地区発見の弥生式遺物」『考古学雑誌』38—5・6　日本考古学会
吉田　広　2001「弥生時代の武器形青銅器」『考古学資料集』21　国立歴史民俗博物館
吉田　広　2009「弥生青銅器研究の現状と展望」『考古学ジャーナル』9　ニュー・サイエンス社
吉村茂三郎・松尾禎作　1949「唐津桜馬場遺跡」『佐賀県史蹟名勝天然記念物調査報告』8
度会光隆　1796『日本諸手船』

第3章　青銅器出土遺跡の現状

1　青銅器出土遺跡

吉田恵二・尾方聖多

　弥生時代になると、北部九州に金属器・大陸系磨製石器が流入するが、それらはまず北部九州に定着し、漸次東日本に伝播する。列島を東漸する過程で、青銅器の種類・数量は減少していく。

　東日本では長野県・静岡県を中心に青銅器の出土が知られており、かねてより銅鏡・銅剣・銅戈・巴形銅器・有鈎銅釧・銅鐸といった多種多様な青銅器が報告されてきた。

　そのような中、平成 19（2007）年に長野県中野市柳沢遺跡が発見され、青銅器の埋納坑、及び周辺の廃土からは銅戈 8 点・銅鐸 5 点が出土して大きな注目を集めた。正式な発掘調査によって、青銅器が埋納された状態で発見されるのは、昭和 58（1983）年の島根県出雲市神庭荒神谷遺跡、平成 16（2004）年の福岡県小郡市寺福童遺跡以来の発見で、青銅器研究史の中でも重要な位置を占め、東日本青銅器研究にも大きな一石を投じる結果となった。

　静岡県は近年の発掘で青銅器の出土量が増えているが、長野県は第 2 章で述べたように、現在知られる青銅器は 1920 年代から 1940 年代後半にかけてほぼ出揃っている。残念ながら、この時期に報告されているものは神社に社宝として伝わるものや偶然発見のもので、出土時の情報が不明確なものがほとんどだが、長野県は昭和初期より青銅器が集中する地域として古くから認識されてきたのである。

　特に、長野県佐久市社宮司遺跡出土銅鏡は列島東限出土のものとして注目される。また、喬木村帰牛原遺跡出土の多孔銅鏃も東限出土のものとして同様の評価を与えることができるだろう。このような列島東限出土の青銅器が長野県に集中することは、弥生文化の波及を考える上で重要な事実である。

　次に東日本の青銅器祭祀を考える上で重要になるのが、武器形石製品であろう。有角石器は太平洋沿岸に集中するが、石剣・石戈・有孔石製品などは長野県を中心とした中部山岳地帯に分布の集中が見られる。『信濃考古綜覧』（信濃資料刊行会編 1956）にて、一度集成が行われているが、その後は正式な発掘調査により得られる資料が増加している。武器形石製品の出土点数は 1 遺跡毎に 1 点から 2 点であるのに対し、長野県長野市松原遺跡では石戈 4 点、長野県中野市栗林遺跡では石戈 1 点・有孔石製品 3 点が出土しており、その数が傑出していることがわかる。栗林遺跡は中部山岳地帯の弥生時代中期の土器様式である栗林式土器の標識遺跡で、東信地域の拠点集落と言える。松原遺跡は榎田遺跡とともに、大陸系磨製石斧を製作していた遺跡と考えられてお

り、やはり中信地域の拠点集落と言えるだろう。このように武器形石製品は拠点集落を中心にその分布は見られる。

また、有孔石製品は神奈川県平塚市杉久保遺跡、茨城県で出土したと言われるマンロー資料などがあり、栗林土器分布圏の広さが窺える。上述の通り、武器形石製品は拠点集落と考えられる遺跡から出土するが、青銅器の出土は拠点集落では見ることができない。

このように、拠点集落では必ずしも青銅器が出土するとは言えず、同時に東日本の青銅器出土遺跡のあり方といえるだろう。

次に鉄器であるが、その代表的なものとして長野県上田市上田原遺跡から日本では10例目となる鉄矛、長野県木島平村根塚遺跡から日本では2例目となる出土渦巻文装飾付鉄剣などが挙げられる。この他にも長野県佐久市五里田遺跡出土鉄剣、長野県長野市篠ノ井遺跡群聖川堤防地点出土鉄剣・鉄鏃・鉄釧、長野県佐久市社宮司遺跡出土板状鉄斧など様々な鉄器が見られ、そのバリエーションは豊富である。このように長野県を中心とした東日本には、弥生時代後期から古墳時代前期頃にかけて数多くの鉄器の出土が見られるようになる。

そのような中、昭和45（1970）年に長野県千曲市灰塚遺跡で、住居から箱清水式土器に伴う形で銅鏃が発見された。青銅器が共伴物を伴って出土した事例は長野県内では初で、これ以後、他県でも青銅器の共伴事例が次第に明らかになっていく。特に長野オリンピックを契機とした交通機関整備の一環として大規模な発掘調査が行われ、これら青銅器の他にも鉄器・石器の報告例が増加した。

その後ほかの地域での発掘成果としては、群馬県甘楽町三ツ俣遺跡では古墳時代の玉造工房跡より銅戈の破片、群馬県富岡市八木連西久保遺跡の竪穴住居から出土した銅戈の破片などを挙げることができる。さらに群馬県では巴形銅器片が前橋市荒砥前田Ⅱ遺跡、高崎市新保遺跡より出土している。完形品の巴形銅器も茨城県大洗町一本松遺跡、茨城県石岡市宮平遺跡より出土しており、東日本ではほとんど出土事例のない九州系青銅器の報告がなされるようになった。

巴形銅器の他に、九州系青銅器として有鉤銅釧が挙げられるが、これらは巴形銅器の分布圏とは一致しないことが今回の一連の調査でわかってきた。詳細は次章以下に譲るが、静岡県・神奈川県を中心にその多くは分布しており、長野県に有鉤銅釧の出土がないことは東日本への弥生文化の波及を考える上では重要な事実である。また、日本海沿岸の福井県鯖江市西山公園遺跡、石川県石川市南新保C遺跡などにも散発的に有鉤銅釧の出土が報告されており、東日本への青銅器文化流入経路の重要な示唆になると考えられる。

さらに、これらのような青銅器の大半は住居からの出土であり、磨滅が顕著に認められるものや、静岡県小黒遺跡出土有鉤銅釧などのように、破片端部に穿孔を施して再利用するなど、破損してからも丁寧に補修され、伝世した例が多い。

また、これらの青銅器と切り離せないものが前項でもふれた武器形石製品に代表される、青銅器模造品である。石戈は新潟県に1例・群馬県3例・石川県1例・長野県8例、石戈未成品は長野県に1例、有孔石製品は新潟県に1例・富山県1例・群馬県1例・長野県11例・栃木県1例・神奈川県1例、土戈は新潟県に1例などの出土事例が見られる。新潟県上越市吹上遺跡は、玉造

遺跡として栄えた北信越地域の拠点集落である。戈形土製品・鐸形土製品・鐸形石製品など青銅器模造品の出土があるにもかかわらず、青銅器の出土は見られない。これらの現象は前項の栗林遺跡や松原遺跡例と同様のケースである。これらの集団は青銅器の姿を知りつつ、模造品の使用に止まっていたと考えられ、これらのあり方を考察することが東日本青銅器研究進展につながる。

いずれにせよ、これらの青銅器祭祀は東日本の縄文時代以来の人々に柔軟に受け入れられ、多様で特有な東日本弥生文化が形成されていったのである。

引用・参考文献

井上義安編　2001「一本松遺跡」『一本松遺跡調査報告書』茨城県大洗町一本松埋蔵文化財発掘調査会
桐原　健　1966「信濃国出土青銅器の性格について」『信濃』18―4　信濃史学会
更埴市教育委員会　1971「下条・灰塚」『長野県更埴市の古代集落遺跡発掘調査報告書』
信濃資料刊行会編　1956『信濃考古綜覧』
喬木村教育委員会　1979「帰牛原遺跡十万山地区」『埋蔵文化財発掘調査報告書』
永峯光一　1966「鏡片の再加工と考えられる白銅版について」『信濃』18―4　信濃史学会
西相模考古学研究会編　2002「弥生時代のヒトの移動」『考古学リーダー』1　六一書房
森本六爾　1930「信濃若宮銅剣に就いて」『信濃考古学会誌』2―3　信濃考古学会
八幡一郎　1928『南佐久郡の考古学的調査』岡書院

2　山形県遊佐町女鹿三崎山青銅刀

柳田康雄

　当該青銅刀は、昭和29（1954）年に日本海に面する標高70mの三崎山の北斜面で採石中に発見された（柏倉1961）。
　現全長26.0cm、最大幅3.42cm、刃部長17cm、鋒幅2.36cm、脊最大厚0.75cm、柄最大厚0.51cm、柄最大厚0.67cm、柄最小厚0.39cm、柄最小幅1.43cm、重量128.7gの計測値をもつ。柄頭の環状部と刃部のほとんどを欠損。刀身は両面の関部に隆起連続三角文、柄部中央に縦に隆起線文様がある。刀身は脊が隆起して、刃部が薄く内反りである（柏倉1961、東京国立博物館2005）。
　青銅刀の時期は、殷代以後の中国製であることに問題ないとして、伝来した時期が不明ながら、出土地点周辺で採集される土器が大木9式・堀之内式・加曽利B1式の縄文中期～後期に要約されるという（柏倉1961）。したがって、当該地の縄文時代晩期までには伝来していたことになる。

図1　山形県三崎山青銅刀実測図（1/2）

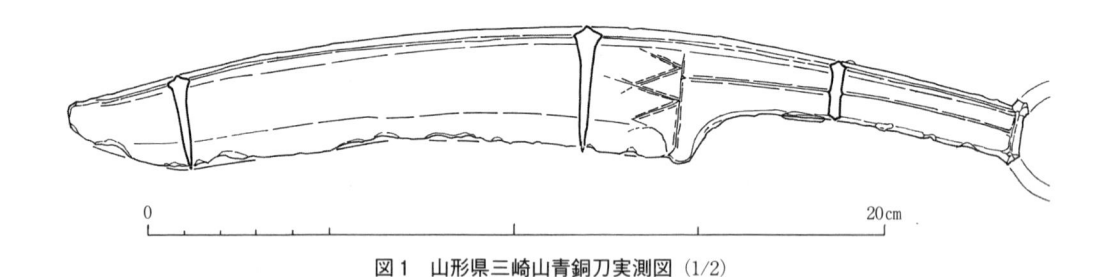

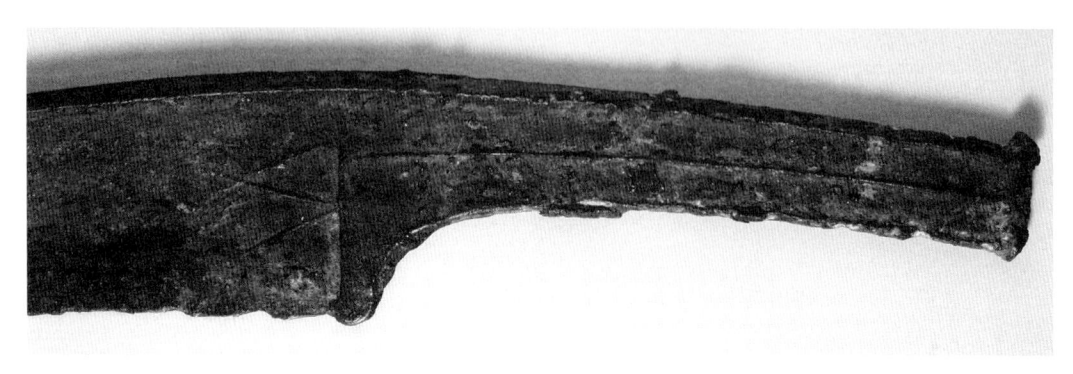

写真1　山形県三崎山青銅刀

引用・参考文献
柏倉亮吉　1961「三崎山出土の青銅刀」『東北考古学』2
東京国立博物館　2005「山形県飽海郡遊佐町大字女鹿字三崎山出土品」『東京国立博物館図録　弥生遺物篇（金属器）増補改訂』

3 東日本の弥生集落

伊藤　愛・尾方聖多・野尻義敬・長谷川千絵

(1) 東海地方の弥生集落の様相

　東海地方は、西から来た文化的要素が東へと伝播していく過程での中間地点にあたる。弥生時代前期の遠賀川系土器から始まり、弥生時代中期後半の凹線文土器の波及など、土器の面からみても、弥生時代を通じて西との関わりを示す点がしばしば見られる。また、そうした影響を受けながらも、円窓付土器やパレス式装飾壺などの地域特有の土器を生み出し、のちに東日本の墓制の主流となる方形周溝墓を誕生させるなど、独自の文化を築きあげてきた地域でもある。今回は、そうした東海地方の弥生時代の様相を概観するため、集落の変遷が追える主要集落を抽出し、それらの集落とその周辺を、集落・墓制といった点から時期を追って見ていくこととする。

　なお、この章でいう東海地方とは、おもに愛知県・静岡県といったいわゆる尾張・三河・遠江のことを指すが、便宜上その他の地域の集落を取り扱う場合もある。また、各項の題名は、伊勢湾岸地域の土器の変容期ごとに設けた。

① 弥生集落成立期から条痕文土器期

　東海地方の弥生集落としては、前期（貝殻山式～西志賀式期）に濃尾平野で朝日遺跡・高蔵遺跡・西志賀遺跡・八王子遺跡が出現する。東日本屈指の大集落である朝日遺跡では、前期前半の貝殻山式期の住居跡や土坑が確認されている。前期後半の西志賀式期には、遺跡南西部の貝殻山貝塚を中心とした地区で弧状の溝が掘削されており、この時期から環濠が掘削されていたことが明らかとなっている。その規模は東西約250m、南北約150mと想定されており、楕円形を呈していたと思われる。溝付近からは竪穴住居跡や掘立柱建物などがわずかに検出されており、生活の痕跡が窺えるが、この頃はまだ大集落と呼べるほどの規模ではなかったようである。

　このほか前期の環濠は、熱田台地上に位置する高蔵遺跡でも検出されている。一宮市の元屋敷遺跡や名古屋市の西志賀遺跡・平手町遺跡の環濠や溝状遺構からは、遠賀川系土器が出土しており、東海地方の弥生時代開始期の遺構として注目されている。なお、西志賀遺跡・志賀公園遺跡・平手町遺跡は近接しており、本来は同一の集落であったと考えられているが、志賀公園遺跡からは、この時期の遺構・遺物は検出されていない。静岡の弥生集落は、この頃から継続する遺跡はほとんどなく、遠賀川系土器を伴う集落もあまりみられない。

　弥生時代中期は、遠賀川系土器が消滅し、その様相を踏襲する朝日式、そして貝田町式に代表される櫛描文土器が盛行する時期である。東海地方の弥生集落のほとんどが出現し、前期から継続していた集落はさらに大規模に発展していく。朝日式Ⅰ期までは、前代に引き続き貝殻を施紋具として使用する条痕文土器が主流である。朝日式Ⅱ期から工具に櫛が加わり、櫛描文が導入され、文様も多様化する。この頃、猫島遺跡では2重の環濠が掘削されており、松菊里型住居を伴う居住域が展開している。同じ時期に、西志賀遺跡から約500m離れた志賀公園遺跡では居住域や墓域が、阿弥陀寺遺跡では居住域が形成される。三河地域では矢作川下流域に所在する岡島遺

跡では、この時期の遺構として区画溝があり、住居跡はまだ未検出であるが、遺物が大量に出土しているため、少なくとも集落の萌芽があったと考えることはできよう。

また、朝日遺跡が大規模集落へと転換するのもこの時期である。前期の環濠は東へ大幅に広がり、東西約600m、南北250〜300mの南居住域を形成した。さらに谷Aを挟んで北側には1条の環濠をめぐらせる北居住域が出現し、集落の規模が拡大していった。この谷Aの両岸では、緑色凝灰岩の剥片や原石が出土する円形の竪穴状遺構が検出されており、ここが玉造の工房であったと考えられている（赤塚編2009a・b）。朝日遺跡では前期にさかのぼる方形周溝墓は発見されていないが、朝日式期の前半期にようやく四隅切れの方形周溝墓が出現する。このほか土器棺墓や土坑墓も検出されており、これらの墓によって集落の西側に墓域が形成された。

朝日式期の後半期には、環濠内の範囲は東西約340m、南北約280mに及んだと推定され、環濠は南側で2重に巡り、一部では逆茂木を設けていた。この頃には前半期の西墓域に加え、東墓域も形成される。西墓域は5〜20m程度の中小規模、東墓域では大型のものを主体とした方形周溝墓が築かれ、なかには径25mを超えるものも造営されており、両者になんらかの階層差があったことを窺わせる。

② 櫛描文土器期

続く貝田町式期は、土器の貝殻文が消滅して櫛描文が主流となり、二枚貝調整を基本とする古井堤式土器が見られた矢作川流域では、その調整法を受け継ぐ瓜郷式土器が成立する。中期中葉にあたるこの時期には、西志賀遺跡や八王子遺跡、阿弥陀寺遺跡などで環濠の掘削がみられるようになる。この時掘削された西志賀遺跡の環濠は、隣接する平手町遺跡の環濠と繋がる可能性がある。猫島遺跡では、貝田町式期の前半期から、環濠の東西でそれぞれ方形周溝墓からなる墓域が設定される。しかし、ほぼ同時期に朝日式期の環濠は早くも埋没をはじめ、その上に竪穴住居が造られるようになった。さらに、桁行3間、梁行3間の大型の掘立柱建物が建てられ、その掘立柱建物と同じ主軸で、2条の溝が墓域から居住域内へ、かつての環濠を貫く形で走る。この溝は方形周溝墓を避けるように蛇行して走っており、区画の意図をもって掘削されたものと思われる（赤塚・石黒2003）。

朝日遺跡では、朝日式期の環濠は一旦埋没するが、北居住域の東側で新たに4重の環濠が巡らされるようになる。その環濠帯のみでも幅35mを測り、南側には逆茂木や乱杭など、防御目的と思われる施設が設置された。この時期の墓域としては、東墓域は径30mにも及ぶ大型方形周溝墓が造営されるなど、朝日式期の墓域の様相を引き継ぐ一方で、西墓域は縮小し、代わって北居住域の東側に中小規模の方形周溝墓からなる北墓域が形成される。

また、この頃の朝日遺跡では、幾何学文様が施された浅鉢が多くみられるようになる。同じ貝田町式土器でも、細頸壺は広範囲に分布するのに対し、幾何学文浅鉢は、朝日遺跡に集中して分布する（石黒2010b）。朝日遺跡は、この頃すでに地域を代表する拠点的集落に発展しており、そうした遺跡の中でのみこれらの器種がみられることは、注目すべきことである。ただし、この幾何学文土器は、三河の岡島遺跡でも出土している。後述するが、岡島遺跡が位置する三河地域では、方形周溝墓の導入がやや遅く、この時期まではまだ土器棺墓が主流である。しかし岡島遺跡

では、貝田町式期の段階で既に尾張でみられる四隅切れ方形周溝墓が検出されている。さらに続条痕文土器期である古井堤式期に、朝日式2期にあたる櫛描文土器が出土するなど、尾張の影響を強く受ける遺跡である点は、注目すべき事柄である。なお、矢作川中流域の川原遺跡でも、同時期の方形周溝墓が確認されている。

　遠江では中期中葉は嶺田式にあたり、この時期から集落数が増加し、主要集落のほとんどが出揃うかたちとなる。静岡市の川合遺跡や有東遺跡、浜松市の梶子遺跡や袋井市の愛野向山遺跡では、この頃に居住域や墓域が形成され、その後、後期の菊川式期（＝山中式期）にわたって継続していく。ただし、愛野向山遺跡は、中期中葉の集落出現当初から後期前半までは、2～3棟の竪穴住居で構成された小規模な集落であった。後期後半の山中式段階で急激に拡大し、欠山式期には大規模な集落へと転換していく特異な遺跡である。この愛野向山遺跡は丘陵上に位置するが、緩い斜面に集落が展開しており、住居跡の掘り込みは斜面にあたる北側は浅くなっており、住居形態もほとんどが隅丸長方形状を呈している。同じく袋井市に所在する掛之上遺跡は、中期前半の丸子式期から後期の菊川式期にかけて100基以上の方形周溝墓が築造される遺跡である。掛之上は、西半分が墓域で東半分が居住域となっているが、墓の数にくらべて住居跡があまりにも少ないように思われる。しかし、近接する大門遺跡では竪穴住居跡が顕著であるため、両遺跡は同一集落であり、それぞれが居住域と墓域を担っていたと考えられる。また、団子塚遺跡でも方形周溝墓が多数検出されており、この団子塚も掛之上と同一の集落であるとも考えられる。同様に、浜松市に所在する伊場遺跡・梶子遺跡・梶子北遺跡も、本来は同一集落であったと考えられている。ただし、伊場遺跡は後期の伊場様式期（＝菊川式期）の出現である。

③　凹線文土器の成立以降

　中期後葉は、土器において大きな変化が訪れる。凹線文土器の出現である。中国地方で発生し、近畿以東に広がったこの土器は、各地の在来土器と統合して在地化する。中期後葉の土器を示す「高蔵式」とは、この凹線文土器が伊勢湾岸で在地化した呼び名であり、台付甕の成立をもって高蔵式期が開始される。櫛描文からこの凹線文への転換期は、東海系の土器が徐々に各地へもたらされ始める時期でもあり、東海地方の集落の様相の画期でもある。

　朝日遺跡では、この時期に南居住域で大型建物が築かれるものの、再び環濠が埋没し、居住域の区画が不明瞭になる。北居住域では竪穴住居が減少し、遺構も劇的に少なくなる。方形周溝墓も分散して築かれるようになり、南墓域が新たに成立するが、墓数も著しく減少する。それらの墓は、前代までの方形周溝墓を切るようにして築かれ、東墓域では掘立柱建物や井戸が造られるなど、前代までとはかなり異なった様相を見せる。

　この時期の朝日遺跡では、土器の胴部に大きく穴をあけた円窓付土器が出現する。この土器は、朝日遺跡周辺でもいくつか出土してはいるものの、大半は朝日遺跡に集中し、その数は朝日遺跡内だけで何百個も見られる。朝日遺跡では、貝田町式期に幾何学文浅鉢が集中していたこともあり、こうした特殊な土器を必要とする何らかの理由があったようにも思われる。なお、この円窓付土器は、遠く北部九州の三雲遺跡・比恵遺跡・有田遺跡などでも出土している点は、興味深いものがある。

第3章　青銅器出土遺跡の現状

写真1　見晴台遺跡円窓付土器

　朝日遺跡が急激な衰退をみせるなか、稲沢市では一色青海遺跡が出現する。この遺跡の南東には、貝田町式期まで大規模に展開していた野口・北出遺跡があり、その衰退期に合わせるように成立しているため、居住域と墓域の移住の可能性が指摘されている（蔭山・鬼頭・堀木 1998）。中期後葉の段階で、100軒近い竪穴住居が建てられ、独立棟持柱式の掘立柱建物が建設される。このような多くの竪穴住居が検出される遺跡としては、豊田市の川原遺跡もあげられる。中期中葉の方形周溝墓からなる墓域に加え、300軒以上の竪穴住居跡が検出されており、一色青海同様、この時期に急速に発展した集落である。
　さらに各台地上では、見晴台遺跡や瑞穂遺跡が明確に成立する。瑞穂遺跡では環濠も掘削されるが、この環濠は集落形成当初の遺構を切って掘削されているため、居住域の成立当初は、まだ環濠はなかったようである。見晴台遺跡は、正確には中期末から展開する集落で、方形周溝墓が築造される。
　当該期の遠江は、白岩式土器が成立する。この土器はおもに中・東遠江に広がるが、そこに凹線文土器の影響はほとんど見られない。むしろ貝田町式土器の系統に乗る可能性があり、西からの影響を受けにくい文化圏であったと思われる。この地域では、後期に至ってもすぐには環濠が定着しないことも知られている（松井 2001）。また、伊勢湾西岸域では120軒もの竪穴建物が検出された菟上遺跡、菟上に近接し、20基以上の方形周溝墓がある山村遺跡があり、双方は一連の集落であったと考えられている。菟上遺跡では大型の方形周溝墓が築造されているのに対し、山村遺跡は中型から小型のものが多い。
　尾張では山中式、三河では寄道式、遠江では菊川式の土器に代表される後期前半期は、静岡で急激な集落数の増加がみられる。それらの集落のなかには古墳時代まで継続するものもみられ、住居数がかなり多く検出される遺跡もある。この時期に入って、静岡県内の遺跡ではようやく環濠が巡らされるようになるが、袋井市の春岡遺跡では、後期初頭の段階で検出されている。後期前半の環濠は、伊場遺跡と鶴松遺跡でみられる。しかし、後期後半にくらべて前半段階の環濠集落は非常に少ない。これは上述したように、前代の白岩式土器分布圏が、西からの影響をあまり受けない地域であったことに起因していると思われる。一方愛知では、後期になると低地では環濠はみられなくなり、台地上に移る。この様相は、大阪などでもみられる現象である。
　また、この時期には東海地方特有の土器であるパレス式土器やS字甕が、各地に拡散していく時期でもある。後期を代表するこれらの土器は、東は関東や長野、西は奈良や大阪で出土しており、中期後葉以来の東海系土器の広がりは、その後の古墳時代にも継続していく。
　この時期、見晴台遺跡では、前代までの方形周溝墓を切るように居住域が形成される。この頃

の墓はまだ未検出であるが、環濠が掘削され、北陸や関東の土器が搬入される。さらに、小銅鐸や銅鐸飾耳片などの青銅製品や送風管が出土しており、中規模ながら特筆すべき遺跡である。また、谷を挟んで位置する三王山遺跡は、見晴台遺跡と同時期・同規模の遺跡であり、銅鏡・銅剣・有鉤銅釧が出土している。

　朝日遺跡では、中期末に一旦環濠は埋没したが、山中式期には再び掘削されるようになる。この時の環濠は南北両居住域それぞれで1～2重に巡り、各所に突出部が設定されたり部分的な屈曲をみせるなど、形状にも変化がみられる。北居住域内南部には区画溝が設けられ、その内部では竪穴建物が数棟確認されている。南居住域の環濠内の規模は、東西約240m、南北約150mと考えられており、その環濠の北側には、谷Aに沿うように長方形区画溝が掘削されている。この時期には谷Aはほとんど埋没しており、代わって遺跡の東南部に谷Bが掘削されている。墓域は北墓域や高蔵式期の南墓域に極僅かな方形周溝墓がみられるほか、西墓域で方形周溝墓の造営が見られるが、墓数は非常に少ない。ただし、貝殻山貝塚地点の南では、小規模ながらも密集するかたちで方形周溝墓群が営まれている。南側出入り口と方形周溝墓群の間で、埋納された銅鐸が出土している。

　この時期の朝日遺跡内では、青銅器が多数出土している（図1）。その種類は非常に多様であり、銅鐸や巴形銅器、銅鏃、銅釧など、様々な青銅製品が各所でみられる。これらは大半が包含層からの検出であるが、ほとんどが後期山中式期に属するものとされている。朝日遺跡からは青銅器の石製銅鐸鋳型も出土しているが、青銅器生産を行っていたという明確な証拠は、現段階では薄い。しかし、こうした多種にわたる青銅製品の出土は、当時の朝日遺跡が東日本の中でも非常に重要な集落であったことを物語っている。

　廻間I式期は弥生時代終末にあたる。この頃には朝日遺跡は衰退の一途を辿り、南北の環濠は一部再掘削を受けるなどして継続しているが、南居住域の環濠は1重に変化する。南北両居住域では、住居跡は小規模のものが僅かに営まれるのみであり、最後の方形周溝墓の造営も、この廻間式期に見られる。この時期の終わりごろには大量の土器の廃棄により、環濠は埋没し始める。また、かつて東墓域に造営された大型の方形周溝墓の溝内にも大量の土器が廃棄され、廻間式から松河戸式の土器がみられる。このように、東海地方指折りの大集落であった朝日遺跡は、弥生時代の終わりとともに終焉を迎える。同様に志賀公園・西志賀・平手町も、朝日と時期を同じくして断絶する。なお、朝日遺跡とほぼ同時期に出現した八王子遺跡は、朝日遺跡の終焉後、古墳時代前期に至るまで継続する。

　静岡の集落は、ほとんどが弥生時代後期のうちに衰退するが、先述したように後期から新たに出現した集落は、古墳時代に至るまで継続するものがある。これは、中期に展開した拠点集落からの移住を考えるか、まったく新しい集団が後期の大規模集落を築いたのか、今後の検討が必要である。

④　墓制の変遷

　東海地方の弥生時代の墓制として最も主流なのは、方形周溝墓である。しかし、前期の初めからそれが画一的に採用されたわけではなく、その普及時期は東海地方の中でもいくらか差があ

第3章　青銅器出土遺跡の現状

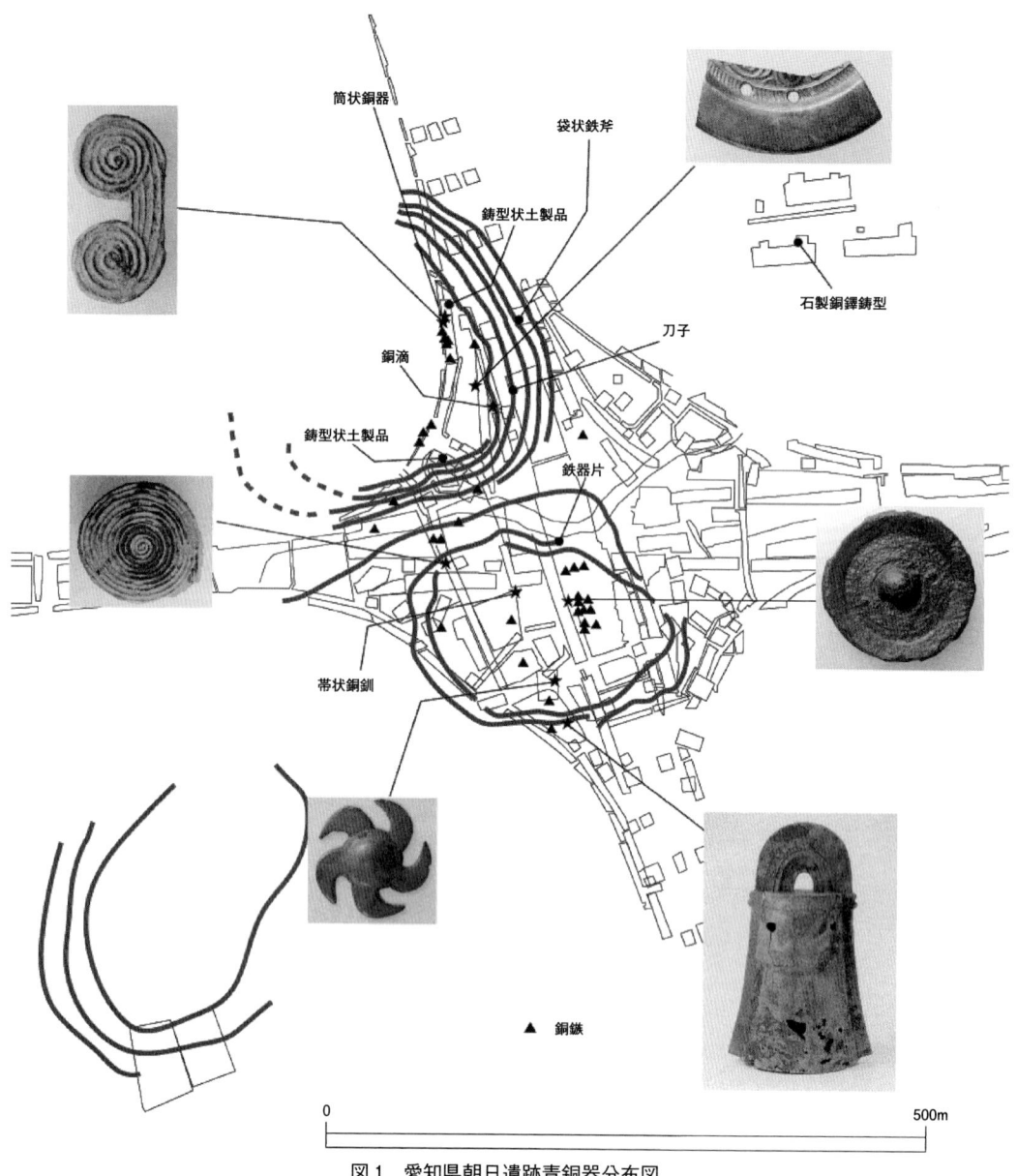

図1　愛知県朝日遺跡青銅器分布図

る。濃尾平野では、前期から方形周溝墓は出現しており、初現期のものは一宮市の山中遺跡でみられる。しかし、検出例はまだ少なく、本格的な普及は貝田町式期にあたる櫛描文土器期から始まり、凹線文土器期にかけて盛行することとなる。

一方、伊勢湾東岸地域では櫛描文土器期においても、依然として縄文時代以来の土器棺墓が多くみられる。特に三河ではその傾向が顕著であり、縄文晩期までは深鉢や甕を使用した土器棺墓であったものが、弥生前期にはいると壺を使用するようになり、その埋葬形態も、横位から斜位あるいは立位へと変化していく（前田 1993）。土器棺墓は、幼児の棺か再葬墓かで見解が分かれ

るところだが、頸部を打ち欠いて棺口を形成する立位の場合は、遺体をそのまま埋葬するには棺口が小さすぎるため、再葬墓用の土器棺と考えられる（前田 2010）。同様な墓制の変遷は、遠江でも追うことができる。

　なお、土器棺墓の呼び名については、深鉢や甕を使用した縄文的なものを「土器棺墓」、棺に壺を使用した弥生時代以降のものを「壺棺墓」と呼び分けることがあるが、本稿では双方を区別せずに「土器棺墓」としている。

　弥生時代中期の櫛描文期は、墓制の画期ともいえる時期である。朝日遺跡をはじめとする各集落で、方形周溝墓が本格的に導入されたことはすでに述べたが、それまでの土坑墓や土器棺墓が居住域内に入り乱れて点在していたのに対し、方形周溝墓は環濠によって区画された居住域の外側に、群を形成して築かれるようになった。すなわち、方形周溝墓の導入は、居住域と墓域を明確化したのである。これにより、弥生的な集落様相が確立したと言えるであろう。ただし、三河では依然として土器棺墓が採用され続けており、濃尾平野にくらべると方形周溝墓の普及がやや遅れる傾向にある。また、猫島遺跡では朝日式期〜貝田町式期の築造と思われる方形周溝墓があるが、これはほかの方形周溝墓とは異なり、環濠の内側に位置している。しかし、この墓は環濠の出入り口付近に築かれているため、祭祀的意義を持った方形周溝墓だったと考えられている（赤塚・石黒 2003）。

　初現期の方形周溝墓は、四隅に陸橋を設けるタイプが一般的である。これは、東海から南関東にかけて分布する方形周溝墓の形態であるとして、松井一明は「東海・南関東型中期方形周溝墓」と呼んでいる。こうした四隅切れの方形周溝墓は、しばしば溝の一部を利用して新たな方形周溝墓を造ることがある。溝の共有は中期の遠江で特に顕著で、静岡の瀬名遺跡や掛之上遺跡では、多数の方形周溝墓が溝を共有して築かれている。瀬名遺跡の方形周溝墓は、一つの方形周溝墓の四方に方形周溝墓がいくつも連なり、団子状にまとまって群を形成している。一方で掛之上遺跡では、溝を共有した方形周溝墓が、重列状に並ぶ形態をとる。これは、連結する方形周溝墓の横に墓道を意識的に設けたためであるとされ（松井 2003a）、ひとえに溝の共有といっても、集落によって連結の仕方は様々なのである。こうした方形周溝墓の導入によって、前期まで盛行していた土器棺墓は、次第に減少していく。すなわち櫛描文土器期は、土器棺墓から方形周溝墓への墓制の移行と、それに伴う集落内の区画が顕在化された時期なのである。

　凹線文土器期には、それまで土器棺墓を主体に墓域を構成していた地域でも、方形周溝墓が一般化する。しかし、この時期から、方形周溝墓の墳丘や溝内に土器棺を埋葬する例がみられるようになる。埋葬される土器棺は、単葬の場合もあれば複数の場合もあるが、いずれにしても性格を異にする２種の墓が混在するようになる点から、ここにも墓制の画期を見出すことができよう。

　この頃の朝日遺跡では、墓数が減少し墓域が散在することは先述したとおりであるが、前代の墓を切って新たな方形周溝墓が造営される。志賀公園遺跡や西志賀遺跡でも同様な現象がみられ、これらはこの地域全体に共通した変化のようにも思える。しかし、平手町遺跡では様相は異なり、墓数の目立った変化もなければ既存の墓を切って新たな墓が造られるということもない。つまり、同じ地域でも集落によって墓の変化は異なるのである。朝日や志賀公園・西志賀にお

ける既存の墓の利用・破壊は、先代の墓に対する概念の変化によるものか、あるいは血統を異にする集団の集住が原因であるのか、今後の検討課題になり得るかもしれない。

　また、この凹線文土器期は、それまでの四隅切れの方形周溝墓が消滅し、周溝が全周あるいは3隅切れになる方形周溝墓に変わる時期でもある。墓の規模も均一化し、墳丘の盛土が顕著にみられる例もある。こうした面からも、この時期に東海地方で墓制の変化があったことがわかるのである。

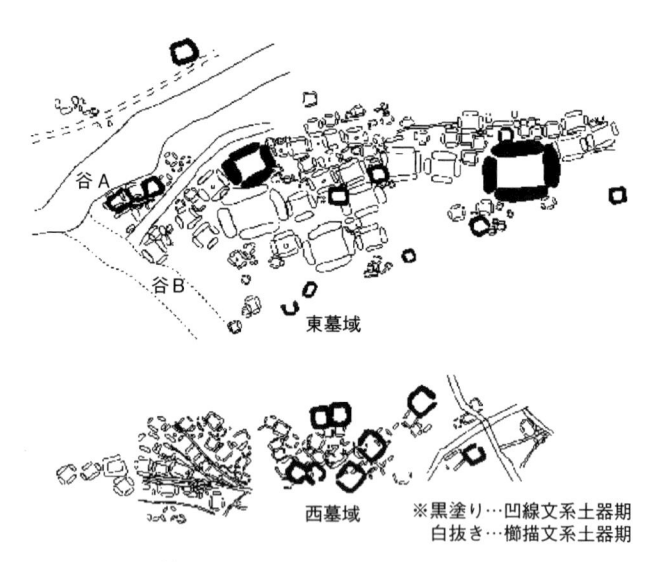

図2　愛知県朝日遺跡墓域変遷図（宮腰 2010b を改変）

⑤　小結 —東海地方の弥生集落—

　今回は東海地方の主要集落を抽出し、それらの遺跡やそれを取り巻く周辺集落の様相を概観した。これにより、東海地方の弥生集落は、前期の段階では環濠こそあるものの、墓制からしても依然として縄文的要素を持ち、前時代の様相から完全には脱却できていない。これらの集落が本格的に弥生集落として始動するのは、集落内の区画が明確化し、弥生的集落の様相が確立してからであろう。また、方形周溝墓の導入によって居住域と墓域が分離し、それを区画するのが環濠であったなら、弥生集落出現当初の環濠掘削の意義は、防御的機能ではなく、あくまで集落内のレイアウトであったということになる。いずれにしろ、東海地域内だけでも集落の出現時期や方形周溝墓の導入時期に大きな差がある点なども十分に考慮して検討をすすめていくべきであろう。また、櫛描文土器の成立期における方形周溝墓の本格的波及や、それに伴う土器棺墓の現象、凹線文土器の導入に伴う四隅切れ方形周溝墓の消滅や朝日遺跡・志賀公園遺跡・西志賀遺跡などにおいてみられる墓域の様相変化など、土器の変容期に連動するように墓制にも転換期が訪れることは、興味深い現象であり、土器の移動と墓制の変化の関係性について、より検討を重ねていくことが重要であると感じた。

　しかし、今回提示した集落以外にも、特筆すべき重要な遺跡は多々あり、青銅器が出土した遺跡の意義や、後期に静岡で集落数が激増する現象などを解明するには、中心的集落だけではなく、周辺の集落も見ていくことが不可欠であると痛感した。それにはまず、集落遺跡をまんべんなく調査し、地域全体の弥生時代の様相を知ったうえで検討を重ねていくことが、今後の課題となる。

　また、東日本で出土する青銅器の意義に関しても、各地域単位で考えているだけでは、その問題に迫ることは難しいと考える。各地域の特質を見極めうえで、さらに東日本全体に視点を広げ、充分な検討を行っていくことが、今後の課題となる。

（伊藤　愛）

(2) 中央高地の弥生集落の様相
① 長野県

　本州の中部に位置し、周囲八県に隣接する長野県は山梨県と共に中部山岳地帯を形成し、地理的・気候的条件から北信・東信・中信・南信の４地域に分けることができる。以下は４地域ごとに地域の拠点集落の様相を見ていくことにする。

　北信地域　北信地域は新潟県・群馬県に接しており、現在の行政区分では中野市・飯山市・下高井郡・下水内郡が組み込まれる。戦国時代には武田氏・上杉氏らが支配し、善光寺街道沿いに発展してきた地域である。

　弥生時代においても千曲川沿いに遺跡が形成され、木島平村根塚遺跡・中野市栗林遺跡は北信地域の拠点集落であったと考えられる。栗林遺跡は、栗林式土器の標識となった遺跡である。栗林式土器は昭和６（1931）年に神田五六が資料紹介を行った後、藤森栄一によって長野県の古式弥生土器と位置づけられ、栗林式土器と命名された歴史をもつ（藤森 1936）。その後の調査で中部山岳地帯のみならず新潟県南部、群馬県等にも土器様式圏の広がりを持つことが判明しており、栗林系統の土器では東海、関東までその分布範囲は広がる。栗林遺跡は過去に計15次にわたる発掘調査がなされており、居住範囲は広い。土器様式と照らし合わせると、全ての居住地点が等しく同じ時期に継続していたわけではなく、馬場伸一郎の言うように集落が「中のムラ」から「西のムラ」に移動していた様子が窺われる（馬場 2008）。特に「中のムラ」では栗林Ⅰ式から栗林Ⅱ式中段階までが多く見られ、「西のムラ」では栗林Ⅱ式新段階の土器が多く見られる。墓の型式は土坑墓がもっぱらであるが、柳沢遺跡にも見られる礫床木棺墓も確認されている。特に、栗林遺跡で注目すべき出土遺物は石戈３点と有孔石製品１点である。石戈３点は先に述べた「中のムラ」の居住域から発見されており、有孔石製品は「西のムラ」から発見されている。また、木島平村和栗遺跡でも有孔石製品が採集されており、中期後半以後の武器形石製品を用いた祭祀行為の広がりを示す事例となるだろう。このように北信地方は、拠点集落となりうる遺跡は少ないものの、それに比して、武器形石製品は数多く出土している。栗林土器圏は先にも述べた通り広範に分布しており、弥生時代における栗林遺跡住民の影響力は多大なものだったと考えられる。

　根塚遺跡では、日本では京都府八幡市ヒル塚古墳に次いで２例目の渦巻文装飾付鉄剣が発見されている。ヒル塚古墳のものは４世紀末頃の大型方墳に副葬されていたものである。根塚遺跡の鉄剣はＢ区の埋葬遺構に伴い出土した。箱清水式土器と共伴することから、弥生時代後期のものと考えられる。他にも３本の鉄剣が埋葬施設から出土している。木棺墓からは実に78点もの管玉、185点ものガラス小玉が出土しており、当該地域では傑出する。木島平村には他にも北和栗遺跡・野畔遺跡・平塚遺跡・梨ノ木遺跡などが知られているが、金属器は持ち合わせておらず、根塚遺跡の出土品が傑出している様子が見てとれる。また、根塚遺跡では墓域のみの発掘しかされておらず集落域の有無は不明であるが、副葬品が傑出するため根塚遺跡は北信地域の拠点集落の１つであったと考えられる。

　東信地域　東信地域は群馬県・埼玉県・山梨県に接しており、現在の行政区分では主に、上

第3章　青銅器出土遺跡の現状

田・佐久地方が含まれる。戦国時代には武田氏・織田氏などの支配下におかれ、中山道と北国街道の合流点であった歴史的経緯を持ち、浅間山や碓氷峠を越えて、群馬県や東京との交流も深い地域である。

弥生時代においても千曲川沿いに集落が営まれているが、その反面縄文時代の遺跡は少ない。弥生時代になり、平坦部が水稲農耕文化の浸透・発展に伴って活発に開拓され始めたことを窺うことができる。

この地域では武石上平遺跡からは巴形銅器、佐久市社宮司遺跡からは銅鏡片が出土しており、特徴的な青銅器の出土が知られていた。

九州系青銅器である巴形銅器を出土した遺跡は上平遺跡であるが、小山真夫が昭和2（1927）年に『信濃國武石村出土の巴形銅器』で紹介したのがはじめてである。それと同時に、石皿・石庖丁・石斧・石鏃なども報告されているが、遺跡そのものの追究はなされてこなかった背景がある。その後、昭和61（1986）年に武石村教育委員会が発掘調査を行い、遺跡の範囲が確認された。一部耕作による破壊はあるものの、弥生時代の住居跡が2軒検出された。箱清水土器、東海系のS字口縁と思われる壺形土器、石庖丁などが発見されている。巴形銅器も箱清水土器に伴っていたと考えられており、当遺跡は弥生時代後期以後に運営されたものである。遺跡の継続期間・規模・出土遺物共に拠点集落とは考えられない。

社宮司遺跡は、昭和27（1952）年にごぼう掘りの際に偶然発見された。銅鏡片と共に、硬玉製勾玉1点、鉄斧1点、鉄片3点、碧玉製管玉10点、鉄石英製管玉16点が土器底部中より発見されている。昭和60（1985）年に遺構確認の調査がなされたが、関連遺構は発見されておらず、社宮司遺跡は埋納遺構であった可能性が高いと考えられる。桐原健によれば、中期末の百瀬式の長頸壺とのことで、もしそうであれば、東信地域のみならず、長野県内最古段階の青銅器となる可能性も考えられる（桐原1966）。

これらの巴形銅器・銅鏡のように全国的にも類例が少ない青銅器が出土する遺跡でも、集落規模を鑑みると拠点集落とは言えず、長野県の青銅器の用い方に関しては再考の余地が残されていると言えるだろう。

そのような状況を踏まえた上で、東信地域の拠点集落をあげるなら、佐久市北西の久保遺跡・周防畑B遺跡が挙げられるだろう。北西の久保遺跡は台地上に営まれており、ほぼ全面が発掘調査された。弥生時代中期後半以後から集落の規模は縮小し一時断絶するが、後期前半以後に再び集落が営まれるようになると、それ以後は平安時代後期まで集落が確認されている。特に弥生時代中期後半は住居が比較的短期間に造営が繰り返されており、土器様相は北西の久保式の2小期に分けることができる。特に中期後半段階では40軒前後の住居が台地全面への広がりが確認されており、東信地域の最大の拠点集落であった。墓は木棺墓7基、弥生時代後期前半以後と考えられる方形周溝墓1基が発掘されているが、際立った出土遺物は確認されていない。青銅器は土坑より後期に属すと考えられる銅鏃が2点出土しているのみである。

北西の久保遺跡の後期集落遺跡は中期後半と比べると規模の縮小化が顕著で、佐久地方の後期集落の拡散化現象にも対応すると考えられる。

周防畑B遺跡は標高705mの微高地に位置し、遺跡の南西方向には低湿地地帯が広がっており、現在の佐久市北部地帯の穀倉地帯を形成している。昭和55（1980）年の発掘調査により、西より、C・B・A地区と名づけられ、C地区は遺跡の永久保存が図られたため、詳細は不明だが、住居跡が9軒確認されている。A地区では弥生時代後期前半から短期間営まれた住居跡23軒が調査されており、B地区からは墓域が発見されている。墓は円形周溝墓1基、不整円形土坑墓群によって構成されており、ガラス小玉、土器などが供献されていた。青銅器は土坑より銅釧3点が発見されており、当遺跡は低湿地を基盤とした農耕を集落を営まれていたと考えられる。

　このような拠点集落が認められる一方で、東信地域は未調査の遺跡数が多いことは否めない。しかし、先の2遺跡のように全面発掘されてないながらも、青銅器の発見が少ない遺跡がある一方で、佐久市上直路遺跡では人骨に15点の銅釧が装着されて発見された例、佐久市西一本柳遺跡の銅釧5点・有孔石製品1点の出土例、北裏遺跡の鎬を持つ石戈の出土例などがあるように青銅器、または武器形石製品を持つ遺跡が多いことも東信地域の特色である。

　このような事例を勘案すると、東信地域は佐久地方を中心に弥生文化の一大拠点が築かれていた可能性が高いと考えられる。

　中信地域　中信地域は新潟県・富山県・岐阜県に接しており、現在の行政区分では松本市・長野市・更埴市などが組み込まれる。戦国時代には武田氏・織田氏の支配下に置かれ、中山道、甲州街道、千国街道の三州街道沿線中心に発達してきた。

　弥生時代においても、千曲川沿いに集落が営まれており、弥生遺跡の数は他地域においても群を抜く。また、当地域は古くから大町市海ノ口遺跡銅戈・千曲市若宮箭塚遺跡銅剣・長野市塩崎遺跡群松節地点銅剣・松本市宮渕本村遺跡銅鐸片・平出市柴宮遺跡銅鐸などが知られており、おもだった青銅器の器種は中信地域に集中することが知られていた。残念ながら、これらの遺物は伝世品であったり、偶然発見で正式な発掘調査が行われておらず、詳細は不明であるが、これだけの青銅器の集中を鑑みると、中信地域が名実供に長野県の弥生文化の中心地だったことは間違いないだろう。

　しかしながら、中信地域においても、青銅器の出土状況と拠点集落のあり方は異なる。長期間継続している集落からは銅鏃・銅釧、武器形石製品といったものは出土が報告されているが、銅鏡・銅剣・銅戈・銅鐸といった青銅器の出土は見られない。こういった青銅器は拠点集落から出土していない状況を読みとることができる。

　このような状況を踏まえながら、中信地域の拠点集落のあり方を概観してみる。

　中信地域で、まず拠点集落として名前が挙がるのは長野市松原遺跡である。松原遺跡は、長野盆地低地帯の自然堤防上に営まれていた。蛭川支流沿いに溝や垣根で区画されたいわゆる環濠集落である。畿内に見られる大型建物といったものは見られず、集団墓から隔絶するような墳墓も確認できない。松原遺跡は栗林式以後の中期後半に集落の規模が急速に拡大する。中期後半〜後期前半と考えられる住居跡からは、石戈4点・石剣3点などの武器形石製品が出土している。また、磨製石鏃の出土も長野県内の弥生遺跡の中では群を抜いており、最大拠点集落であったと考えられる。ただし、当遺跡では青銅器の出土は見られず、武器形石製品による何らかの祭祀行

第3章　青銅器出土遺跡の現状

為が行われていたと考えられる。

　また、松原遺跡で注目しなければならないのは、太型蛤刃石斧・扁平片刃石斧などの大陸系磨製石斧である。この大陸系磨製石斧は町田勝則によると「原材料の獲得から途中の製作工程まで集中的に行う」榎田拠点集落と、「途中段階の未製品の獲得から途中の製作工程までを行う」松原拠点集落がみられ、「集落間における石器の初期製作と仕上げ・搬出という生産的な相互依存関係」がみられるという（町田2008）。

　大陸系磨製石斧の石材も玄武岩・輝緑岩であり、松原遺跡・榎田遺跡と共通する。町田勝則のいう相互依存的な関係を考慮にいれると、榎田遺跡も拠点集落といえるだろう。

　他にも長野市内には渡来系弥生人骨が発見された伊勢宮遺跡、鉄剣と石鉾形石製品が発見された塩崎遺跡群松節地点などがあるが、集落規模は松原・榎田遺跡が際立つ。

　また、篠ノ井遺跡群では周溝墓から鉄剣1点・鉄鏃1点・鉄釧9点が出土しているが、鏃の形態などにより、古墳時代に下る可能性がある。

　千曲市では、生仁遺跡・馬口遺跡・城ノ内遺跡から形成される屋代遺跡群が拠点集落であったと考えられる。生仁遺跡・馬口遺跡は栗林期以降より集落が形成され始め、後期後半以後まで集落の継続が認められる。また、太型蛤刃石斧・扁平片刃石斧以外にも生仁遺跡の住居跡からは多量の卜骨が出土しており、祭祀行為の痕跡が窺われる。生仁遺跡から銅鏃2点が出土しているが、やはり青銅器祭祀に直接関連すると考えにくい。

　松本市では、弥生時代中期の拠点集落と考えられる遺跡は少ない。生産域との関連が集落立地に重要であったためと考えられる。そのような中、松本平の拠点集落は宮渕本村遺跡・県町遺跡と考えられる。宮渕本村遺跡では銅鐸片が採集されており、拠点集落では唯一青銅器祭祀に関連すると考えられる遺物が報告された遺跡である。有孔石製品3点、石剣なども報告されており、武器形石製品を用いた祭祀の存在も考えられ、注目される。

　また、松本平の集落のあり方として、弥生時代中期後半以後から後期まで継続し、その後断絶する集落と、古墳時代以後にまで継続する集落の2つの様相があるが、宮渕本村遺跡・県町遺跡は後者に当てはまり、宮渕本村遺跡は中期後半から引き続き発展し、後期なると城山腰遺跡にまでその範囲を拡大していく。一方、県町遺跡は広い遺跡の範囲の中、地点を変えながらムラが継続していた様子が窺え、集落維持にも若干の違いが見受けられる。

　また、石行遺跡からは、石剣切先とともに、モミ痕を持つ縄文晩期の土器、東海系の土器が縄文晩期の土器捨て場より発見されている。このことは、伊勢湾周辺の東海系土器が波及した頃は縄文時代晩期だったことをあらわす。針塚遺跡からは遠賀川系土器が報告されており、再葬墓も発見されている。この報告は長野県内では最初の事例で、研究史においても重要な意味をもつ。このように石行遺跡・針塚遺跡は拠点集落とみなすことはできないが、弥生文化の波及を考える上では重要な遺跡となり、松本平は弥生時代中期以後、長野県弥生文化の中心地となる。

　南信地域　南信地域は山梨県、静岡県、愛知県に接しており、現在の行政区分では飯田市・諏訪市などが当てはまる。戦国時代には諏訪氏・武田氏らが支配下におき、中山街道、甲州街道、三州街道沿線を中心に発展してきた。

南信地域では他の地域と異なり、諏訪湖を中心として集落が営まれていた。そのためか、弥生集落自体が南信地域では少なく、拠点集落となりうるものは皆無である。

しかしながら、喬木村帰牛原遺跡からは多孔銅鏃が東海系土器と共伴しており、東海系弥生文化の影響を色濃く受けていることがわかる。岡谷市橋原遺跡では太型蛤刃石斧・扁平片刃石斧・石庖丁などの大陸系磨製石斧とともに、コメ・アワ・ヒエ・アズキの植物遺体が出土している。なかでもコメの植物遺体の出土量が傑出しており、南信地域の稲作文化定着期の遺跡といえ、諏訪湖の豊富な水資源のもと水稲耕作が行われていたと考えられる。

南信地域の弥生時代の特質は、後述する山梨県と同様に東海系の弥生文化と中部山岳系の文化の交流・通過点だったということに尽きるだろう。他地域に比べ可耕地が限られていることで、水稲耕作が行いづらい環境にあり、拠点集落を持つほどの弥生文化が根付くことはなかったのである。

しかしながら、諏訪湖に水源を持ち、伊那谷、静岡県を通り太平洋岸に注ぐ天竜川は弥生文化を語る上では重要な河川の１つである。静岡県伊豆の国市段遺跡、静岡県沼津市藤井原遺跡出土の銅鐸飾耳のように銅鐸が天竜川を越える事例もあるが、基本的には銅鐸分布は天竜川を越えない。もっとも、段遺跡、藤井原遺跡出土のものは破片の再加工品であり、やはり天竜川の東と西では青銅器祭祀のあり方は一線を画しているといえるだろう。

② 山梨県

山梨県は御坂山地・大菩薩嶺を境に東側の郡内地域と西側の国中地域に分けることができ、特に、甲府盆地を中心とする国中に弥生集落が営まれていた。現在の行政区分では南アルプス市・甲府市・山梨市・韮崎市・北巨摩郡・南巨摩郡などが含まれる。国中地域には富士川、笛吹川、釜無川などの大・小河川が流れており、そのため多くの弥生遺跡が見られる。弥生時代中期にまで遡る遺跡は南アルプス市油田遺跡に限られるが、弥生時代後期になると甲斐市金の尾遺跡などが現れ、山梨県の弥生文化は最盛期を迎えるようになる。金の尾遺跡は中央自動車道建設時に発見された遺跡で、弥生時代後期前半～中頃にかけて、集落と周溝墓が発見されている。特に当遺跡は、当該地域の弥生時代後期の金の尾式の標識遺跡となっており、中山誠二や浜田晋介らによって編年研究がおしすすめられている（中山 1993、浜田 1988）。

青銅器を持つ遺跡は、舶載鏡（後漢鏡）が出土した南アルプス市長田口遺跡、銅環１点・銅鏃２点が出土した東八代郡東山北遺跡でその数は少ないが、長野県に比べると東海系統の土器の出土が格段に多くなっており、注目される。また、南アルプス市大師丹保遺跡韮崎市堂の前遺跡などからは栗林式土器が出土しており、甲府盆地内で中部山岳系と東海系の土器が併存していたことが明らかになっている（中山 1993）。このように、中部山岳系の土器は後期以後よく見られるようになり、南信地域と同様に東海地方と中部山岳地帯の文化交流が盛んになされていた様子が窺える。山梨県・長野県南信地域は中部山岳系弥生文化と東海系弥生文化相互の通過地点ではあったが、弥生時代中期から後半にかけて拠点集落が営まれることはなかった。

また、東部の相模川と多摩川の上流域、および富士山保北麓からなる郡内地域では、両者は自然や文化面において大きな違いが見られる。特に郡内地域は神奈川県に近接していることもあ

り、弥生時代においては関東圏の弥生文化の様相が強い。　　　　　　　　　　　　　　　　（尾方聖多）

(3) 南関東の弥生集落の様相
① 地域圏の範囲
　南関東とは、神奈川・東京・千葉・埼玉の一都三県を指す。久ヶ原式・弥生町式・朝光寺原式の分布する地域である。後述するようにこの地域は、静岡県をはじめとする東海地方との関係が深い。特に神奈川県は、中期後半以降共通の文化を有している。後期の土器様式で考えれば、この地域では客体として出土するべき東海系土器が、主体的に出土する遺跡も数多く存在することで知られる。
　南関東地方における弥生文化の成立は、弥生時代中期前半に入ってからである。神奈川県小田原市中里遺跡で、瀬戸内系の土器を持つ集団が水田稲作を開始し、当地における最古級の水田跡が検出されている。本州最北端である青森県田舎館村垂柳遺跡の水田が弥生時代前期まで遡ることを考えると、随分と差があるように思われる。この到達速度の差は、日本海海流に乗って北上するルートに要因がある。
　関東地方の弥生文化も、中里遺跡で瀬戸内海産の土器が出土し、東京都下戸塚遺跡でも外来系の菊川式土器が見受けられることから、海を渡り伝わったものであると考えられる。しかし内陸地域である甲信地方では、関東地方よりも早い段階で弥生文化を取り入れていることを勘案すると、南関東では瀬戸内海地域や伊勢湾沿岸地域から、海を渡って伝わってきたといえる。北関東では地続きの甲信越地域からの影響が強く、土器を見るに特に長野県と群馬県の交流は強かったことが窺える。これらの地理的要因により、弥生文化の成立が遅れたと考えられる。後期の社会では関東地方には東海系・信越系の２ルートからの移動があった。また茨城県は関東地方であるが、その北部において東北との関係を示す遺物が発見されている。これは「香取の海」によって隔てられていたために、陸続きの東北の影響が強く表れているからだとされる（白井 2007）。これは古墳時代に入ってからも続き、南関東とは異なった歴史の流れが見え、黒潮の道や東海道が通る場所として神奈川・千葉との差異が興味深い。
　縄文文化を引き継いでいた関東地方であるが、弥生文化の構成要素である朝鮮系磨製石斧や鉄器・青銅器も中期のうちに、到達している。集落立地にも変化が見られ、小さな谷戸に近接する台地上に築かれるようになり、水田稲作を志向した集落立地へと変化する。

② 土　器
　南関東の最も古い弥生土器は、平沢式など再葬墓として確認されたものが多く様式としては成り立っていない。中期後半段階では、静岡県域も含め広範に確認できる宮ノ台式が一つの大様式と成立する。この時期にも文様は縄文が主体となり、結紐文など沈線区画内に縄文を施すといった構造が多くみられる。
　しかし後期における様式は、久ヶ原様式を中心とするが、神奈川県北東部に分布する中部高地系の朝光寺原式、埼玉県北西部の中部高地系の岩鼻式、埼玉県北西部の吉ヶ谷式、千葉県北部の附加条縄文が施される臼井南式など小様式が複数存在し、久ヶ原式内にも相模様式や山田橋式な

どの細分様式がある。これらの様式圏で、それぞれが独自の社会を持っていたと考えられる。

縄文を文様として使用することは古墳時代前期にまで継続されるが、時代が下るに従い多くは無文化する傾向にある。相模様式では羽状縄文が多いが、山田橋式では格子幾何学文様が盛行する。また南関東に限ったことではないが、時期区分を九州や畿内と同期させており、西からの影響を直接編年に組み込む傾向にあるといえる。この問題は今回の研究のように遺物の技術的観察を行い、どの程度の期間を経て去来したものかを正しく理解しなければならないだろう。

③　拠点集落

神奈川県横浜市大塚遺跡や東京都北区赤羽台遺跡といった遺跡で比較的大きな環濠集落が作られるようになるのであるが、これら環濠集落には拠点的集落としての意味合いがあったとされ（田中1984）、周辺に規模の小さな集落が付随する。

この地域における集落研究としては、港北ニュータウンの開発に伴う大規模開発が行われた鶴見川流域を扱ったものが多い。安藤広道は、宮ノ台式期の集落について、環濠を有する拠点集落と小規模集落の分類を細分化し、その変遷について言及している（安藤1991）。

拠点集落の要素である継続性であるが、関南東の集落は基本的に中期から後期へ継続しない。大塚遺跡例なども中期では居住域である環濠集落として存在するが、後期には存続せず歳勝土遺跡の方形周溝墓が築かれるのみとなる。

東海地方の土器が主体的に出土し、人の移動を考える上で重要な神奈川県神埼遺跡は環濠集落であるが、住居跡は推定復元して12軒程度でしかない。この遺跡は台地縁辺部に立地し、眼下に目久尻川が流れていることから水田耕作を意識した立地となっているが、継続的利用はされていない。

継続的な例としては、千葉県市原台地の遺跡群が挙げられる。草刈遺跡や根田遺跡を中心に各遺跡で大規模な集落が検出されており、中期後半から古墳時代前期まで継続的に台地を利用している。

また神奈川県中央部の相模川左岸の例では、本郷遺跡・神埼遺跡・倉見才戸遺跡など後期の集落の多くが環濠集落であり、それぞれの距離も非常に近い。また鶴見川流域のように小集落が取り巻いていた事例も確認されていない。

④　墓　制

南関東における墓制は、農耕社会が成立し方形周溝墓が築かれるようになるまでは、縄文時代から続く再葬墓が主体となっている。変わって中期後半以降は、方形周溝墓が墓制の中心となり、後期以後も周溝内埋葬を含め再葬墓は継続する。

後期に入ると、関東地方でも優れた副葬品を持つ墓が見られるようになる。特に副葬品が優れた例として神奈川県王子ノ台遺跡、千葉県根田遺跡、東京都弁財天池遺跡、埼玉県観音山遺跡などが挙げられる。

弁財天池遺跡は、清水川の北側台地上に立地する。1号方形周溝墓は、一辺は約18mを測り、銅釧・螺旋状鉄釧・鉄槍といった副葬品が出土している。方形周溝墓の規模と副葬品から、多摩川中流域において古墳時代に続くような、突出した勢力が存在したことが想定されている。

副葬品としては、ガラス玉が多く銅釧や螺旋状鉄釧なども確認できる。しかしこれらの遺物は住居跡からも出土が確認されており、明確に個人へ帰属する威信財としての認識はなされていないようである。

以上のように後期の段階では、関東においても個人へ財の集中が見られるようになるが、この地域においては一般的ではないということも重要である。

(野尻義敬)

(4) 北関東の弥生集落の様相

本項での「北関東」は、群馬県、栃木県、茨城県とする。

① 群馬県

群馬県の弥生時代は、桐生市と藤岡市を中心とした二地域から開始する。桐生市では山間部の扇状地や丘陵、台地、河岸段丘上に、藤岡市では自然堤防上の微高地に遺跡が集中するが、これは地域、立地条件ともに縄文晩期終末と連続するという(柿沼 1986)。安中市注連引原Ⅱ遺跡では丘陵下端に最大3m、深さ1m前後の集落部分を区切る濠を伴い、その外側には再葬墓が検出され、居住域とは画して造営されたと考えられる。渋川市押手遺跡では遠賀川系土器が発見され、一部の壺には籾痕が付着していた。従来、県内の弥生時代は前期から開始したといわれているが、遠賀川系土器や後述する再葬墓が中期前半から始まることから県内では弥生時代は中期初頭あたりから開始し、他地域と交流していたと考えることができる。

中期後半の竜見町式期になると県内で地域圏が大きく二分する。一つは竜見町式で包括される地域で前橋台地に集中する。主要遺跡は渋川市新保遺跡、有馬遺跡群(有馬条理遺跡・中村遺跡を含む)、浜尻遺跡、富岡市小塚遺跡、高崎市清里・庚申塚遺跡などである。この内、浜尻遺跡、小塚遺跡、清里・庚申塚遺跡は環濠集落である。さらに小塚遺跡は焼失住居が検出され、竪穴や3基の土坑から炭化米が出土した。この焼失住居は高崎市や群馬町を中心に、赤井戸式後半期以降の遺跡に多く確認される。また中村遺跡でも環濠集落の可能性を持つなど、いずれも前橋台地に集中している。

そして、もう一つの地域圏は竜見町式に、竜見町式土器の様相を基調として北陸あるいは東北南部の土器様相を取り入れた文化圏で、赤城山南麓の荒砥川、粕川流域に出現する。主要遺跡は前橋市荒口前原遺跡、荒砥前原遺跡、荒砥島原遺跡、前橋市西迎遺跡、桐生市峰岸遺跡などである。赤城山南麓では環濠集落は未検出で全体的に小規模な集落が多い中、西迎B遺跡では大型住居を核とする集落が検出され、拠点的集落になりうる可能性も考えられる。

後期になると竜見町式土器の発展形態である樽式土器が、前橋台地以西に文化圏をつくる。この時期を代表する遺跡に高崎市日高遺跡があげられる。本遺跡は水田遺跡として有名だが、その一画に方形周溝墓3基からなる墓域、14軒の住居が確認され、比較的大きな集落である。この頃には樽式文化圏に加え、赤井戸式文化圏が併存する。赤井戸式は前橋市中心に見られ、赤城山の丘陵や低台地に分布する。赤井戸式文化は分布域と土器文様以外で樽式文化圏と類似した面が多い。

後期後半になると環濠集落を伴う遺跡が再出現する。さらに比高差のある台地や段丘、丘陵上

に突如、集落が形成される傾向があり、これは高崎市引間遺跡、剣崎遺跡、乗附遺跡、前橋市分郷八崎遺跡などで見られる。これらの集落は高地性集落の様相を色濃く示しており、外部からの侵入を防いだと考えられる（柿沼 1986）。そして石田川式文化へと変化し、やがて前方後円墳が造営される古墳時代へと入る。

　県内の弥生墓制は、中期前半に岩櫃山・鷹の巣岩陰洞窟遺跡のような再葬墓から出現する。岩櫃山遺跡例は、中期前半に墓域が居住域とは独立して設けられたことを示した例である。沼田市八束脛洞窟遺跡では、穿孔人歯骨が出土し葬法の手続きが明らかになった。その一方、藤岡市沖Ⅱ遺跡では、八束脛洞窟遺跡のような穿孔人歯骨はなく土器の中に焼人骨を納められていない。また、設楽博己は複数土器再葬墓主体の福島県根古屋遺跡と比較し、沖Ⅱ遺跡では単数土器再葬墓が主体を占め、これは地域差であることを指摘している（設楽 2008）。

　さらに中期末〜後期初頭になると周溝墓が出現する。県内では高崎市、渋川市、沼田市、甘楽郡などで発見され、その種類は方形周溝墓が多く、新保遺跡で後期前半の円形周溝墓などが検出された。主な埋葬施設として、礫床木棺、土坑、壺棺が明らかとなっている。副葬品は鉄剣、銅・鉄釧、玉、ガラス小玉などが出土した。なお、再葬墓から周溝墓への移行時期などは現在のところ不明である。

　では、青銅器を出土した遺跡周辺で交流の中心となる遺跡はあるか。現在、県内の青銅器出土遺跡は、新保遺跡、有馬遺跡、富岡市三ッ俣遺跡、八木連西久保遺跡、天引狐崎遺跡、荒砥前田Ⅱ遺跡の5遺跡である。

　銅環が出土した新保遺跡の周辺では、集落・住居跡の新保田中村前遺跡、後期後半の焼失住居が検出された高崎市正観寺遺跡、住居跡・方形周溝墓2基・壺棺墓1基が検出された鈴の宮遺跡、水田跡や畝状遺構が検出された芦田貝戸遺跡、小八木遺跡などがある。このうち住居・水田跡が検出された小八木遺跡では、樽式土器群内に武蔵北部の土器の一群が混入していた（横倉 1986）。

　帯状円環を出土した有馬遺跡の周辺遺跡では、有馬遺跡群の他、主な集落はみられない。

　巴形銅器を出土した荒砥前田Ⅱ遺跡の周辺遺跡では、住居跡が検出された荒砥島原遺跡、荒砥前原遺跡、荒口前原遺跡、鶴谷遺跡、土坑が検出された頭撫遺跡などがある（小島 2009）。荒砥前原遺跡では竜見町式の系譜を引く土器が出土した他、住居外では茨城県の十王台式の特徴をもつ土器も出土した。また、荒口前原遺跡では竜見町式土器に加え、新潟県の山草荷式土器、それに両者の要素が混じった独自の土器が出土した。

　銅戈片を出土した三ッ俣遺跡、銅戈が出土した八木連西久保遺跡、帯状円環が出土した天引狐崎遺跡の周辺遺跡には、住居跡・墓域の古立中村遺跡、石戈が発見された古立東山遺跡などがある（片野 1999）。

　これらのうち、住居・墓域・生産遺跡が点々と存在したと思われるのは新保遺跡周辺である。しかし、それらがまとまって一遺跡から発見された例はなく、いずれかが欠如している。反対に住居・墓域・生産跡の3性格をもつ新保遺跡は、周辺遺跡よりも規模が大きく地域の中心となった可能性が高い。一方、その他の青銅器出土遺跡及び周辺遺跡では、土器の点から他地域と交流

していたと思われるが、新保遺跡のように3性格をすべてもつ遺跡はなく、規模もそれほど大きくはない。これらから、青銅器出土遺跡とその周辺遺跡では、互いの周辺遺跡とだけでなく、離れた遠方の人々とも交流し、情報交換など行い、それぞれ補完し合っていたのではないかと考える。

② 栃木県

栃木県では弥生青銅器は現在まで発見されておらず、県全体でも弥生遺跡の検出は僅かで、実態が明らかではない。本項では、青銅器出土遺跡の周辺に拠点的集落となりうる遺跡があるか検討する点から、現段階では交流の中心となる遺跡は無しに留める。

県内の弥生時代は中期前半頃から開始するが、この時期の墓制に再葬墓がある。代表的な遺跡に佐野市上仙波遺跡、出流原遺跡、下野市柴工業団地遺跡、宇都宮市野沢遺跡などがある。特に出流原遺跡は39基の小竪穴が検出され、11号小竪穴から11個体の土器が出土し、人面付壺形土器が発見された。土器内からは人骨片、碧玉製の管玉などが検出されるなど、当該地域においては大規模な再葬墓群だったと考えられる（李 1983）。土器は大半が須和田式で僅かに野沢式を含む。この他、野沢式土器の指標遺跡である野沢遺跡でも人面付壺形土器や管玉が出土した。

再葬墓群で人面付壺形土器や、日光市中棒遺跡出土のベンガラを内蔵した野沢式の小型壺形土器の出土など、墓制からみた場合、東日本各地の再葬墓のあり方とほとんど変わらない。さらに、土器の変遷から窺えるように周辺地域と交流していたことから、周辺地域の文化・風習を取り入れた弥生文化が栃木県に存在したと考えられる。

③ 茨城県

茨城県の弥生時代は中期初頭から始まる。この時期の遺跡は数十ヵ所ほど確認されているが、検出された遺構はすべて再葬墓で住居・集落は確認されていない。中期後半は、初頭に続き集落例は少ないが龍ヶ崎市屋代遺跡、長峰遺跡、東茨城郡大洗町髭釜遺跡など利根川下流域や那珂川流域でみられる。これらの遺跡は全容が明らかではないが小規模な集落とみられる（伊東ほか 1991）。同時期に群馬県では環濠集落が見られるが、ここでは明確な環濠集落は発見されていない。後期になると石岡市外山遺跡、ひたちなか市東中根遺跡、東茨城郡大洗町長峯遺跡、髭釜遺跡など数多くの調査例がある。この時期の集落の在り方は、数軒の住居からなるものと数十軒の住居からなるものに分別できる。前者は、水戸市松原遺跡、石岡市新池台遺跡、東中根遺跡などがあり、ほぼ一時期で廃絶されている集落である。後者は長峰遺跡、髭釜遺跡、長峯遺跡などで長期間にわたって営まれていた。

墓制は、再葬墓、足洗式期にみられる土器棺墓の二種類がみられる。再葬墓は中期前半からみられる。代表する遺跡に41基以上の土器埋置土坑が発見され、11号土坑から人面付土器が出土し、さらに多数の土器が出土した筑西市女方遺跡、18基の土坑が検出され、人面付土器が3個出土した常陸大宮市小野天人前遺跡の他、人面付土器が出土した那珂市海後遺跡などがある。これらは久慈川、那珂川、鬼怒川流域や霞ケ浦沿岸の河岸段丘や丘陵性台地上に立地する。また、人面付土器は新潟県、福島県、愛知県、福井県などでみられ関東に集中する傾向がある。

中期後半になると土器棺墓が盛行し、基本的には再葬墓と類似しているが、再葬墓は複数の土

器が埋納され、成人骨が納められているのに対し、土器棺墓は合口棺を含む単棺で、ほとんどが乳幼児、小児が納められている点で異なる（伊東ほか 1991）。代表遺跡に北茨城市足洗遺跡、ひたちなか市柳沢遺跡、指渋遺跡、東茨城郡大洗町団子内遺跡、常陸大宮市富士山遺跡など十数遺跡がある。副葬品を有するものは少なく、足洗遺跡の小型土器、柳沢遺跡の管玉、指渋遺跡の貝輪がみられる程度である。後期になると引き続き土器棺墓が主流だが、検出例は少ない。主要遺跡に髭釜遺跡、富士山遺跡、水戸市大鎚町遺跡などがある。髭釜遺跡では詳細な発表はないが、24号住居跡の覆土を掘り込んだ1号土坑は乳幼児の再葬だと考えられ、副葬品はみられない（伊東ほか 1991）。

このように各遺跡で墓が検出されたが、再葬墓から合口土器棺への変化の過程は現在明らかではない。設楽博己は、従来、再葬墓は中期後半に方形周溝墓に変遷するといわれてきたことに対し、3a期から3b期にかけて東西から流入する墓制によって消滅したことを指摘した上で、一定期間共存したと述べている。さらに再葬といった葬法自体は、後期あるいは古墳時代にまで引き継いでいると述べている（設楽 2008）。

では、県内で青銅器を出土した遺跡の周辺に、交流の中心となる遺跡が存在したか。県内では、東茨城郡大洗町一本松遺跡と石岡市宮平遺跡から巴形銅器がそれぞれ出土している。一本松遺跡の周辺には磐船山遺跡、団子内遺跡、髭釜遺跡、千天遺跡がある（伊東ほか 1991）。特に髭釜遺跡では遺跡の面積が40haに及び検出住居の総数は約350軒にのぼる。このうち弥生住居は中・後期合わせて約200軒である。後期の土坑も検出された他、同時期に小貝塚もあったとされ十王台式期を中心に形成された集落である。また、同時期の23号住居からは銅鏃も出土している。団子内遺跡、千天遺跡では後期の住居が検出されたが墓域・生産域は確認されていない。宮平遺跡の周辺には餓鬼塚遺跡、新池台遺跡、ぜんぶ塚遺跡、外山遺跡がある（伊東ほか 1991）。これらの遺跡からは総じて住居が検出され、出土土器は足洗式期〜十王台式期のものとなっている。外山遺跡では十王台式と上稲吉式と五領式の土器が一住居から共伴しており、後期から古墳前期にかけて継続されたと考えられる。

これらのうち、髭釜遺跡では住居が200軒を越える大集落ではあるが、墓域や生産域といった性格を持ち合わせておらず、交流の中心となっていたかは不明である。また、青銅器出土遺跡周辺で墓域・生産域が検出された遺跡もなく、それらを伴い、大規模及び継続した集落もないことから、交流の中心となる遺跡の存在の可能性は少ない。

（長谷川千絵）

引用・参考文献

合田芳正　1980「関東地方の青銅製品について—大庭城遺跡発見の銅鏃をめぐって—」『考古学雑誌』65—4　日本考古学会

愛知県埋蔵文化財センター　2001「川原遺跡　第一分冊」『愛知県埋蔵文化財センター調査報告書』91

愛知県埋蔵文化財センター　2002「八王子遺跡　報告編」『愛知県埋蔵文化財センター調査報告書』92

愛知県埋蔵文化財センター　2008「一色青海遺跡Ⅱ　本文・遺物図版編」『愛知県埋蔵文化財センター調査報告書』147

赤塚次郎　2003「猫島遺跡の墳墓と木棺墓」『猫島遺跡　愛知県埋蔵文化財センター調査報告書』107　愛知県埋蔵文化財センター
赤塚次郎　2007a「朝日遺跡における金属製品の分布とその特徴について」『朝日遺跡Ⅶ　第3分冊　総括』愛知県埋蔵文化財センター調査報告書』138　愛知県埋蔵文化財センター
赤塚次郎　2007b「東海・沖積低地の弥生時代の武器とその素材」『大阪府立弥生文化博物館図録35　稲作とともに伝わった武器』大阪府立弥生文化博物館
赤塚次郎・石黒立人　2003「猫島遺跡」『愛知県埋蔵文化財センター調査報告書』107
赤塚次郎編　2009a「朝日遺跡Ⅷ　総集編」『愛知県埋蔵文化財センター調査報告書』154　愛知県埋蔵文化財センター
赤塚次郎編　2009b「朝日遺跡Ⅷ　本文編」『愛知県埋蔵文化財センター調査報告書』154　愛知県埋蔵文化財センター
浅野井坦　1999「弥生文化と金属器と」『戸倉町誌』2　戸倉町誌編纂委員会
天石夏実・菊田宗　1997「有東遺跡　第14次調査報告書」『静岡市埋蔵文化財調査報告』43　静岡市教育委員会
安藤広道　1991「弥生時代集落群の動態―横浜市鶴見川・早渕川流域の弥生時代集落遺跡群を対象に―」『調査研究集録』8　横浜市埋蔵文化財センター
安藤広道　1992「弥生時代の水田の立地と面積」『史学』62―1・2　三田史学会
安藤広道　2001「集落の移動から見た南関東の弥生社会」『弥生時代の集落』学生社
安藤広道　2002「関東地方における鉄器・青銅器の流れ」『考古学リーダー1　弥生時代の人の移動』六一書房
安中市教育委員会　1988「注連引原Ⅱ遺跡」『すみれケ丘公園造成事業に伴う埋蔵文化財発掘調査報告書』安中市教育委員会社会教育課
飯島哲也　1991「長野市松原遺跡出土の石戈について」『長野県考古学会誌―弥生文化特集号』長野県考古学会
飯塚晴夫　1998「掛之上遺跡」『静岡県埋蔵文化財調査研究所調査報告書』110　静岡県埋蔵文化財調査研究所
石井智大　2010a「伊勢湾西岸地域における櫛描紋（条痕紋）系土器期の集落と社会」『伊勢湾岸弥生社会シンポジウム・中期篇　大規模社会と弥生集落』伊勢湾岸弥生社会シンポジウムプロジェクト
石井智大　2010b「伊勢湾西岸地域における凹線紋系土器期集落の様相」『伊勢湾岸弥生社会シンポジウム・中期篇　大規模社会と弥生集落』伊勢湾岸弥生社会シンポジウムプロジェクト
石岡市教育委員会　1982『ぜんぶ塚（九十九塚）古墳発掘調査報告書』
石岡市教育委員会　1989『宮平遺跡確認調査報告書』
石川日出志　2000「南関東の弥生社会展開図式・再考」『大塚初重先生頌寿記念考古学論集』東京堂出版
石川日出志　2002「南関東の弥生後期集落」『弥生の「ムラ」から古墳の「クニ」へ』学生社
石川日出志　2009「弥生文化と信濃」『山を越え川に沿う―信州弥生文化の確立―』長野県立歴史館
石黒立人・宮腰健司　1993「朝日遺跡Ⅳ」『愛知県埋蔵文化財センター調査報告書第』33　愛知県埋蔵文化財センター
石黒立人　2009a「凹線紋系土器期前後の伊勢湾岸域―弥生集落史の地平その3―」『中部の弥生時代研究』中部の弥生時代研究刊行委員会
石黒立人　2009b「伊勢湾岸域の墓葬と文化」『中部の弥生時代研究』中部の弥生時代研究刊行委員会
石黒立人　2010a「凹線紋期における濃尾平野の集落動態」『伊勢湾岸弥生社会シンポジウム・中期篇

　　　　大規模社会と弥生集落』伊勢湾岸弥生社会シンポジウムプロジェクト
石黒立人　2010b「貝殻描紋・櫛描紋・条痕紋と＜系＞」『伊勢湾岸弥生社会シンポジウム・中期篇
　　　　大規模社会と弥生集落』伊勢湾岸弥生社会シンポジウムプロジェクト
石黒立人　2010c「櫛描紋（条痕紋）期における濃尾平野の集落動態」『伊勢湾岸弥生社会シンポジウ
　　　　ム・中期篇　大規模社会と弥生集落』伊勢湾岸弥生社会シンポジウムプロジェクト
石黒立人　2010d「凹線紋系土器と在来形式」『伊勢湾岸弥生社会シンポジウム・中期篇　大規模社会
　　　　と弥生集落』伊勢湾岸弥生社会シンポジウムプロジェクト
石黒立人編　2009『中部の弥生時代研究』中部の弥生時代研究
伊東重敏・井上義安・海老沢稔・柿沼修平・川井正一　1991『茨城県史料　考古資料編　弥生時代』
　　　　茨城県立歴史館編集　精興社
井上義安　1980『髭釜―鹿島線建設に伴う埋蔵文化財発掘調査概報―』
井上義安　2001『一本松遺跡』茨城県大洗町一本松埋蔵文化財発掘調査会
茨城県教育財団　1982「成沢遺跡・屋代Ａ遺跡」『龍ヶ崎ニュータウン内埋蔵文化財調査報告書』14
　　　　茨城県教育財団
茨城県教育財団　1983「新池台遺跡」『石岡都市計画事業南台土地区画整理事業地内埋蔵文化財調査報
　　　　告書』17　茨城県教育財団
茨城県教育財団　1991「餓鬼塚　沢三木台遺跡」『主要地方道水戸鉾田佐原線道路改良工事地内埋蔵文
　　　　化財調査報告書』70　茨城県教育財団
茨城県教育財団　2002「長峰城跡（長峰遺跡・長峰古墳群）」『竜ケ崎ニュータウン内埋蔵文化財調査
　　　　報告書』184　茨城県教育財団
茨城県教育財団　2007「大戸富士山遺跡」『やさしさのまち「桜の郷」整備事業に伴う埋蔵文化財調査
　　　　報告書』279
上田市・上田市教育委員会・上田市土地開発公社編　1996「上田原遺跡―県営球場建設に係る上田原
　　　　遺跡ほか２遺跡発掘調査報告書」『上田市文化財調査報告書第』56
上田市信濃国分寺資料館　2009『上田地方の古代文化』
大阪府立弥生博物館編　2001『弥生クロスロード―再考・信濃の農耕社会』
大阪府立弥生博物館編　2003『弥生創生記―検証・縄文から弥生へ―』
太田勝美・太田好治　1997「伊場遺跡　遺物編」『伊場遺跡発掘調査報告書第９冊』浜松市教育委員会
大塚初重・川崎純徳・佐藤次男　1985『茨城県史　原始古代編』茨城県史編集委員会　精興社
大手前大学史学研究会編　2007「土器研究の新視点〜縄文から弥生時代を中心とした土器生産・焼成
　　　　と食・調理〜」『考古学リーダー』9　六一書房
大場磐雄　1949「信濃國安曇族の考古學的一考察」『信濃』1―1　信濃郷土研究会
大場磐雄・永峯光一・原　嘉藤　1963「長野県東筑摩郡四賀村井刈遺跡調査概報」『信濃』15―12　信
　　　　濃史学会
大場磐雄・原　嘉藤　1971「長野県塩尻市柴宮発見の銅鐸」『信濃』13―4　信濃史学会
大村　直　1983「弥生時代におけるムラとその基本的経営」『史館』15　史館同人
大村　直　1991「方形周溝墓における未成人埋葬について―家族墓・家長墓説批判―」『史館』23　史館同人
岡崎卯一　1976「第３節　弥生時代の展開」『富山県史』通史編Ⅰ原始・古代　富山県
岡村　渉　1997「有東遺跡　第16次調査報告書」『静岡市埋蔵文化財調査報告書』39　静岡市教育委員会
押方みはる編　2002『シンポジウム墳丘墓から古墳へ〜秋葉山古墳群の築造〜発表要旨』海老名市教
　　　　育委員会

第3章　青銅器出土遺跡の現状

柿沼恵介　1986『群馬県史』通史編1　群馬県史編さん委員会
蔭山誠一・鬼頭　剛・堀木真美子　1998「一色青海遺跡」『愛知県埋蔵文化財センター調査報告書』79　愛知県埋蔵文化財センター
蔭山誠一　2007「朝日遺跡Ⅶ（第1分冊　遺構）」『愛知県埋蔵文化財センター調査報告書』138　愛知県埋蔵文化財センター
片野雄介　1999「八木連西久保遺跡　行沢大竹遺跡　行沢竹松遺跡　諸戸スサキ遺跡」『群馬県営ほ場整備事業（妙義中部地区）に伴う埋蔵文化財発掘調査報告書』　群馬県甘楽郡妙義町教育委員会
勝田市教育委員会　1990『平成元年度　勝田市内遺跡発掘調査報告書』
川江秀孝・辰巳　均・佐野一夫　1975「弥生時代の遺構」『伊場遺跡　遺物編』『伊場遺跡発掘調査報告書第2冊』浜松市教育委員会
川崎　保編　2008『「赤い土器のクニ」の考古学』雄山閣
川部浩司　2010「凹線紋系土器期における伊勢湾西岸域の墓葬と儀礼」『伊勢湾岸弥生社会シンポジウム・中期篇　大規模社会と弥生集落』伊勢湾岸弥生社会シンポジウムプロジェクト
北橘村教育委員会　1986「分郷八崎遺跡」『関越自動車道（新潟線）地域埋蔵文化財発掘調査報告書』北橘村教育委員会
木下尚子　1982「貝輪と銅釧」『末盧国』六興出版
桐原　健　1966「信濃国出土青銅器の性格について」『信濃』18—4　信濃史学会
桐原　健　1981「柴宮銅鐸をめぐる諸問題」『信濃』33—11　信濃史学会
桐原　健　2006「海ノ口銅戈の将来経路」『長野考古学会誌—樋口昇一氏追悼号』118　長野県考古学会
桐原　健　2007「海ノ口銅戈と派出する問題」『仁科路』
桐山秀徳　2008『平手町遺跡第4次発掘調査報告書』名古屋市健康福祉局
久世辰男　2001『集落遺跡からみた南関東の弥生社会』六一書房
群馬県教育委員会　1982「日高遺跡」『関越自動車道（新潟線）地域埋蔵文化財発掘調査報告書』5　群馬県埋蔵文化財調査事業団
群馬県教育委員会　1988「新保遺跡Ⅱ—弥生・古墳時代集落編—」『関越自動車道（新潟線）地域埋蔵文化財発掘調査報告書』18　群馬県埋蔵文化財調査事業団
群馬県教育委員会　1990「有馬遺跡」『関越自動車道（新潟線）地域埋蔵文化財発掘調査報告書』32　群馬県埋蔵文化財調査事業団
群馬県教育委員会　1991「有馬条里遺跡」『関越自動車道（新潟線）地域埋蔵文化財発掘調査報告書』35　群馬県埋蔵文化財調査事業団
群馬県埋蔵文化財調査事業団　1982「清里・庚申塚遺跡」『県営畑地帯総合土地改良事業清里地区埋蔵文化財発掘調査報告書』2　群馬県埋蔵文化財調査事業団
群馬県埋蔵文化財調査事業団　1984「荒砥島原遺跡」『県営圃場整備事業荒砥南部地区に係る埋蔵文化財発掘調査報告書』　群馬県埋蔵文化財調査事業団
小池岳史編　1995「家下遺跡」『平成6年度茅野市横内土地区画整備事業に伴う埋蔵文化財調査報告書』茅野市教育委員会
小池岳史編　1995「家下遺跡Ⅱ」『平成7年度茅野市横内土地区画整備事業に伴う埋蔵文化財発掘調査報告書』茅野市教育委員会
更埴市史編さん委員会編　1994「科野国形成期の農耕社会」『更埴市史—古代・中世編』
小島敦子　2009「荒砥前田Ⅱ遺跡」『一般国道17号（上武道路）改築工事に伴う埋蔵文化財発掘調査（その1）報告書』古墳時代前期集落遺跡の調査472　（財）群馬県埋蔵文化財調査事業団

小山眞夫　1927「信濃國武石村出土の巴形銅器」『考古学雑誌』17—4　日本考古学会
酒井龍一　1984「弥生時代中期・畿内社会の構造とセトルメントシステム」『文化財学報』3　奈良大学文学部文化財学科
佐久市教育委員会編　2003「佐久駅周辺土地区画整理事業埋蔵文化財発掘調査報告書」『佐久市埋蔵文化財調査報告書』110
佐久市教育委員会編　2007『佐久市文化財年報』15
佐久市教育委員会編　2008『佐久市文化財年報』16
佐久市教育委員会編　2008「北畑遺跡Ⅰ・Ⅱ、北裏遺跡Ⅰ」『佐久市埋蔵文化財調査報告書第』155
佐久考古学会編　1990『佐久考古6号　赤い土器を追う』
佐久考古学会編　2011『佐久考古通信』108
桜井秀雄　2009「石製模造品からみた古墳時代の祭祀」『平出博物館ノート』23　塩尻市平出博物館
佐々木憲一　1999「日本考古学における古代国家論—システム論的見地から—」『国家形成期の考古学—大阪大学考古学研究室10周年記念論集—』大阪大学考古学研究室
笹澤　浩　2009「善光寺平の弥生文化」『山を越え川に沿う—信州弥生文化の確立—』長野県立歴史館
笹澤　浩　2010「銅鐸・銅戈を用いた弥生のまつりとその社会」『平出博物館ノート』24　塩尻市平出博物館
笹澤正史　2009「新潟県における弥生時代の拠点集落の変遷—上越地方を中心として—」『弥生時代の北陸を探る』石川県小松市教育委員会埋蔵文化財調査室
佐藤好司　2002『朝日遺跡第11次発掘調査報告書』名古屋市教育委員会
佐藤好司・大杉規之編　2002『朝日遺跡第12次発掘調査報告書』名古屋市教育委員会
更級埴科地方誌刊行会　1978「弥生時代」『更級埴科地方誌　原始・古代・中世』
山武考古学研究所　1997「引間Ⅴ遺跡発掘調査報告書」『老人保険施設建設工事に伴う埋蔵文化財発掘調査』58　山武考古学研究所　高崎市遺跡調査会
設楽博己　2005「井戸と龍」『平出博物館ノート』19　塩尻平出博物館
設楽博己　2008『弥生再葬墓と社会』塙書房
設楽博己編　2006『原始絵画の研究　論考編』六一書房
設楽博己・藤尾慎一郎・松木武彦編　2008a「儀礼と権力」『弥生時代の考古学』7　同成社
設楽博己・藤尾慎一郎・松木武彦編　2008b「集落からよむ弥生社会」『弥生時代の考古学』8　同成社
設楽博己・藤尾慎一郎・松木武彦編　2009a「弥生文化の輪郭」『弥生時代の考古学』1　同成社
設楽博己・藤尾慎一郎・松木武彦編　2009b「弥生文化誕生」『弥生時代の考古学』2　同成社
設楽博己・藤尾慎一郎・松木武彦編　2009c「食料獲得と生産」『弥生時代の考古学』5　同成社
設楽博己・藤尾慎一郎・松木武彦編　2009d「弥生社会のハードウェア」『弥生時代の考古学』6　同成社
下條信行　1983「武器形石製品の性格」『平安博物館研究紀要』7　平安博物館
下濱貴子　2009「石川における弥生時代の拠点集落について」『弥生時代の北陸を探る』石川県小松市教育委員会埋蔵文化財調査室
柴垣勇夫監修　1973『環状2号線関係　朝日遺跡群第1次調査報告』愛知県教育委員会
白居直之　1999「上信越自動車道埋蔵文化財発掘調査報告書11　春山遺跡・春山B遺跡」『長野県埋蔵文化財センター発掘調査報告書』45　日本道路公団・長野県教育委員会・長野県埋蔵文化財センター
白井久美子　2007「関東における古墳形成の特性」『考古学研究』53—4　考古学研究会
杉原荘介　1968「銅鐸—その時代と社会—」『駿台史學』22　駿台史学会
杉原荘介　1971「巴形銅器」『考古學集刊』4—4　東京考古學会
杉原荘介　1984『栃木県出流原における弥生時代の再葬墓群』臨川書店

鈴木恒男　1955「巴形銅器出土遺跡地名表」『國學院雑誌』56―2
鈴木とよ江　2010a「三河地域における条痕紋（櫛描紋）系土器期集落の様相について」『伊勢湾岸弥生社会シンポジウム・中期篇　大規模社会と弥生集落』伊勢湾岸弥生社会シンポジウムプロジェクト
鈴木とよ江　2010b「三河地域における凹線紋系土器期集落の様相について」『伊勢湾岸弥生社会シンポジウム・中期篇　大規模社会と弥生集落』伊勢湾岸弥生社会シンポジウムプロジェクト
関沢　聡　1994「松本平東部における弥生時代の石製武器について」『中部高地の考古学Ⅳ―長野県考古学会3周年記念論文集』長野県考古学会
関沢　聡　2008「弥生時代の争いと祈り」『平出博物館ノート』22　塩尻平出博物館
関　雅之　1986「第三章　第一・二・三章」『新潟県史』通史編1　原始・古代　新潟県
喬木村教育委員会編　1977「帰牛原城本屋」『昭和51年度喬木村帰牛原地区農業構造改善事業埋蔵文化財発掘調査報告書』
喬木村教育委員会編　1979「帰牛原遺跡十万山地区」『埋蔵文化財発掘調査報告書』
高橋　桂・吉原佳市編　2002「根塚遺跡」『木島平村埋蔵文化財調査報告書№12』木島平村教育委員会
武石村誌刊行会編　1999「弥生時代」『武石村誌』
立花　実　1991「相模における後期弥生土器編年と東海系土器」『東海系土器の移動からみた東日本における後期弥生土器』東海埋蔵文化財研究会
田中義昭　1976「南関東における農耕社会の成立をめぐる若干の問題」『考古学研究』22―4　考古学研究会
田中義昭　1984「農業社会の形成と発展」『日本歴史体系』1原始・古代　山川出版社
堤　賢昭・菅谷文則・吉村雅博・吉田二良　1973「奈良県御所市鴨都波遺跡出土の石戈」『考古学雑誌』59―3　日本考古学会
寺沢　薫　1998「集落から都市へ」『古代国家はこうして生まれた』角川書店
寺沢　薫　2000『王権誕生』日本の歴史2　講談社
寺前直人　2009「銅鐸と武器形青銅器―畿内弥生社会の変質過程―」『考古学ジャーナル』9　ニュー・サイエンス社
寺村光晴　1986「第三章　第四節」『新潟県史』通史編1　原始・古代　新潟県
栃木県　1976『栃木県史』通史編1　資料編　考古一　栃木県史編さん委員会
栃木県　1976『栃木県史』通史編1　原始古代一　栃木県史編さん委員会
栃木県教育委員会1979『上仙波遺跡発掘調査報告』栃木県史編さん委員会原始部会
栃木県教育委員会1981「柴工業団地内遺跡調査報告」『栃木県埋蔵文化財報告』43　栃木県文化振興事業団
栃木県教育委員会　1996『弥生人のくらし―卑弥呼の時代の北関東―』栃木県なす風土記の丘博物館
富岡市教育委員会　1987『小塚・六反田・久保田遺跡発掘調査報告書』
友廣哲也　2010「群馬の弥生時代から古墳時代の『国』」菊池徹夫編『比較考古学の新地平』同成社
中野市教育委員会　1988「栗林Ⅷ・浜津ヶ池」『中野市埋蔵文化財緊急発掘調査報告書』
中野市歴史民俗資料館　2005『栗林遺跡と千曲川水系の弥生土器』
長野県考古学会弥生部会　1999a『長野県の土器編年』
長野県考古学会弥生部会　1999b『長野県弥生土器集成図録』
長野県土地開発公社・佐久市教育委員会　1999「鳴沢遺跡群　五里田遺跡」『佐久市埋蔵文化財調査報告書』74
長野市教育委員会・長野市遺跡調査会編　1986「塩崎遺跡群Ⅳ―市道松節―小田井神社地点遺跡―」『長野市の埋蔵文化財』18　長野市教育委員会

長野市教育委員会編　1992「篠ノ井遺跡群（4）―聖川堤防地点」『長野市の埋蔵文化財第46集』長野市埋蔵文化財センター
長野市誌編さん委員会編　2000「歴史編　原始・古代・中世」『長野市誌』2
長野県松本県ヶ丘高等学校・松本市教育委員会編　1990「松本市県町遺跡―緊急発掘調査報告書―」『松本市文化財調査報告』82
永峯光一　1966「鏡片の再加工と考えられる白銅板について」『信濃』18―4　信濃史学会
中山誠二　1993「甲府弥生土器編年の現状と課題―時間軸の設定」『研究紀要』9　山梨県考古博物館・山梨県埋蔵文化財センター
難波洋三　2009「柳沢遺跡出土の銅鐸と銅戈」『山を越え川に沿う―信州弥生文化の確立―』長野県立歴史館
西川修一　1991「相模後期弥生社会の研究」『古代探叢』Ⅲ　早稲田大学出版会
西川修一　2007「南武蔵・相模」『月刊考古学ジャーナル』554
西相模考古学研究会編　2002「弥生時代のヒトの移動〜相模湾から考える〜」『考古学リーダー』1　六一書房
沼津市教育委員会　1980「御幸町遺跡第2次発掘調査概報」『沼津市文化財調査報告』21
沼津市教育委員会編　2009「江藤千萬樹考古学論集」『沼津市叢書十一』
服部哲也　1987『瑞穂遺跡　第4次調査の概要』名古屋市教育委員会
服部哲也・中嶋理恵・吉田裕子・森　勇一　1996『西志賀遺跡―発掘調査の概要―』名古屋市教育委員会
馬場伸一郎　2008「武器形石製品と弥生中期栗林文化」『「赤い土器のクニ」の考古学』雄山閣
浜田晋介　1988「弥生時代の甲府盆地」『山梨県考古学協会誌』2　山梨県考古学協会
東筑摩郡・松本市・塩尻市郷土資料編纂会　1984「弥生時代」『東筑摩郡・松本市・塩尻市誌』2
比田井克仁　1997「定型化古墳出現前における濃尾、畿内と関東の確執」『考古学研究』44―2　考古学研究会
比田井克仁　2001「関東弥生首長の相対的位置づけとその成立過程」『古代』109
ひたちなか市遺跡調査会　2002『東中根遺跡群発掘調査報告書』
平塚市博物館市史編さん　1999「平塚の弥生時代」『平塚市史』11 上
藤田富士夫　1983『日本の古代遺跡』13　富山　保育社
藤森栄一　1936「信濃の弥生式土器と弥生式文化」『考古学』7―7　東京考古学会
古川　登　2001「北陸地方における弥生時代墓制の特質」『古代文化』53―4　古代学協会
前田清彦　1993「土器棺墓からみた伊勢湾周辺地域の墓制」『突帯文土器から条痕文土器へ』突帯文土器研究会
前田清彦　2010「条痕紋（櫛描紋）系土器期における伊勢湾東部の墓葬と儀礼」『伊勢湾岸弥生社会シンポジウム・中期篇　大規模社会と弥生集落』伊勢湾岸弥生社会シンポジウムプロジェクト
町田勝則　2008「石器に弥生の社会を読む」『「赤い土器のクニ」の考古学』雄山閣
町田勝則　2010「中部日本」『季刊考古学』111　雄山閣
松井一明　2001『掛之上遺跡Ⅶ　本文編』『袋井市駅前第二地区土地区画整理事業に伴う発掘調査報告書』2　袋井市教育委員会
松井一明　2002a「掛之上遺跡Ⅵ・Ⅷ　本文編」『袋井市駅前第二地区土地区画整理事業に伴う発掘調査報告書』3　袋井市教育委員会
松井一明　2002b「掛之上遺跡Ⅸ・Ⅹ　本文編」『袋井市駅前第二地区土地区画整理事業に伴う発掘調

査報告書』4　袋井市教育委員会
松井一明　2002c「見えてきた昔の掛之上―かけのうえ遺跡」『袋井市駅前第二地区土地区画整理事業に伴う発掘調査報告書（掛之上遺跡11）』5　袋井市教育委員会
松井一明　2003a「掛之上遺跡13・16・17　本文編」『袋井市駅前第二地区土地区画整理事業に伴う発掘調査報告書』6　袋井市教育委員会
松井一明　2003b「掛之上遺跡14・15・19　本文編」『袋井市駅前第二地区土地区画整理事業に伴う発掘調査報告書』7　袋井市教育委員会
松井一明　2003c「掛之上遺跡18　本文編」『袋井市駅前第二地区土地区画整理事業に伴う発掘調査報告書』8　袋井市教育委員会
松井一明・富沢　威・馬淵久夫・薬袋佳孝・富永健・門倉武夫・中田節子・渡辺智恵美・菅井裕子　2004「愛野向山Ⅱ遺跡」『愛野向山Ⅱ遺跡・愛野向山B古墳群発掘調査報告書』袋井市教育委員会
松本市教育委員会編　1981「長野県松本市あがた遺跡発掘調査報告書　あがた遺跡」『松本市文化財調査報告』19
向坂鋼二　1975「弥生時代遺構について」『伊場遺跡　遺物編』『伊場遺跡発掘調査報告書第2冊』浜松市教育委員会
向坂鋼二・辰巳　均　1982「伊場遺跡　遺物編」『伊場遺跡発掘調査報告書第5冊』浜松市教育委員会
三木　弘　2008「銅鐸のまつりと信濃」『平出博物館ノート』22　塩尻市平出博物館
みなかみ町教育委員会2008「八束脛洞窟遺跡」みなかみ町教育委員会編
南関東の弥生土器実行委員会編　2005「南関東の弥生土器」『考古学リーダー』5　六一書房
宮腰健司編　2000「朝日遺跡Ⅵ―新資料館地点の調査―本文」『愛知県埋蔵文化財センター調査報告書』83　愛知県埋蔵文化財センター
宮腰健司　2010a「櫛描紋（条痕紋）系土器期における東部の墓葬と儀礼」『伊勢湾岸弥生社会シンポジウム・中期篇　大規模社会と弥生集落』伊勢湾岸弥生社会シンポジウムプロジェクト
宮腰健司　2010b「凹線紋系土器期の伊勢湾東部の墓葬と儀礼」『伊勢湾岸弥生社会シンポジウム・中期篇　大規模社会と弥生集落』伊勢湾岸弥生社会シンポジウムプロジェクト
村木　誠　2009「尾張としての弥生土器研究」『中部の弥生時代研究』中部の弥生時代研究刊行委員会
森　浩一編　2002『東海学が歴史を変える』五月書房
森本六爾　1930「信濃若宮銅剣に就て」『信濃考古学会誌』2―3　信濃考古学会
森本六爾　1943『日本考古學研究』桑名文星堂
八木広尚　1997「有東遺跡　第15次調査報告書」『静岡市埋蔵文化財調査報告』40　静岡市教育委員会
安　秀樹　2009「北陸における弥生時代中期・後期の集落」『国立歴史民俗博物館研究報告』149
柳田康雄　2009「武器形青銅器の型式学的研究」『考古学ジャーナル』9　ニュー・サイエンス社
山岸亮二編　1996『関東の方形周溝墓』同成社
山梨県考古学協会編　2010『山梨県考古学協会2010年度研究集会　中部高地南部における櫛描文系土器の拡散』
八幡一郎　1929「信濃發見の滑車形耳飾」『信濃考古学会誌』1―1　信濃考古学会
弥生時代研究プロジェクトチーム　2009「神奈川県内出土の弥生時代金属器（1）―鉄器集成―」『かながわの考古学』財団法人　かながわ考古学財団
横倉興一　1986『群馬県史』資料編2　原始古代2　群馬県編さん委員会
李舜雨　1983『茨城県の原始・古代遺跡』東流出版
和島誠一・田中義昭　1966「住居と集落」『日本の考古学』Ⅲ弥生時代　河出書房新社

第4章　青銅器形式・型式の検討

1　銅　鏡

柳田康雄

(1) 多鈕鏡

長野県佐久市社宮司遺跡多鈕無文鏡

　多鈕細文鏡が勾玉・管玉・鉄器とともに土器に納められて出土したという（桐原1966、永峯1966）。また、小山岳夫が現存する出土品から埋納状況を復元している（小山2011）。現在個人所蔵であることから出土品の全部は調査できなかったが、今回佐久市教育委員会のお世話で鉄器と土器以外を観察調査できた（柳田2011）。

　多鈕細文鏡とされている破鏡は、長径4.23cm、短径2.4cmの大きさの中に、鈕1個と縁の一部が残っている。厚さは、縁1.85mm、中央最薄部0.85mm、鈕部3.0mmである。破鏡とは、破片となってから二次的に研磨され、マメツ（柳田2002b）したものをいうが、本例も両面のほぼ全面が研磨されており、マメツもしている。金属質も錫分が多く、保存状態が良好である（図1、写真1・2）。

　鈕が円鏡の中央にないことから多鈕細文鏡とされている（桐原1966、永峯1966）が、わずかに背面の縁内側に鋳肌の原状を残して、出土後の傷があるものの、文様がないことから多鈕無文鏡である。鏡面の破片中央部には、内湾した鏡面の原状が窺える。鈕の外形は通例の多鈕細文鏡と同じく半円形であるが、実際の鈕孔は鈕孔部分に円形棒の中型が挿入されたために写真2-5・6のように円孔になっており、現状では上部が研磨されて失われている。円孔の内部には出土後の

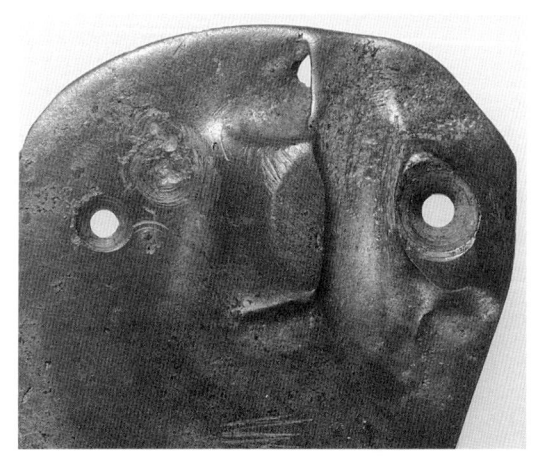

写真1　長野県社宮司遺跡多鈕無文鏡　　　　　図1　同実測図（実大）

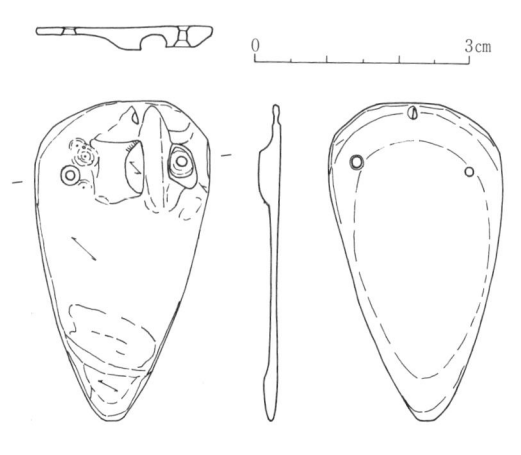

第4章　青銅器形式・型式の検討

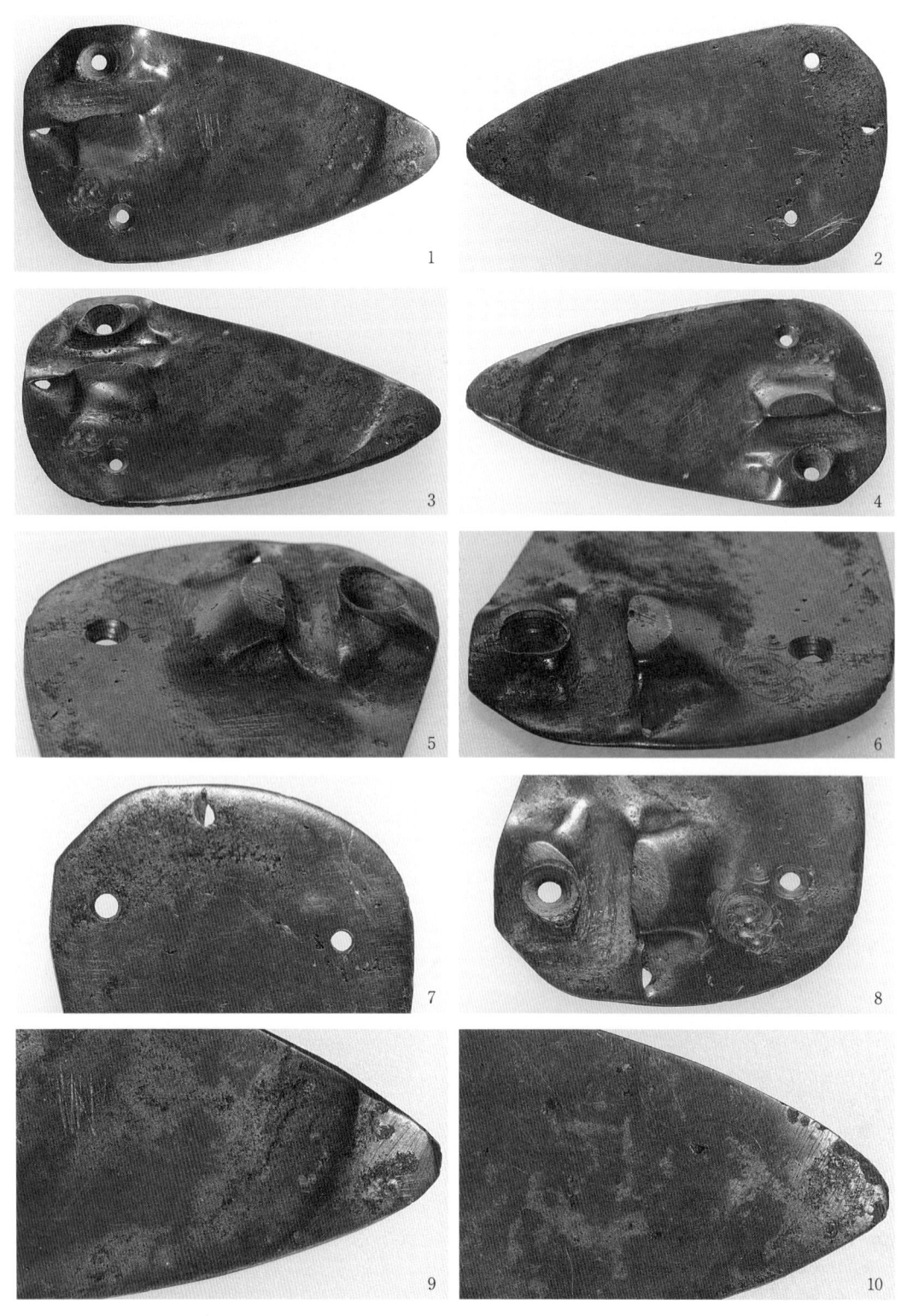

写真2　長野県社宮司遺跡多鈕無文鏡

1 銅 鏡

傷がある（写真1、2-1・5・6・8・9）。一部残る鏡縁は、本来は蒲鉾形断面であろうが、現状は著しい研磨で平坦な縁となっている（写真2-1・3・9段目左）。

鈕上と平坦部に各1個の円孔がドリル状工具で穿たれているが、最初に裏面から穿孔され、次に鏡面から若干補正されている。裏面平坦部には、その他に出土後の可能性もあるが4ヵ所の三つ目状錐による未穿孔痕跡がある。これが当時の未穿孔痕跡だとすると、穿孔工具の特定に繋がる重要な発見となる。また、鈕の傍らには、鋳造時の鬆らしき半円形のアナが見られるが、鏡面にも無数の鬆が見られる（写真2-2・7・10）。鏡片は、鏡面側の周縁マメツによる丸みがあり研磨痕も見えるが、鏡背の周縁が粗く面取研磨されている（写真2-3・4）。これも穿孔された2孔と同じくマメツしていない（写真2-3〜10）。鏡片両面の付着物は布である可能性がある。

なお、小山岳夫は多鈕鏡片を装飾品と考え、ヒスイ勾玉・管玉と一連に「つなげられていた」としている（小山 2011）が、鏡片が2孔をもつことからも別に懸垂する性質のものであろう。ただし、鏡片の2孔はマメツしていない（写真1、2-5・6）。

時期は、中期後半の栗林土器後半段階のものとされる（小山 2011）が、類例が乏しい多鈕無文鏡であることから当該地の中期末以後という曖昧な設定しかできないのが現状であるようだ。しかし、第6章1で述べるように、東日本の中期末は北部九州の後期前半以後に併行すると考えている。

(2) 前漢鏡

愛知県名古屋市朝日遺跡破鏡

破鏡は、朝日遺跡99ab区のSK01とされる楕円形土坑から、山中Ⅱ式末葉を中心とする土器とガラス小玉1点が伴って出土している。鏡片は長径4.6cm、短径2.0cm、縁厚0.31cmの大きさで、平縁・乳・文様から復元径約7.4cmの虺龍文鏡である（赤塚 2007）。

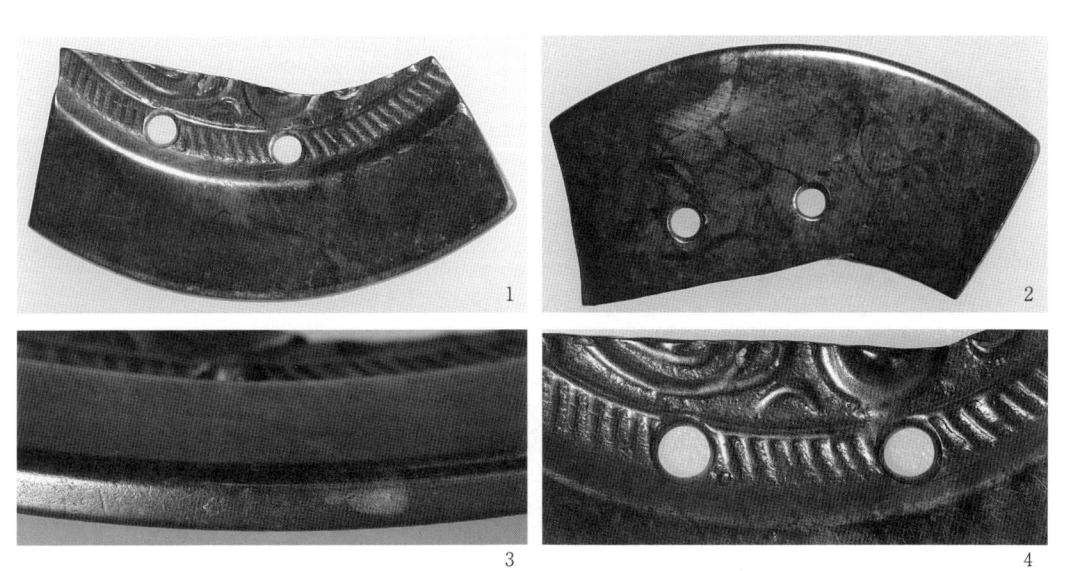

写真3 愛知県朝日遺跡破鏡

第4章 青銅器形式・型式の検討

　鏡片は、鏡背に発掘時と思われる粗い傷も見られるが、鏡片周縁においてマメツ（柳田 2002b）に差がある。

　鏡縁両角が多マメツ（写真3-3）、鏡背右側辺が中マメツ（写真3-1・2）、その他の2辺が少マメツして丸みをもっている。このマメツの差は、鏡縁側面に粗い研磨痕がないことから、鏡片となる前に伝世マメツした後に破鏡となったことが確実で（写真3-3）、さらに上と左側が破鏡となった後に再度鏡片となった可能性をもっている。鏡片となった後に穿孔された2個の円孔は、鏡縁の反対側のマメツが著しいことから、鏡縁を下にして懸垂されたらしい。鏡背の左側円孔の右側に未穿孔の痕跡がある（写真3-4）。鏡面には無数の直線的な極細刻線があり、右側穿孔の右側に意図的に描かれた可能性のある底辺 0.6cm、高さ 1.5cmの二等辺三角形がある。

(3) 後漢鏡
① 岐阜県岐阜市瑞龍寺山墳丘墓「長宜子孫」銘内行花文鏡

　鏡は昭和41（1966）年に中学生によって発見された。鏡は「面を上にむけ、破砕した状態で出土したという」。また、「鏡を中心にして、直径約1米の範囲内から、後述の弥生式土器が検出された」ともいう（楢崎・山田 1967）。昭和52（1977）年に遺構確認調査が実施され、「現状では墳

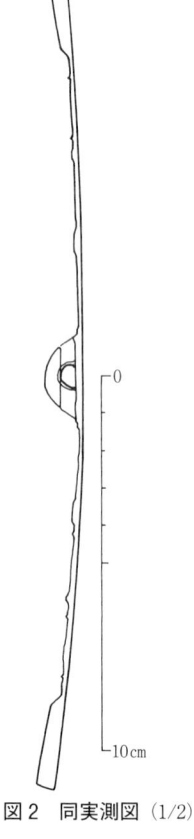

写真4　岐阜県瑞龍寺山墳丘墓「長宜子孫」銘内行花文鏡　　　　図2　同実測図（1/2）

1 銅鏡

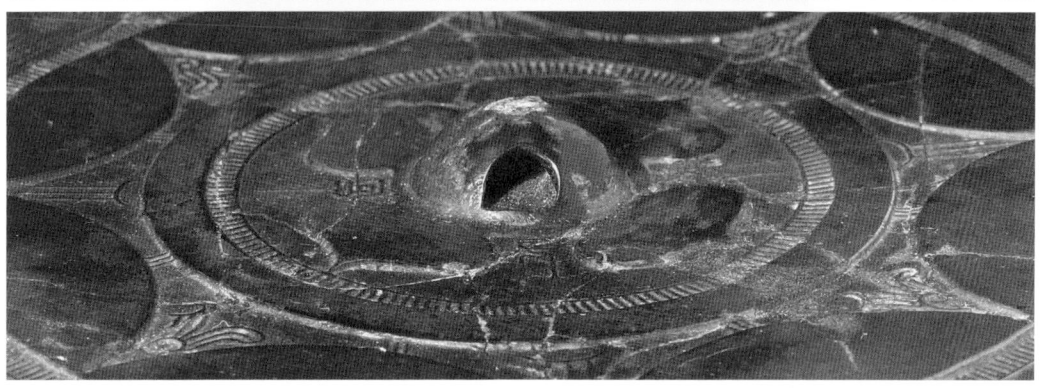

写真5　岐阜県瑞龍寺山墳丘墓「長宜子孫」銘内行花文鏡

丘のようなものを認めることはできない」という。「遺構として、岩盤を掘り抜いてつくった二つの長方形土壙を検出」している。遺構内とその周辺から碧玉製管玉2個・ガラス小玉2個を採集している。第Ⅰ遺構は長さ4m、幅1m、深さ20cm、第Ⅱ遺構が長さ3.40m、幅1m+αであり、鏡と土器は第Ⅱ遺構南東側から出土している（図2、写真4・5）。

　破砕した状態で発見された「長宜子孫」銘内行花文鏡は、現状では破片が不足する部分が10ヶ所前後ある（写真4）。鏡は、直径22cm、鈕径2.4cm、鈕厚1.06cm、鈕孔幅0.71cm、鈕孔高0.43cm、鏡縁外側厚0.48cm～0.51cm、鏡縁内側厚0.37cm～0.39cmの計測値をもつ。鏡面の反り

53

第4章 青銅器形式・型式の検討

は、0.5cmから1.0cmの差があり、側面から見ると波打っているので復元の失敗であろう（図2）。

　鋳造技術を観察すると、鈕孔を上下にして鈕座銘の「長」を上にすると、「長」の直下、右横と上の櫛歯文、斜角雷文の渦巻に小さな型崩れあるいは鋳引けが生じている。さらに、鏡縁の上半分に鬆が生じている。しかし、その中央部に鬆が生じていない部分があり、湯口であることがわかる。鏡面では中央部から上半分を囲む帯状に鬆が発生しており、鏡背での観察結果と同じく上に湯口が存在していたことがわかる（柳田 2000a・2002a・2002b・2005）。

　使用痕跡は、全体に少マメツであるが、鈕と鈕座には同心円研磨痕跡が残っている。鈕孔も写真のように片寄りマメツしているので、若干伝世していることになる。本鏡は、岡村秀典の四葉座内行花文鏡I式で漢鏡4期に属する（岡村 1993）が、伝世マメツしていることから、弥生時代後期中頃以後であろう（柳田 2002a）。

　また、「面を上にむけ、破砕した状態で出土した」ことが事実であれば、北部九州外で弥生時代唯一の破砕鏡となるが、「破砕」の意味が今日の破砕鏡を指しているとは考えられないことから、不足する鏡片が小さく少ないことを合わせると割れて出土したものと理解しておいた方がよいようだ。

　共伴した土器は、丹塗りの鉢形土器1点と高坏形あるいは器台形土器3点で、弥生時代後期前葉の山中式に属するという（萩野 1985）が、北部九州での同型式鏡が後期前半であることと、伝世マメツしていることから、北部九州の後期中頃以後に併行するものと考えている（柳田 2002b）。

② 　岐阜県関市砂行(すぎょう)遺跡破鏡

　弥生時代終わり頃（3世紀）の竪穴住居跡から発見され、大きさは長径2.2cm、厚さ0.11cmの小さな破鏡。破鏡には青龍と「真」の一部があり、方格規矩四神鏡である。掲載された写真によると、鏡片の少なくとも一辺はマメツしていることから、破鏡と判断できる（岐阜県文化財保護センター 1998）。

③ 　石川県金沢市無量寺(むりょうじ)B遺跡破鏡

　無量寺B遺跡の破鏡は、第3次BII区1号溝から弥生後期後半から終末（法仏式〜月影式）の庄内式併行期の土器と共伴して出土している（出越 1986）。

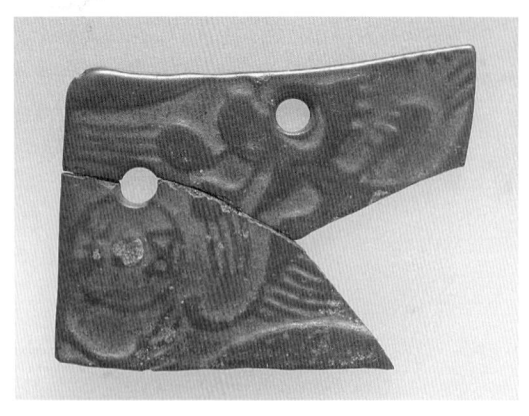

写真6　石川県無量寺B遺跡破鏡

1　銅　鏡

　破鏡は、長辺 3.95 cm、短辺 2.8 cm、最大厚 0.21 cmの計測値をもち、鏡片の両面が多マメツ、写真上縁と左縁が早く割れて多マメツ、右縁と下縁が少マメツであるから次の段階に割れたと考える。右下のＶ字ワレはマメツがないことから、埋没直前あるいは調査時に割れたものであろう。

　2個の穿孔は、両側穿孔と思われ左側に片寄りマメツしていることから、最初段階の破鏡は、右側寄りに破片が大きかった可能性がつよいことになる。右孔径 0.32 cm、左孔径 0.35 cmの大きさである（写真6）。

　本破鏡の鏡式は、出越が検討しているように双頭龍文鏡で五銖銭文を配置する稀有な存在である。時期は後漢後半とされているが、共伴した土器が庄内式併行期であることと、少なくとも二度の破鏡経緯があることから、西日本の古墳前期併行期も視野に入れたい。

(4) 小形仿製鏡
① 石川県金沢市大友西遺跡小形仿製鏡

　大友西遺跡西 SD01 とされる幅約 3m 前後の溝の底近くから、完形品の小形仿製鏡が出土した

写真7　石川県大友西遺跡小形仿製鏡　　写真8　埼玉県三崎台遺跡小形仿製鏡

図3　同実測図（実大）

(出越 2002)。径 6.8cm、鏡縁厚 0.23～0.26cm、鈕厚 0.49cm、重さ 48.67g の計測値をもつ。鏡縁の一方が厚く重いことから、鈕が片寄りマメツして擦り切れている。鏡縁断面形はマメツのために中ふくらみして、その内側に櫛歯文が残るものの、文様帯が著しいマメツのために不明であるが、内行花文鏡であろう（写真7）。

② 　埼玉県三崎台遺跡 52 号住居跡小形仿製鏡

　最大径 7.66cm、鏡縁厚 0.25～0.27cm の内行花文鏡系小形仿製鏡で、マメツが著しい。平縁の鏡縁はマメツによって扁平な蒲鉾形断面形を呈し、その内側に櫛歯文を廻らす。さらに内側には二重の突線を廻らすが、その狭い間にも櫛歯文らしきものが施されている。その内側に約 0.5cm の空間を置いて内行花文帯が廻らされている。鈕を欠損した最内側には径約 2.4cm に復元できる円圏があることから、鈕座とも考えられる。二重円圏と内行花文帯の間の 0.5cm の空間帯は、小形仿製鏡第Ⅰ型では擬銘帯部分にあたるが、第Ⅱ型以後では二重突線となる。一方、近畿地方では、櫛歯文帯の内側に二重円圏をもち、文様帯をもつ例が青谷鏡・田井中鏡にあり重圏文系小形仿製鏡とされている（田尻 2005）。しかし、その内側に内行花文帯を廻らすことから重圏文系ではないことから、従来の型式分類では該当しない（写真8）。

引用・参考文献
赤塚次郎　2007「朝日遺跡Ⅶ　金属製品」『愛知県埋蔵文化財センター調査報告書』138
岡村秀典　1993「後漢鏡の編年」『国立歴史民俗博物館研究報告』55
桐原　健　1966「信濃国出土青銅器の性格について」『信濃』18―4　信濃史学会
岐阜県文化財保護センター　1998「鏡の破片ペンダント」『きずな』23
小山岳夫　2011「埋納状況の復元」『佐久考古通信』108　佐久考古学会
田尻義了　2005「近畿における弥生時代小形仿製鏡の生産」『九州大学 21 世紀 COE プログラム（人文科学）「東アジアと日本—交流と変容」2
出越茂和　1986「金沢市無量寺 B 遺跡Ⅲ・Ⅳ」『金沢市文化財紀要』59　金沢市教育委員会
出越茂和編　2002「石川県金沢市大友西遺跡Ⅱ」『金沢市文化財紀要』180　金沢市教育委員会
永峯光一　1966「鏡片の再加工と考えられる白銅板について」『信濃』18―4　信濃史学会
楢崎彰一・山田友治　1967「岐阜市瑞龍寺山山頂出土の古鏡について」『考古学雑誌』53―1　日本考古学会
萩野繁春　1985「瑞龍寺山山頂遺跡」『岐阜市埋蔵文化財発掘調査報告書』岐阜市教育委員会
柳田康雄　2000a「平原遺跡」『前原市文化財調査報告書』70
柳田康雄　2000b『伊都国を掘る』大和書房
柳田康雄　2002a『九州弥生文化の研究』学生社
柳田康雄　2002b「磨滅鏡と踏返し鏡」『九州歴史資料館研究論集』27
柳田康雄　2005「銅鏡鋳造における湯口について」『鏡笵研究』Ⅲ　奈良県立橿原考古学研究所
柳田康雄　2011「社宮司の多鈕鏡」『佐久考古通信』108　佐久考古学会

2 銅　剣

柳 田 康 雄

①　愛知県名古屋市志段味遺跡銅剣

　当該銅剣は昭和6（1931）年に報告される約30年前に発見され（小栗1931、島田1931）、「意識的に集落から離れた場所を選んで埋納されたもの」とされている（梶山1986）が、小栗鉄次郎・島田貞彦が実査して確認した出土地は横穴式石室であったが詳細は不明。

　銅剣の茎（なかご）の一部以外は、剣身全周が出土後の二次的研磨などで原形を留めていない。原形を留めている茎の一部から、茎が剣身を磨上（すりあ）げて整形されていることがわかり、側面のキザミ痕は出土後の二次的なものである。茎は平坦に再加工された部分があり、茎長は約2.6cmであろう。

　翼部には双孔があるが、原形を留めているのは一部であり、孔径は約0.3cm前後であろう。現全長25.5cm、最大脊幅1.28cm、最大脊厚0.62cm、樋先端脊幅0.9cm、同位置脊厚0.48cm、茎厚0.62cmの計測値をもつ（図1）。

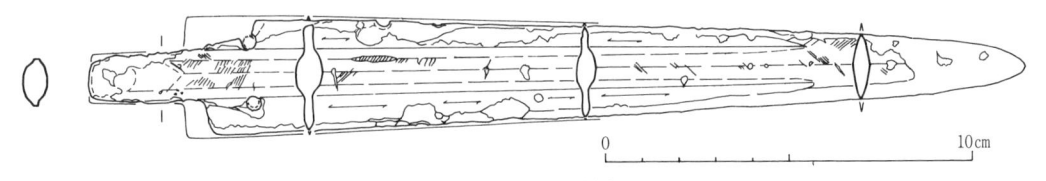

図1　愛知県志段味遺跡銅剣実測図（1/2）

　梶山勝の報告では「中細形銅剣」とされながら、吉田広が「細形銅剣」の再加工品としている（吉田2001）。脊が扁平であること、翼部の内傾斜と脊幅からすると拙稿（2007）のⅡC型式となり、脊には鎬があるが著しくマメツ（柳田2008b）して丸くなっている。

　銅剣の横断面形を重視すれば明らかなように、脊が扁平なⅡC型式銅剣であるにもかかわらず、おそらく伝世マメツする段階と出土後に細身となった銅剣を「細形銅剣」と誤認されるような型式分類は限界に来ている。

②　石川県金沢市藤江B遺跡銅剣

　遺跡のⅣ区K19、自然河道1の弥生時代終末のⅡ層から出土（滝川編2001）。河道の湿潤な環境で埋没していたために、全表面が著しく失われている。鋳造時点から鬆（す）が多かったことから、その鬆がより拡大されたために、現状のように大きな鬆が全体に分布している（図2、写真1）。

　現存長9.8cm、最大身幅2.95cm、最小身幅（最大鋒幅）2.42cm、最大脊幅1.23cm、最小脊幅0.95cm、最大脊厚0.59cm、最小脊厚（最大鋒厚）0.43cmの計測値をもつ。

　銅剣の型式は、吉田広（2001）が「中細形BC」とするが、拙稿の型式分類では樋先端まで内傾斜することから、北部九州製のⅡBb式銅剣のうちでも新しいものとなる（柳田2007）。

第4章 青銅器形式・型式の検討

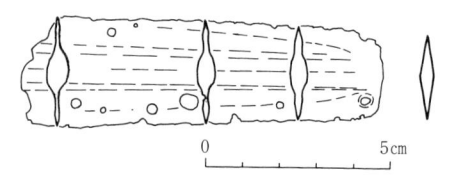

図2 石川県藤江B遺跡銅剣実測図 (1/2)

写真1 石川県藤江B遺跡銅剣

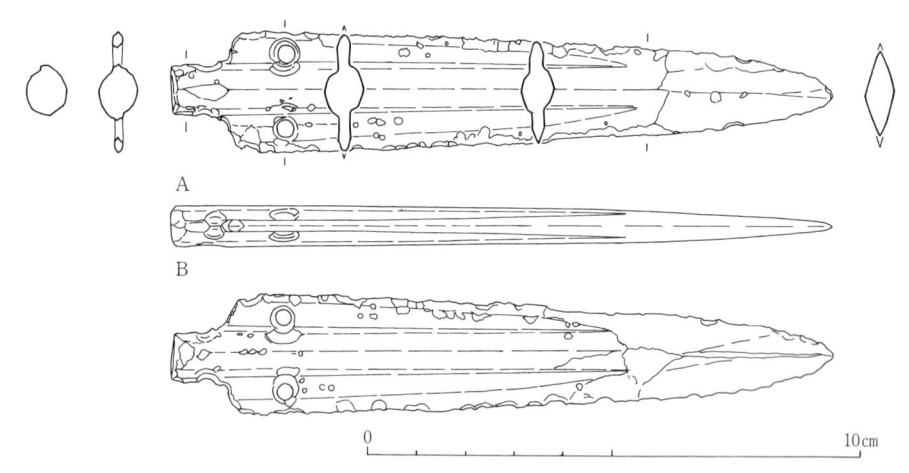

図3 長野県若宮箭塚遺跡銅剣実測図 (2/3)

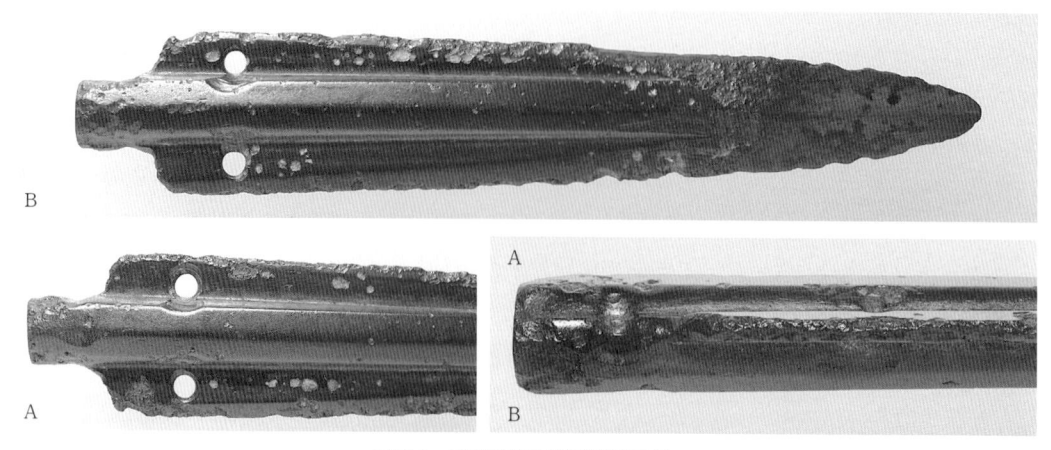

写真2 長野県若宮箭塚遺跡銅剣

2 銅剣

③ 長野県千曲市若宮箭塚遺跡銅剣

「細形銅剣」の再加工品とされてきたもの（中山1929、森本1930、桐原1966、吉田2001）で、千曲市さらしなの里歴史資料館でも舶載の「細形銅剣」として展示されていた。現品は残存長13.5cmの銅剣鋒部であるが、樋の下半部では内湾する内傾斜樋を形成していることから（写真2）、拙稿の北部九州製ⅡBa式銅剣鋒部である。北部九州製古式型式銅剣としては、近畿地方の兵庫県淡路島以東で唯一の出土例となる（柳田2007・2008a・2010a・b・2011a・b・c）。

現状では、茎長1.2cm、茎幅1.02cm、茎厚0.825cm、関幅2.29cm、脊最大幅1.03cmの計測値をもつ（図3）。関部には孔径0.32cmと0.34cmの2孔が穿たれているが、現状の茎両側にも穿孔の痕跡が認められることから（写真2下右）、以前にも茎の折損があり、関の磨上げが繰り返されたことが明らかである。刃部は原形を保つ部分がなく、鋒部も出土後に粗く再研磨されている。原状を保つのは樋内と脊部であるが、脊中央の鎬は著しくマメツして丸みをもつことから、研磨されずに伝世していたことがわかる（写真2）。

④ 長野県長野市塩崎遺跡群松節地点銅剣

最新の型式分類では、鉄剣形銅剣とされている（吉田2001）。残存全長20.1cmの鋒部破片である。幅は4.9cm強でほぼ均等を保ち、鋒部先端が丸みをもち尖る。鎬部分は不規則な突線で、身最大厚0.66cmを保つ。刃部の保存状態も悪いが、部分的に丸みのある刃であったことがわかる。一部に鈍器による打痕跡が観察できる（図4●印）。片面には布痕と木目圧痕らしきものが付着している。金属質は、銅分が多く良質の青銅器ではなく、時代が特定できないことから、現状では形式的にも弥生時代青銅器とは限らない（写真3）。時期的には、広形銅矛や古墳初期の短剣に鎬が突線化したものが存在することから、弥生時代終末から古墳時代初期と考える（図4）。

図4　長野県塩崎遺跡群松節地点銅剣実測図（1/2）

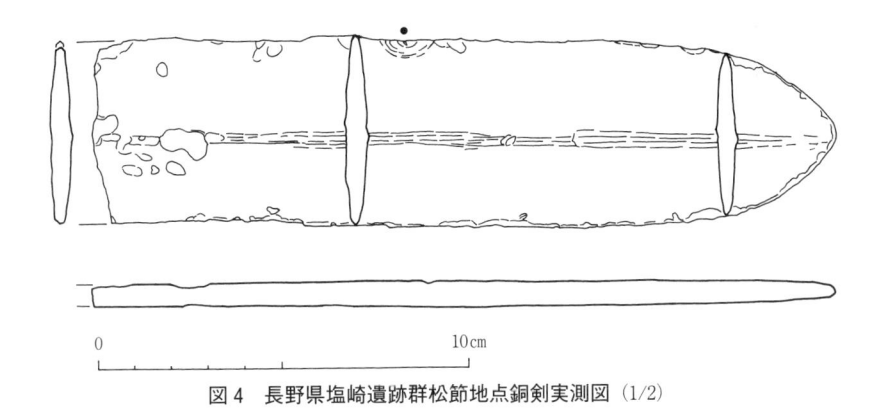

写真3　長野県塩崎遺跡群松節地点銅剣

第4章　青銅器形式・型式の検討

参考文献

小栗鉄次郎 1931「志段味村銅剣出土遺跡」『愛知県史蹟名勝天然記念物調査報告』9　愛知県教育委員会
梶山　勝　1986「名古屋市守山区上志段味出土の銅剣について」『名古屋市博物館研究紀要』9
桐原　健　1966「信濃国出土の青銅器の性格について」『信濃』18—4　信濃史学会
島田貞彦　1931「尾張国東春日井郡志段味出土の細形銅剣」『考古学雑誌』21—2　日本考古学会
滝川重徳編　2001「金沢市藤江B遺跡Ⅱ」『金沢西部地区土地区画整備事業にかかる埋蔵文化財発掘調査報告書』9　財団法人石川県埋蔵文化財センター
中山省三郎・坂口保治　1929「信濃若宮銅剣」『考古学研究』3—1　考古学研究会
森本六爾　1930「信濃若宮銅剣に就て」『信濃考古学会誌』2—3　信濃考古学会
柳田康雄　2007「銅剣鋳型と製品」『考古学雑誌』91—1　日本考古学会
柳田康雄　2008a「弥生時代の手工業生産と王権」『國學院雑誌』109—11　國學院大學
柳田康雄　2008b「青銅武器・武器形青銅祭器の使用痕」『橿原考古学研究所論集』15　八木書店
柳田康雄　2010a「弥生王権の東漸」『日本基層文化論叢　椙山林継先生古稀記念論集』雄山閣
柳田康雄　2010b「日本出土青銅製把頭飾と銅剣」『坪井清足先生卒寿記念論集』
柳田康雄　2011a「佐賀県中原遺跡青銅器鋳型の実態」『古文化談叢』65—3　九州古文化研究会
柳田康雄　2011b「青銅器とガラスの生産と流通」『講座日本の考古学5　弥生時代上』青木書店
柳田康雄　2011c「沖ノ島出土銅矛と青銅器祭祀」『「宗像・沖ノ島と関連遺跡群」研究報告Ⅰ』福岡県
吉田　広　2001「弥生時代の武器形青銅器」『考古学資料集』21　国立歴史民俗博物館

3 銅　戈

柳 田 康 雄

① 長野県大町市海ノ口上諏訪神社銅戈

　海ノ口上諏訪神社に奉納されていた「大阪湾型銅戈」であり、出土後研磨されて原状を著しく損傷している。現状では、全長 24.4cm、援長 23.4cm、闌幅 9.22cm、内幅 2.34cm、内厚 0.32cm、最大闌厚 0.77cm、最大脊幅 1.28cm、最大脊厚 0.54cm の計測値をもつ。原状を保つ闌・穿・樋内・脊・内を観察すると、著しくマメツ（柳田 2008b）していることから長期間伝世したことが窺えるが、内と樋内の文様のマメツ度に大差がある。A面の内には鹿の陽刻、樋内に複合鋸歯文らしき突線文、B面の内に複合鋸歯文、樋内に斜格子文と綾杉文らしき突線文が存在するが、樋内の文様のマメツ度の方が著しいことから、内は常時柄に着装されていたことがわかる。銅戈の型式は、「近畿型Ⅱa式」とされる（吉田 2001）が、拙稿の型式分類では脊の厚さからⅣBb2式とⅣBc1式の中間の特徴をもち、ⅣBc1式に近い（柳田 2008a・2011a）（図1、写真1・2）。

② 長野県中野市柳沢遺跡

　長野県埋蔵文化財センターは、国土交通省千曲川河川事務所が計画する堤防整備事業に伴う長野県中野市柳沢遺跡の発掘調査で、平成19（2007）年10月銅戈と銅鐸が共伴して埋納された状態で発見した（長野県埋蔵文化財センター 2008）。柳沢遺跡は、「高井富士」とも称される高社山

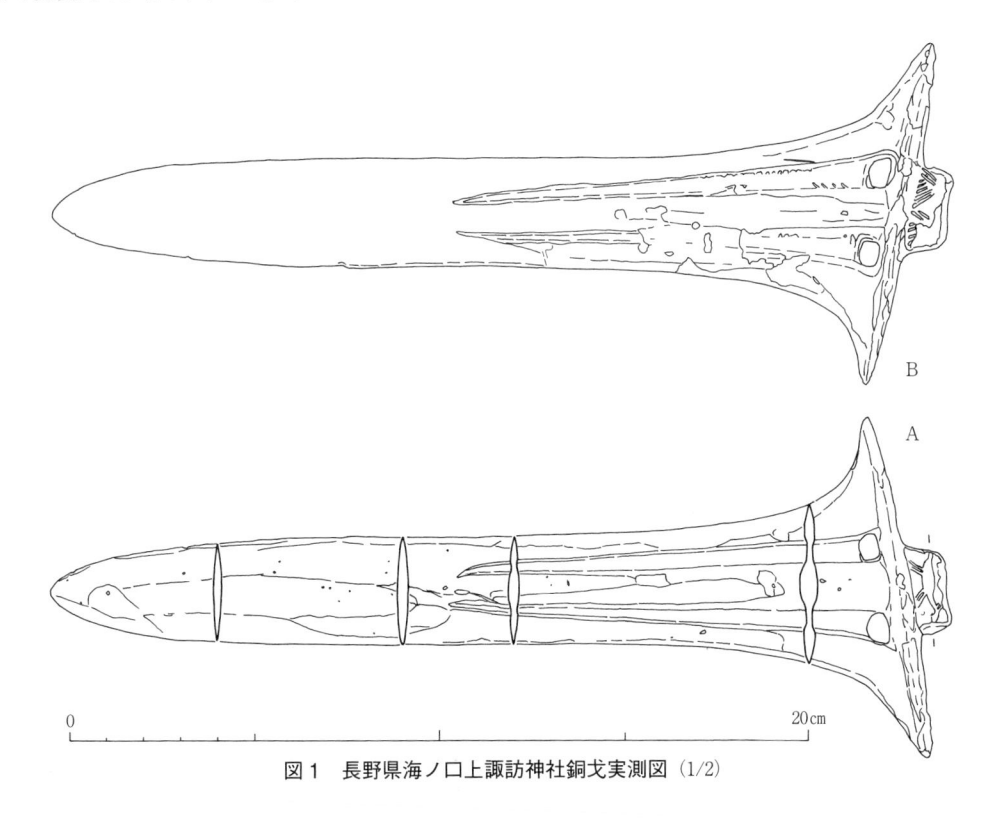

図1　長野県海ノ口上諏訪神社銅戈実測図（1/2）

第4章　青銅器形式・型式の検討

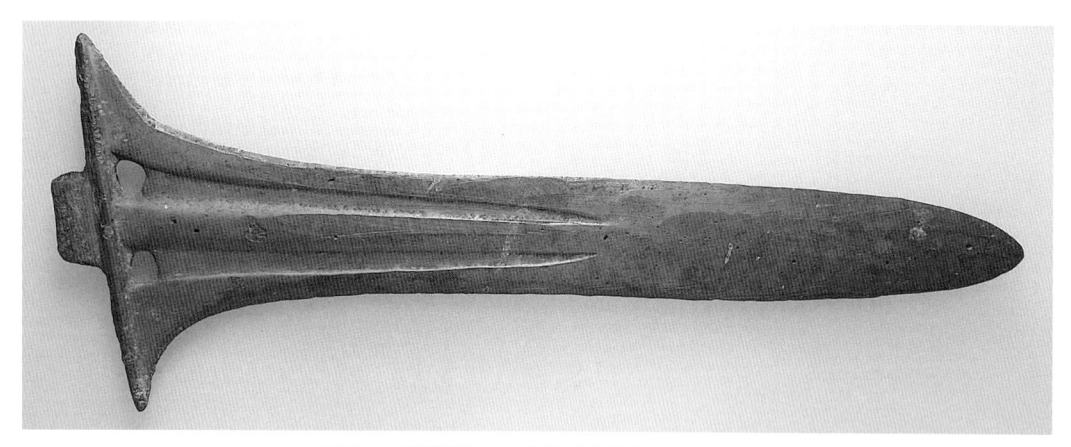

写真1　長野県海ノ口上諏訪神社遺跡銅戈A面

写真2　長野県海ノ口上諏訪神社遺跡銅戈（左A面、右B面）

（標高1,351m）の西麓斜面から千曲川・夜間瀬川の際までを範囲とする広大な遺跡である。
　青銅器埋納坑の平面形は隅丸長方形と推定され、遺構残存部の計測値は、東西66.0cm、南北26.2cm、深さ17cmを測る。断面形は鍋底形を呈する。埋納坑は弥生時代中期後半の土器片を包含する土層に掘り込まれており、埋納坑の時期については弥生時代中期後半〜後期前半と把握されている（上田ほか2008）。
　長野県埋蔵文化財センターの好意で報告書刊行前に簡単な観察と写真撮影ができたが、直接触ることができなかったことから、実測図を作成できるような熟覧調査は報告書刊行後に譲りたい。したがって、今回の観察成果は暫定的な概要である。
　表1は公表されている計測値と本稿の型式分類である。銅戈のa面・b面は、『速報写真グラフ北信濃柳沢遺跡の銅戈・銅鐸』（長野県埋蔵文化財センター2008）に準じた。

3 銅戈

表1 長野県柳沢遺跡銅戈一覧

(単位：cm、g)

号	全長	樋長 a面 左	樋長 a面 右	樋長 b面 左	樋長 b面 右	援長	闌長	内長	内幅	厚さ	重量	型式	文様
1	34.4	16.2	—	16.3	—	31.6	11.5	2.2	2.5	—	—	ⅣAb	鉤状文、綾杉文
2	23.5	13.1	13.2	12.9	13	22.4	8.5	0.8	1.9	1.3	295.7	ⅣBa2	斜格子文
3	25.2	11.6	11.6	12.2	12.7	23.1	10.6	1.3	2.1	1.1	256	ⅣBb1	複鋸文
4	22.2	12	11.8	12.1	12.3	20.2	11.1	1.1	2	1.13	241	ⅣBa1	斜格子文
5	27.4	13.5	13.5	13.7	13.6	24.7	10.8	1.9	2.5	1.3	331.5	ⅣBb1	斜格・複鋸
6	32.4	14.7	13.9	14.2	14.6	29.3	12.2	1.4	3	1.4	502.6	ⅣBa2	斜格子文
7	36.1	14.9	14.8	14.7	14.9	33.4	16.8	1.4	3.1	1.4	713.5	ⅣBa2	斜格子文
8	7.9	—	—	—	—	—	—	—	—	—	—	ⅣBc1	複合鋸歯文

(長野県埋蔵文化財センター 2008) を一部改変

　柳沢遺跡の2～4号銅戈は、平面形が改変されるような研磨が繰り返されていて、同型式の原型を保つ5～7号銅戈との間で研磨・マメツに大差がある。同型式の和歌山県山地遺跡例にはマメツに大差がないことと対照的である。

　埋納坑の観察では複数回埋納の痕跡は確認されていないが、銅戈の埋納順序では1～4号と5～7号との間で埋納処置に差があることは看過できない（上田ほか 2008）。なぜなら、1～4号と5～7号において研磨・マメツに大差があるからであり、埋納時期の差に関係する可能性を含んでいる。

　1号銅戈（全長34.4cm）　1号銅戈は、研磨されているにもかかわらず、樋先端が閉じていること、樋内に綾杉文があること、刃部の鋒側半分が直刃であることから拙稿のⅣAb型式であるが、計量的にはⅣAc型式の平面形をしている（写真3）。さらに、刃部がマメツにより丸みをもつことから、当初は鋳造後の研磨で面取されていたものと考える。鋒先端が刃として仕上げられていることもⅤ型式でないことを裏付けている。a面の内には、2本の軸に各々二重の鉤で構成された陽刻が施されている（写真3下左）。

　2号銅戈（全長23.5cm）　2号銅戈は、樋内基部に斜格子文を施すこと、研磨され樋先端が離れることなどから拙稿のⅣBa型式の特徴をもつ。しかし、写真4上のように樋内に複合鋸歯文らしきものが見える部分もあることから精査すればⅣBb型式の可能性も残している。また、写真4中のように樋内に脊に沿って細い突線も見える。

　闌・穿に鋳引け、樋に型崩れと大きな鬆があり、内も湯不足で内長が短い。内先端が面取されていることから破損などではない。この銅戈は8本中、8号と並んで最大マメツのものであり、鋒先端が特に刃を形成しない（写真4下）。脊先端が平坦であることから、研磨されて鎬が形成されたものの、その後のマメツで平坦化したものと考える。

　脊に厚みがあり、両面を合わせると横断面形が円形を呈する。刃部全体も厚みがあるのは、本

第4章　青銅器形式・型式の検討

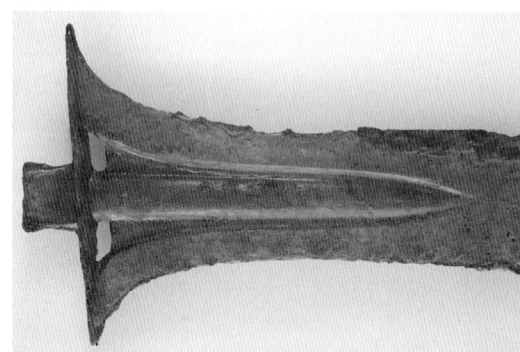

写真3　長野県柳沢遺跡1号銅戈（a面）

来は6・7号銅戈のように幅広であったものが刃部の欠損などに伴う研磨が繰り返されたためである。2号銅戈は特に鋒部が狭いが、これも刃部が樋先端付近から再度二次的に再々加工されたもので、鋳造当初の形態ではないものと考える。

　闌先端の片方は、5方向からドリル穿孔されて故意に折られている。意図は不明。

3号銅戈（全長25.2cm）　樋内中央に突線があり、綾杉文が施されているように思えるが、樋に沿ったタテ研磨があり不鮮明である。写真5上の右側穿の横に少なくとも2本の横の突線があり、文様が存在することが確実であることからⅣBa1型式としておくが、複合鋸歯文であればⅣBb型式となる。

　内端にくぼみが存在することから、2号銅戈に続いて湯口が内方向であることがわかり、側面のバリも未処理である（写真5下）。特記すべき一つ目は脊先端と樋先端の関係で、写真5中左のように両面脊先端に研磨がなく、わずかではあるがb面では樋先端より長く伸びているようにも見えるが、a面では樋先端が閉じている。もし、鋳型の段階から樋先端が閉じていなかったことになると、韓国松堂里例に次いで国内で初めて確認されたことになる（柳田2011b）が、4号銅戈でも樋先端が閉じていることから、「大阪湾型銅戈」も韓国霊岩・葛洞鋳型のように樋先端の彫り込みが浅く、研磨すれば樋先端が開くことになる。

　二つ目は、4号銅戈と同じく片面の闌の一方の端が湾曲していることから、双方の銅戈が同笵である可能性があり（写真5上左）、このような現象は石製鋳型では考えられないことである。

3 銅戈

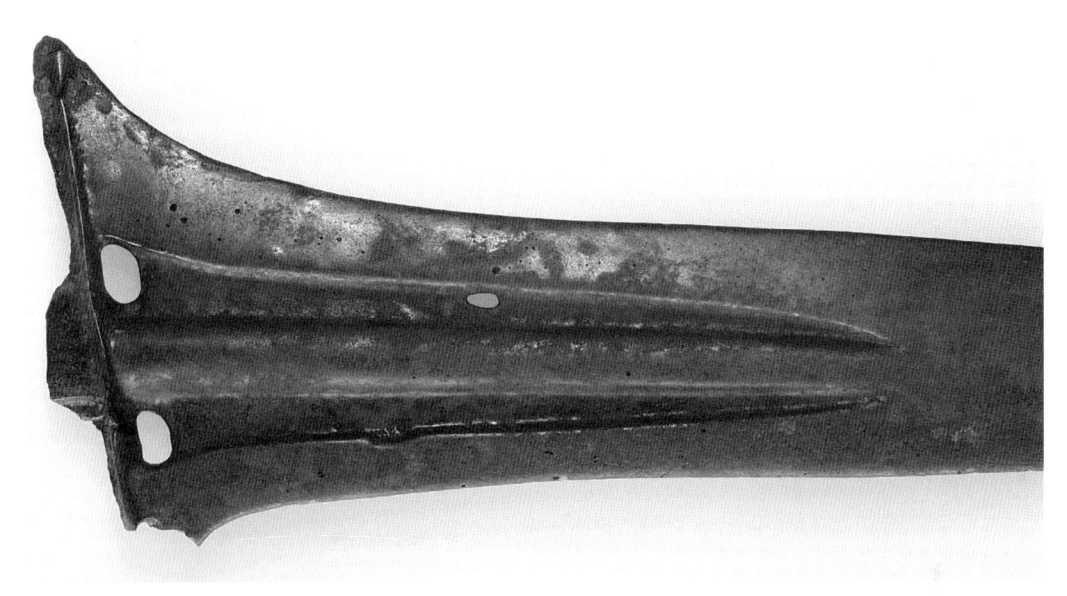

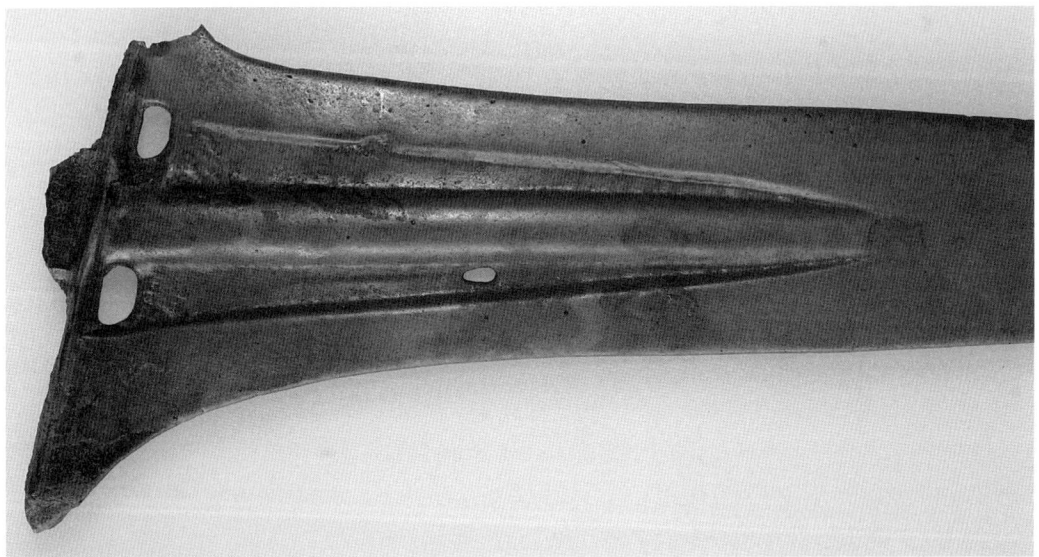

写真4　長野県柳沢遺跡2号銅戈（上a面、中b面、下b面）

65

第4章　青銅器形式・型式の検討

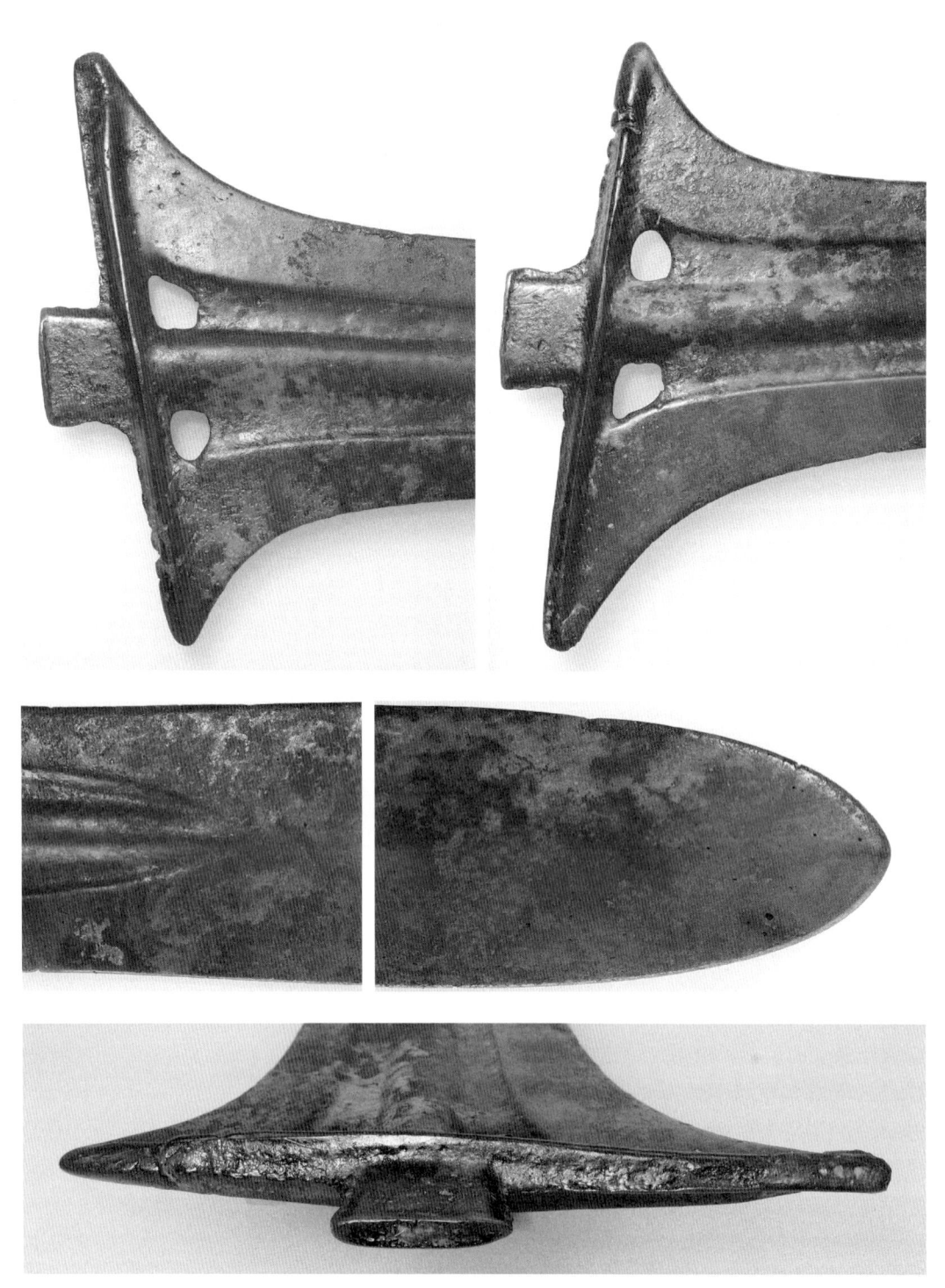

写真5　長野県柳沢遺跡3号銅戈a面（上左のみb面）

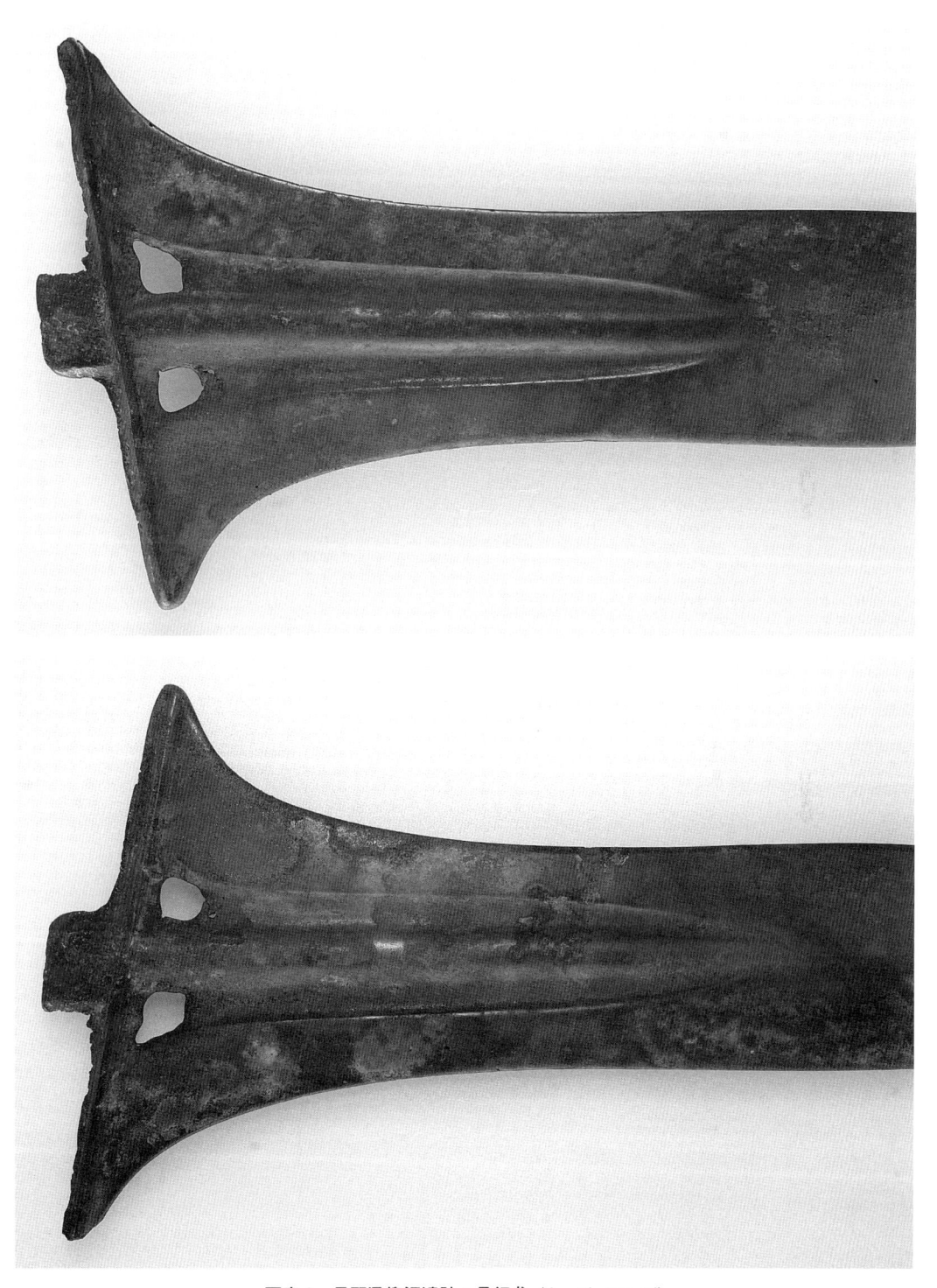

写真6　長野県柳沢遺跡4号銅戈（上a面、下b面）

第4章 青銅器形式・型式の検討

写真7 長野県柳沢遺跡4号銅戈（左a面、右b面）

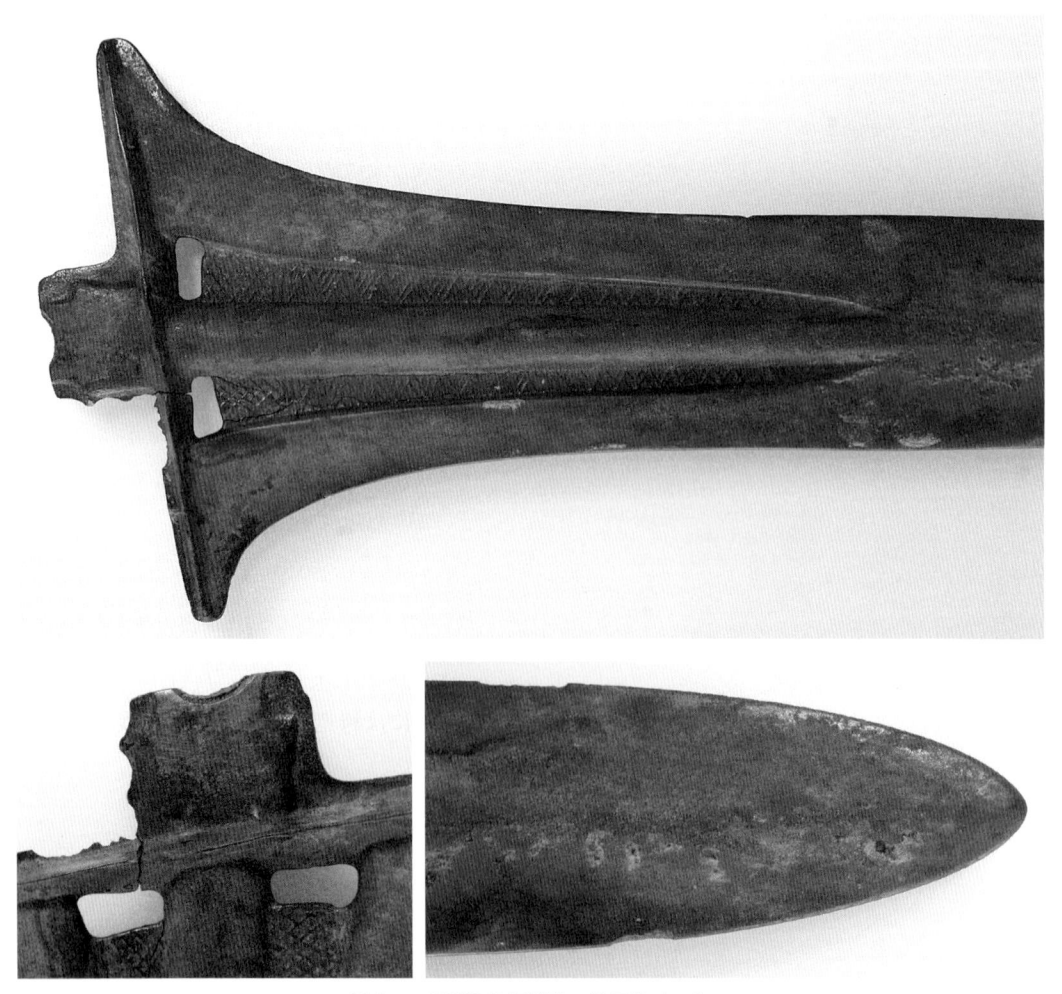

写真8 長野県柳沢遺跡5号銅戈（a面）

刃部が厚く、両側面が面取されているのは、鋳造後に刃部のみ研磨が繰り返されたものと考えるが、刃部の面取は1号銅戈のⅣAc型式とⅤ型式銅戈の属性で、時期的に新しい手法である（写真5中右）。

 4号銅戈（全長22.2cm）　片面の樋内中央には縦方向の不鮮明な突線が存在するが、裏面にはない。闌の角度と内が短小であり、和歌山県山地遺跡例を含めて本例が「大阪湾型銅戈」の最古型式となることからⅣBa1型式を新設しておく。内端にくぼみがあり、内全体に鋳引けがあることから、内に湯口があることになる。

 特記すべき一つ目は、写真6上のようにa面脊先端が研磨のために扁平で樋先端がわずかに揃わないことと、b面の写真6・7のようにマメツしながらも樋先端が閉じていることである。これは3号銅戈と同様に「大阪湾型銅戈」の最古式は樋先端が閉じていることになり、山地例のように脊が研磨されて樋先端が開いたことが証明されたことにもなる（柳田2008a）。

 二つ目は、3号銅戈と同じように、片面の闌端の湾曲が土製鋳型による同范の可能性である（写真6上）。

 本例は脊に研磨がほとんど及ばないが、鋒が丸みをもち短い特徴をもち、刃部も厚みがあることから、鋒と刃部の欠損などで研磨が繰り返されたことになる。

 5号銅戈（全長27.4cm）　樋内に斜格子文と複合鋸歯文があることから、拙稿のⅣBb型式銅戈である（柳田2008a）。内端にハバキの痕跡がありくぼむことから、内側が湯口である。湯口は内より幅が狭く、ハバキの部分は厚くなるところを研磨して内と同じにそろえている（写真8下左）。闌両側に大きくバリを残して刃として生かしているが、基部側半分の身と脊には研磨が及んでいないので鋳肌が大きく残っている。したがって、脊先端が樋からとび出ていることから、樋先端が離れているようだ。刃部は段刃らしいが、樋両側鎬にも微マメツが生じている。

 写真8下右のように鋒両側に大きな刃こぼれが存在し、連続性刃こぼれであるほかに、援中央部の刃に金属刃による刃こぼれが一つある（写真8上）。

 6号銅戈（32.4cm）　樋内に斜格子文のみが明瞭に施されているⅣBa型式で、樋先端が左右揃わないことから、研磨されて樋先端が離れたことが想定される（写真9上）。内は大きく、左右に型ずれし、湯口がある（写真9下）。鋒に鬆が集中し、樋内をタテ研磨している。

 脊先端に研磨が及び、その後に中マメツしている（写真9上）。

 7号銅戈（全長36.1cm）　7号銅戈は和歌山県山地1号銅戈に近いⅣBa型式で、a面の脊が平坦なのは研磨が脊に及んでいるからで、両面の脊基部には鋳造当初の丸い脊が残っている（写真10上・中左）。研磨後のマメツが著しいが、同じく脊先端にも研磨による砥ぎ分けがうかがえる（写真10上・中右）。

 特記すべきは、樋内の3ヶ所に鋳型の補修痕跡があることで、1ヵ所が斜格子文の改変（写真10中左）、他の2ヶ所では無文部分がくぼんでいる（写真10下）。この現象は、土製鋳型だからと考える（柳田2009・2011b）。

 本例と山地1号の闌幅が大きく伸びる特徴は、北部九州の中期後半の鉄戈にも見られることから、時期的に併行関係にあるものと考えている。

第4章　青銅器形式・型式の検討

写真9　長野県柳沢遺跡6号銅戈（上・中a面、下b面）

3 銅 戈

写真 10　長野県柳沢遺跡 7 号銅戈（上・下左 a 面、下右 b 面）

71

第4章 青銅器形式・型式の検討

写真11 長野県柳沢遺跡8号銅戈

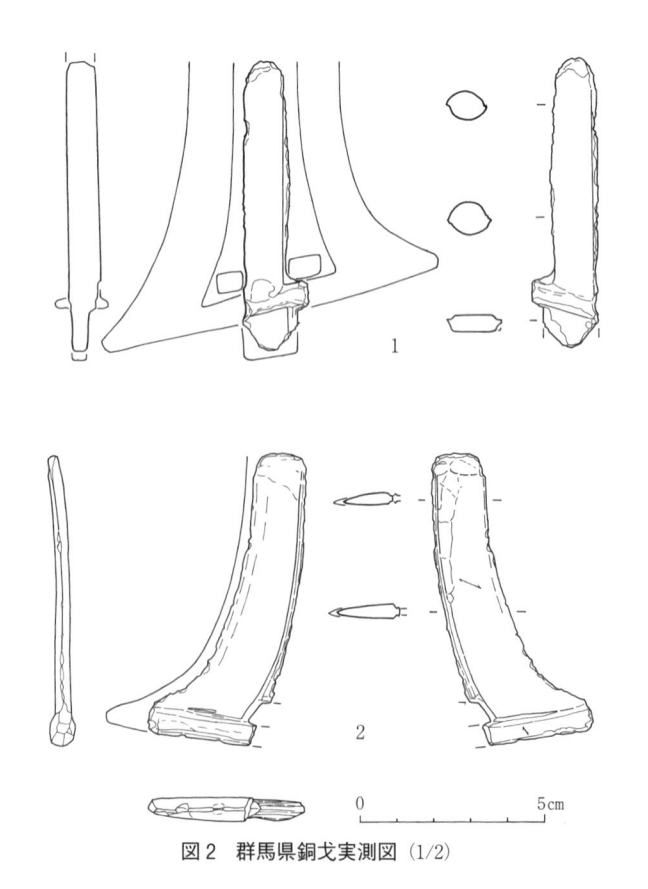

図2 群馬県銅戈実測図（1/2）

3 銅戈

 8号銅戈（現存長7.9cm）片面（写真11左）の穿上に2本線と樋内に複合鋸歯文が施されているので山地2号銅戈と同じであり、文様構成は兵庫県桜ケ丘遺跡銅戈とも同じであるところから、ⅣBc1式を新設したい。本例は小型であることから、穿に沿って存在する2本の平行線が斜格子文の省略されたものと考え、拙稿のⅣBc式と樋内文様構成が同じで近いことになるが、桜ケ丘遺跡銅戈と比較すると格段に厚みがあることからⅣBc1式とし、桜ケ丘遺跡銅戈7本と大阪府東奈良遺跡土製鋳型をⅣBc2式とする。
 刃部と樋両側の鎬が著しくマメツしている。多マメツは内と樋内にも及んでいることから、意図して研磨が繰り返され、片面の複合鋸歯文がほとんど消えかかっている（写真11右）。内周縁も多マメツだが、端面がくぼむことから湯口らしい。

③　群馬県富岡市八木連西久保遺跡9号住居跡銅戈

 弥生時代後期樽式期の9号住居跡から出土した銅戈の破片である（長井ほか1999）。内・闌・脊の一部からなる全長7.7cmの大きさで、「細形銅戈Ⅱb式」とされている（吉田2001）。ところが、現品は内幅1.5cm、内厚0.46cm、脊幅1.08cm、脊厚0.9cmの計測値をもつことから近畿型といわれる拙稿のⅣBa式である（柳田2010）。決め手となるのは、内厚と脊幅、さらに脊と闌の角度であり、類似するのが柳沢8号銅戈である（柳田2008a）。気になるのが脊両側の沈線で、山地

写真12　群馬県八木連西久保遺跡9号住居跡銅戈

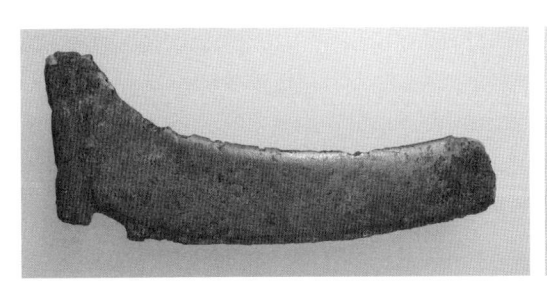

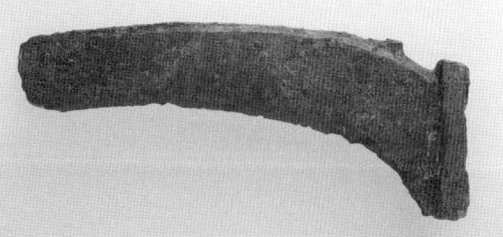

写真13　群馬県三ツ俣遺跡73号住居跡銅戈

2号銅戈にもある。本例は、写真で明らかなように保存状態が悪いが、金属質とは関係なく土質によるものだろう（図2-1、写真12）。

④　群馬県甘楽町三ツ俣遺跡73号住居跡銅戈

　古墳時代後期の玉作り関係の住居跡から出土した銅戈破片である。現品は、闌・胡・穿の一部の破片であり、原形を留めるのは刃部・穿の一部であり、原形を留める刃部がマメツのために丸みをもち、一方の破断面が再加工によって鑿状に刃が形成されている。古墳時代まで伝世されて玉作りの工具に再加工されたと考える。本例は「中広形銅戈」とされている（吉田2001）が、これも樋に沈線と突線をもち、「中広形銅戈」には類例がない（柳田2008a）。現品の大きさは、全長7.8㎝、最大幅（闌部）2.9㎝、最小幅1.4㎝、闌部厚0.68㎝、胡厚0.4㎝の計測値をもつ（図2-2、写真13）。

引用・参考文献

上田典男・廣田和穂・平林　彰　2008「長野県中野市柳沢遺跡の青銅器埋納坑について」『日本考古学協会第74回総会研究発表要旨』

長井正欣ほか　1999「八木連西久保遺跡・行沢大竹遺跡・行沢竹松遺跡・諸戸スサキ遺跡」『群馬県営ほ場整備事業（妙義中部地区）に伴う埋蔵文化財発掘調査報告書』群馬県甘楽郡妙義町教育委員会

長野県埋蔵文化財センター　2008『速報写真グラフ北信濃柳沢遺跡の銅戈・銅鐸』信濃毎日新聞社

三木文雄　1969「大阪湾型銅戈について」『MUSEUM』223　東京国立博物館

柳田康雄　2008a「銅戈の型式分類と生産・流通」『古代学研究』180　古代学研究会

柳田康雄　2008b「青銅武器・武器形青銅祭器の使用痕」『橿原考古学研究所論集』15　八木書店

柳田康雄　2009「弥生時代青銅器土製鋳型研究序論」『國學院雑誌』110―6　國學院大學

柳田康雄　2010「弥生王権の東漸」『日本基層文化論叢　椙山林継先生古稀記念論集』雄山閣

柳田康雄　2011a「青銅器とガラスの生産と流通」『講座日本の考古学5　弥生時代上』青木書店

柳田康雄　2011b「銅戈型式分類の補足」『趙由典博士古稀記念論叢』

吉田　広　2001「弥生時代の武器形青銅器」『考古資料集』21　国立歴史民俗博物館

4 銅 鏃

柳田康雄・尾方聖多・久保田健太郎

① 愛知県清須市・名古屋市朝日遺跡銅鏃

　本遺跡出土の銅鏃は平面形の特徴から、写真1・2-1～3（以下写真1・2）のように平行する両側縁が身部の先端側1/3の辺りで弧を描きながら端部で接するもの、18・19のように二等辺三角形状の身部を持ち、逆刺（かえり）の発達するもの、20のように身部に十字の稜線を持ち、側縁には横走する稜線以下に括れが作出されて頭でっかちな平面形を呈するもの、の3種類に大別できる。仮にそれぞれをⅠ類、Ⅱ類、Ⅲ類と呼称する。全29点のうちⅠ類に属するものが最も多く全体の15点を占める。Ⅱ類は2点のみである。1点のみ出土しているⅢ類は包含層出土遺物として掲載されているが、形態的特徴は一般的に古墳時代の鏃と考えられているものである。

　a Ⅰ類　多くは風化によって本来の形状を留めておらず、本類の典形とした1～3とは若干異なる平面形のものもある。1のように身部の末端が主軸と直行する直線的なものと、3のように逆三角形を呈して茎（なかご）に結ぶものとがある。前者はバリの除去や茎の整形が丁寧に施されている一方、後者は型ズレの痕跡がみられるものが多く、身部と茎の間にみられる逆三角形部分は整形不十分なために残された可能性もある。最大厚は概ね4mm程度であるが中には3mmに満たないものも数点ある。

　1・2は先端に向けて湾曲し始める先端側1/3を蛤刃状を呈するように研ぎ出されている。5も同様な処理が施されているが、蛤刃状の研ぎ込みがみられるのは先端の僅かな部分のみである。5は2と比べて両側縁が早くも身部中ごろから先端に向かって湾曲し始める。この2つの特徴は、側縁先端側の再研磨によって平面形が変形したのだと思われる。Ⅰ類としたものに多少の平面形の変異がみられる要因は、風化によるものと、再研磨によるものとがあるようである。

　2の蛤刃部分の側縁をみると、縁辺の鋭さは先端に向かうほど甘くなる。

　整形によると考えられる線状痕は主軸に平行するもの、不規則に磨かれた痕跡を有するものなどが断片的にみられる。17には身部に直径2.1mmほどの小孔が5つ穿たれている。孔内には工具が削り取った縦方向の深い線条痕がみられる。

　b Ⅱ類　本類は2点のみである。逆刺と逆刺を作りだす溝が発達している。推定全長は4cm程度で身部は逆刺までを含めて推定2.5～3cm程度である。19は両側縁の刃部縁辺が面取りされている。いずれも鋳型の段階で刃部に面が作出されていたわけではなく、鋳造後に何らかの理由で面取りされている。縁辺の面取り後、身部を研磨していることが、右側縁にみる面取り面や基部よりに面を囲む2本の平行する稜線に部分的な研ぎべりが見られることからわかる。

　c Ⅲ類　灰緑色を呈し顕著な光沢がみられる。風化するものが多く明青灰色を呈する他の銅鏃と素材の性質に違いがみられる。整形のための研磨によると思われる。線状痕が刃部平面にも茎にも認められる。身部のものは浅く茎のものはより深い。切っ先にあたる身部の横走する稜線以上では主軸に平行する線状痕が、それ以下には同様の方向のものと主軸に直交するもの、右傾す

第4章　青銅器形式・型式の検討

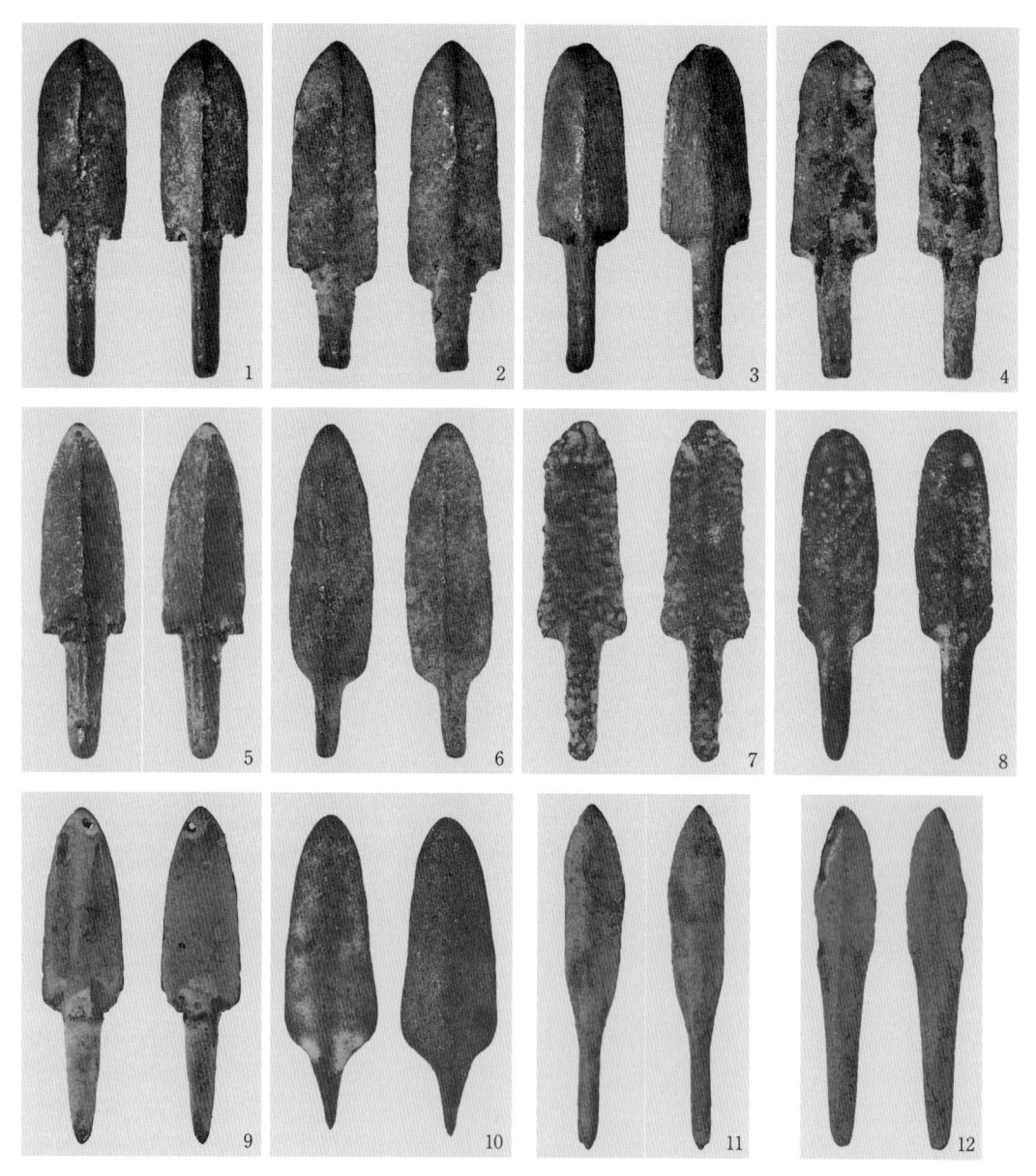

写真1　愛知県朝日遺跡銅鏃①

るものとが不規則にみられる。茎では右傾する線状痕がみられる。身部の下面における線状痕も茎と同様の傾斜がみられる。身部下面の線条痕と身部下端の稜線との切り合い関係から、身部平面の整形研磨後に身部下面や茎部が整形されていることがわかる。

（久保田健太郎）

② 愛知県名古屋市西志賀貝塚銅鏃

　京都大学博物館所蔵品に西志賀貝塚出土の銅鏃がある。全長 4.6cm、逆刺部最大幅 2.1cm、鏃身最大厚 0.3cm、茎長 1.8cm、茎最大幅 0.55cm、茎最大厚 0.33cm の計測値をもつ。鏃身中央に小さな脊をもち、逆刺の大きい型式である（図 1-3）。

4 銅鏃

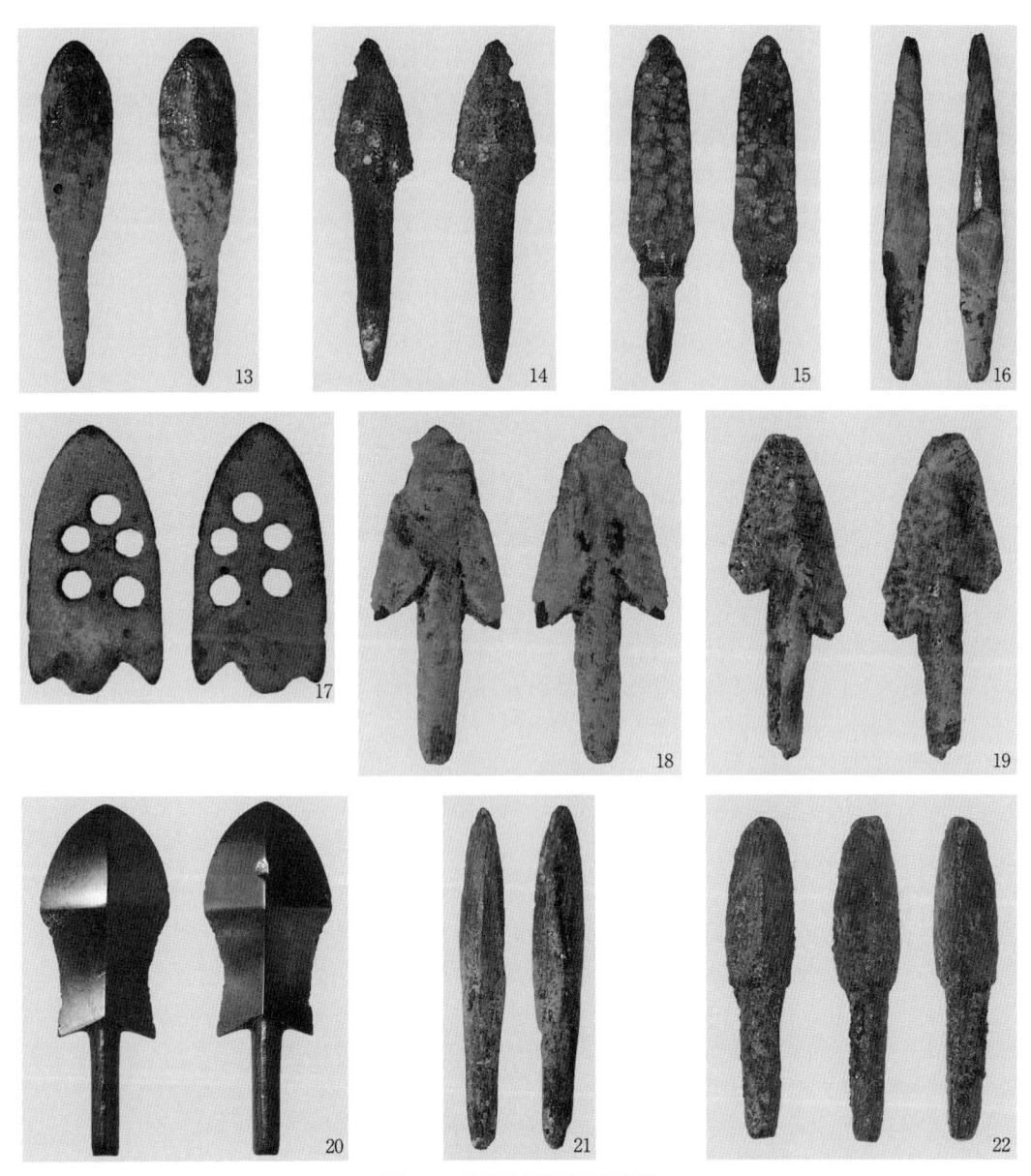

写真2　愛知県朝日遺跡銅鏃②

③　石川県金沢市大友西遺跡銅鏃

　連鋳銅鏃は、東SD03とされる弥生時代終末の幅約1.5mの溝から出土している（出越編2002）。
　2個の銅鏃が繋がって全長6.4cm、右銅鏃最大幅1.14cm、左銅鏃最大幅1.07cm、右銅鏃最大厚0.45cm、左銅鏃最大厚0.48cm、右茎幅0.45cm、左茎0.49cmの計測値をもつ。銅鏃には逆刺がほとんどなく、鏃身がほぼ平行しており、写真左右の鏃身長と茎長も違っていることから、鋳型は定型化したものではなかったようだ。上下が切断されていることから、当然のように上下に連続した鋳型であった可能性をもつ（写真3、図1-4）。

第4章　青銅器形式・型式の検討

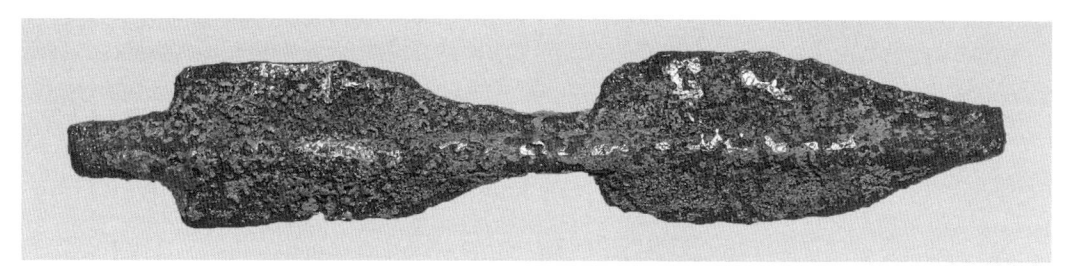

写真3　石川県大友西遺跡連鋳銅鏃

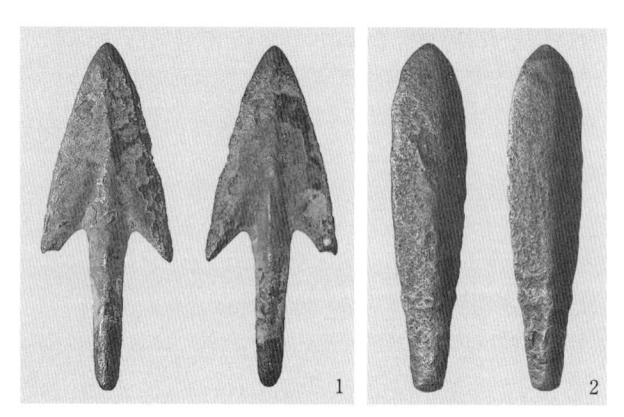

写真4　石川県無量寺B遺跡銅鏃

④　石川県金沢市無量寺B遺跡銅鏃
　金沢市埋蔵文化財センターに所蔵されている2点の銅鏃は、図1-5が全長3.93cm、最大幅1.56cm、最大厚0.27cm、茎長1.8cm、図1-6が全長3.87cm、最大幅0.89cm、最大厚0.33cm、茎長0.9cmの計測値をもつ。5は鏃身に脊をもち逆刺が大きい型式（写真4-1）で、6が鏃身にわずかながらの脊をもつ柳葉形で、関部がわずかに突出する型式（写真4-2）である。

⑤　石川県小松市八日市地方遺跡銅鏃
　12地区の埋積浅谷そばのピットの覆土に包含され、遺構の時期や性格等は不明だが、集落Ⅲ期に帰属する年代が与えられる可能性が高いという（小松市教育委員会編 2003）。
　現存全長2.94cm、現存最大幅1.71cm、最大厚0.2cmの計測値をもつ。鋒と茎を欠損することから二等辺三角形に見えるが、割合大きな逆刺をもつ型式（図1-7）。

⑥　長野県長野市石川条里宮ノ前遺跡銅鏃
　長野市立博物館で銅鏃2点が調査できた。2点共に逆刺をもつ有茎型式であるが、身の大きさに大差がある。身の小さい方は連鋳される型式で、現全長4.4cm、身最大幅1.3cm、身最大厚0.47cm、茎長3.05cm、茎最大幅0.55cm、茎最大厚0.47cmの計測値をもち、鋳型が福岡県春日市須玖坂本遺跡で出土し、鋳造後切り離されないものが近畿地方で出土している。茎と身の一部に研磨がみられるが、身の刃部にはバリが残っている（写真5-1、図1-8）。大きい方は、全長4.6cm、身最大幅1.9cm、身最大厚0.41cm、茎長2.15cm、茎最大幅0.67cm、茎最大厚0.43cmの計測値をもち、単体で鋳造されることが多く、鋳型が福岡県で発見されるが、製品は近畿地方でも出土す

写真5　長野県石川条里宮ノ前遺跡銅鏃

写真6　長野県内遺跡銅鏃

写真7　長野県上田原遺跡銅鏃

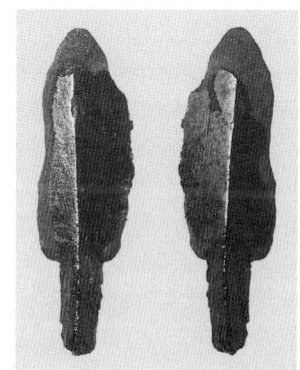

写真8　長野県法楽寺遺跡銅鏃

る。全面が研磨されているが、逆刺の内側が未研磨である（写真5-2、図1-9）。

⑦　長野県佐久市内遺跡銅鏃

　写真6は当該地では弥生時代終末期としてあつかわれることもあるが、古墳時代前期の柳葉形である。

⑧　長野県上田市上田原遺跡銅鏃・法楽寺遺跡銅鏃

　上田原遺跡銅鏃は、茎と逆刺が欠損している平根式で古墳時代前期に属するものである（写真7）。法楽寺遺跡銅鏃2点は、有茎式で逆刺をもつ弥生時代後期に属する通有の形式である（写真8、図1-11）。

⑨　長野県喬木村帰牛原B9号住居跡銅鏃

　帰牛原(きぎゅうばら)遺跡の銅鏃は、茎以外の周辺部を欠損した現全長3cm、現最大幅1cmの大きさである。鏃身の鎬の両側に3対の合計6個の円孔をもつ、いわゆる東海地方に多い多孔式銅鏃である。現長0.9cm、径0.4cmの茎も尻部を欠損しているが、関部には両側に逆刺の痕跡がある。鏃身復元長約3cm、最大幅1.2cmになる。厚さは、茎0.35cm、関部0.34cm、身0.3cmである（写真9、図1-12）。

⑩　神奈川県秦野市根丸島遺跡銅鏃

　根丸島198号住居跡出土銅鏃は、鋒と逆刺先端を欠く有茎式銅鏃で、現全長3.9cm、最大幅1.3cm

第4章　青銅器形式・型式の検討

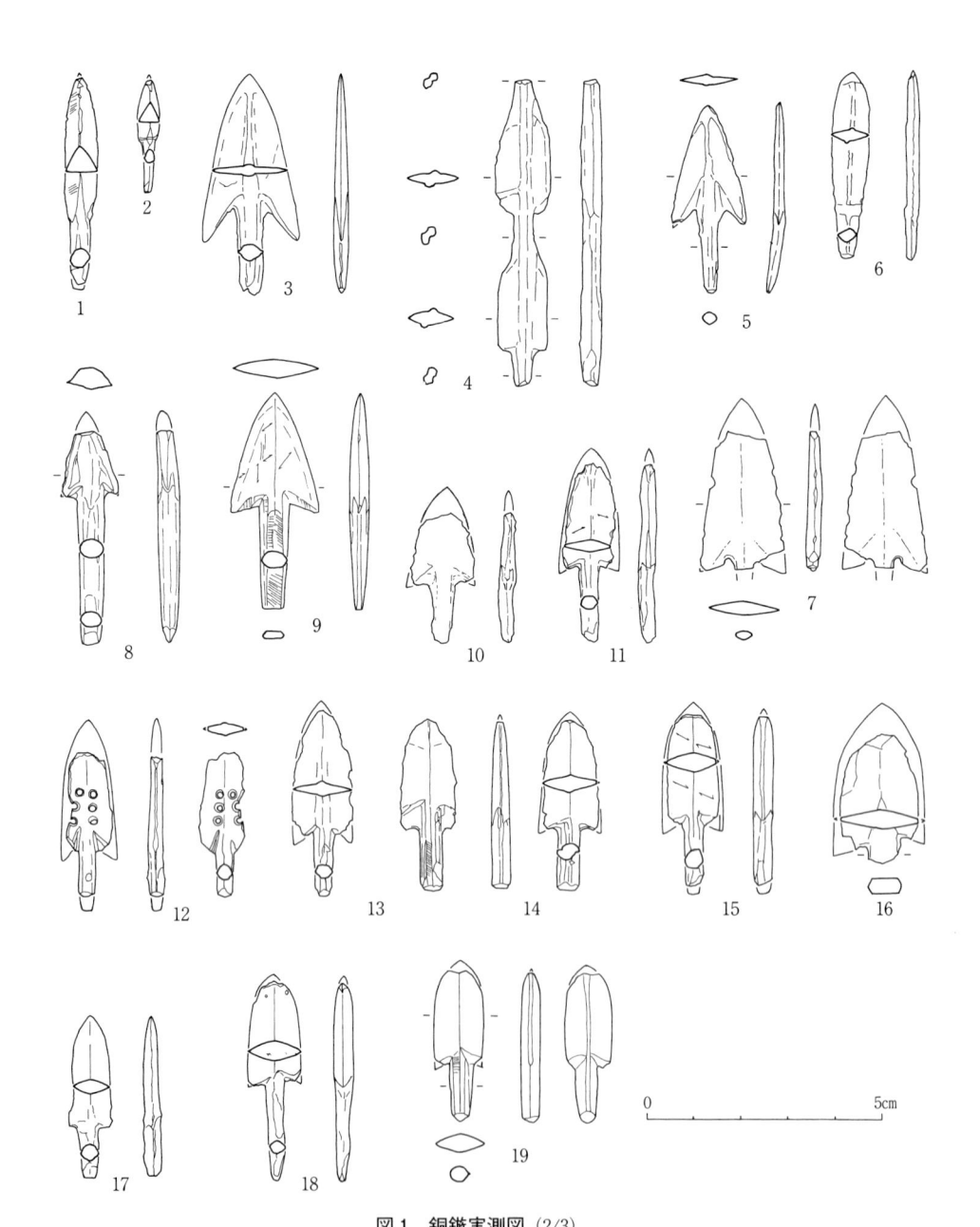

図1　銅鏃実測図（2/3）
1・2：朝日　3：西志賀　4：大友西　5・6：無量寺B　7：八日市地方　8〜10：石川条里宮ノ前
11：法楽寺　12：帰牛原　13・14：根丸島　15・16：御幸町　17：小黒　18：矢崎　19：三崎台

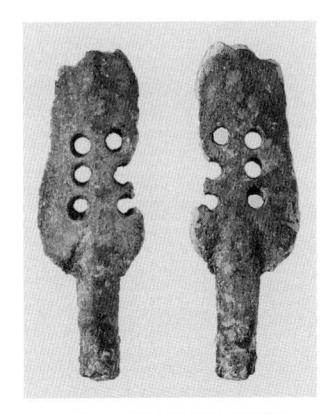

写真9　長野県帰牛原遺跡銅鏃

写真10　神奈川県根丸島遺跡銅鏃

写真11　長野県御幸町遺跡銅鏃

の大きさである。鏃身中央に脊状鎬があり、関部が最大厚で 0.47cm を測る。復元全長 4.1cm になる（写真 10-1、図 1-13）。

　もう一方は、やはり鋒と逆刺先端を欠くが、現全長 3.5cm、現最大幅 1.2cm の大きさである。特徴は、鏃身中央に明瞭な鎬が通り、鋳造時に鋳型が上下左右に大きくずれていたことがわかる。復元全長 3.7cm、関部が最大厚で 0.48cm、茎厚 0.47cm である（写真 10-2、図 1-14）。

⑪　静岡県沼津市御幸町遺跡銅鏃

　沼津市御幸町遺跡の銅鏃 1 点（写真 11-1、図 1-15）は、現全長 3.6cm、最大幅 1.1cm の大きさで、茎尻・鏃身周辺を欠損している。特徴は鏃身が厚くて鎬が通り、粗い研磨痕があり、茎と同じ 0.43cm の厚さを保つことである。

　もう 1 点（写真 11-2、図 1-16）は、平根式で茎基部以外の周辺部を欠損している。現全長 2.65cm、最大厚 0.35cm、茎幅 0.7cm、茎厚 0.3cm で、復元鏃身長 3.2cm、関幅 2cm となる。

　写真 11-3 は、鋒・逆刺・茎を欠損した柳葉形銅鏃である。

⑫　静岡県沼津市雌鹿塚(めがつか)遺跡銅鏃

　写真 12-1 の銅鏃は、現全長 2.4cm、最大幅 1.5cm の大きさで、鋒と茎尻を欠損している。鏃身中央部には鎬が認められ、復元全長は 3.2cm、鏃身中央部が最大厚で 0.25cm、茎 0.21cm である。

第4章　青銅器形式・型式の検討

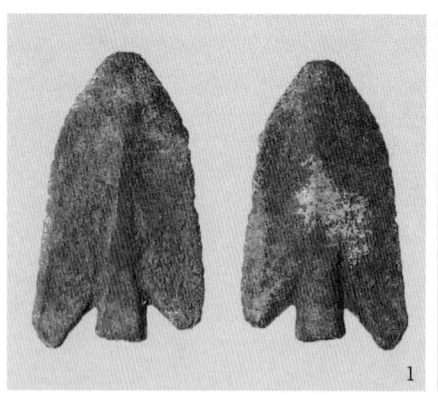

写真12　静岡県雌鹿塚遺跡銅鏃

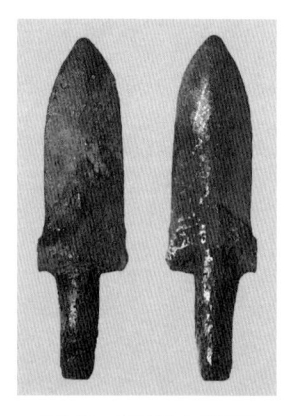

写真13　静岡県小黒遺跡
　　　　銅鏃（実大）

写真14　埼玉県三崎台遺跡銅鏃

　写真12-2の銅鏃は、現全長3.65cm、最大幅1.15cmの大きさで、鋒を欠損している。明瞭な鎬が通り、鏃身最大幅が1.15cm、関部が0.98cmで、古墳時代の銅鏃の形態と一致する。復元全長は3.8cm、関部・茎部が最大厚で0.32cmである。

　写真12-3の銅鏃は、全長3.66cm、最大幅1.2cmの大きさで、鋒と関部の逆刺を欠損している。茎部が最大厚で0.33cmである。
（尾方聖多）

⑬　静岡県静岡市小黒遺跡銅鏃
全長3.36cm、関幅0.92cm、最大厚0.38cm、茎最大幅0.45cm、茎厚0.38cmの計測値をもつ。小さな逆刺をもつ柳葉形で、逆刺と関部にバリが残る。全体に赤銅色を呈する（写真13、図1-17）。

⑭　静岡県清水町矢崎遺跡銅鏃
　京都大学博物館に所蔵されている銅鏃は、現存長4.15cm、最大幅1.2cm、最大厚0.43cmの計測値をもつ。茎が長く2.1cmを測り、鋒と逆刺の片方をわずかに欠損している（図1-18）。

⑮　埼玉県大宮市三崎台遺跡41号住居跡銅鏃
　現存全長3.2cm、最大幅1.05cmの計測値をもつ。復元全長約3.5cmの柳葉形銅鏃である（写真14、図1-19）。
（柳田康雄）

引用・参考文献
出越茂和編　2002「石川県金沢市大友西遺跡Ⅱ」『金沢市文化財紀要』180　金沢市教育委員会
小松市教育委員会編　2003「八日市地方遺跡Ⅰ」『小松駅東土地区画整理事業に係る埋蔵文化財発掘調査報告書』

第4章　青銅器形式・型式の検討

5　巴形銅器

柳　田　康　雄

①　愛知県清須市・名古屋市朝日遺跡巴形銅器

　SB02竪穴住居跡の南に近接した包含層から出土し、山中I式前半期を中心とする時期と考えられている（赤塚2007）。

　巴形銅器は、外径5.6cm、座径3.0cm、高さ1.1cmの5脚左捩半球形棒状鈕型式である。棒状鈕を縦方向に置くと、上下の位置にある鉤状部の外側に湯口と考える切断痕跡があることからどちらかが湯口となる。写真と図の上にあたる鉤の左側に鋳引けと考える大きな鬆と上中央鉤部全体から半球座上半分に及ぶ細かい鬆が密集して存在することから、写真1と図1-1の上が湯口であり、下がガス抜きまたは連鋳の湯口となる。

　研磨は上面の半球座とその周縁の平坦部および鉤平坦部に丁寧なミガキが施されるが、鉤内側と基部の側面および裏面全面が未研磨で鋳肌が明瞭である。裏面は、座周縁の平坦部と鉤部には4mmほどの段差が設けられ、鉤部周縁にわずかな突線が廻り、中央部がややくぼみ厚さ2.0～2.3mmで、鈕が棒状を呈する。

　使用痕跡では、一部にベンガラが付着することと、裏面の鉤部周縁の突線がわずかながらマメ

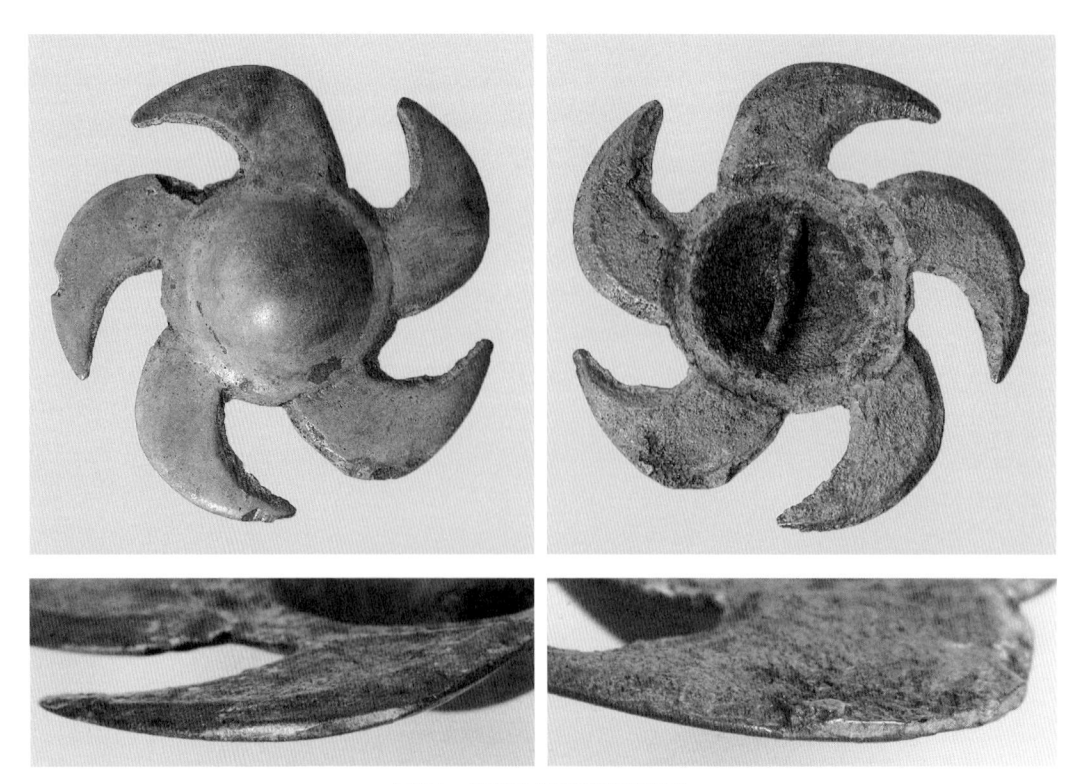

写真1　愛知県朝日遺跡巴形銅器

5 巴形銅器

図1 巴形銅器実測図 (1/2)
1：朝日　2：武石上平　3：荒砥前田Ⅱ　4：新保Ⅱ　5：宮平　6：一本松（アミは鬆）

第4章　青銅器形式・型式の検討

ツしていることから、平坦な器物に装着されていたことになる。

本例と大阪府国府遺跡巴形銅器裏面の鋳肌の粗さは、鋳型が土製である可能性を示唆している。しかも、土製鋳型に直接陰刻したものではなく、「込型法」の圧痕である。土製であるからこそ原型から型取りが可能になり、鋳肌に粗さが残る。北部九州の鈕と違う棒状・橋状鈕が土製鋳型ならではの改変であり、国府遺跡の橋状鈕孔両側には土製ならではの痕跡が残っている（柳田2009）。

② 長野県上田市武石上平遺跡巴形銅器

図1-2は7脚に復元できる円錐台座型式巴形銅器であるが、3脚を欠損している。この巴形銅器が特異なのは、円錐台座が三段で頂部が小さいことと、脚部が肉薄で裏面台座と脚に明瞭な突線をもつことである。台座裏面の鈕は近畿以東特有の円柱で橋状を呈する。大きさは、全径10.45cm、台部径4.1cm、頂部径1.47cm、全高2.3cm、脚厚0.14～0.16cmの計測値をもつ。鋳造技法で注目できるのが、脚裏面の台座中央を基点とする同心円状の挽型痕跡であり、鋳型の鑢痕跡が明瞭に観察できることから、土製鋳型による鋳造が明らかな製品である。鋳造後は、上面が全面研磨されているが、裏面は研磨されていない。また、上面のみマメツが著しい（写真2）。

③ 群馬県前橋市荒砥前田Ⅱ遺跡巴形銅器

図1-3の荒砥前田Ⅱ遺跡の巴形銅器破片は、2区12号住居跡から古墳前期の土器と共伴して出土した（写真3）。

鉤部先端破片で最大幅1.72mm、最大厚1.8mm、長さ2cmの計測値をもつ。欠損部以外の両面がマメツしているが、裏面の平坦面には挽型痕跡と鋳型ひびによるバリがある。最大の特徴は裏面の細い突線と挽型痕跡であり、長野県武石巴形銅器に重ねると輪郭と裏面の細い突線が一致することから、両者は同笵または本例が武石巴形銅器の欠損部である可能性が強いことになる。

鉛同位体比分析では、朝鮮半島産材料の領域に分布している（小島2009）。

④ 群馬県高崎市新保Ⅱ遺跡巴形銅器

巴形銅器片は、新保Ⅱ遺跡169号住居跡の覆土上層にある2号遺物群から出土している。169号住居跡は、弥生時代後期第3期とされるが、2号遺物群で共伴する土器はS字口縁甕などの古墳時代初頭である（群馬県教育委員会1988）。

巴形銅器は鉤部の元部から欠損した破片で、2個の穿孔があり欠損部を含めて全面マメツしている。全長4.8cm、最大幅2.0cm、厚さ1.85mm、穿孔径1.75～1.95mmの計測値をもつ。上面は鉤部両側に丸みがあるが、裏面はほぼ平坦であり、マメツしながらもわずかに円座を中心とした挽型痕跡が見える。穿孔は両面から行われている（写真4、図1-4）。

⑤ 茨城県石岡市宮平(みやだいら)遺跡SI41・42・SX01出土巴形銅器

宮平SI41・42住居跡から出土した巴形銅器は、半球座に右捩じり5脚のⅢBb式で、1脚を新しく欠損している。大きさは、全径5.1cm、座径2.56cm、高さ0.9cmの計測値をもつ。巴形銅器は全体の表面がマメツしているが、図上の1脚先端が欠損して丸みをもつのは湯口の鋳引け現象あるいは湯不足である可能性がある。裏面の脚はくぼみ、鈕は橋状を呈し、円孔をもつ。出土した住居跡の時期は古墳時代早期に相当する（日立市郷土博物館2001）（写真5、図1-5）。

5 巴形銅器

写真2　長野県武石上平遺跡巴形銅器

写真3　群馬県荒砥前田Ⅱ遺跡巴形銅器

87

第4章 青銅器形式・型式の検討

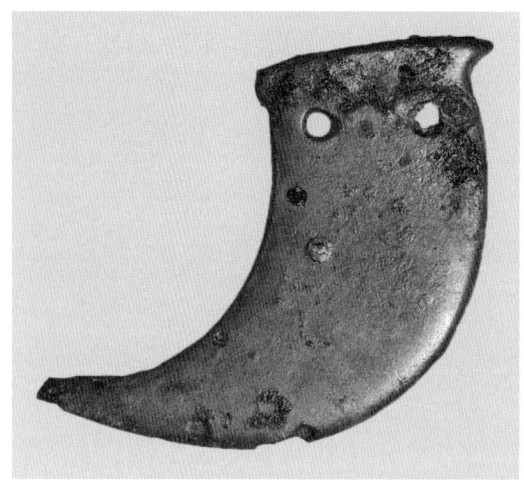

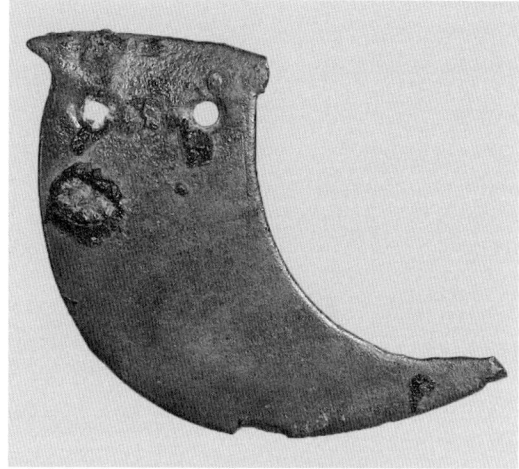

写真4 群馬県新保Ⅱ遺跡巴形銅器

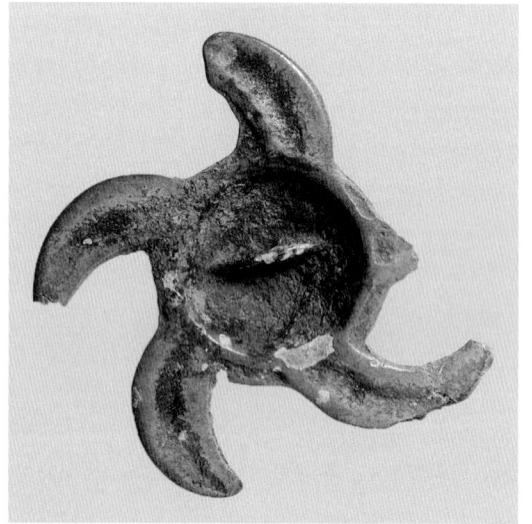

写真5 茨城県宮平遺跡巴形銅器

⑥ 茨城県大洗町一本松遺跡第Ⅰ地区53号住居跡巴形銅器

　弥生時代後期後半の53号住居跡から出土した巴形銅器は（井上2001）、外径7.65cm、座径3.4cm、高さ1.5cmの計測値をもつ円錐台形に右捩じり7脚のⅣBc式であるが、外周が円周で連結しているところが変形といえる。ただし、外周の5ヵ所が欠損している。座の円錐台形は、3段階の稜線をもつがマメツで目立たない。外周もマメツしているが、図上の1脚部分がわずかに突出して分厚いところから湯口と考えられる。脚の裏面がわずかにくぼみ、鈕は棒状を呈する（写真6、図1-6）。

写真6　茨城県一本松遺跡巴形銅器

引用・参考文献

赤塚次郎　2007「朝日遺跡Ⅶ　青銅器」『愛知県埋蔵文化財センター調査報告書』138

井上義安　2001『一本松遺跡』茨城県大洗町一本松埋蔵文化財発掘調査会

群馬県教育委員会　1988「新保遺跡Ⅱ　弥生・古墳時代集落編」『関越自動車道（新潟線）地域埋蔵文化財発掘調査報告書』18

小島敦子　2009「荒砥前田Ⅱ遺跡」『財団法人群馬県埋蔵文化財調査事業団調査報告書』472

日立市郷土博物館　2001『常陸の弥生文化』

柳田康雄　1986「青銅器の創作と終焉」『九州考古学』60（2002『九州弥生文化の研究』学生社に所収）

柳田康雄　2009「弥生時代青銅器土製鋳型研究序論」『國學院雑誌』110－6　國学院大學

6　有鈎銅釧

柳田康雄

① 福井県鯖江市西山公園遺跡有鈎銅釧

　昭和31（1956）年6月7日、鯖江市西山公園の上り口に近い山裾で、桜に施肥するために掘った穴から一括して発見された（斎藤 1966）。銅釧は一括で9点発見されたが、8点が東京国立博物館蔵、1点が福井県立博物館蔵となっている（東京国立博物館 2005）。この銅釧には鈎元部・上辺部・下辺部に平坦部があり、2～5・8の5点には銅釧相互が重ねられて存在した証拠となる密着痕跡が残されている（図1・2の破線部分）。残念ながら、銅釧6が実測できなかったのと、一括して熟覧できなかったことから、重ねられた状況が復元できなかった（写真1～3、図1・2）。

　この有鈎銅釧の特徴は、平面的には原型のゴホウラ製貝釧に近いが、断面形では銅釧の宿命として合せ鋳型による鋳造であることから、内面にバリを残している。しかも、貝釧の特徴を真似たことから横断面形は「くの字形」で、内面が内湾する。内面の内湾は縦断面形でも同様である。これは鋳型が土製である証明ともなり、同時に1～4の4点が鋳造後の研磨を考慮すれば同じ鋳型で鋳造された同笵品であることがわかる。さらに釧内面を観察すると、鈎の反対側にあたる部分の鋳型片方に一部限定して内湾しない部分が共通して存在する（写真2-3・4）。この湯口と考える位置は、銅釧を横に並べると鈎が横の釧に接触する部分と一致することから、土製鋳型による連鋳の可能性がある。なお、1～4の外面部分に絹らしい極細布目が付着している（図1のアミ部分）。

写真1　福井県西山公園遺跡有鈎銅釧　右から1～4（同笵）

6 有鉤銅釧

写真2　福井県西山公園遺跡有鉤銅釧
1：上から1〜4を重ねた状態　2：8の内側の湯口以外のバリ　3・4：内面の片側が部分的にくぼまない様子

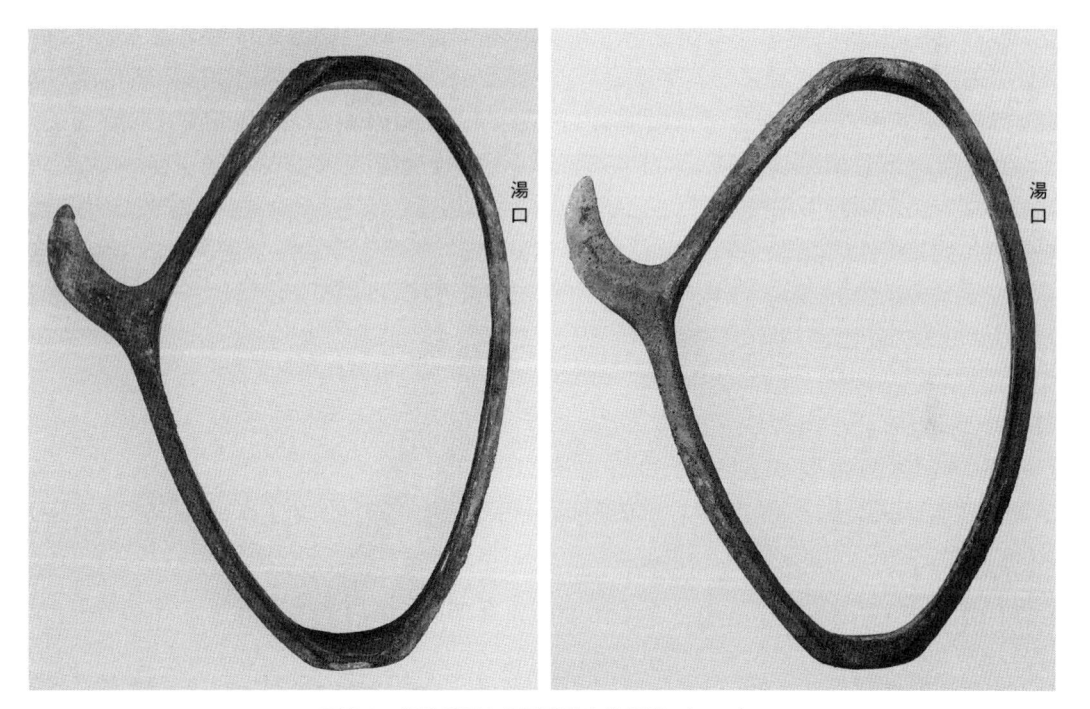

写真3　福井県西山公園遺跡有鉤銅釧　左1　右5

② 静岡県沼津市御幸町遺跡有鉤銅釧

　御幸町遺跡の有鉤銅釧は、現長 3.25cm の突起を残す破片資料である。釧の幅 0.72〜0.76cm、厚さ 0.36〜0.46cm、突起の中央部の厚さ 0.4cm、幅 0.9cm の計測値をもつ保存状態が良好な資料である。欠損部以外の外面がマメツによる鉛黒色の光沢がある。突起の先端近くに平坦部分があるが、湯口の切断部分であるものと考える。内側もマメツするが、鋳型の型ずれらしきわずかなくぼみが観察できる（沼津市教育委員会 1980）（写真4、図2-2）。

第4章 青銅器形式・型式の検討

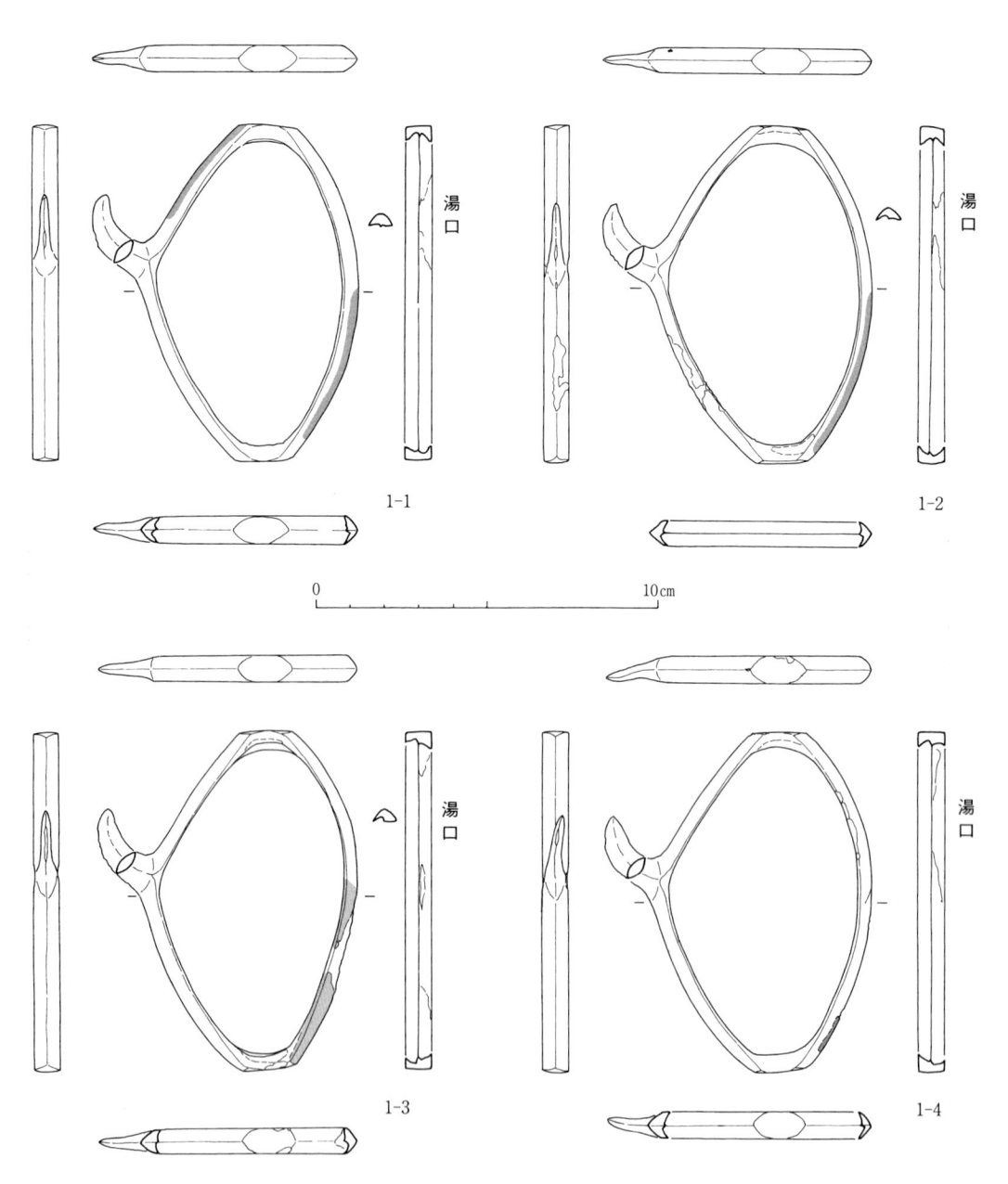

1-1

1-2

1-3

1-4

湯口

図1 有鈎銅釧実測図①（1/2）（アミ目は布目痕）
1-1〜4：西山公園

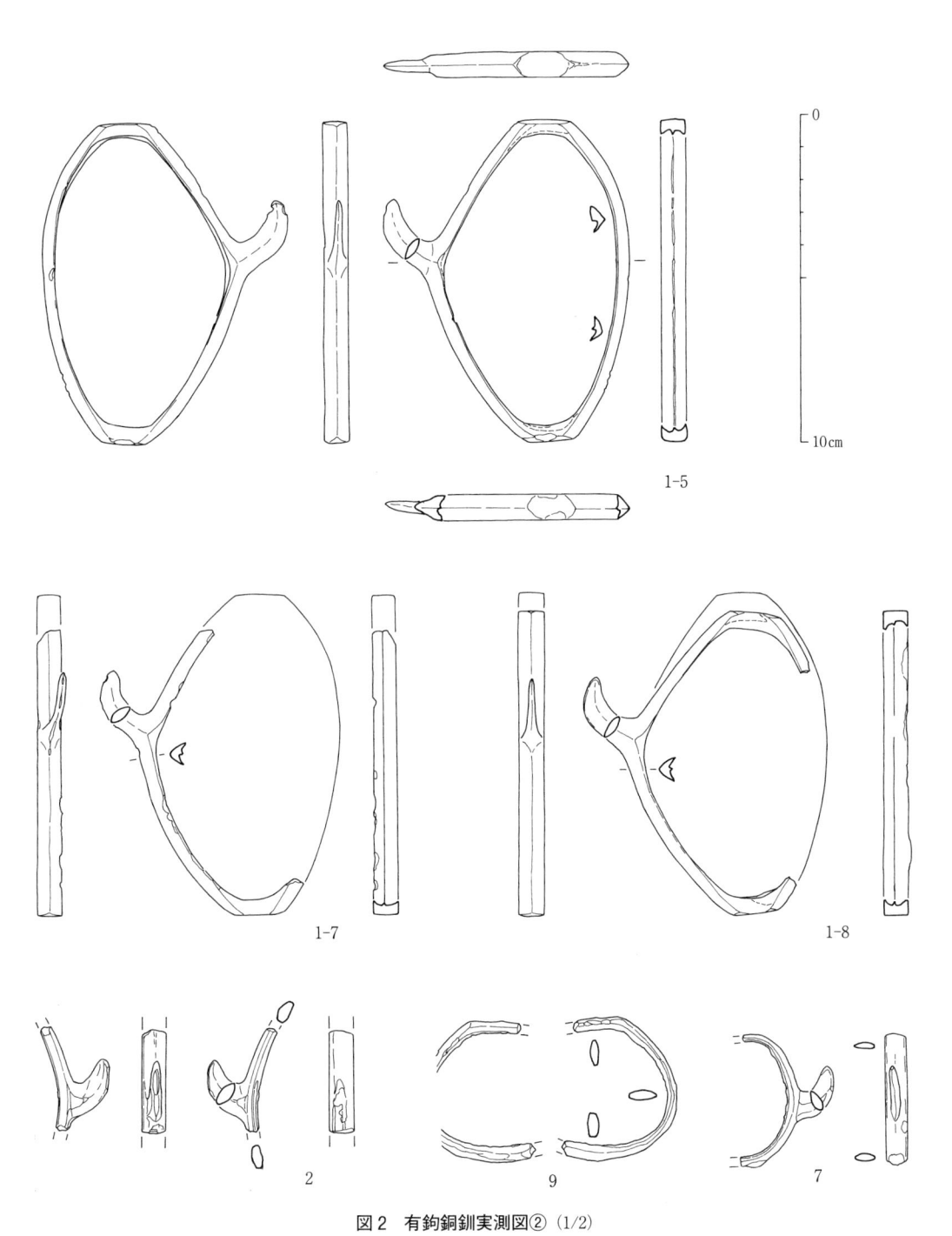

図2　有鉤銅釧実測図②（1/2）
1-5・7・8：西山公園　2：御幸町　7：了仙寺　9：持田

第4章　青銅器形式・型式の検討

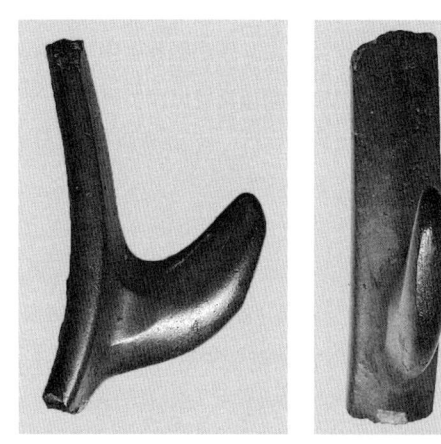

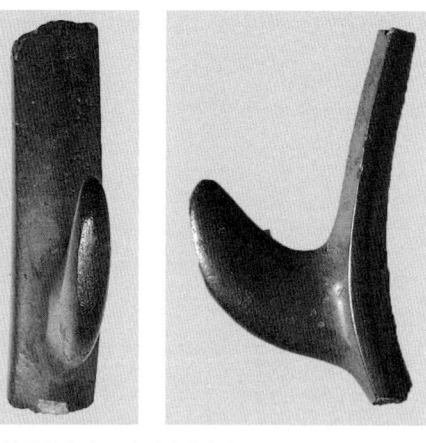

写真4　静岡県御幸町遺跡有鉤銅釧（全体にマメツ）
右端：内側の研磨と型ずれ　中：湯口の切断と研磨痕

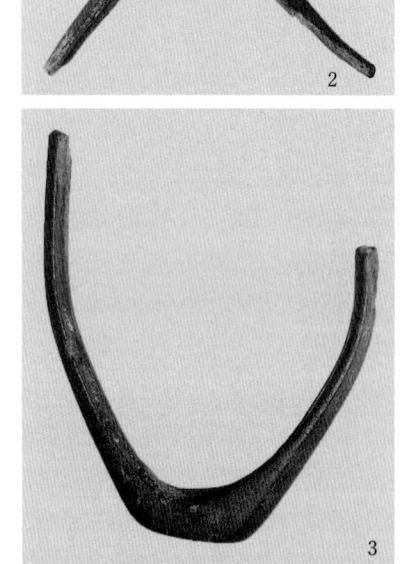

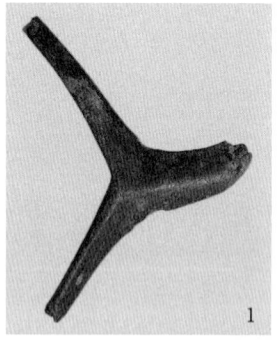

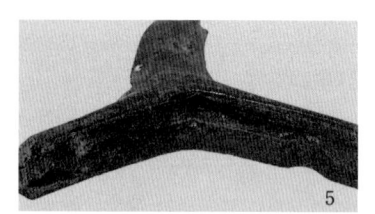

写真5　静岡県駿府城内遺跡有鉤銅釧

③　静岡県静岡市駿府城内遺跡有鉤銅釧

　静岡市駿府城内住居跡から出土した有鉤銅釧は1個体とされるが（岡村 1993）、突起部上方の環部が他の破片と重複することから2個体分以上の破片と考える。また、環部の断面形でも突起部の環の外面稜線がシャープである（写真5、図3-3-1・2）。
　突起部をもつ破片（写真5-1、図3-3-2）は、環部が突起部で屈曲することと、突起の湾曲度が少ないことから貝釧原形の特徴をもつことになる。突起部幅0.86cm、厚さ0.46cm、環部幅0.62

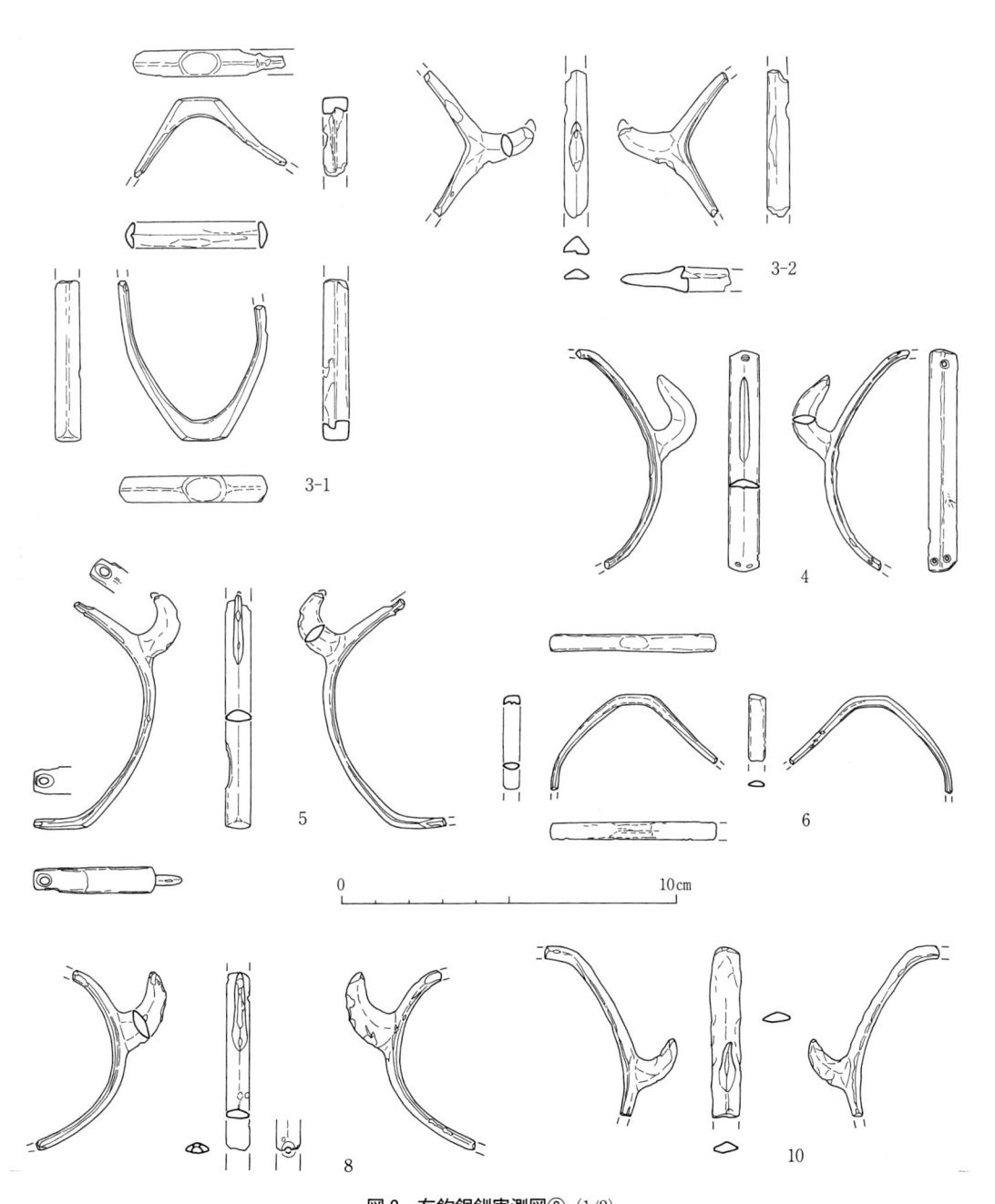

図 3　有鉤銅釧実測図③ (1/2)
3-1・2：駿府城内　4：小黒　5：曲輪北　6：登呂　8：根丸島　10：池子

第4章　青銅器形式・型式の検討

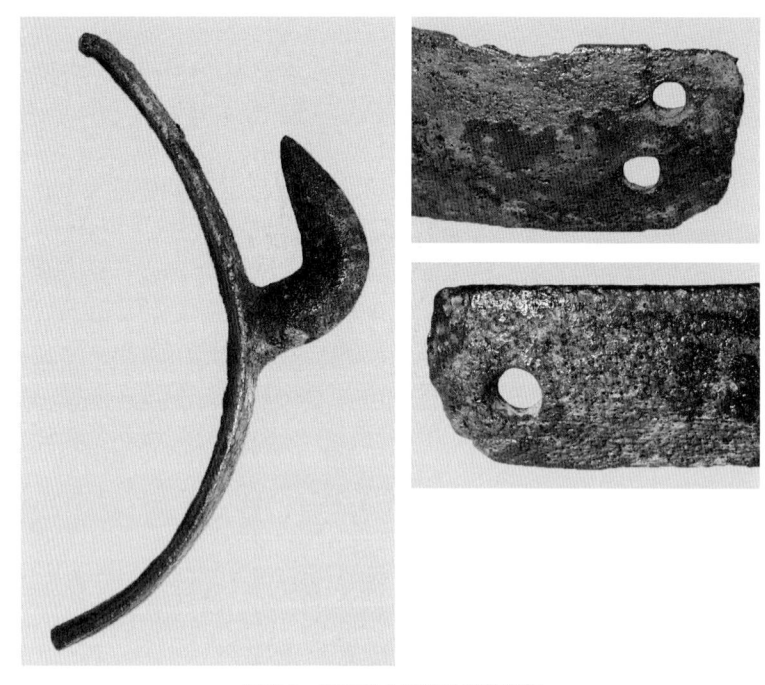

写真6　静岡県小黒遺跡有鈎銅釧

〜0.7cm、厚さ0.32cm、突起最大幅0.86cm、厚さ0.46cmの計測値をもつ。環外側は稜線が通り、内側に鋳型合せ目があり、一方が内湾することから土製鋳型での鋳造と考える。

　破片（写真5-2）は、両側が外湾することから釧上半部であるが、右側が多少変形している可能性がある。環断面形は外側の稜線が丸みをもち、内側に鋳型合せ目のバリを有し、鋳型が上下にずれて一方が内湾することから土製鋳型であろう。上端部の厚さ0.75cm、環部幅0.69cm、厚さ0.26cmの計測値をもつ。

　破片（写真5-3）は、明らかに釧下半分で環部が内湾するが、右側の湾曲が本来のものであるとすると小型製品となり、破片（写真5-2）と別個体となる。釧幅は下端部が0.8cm、上側が0.73〜0.8cm、厚さ0.3cmの計測値をもつ。横断面形は外側の稜線が丸みをもち、内側に鋳型合せ目のバリが残り、鋳型が上下にずれて一方が内湾することから土製鋳型での鋳造である。

④　静岡県静岡市小黒遺跡有鈎銅釧

　小黒遺跡有鈎銅釧は突起反対側の環を半分欠損しているが、欠損部の両側に二次的な穿孔が見られることから、欠損後に紐で連結して使用したか、欠損部の全部が紐であった可能性も考えられる。特徴としては半円形の環の中央部にやや上に屈曲が強い突起が付き、釧の上端部が環側面の断面形と同じである。環の横断面形は、外面に丸みのある稜線をもち、内側に鋳型合せ目のバリを残している。環幅0.89〜0.91cm、厚さが下方で0.24cm、突起前後で0.32〜0.3cm、上方で0.6cm、突起最大幅0.8cm、厚さ0.36cmの計測値をもつ。環欠損部の穿孔は上方に1個、下方に2個が両面穿孔されている。製品には鬆が多く、保存状態が悪い（天石2002）（写真6、図3-4）。

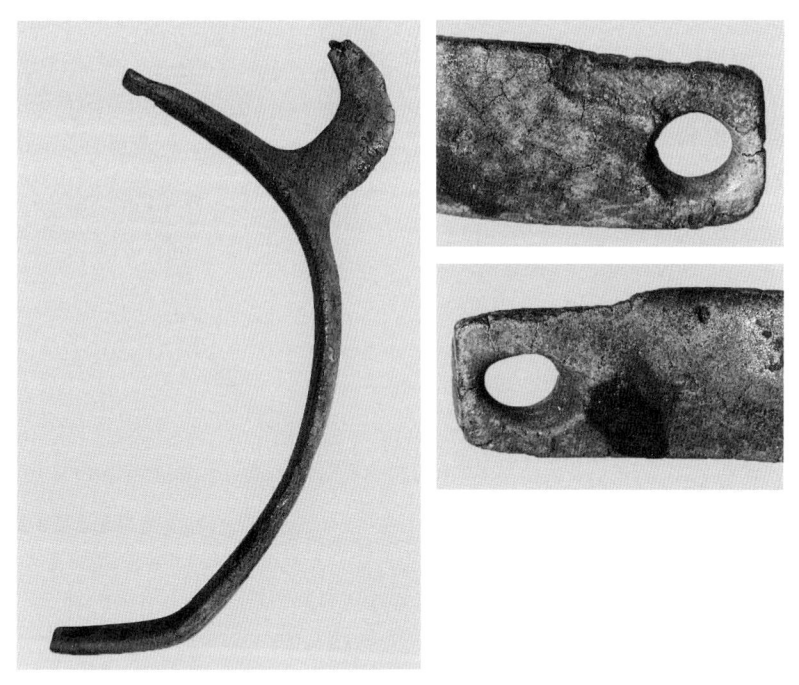

写真7　静岡県曲金北遺跡6次有鉤銅釧

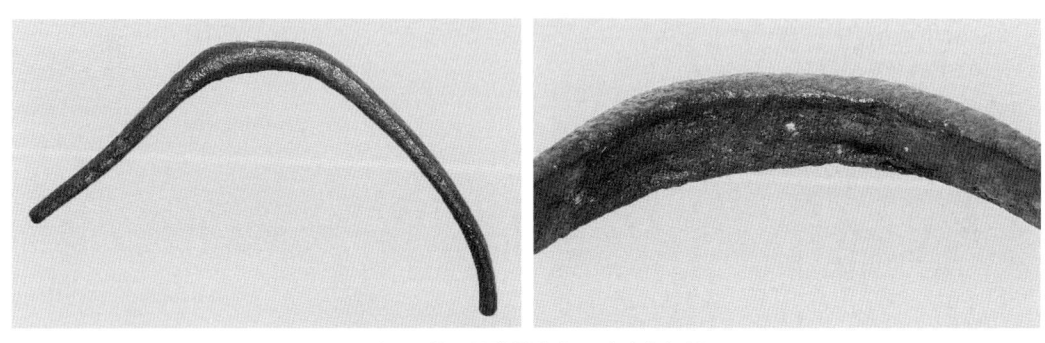

写真8　静岡県登呂遺跡21次有鉤銅釧

⑤　静岡県静岡市曲金北遺跡6次有鉤銅釧

　曲金北遺跡6次調査有鉤銅釧は（鈴木 2000）、小黒遺跡有鉤銅釧と同じく突起反対側の環部半分を欠損して、欠損部両側に穿孔されている。環の屈曲が強い部分に突起が付くことから、貝釧原形に近い形態を残していることになる。環部は下端部を残しているが、横断面形が側面と同じ形態をもつ。環は外側にわずかな稜線をもち、内側がわずかに外湾し、両側に細い面を形成する横断面形を呈する。環幅は上部で0.73cm、突起下で0.78cm、下端部で0.76cm、厚さが上部で0.38cm、突起下で0.34cm、下方で0.35cm、下端部で0.32cm、突起最大幅0.76cm。厚さ0.27cmの計測値をもつ。環両側の穿孔は長径0.3cmの楕円形を呈するが、写真で明らかなようにマメツによるものであることから、欠損部の全部が紐である可能性が強いことになる（写真7、図3-5）。

第 4 章　青銅器形式・型式の検討

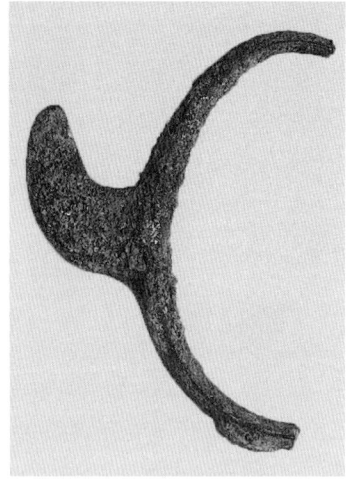

写真 9　神奈川県了仙寺遺跡有鉤銅釧　　　　　写真 10　神奈川県根丸島遺跡有鉤銅釧

⑥　静岡県静岡市登呂遺跡 21 次有鉤銅釧

　登呂遺跡 21 次銅釧は（静岡県 2006）半分以上を欠損しているが、それぞれが外湾と内湾することから、外湾する方に突起が付く釧上半の破片と考える。環横断面形は両側を外面を丸く、内面をわずかに膨らませているが、上端部が方形ぎみに厚くなる。環の作りは全体に細く、幅 0.49 〜 0.51cm、厚さ 0.2 〜 0.25cm、上端部厚さ 0.3cm の計測値をもつ。上端部の内側には鋳型合せ目のバリを残すが、内湾していることから土製鋳型鋳造である。全体に茶褐色を呈し、欠損部は古い（写真 8、図 3-6）。

⑦　静岡県下田市了仙寺遺跡有鉤銅釧

　了仙寺遺跡は、古墳時代後期の自然洞窟を利用した埋葬施設で、小型有鉤銅釧が出土した（下田市史編纂委員会 2010）。釧は上辺部と下辺部をかろうじて残していることから、二次的に変形したものではないが、比較的突起部は大きい。釧の長さ 3.98cm、現存幅 2.9cm、軸幅 0.5cm 〜 0.71cm、厚さ 0.25cm 〜 0.44cm、鉤部幅 0.86cm、厚さ 0.35cm の計測値をもつ。表面は錆びなどの付着物があり観察困難であるが、側面の稜線が明瞭であることから鋳造後のマメツはない。ただし、内外面にバリや稜線がないことから、鋳造後の研磨が著しいことになる（写真 9、図 2-7）。

　了仙寺洞窟では、細身の円環形銅釧も出土している。

⑧　神奈川県秦野市根丸島遺跡有鉤銅釧

　根丸島遺跡有鉤銅釧は（伊東・杉山 1986）、環の両側を欠損しているが突起部を残している。釧部の湾曲からすると小型であるが、突起部は大きいことと、突起よりやや上の環のわずかな屈曲が貝釧原形の特徴をもつものと考えられる。釧部の幅 0.69 〜 0.67cm、厚さ 0.3 〜 0.38cm、突起部幅 1.2cm、厚さ 0.43cm の計測値をもつ。環の下部には破損しているが両面穿孔された痕跡が存在することから、一度欠損したものを紐で結束することによって再利用していたらしい。突起部などに淡緑色の剥離面があり保存状態がよくない部分がある（写真 10、図 3-8）。

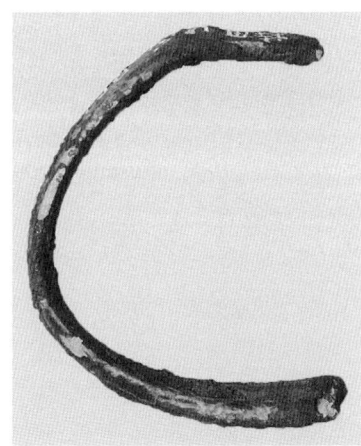

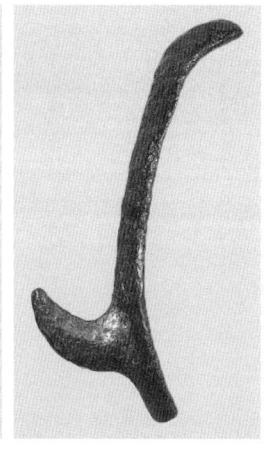

写真11　神奈川県持田遺跡銅釧　　写真12　神奈川県池子遺跡有鈎銅釧

⑨　神奈川県逗子市持田遺跡銅釧

　現存釧長4.4cm、釧幅3.5cmで、屈曲部の幅0.81cm、厚さ0.3cm、その他が幅0.89cm〜0.75cm、厚さ0.33cm〜0.37cmの計測値をもつ。本例は釧としては小型であり、成人男性には使用できない。小型で丸みをもつ例は根丸島遺跡・了仙寺遺跡にもあるが、環の幅や厚さが一定していない。屈曲部の存在と横断面形から鋳造品であり、有鈎銅釧とされている（赤星1975）（写真11、図2-9）。

⑩　神奈川県逗子市池子遺跡有鈎銅釧

　池子№1-A地点の有鈎銅釧は、古墳時代包含層から出土したが、付近に土器等を伴っていないことから厳密な時期比定はできないという（かながわ考古学財団1999）。出土後に不用意に錆び落としをしていることから、表面が完全に失われて凹凸が著しい。欠損して上辺の一部と鈎部分までが残存している。環の幅が0.72cm〜0.88cm、厚さが0.33cm〜0.46cmである（写真12、図3-10）。

⑪　埼玉県朝霞市宮台・宮原遺跡有鈎銅釧

　有鈎銅釧は、遺跡のE-2グリット第16号楕円形土坑の埋土中から6片の破片となって出土しているが、土器が共伴していないことから遺構での時期は不明である（埼玉県2006）。しかも、遺跡内の弥生時代の遺構から100m以上離れており、遺跡からの時期も探れない。

　有鈎銅釧として重要な突起部を欠損していることから、報告書では長さ7.9cmに復元してあるが、上辺部右側の破片端が厚みを増していることから鈎の基部であり、さらに左側下の小片の傾きを直すと釧の長さが約7.2cmに復元できるものと考える。出土した破片には、2個対が2箇所と1個の孔のみ穿孔もあり、合計3箇所に穿孔が存在することから、突起部と下辺部近くを欠損して、上下2個体に分かれていたことがわかり、埋没後に上辺部左側の穿孔された部分を失ったものである（図4-11、写真13）。

　釧内側の横断面形は内湾してバリがあることから、土製の合せ鋳型で製作されたことが明らかであるが、内外面共にマメツが著しく、穿孔も歪である。

第4章　青銅器形式・型式の検討

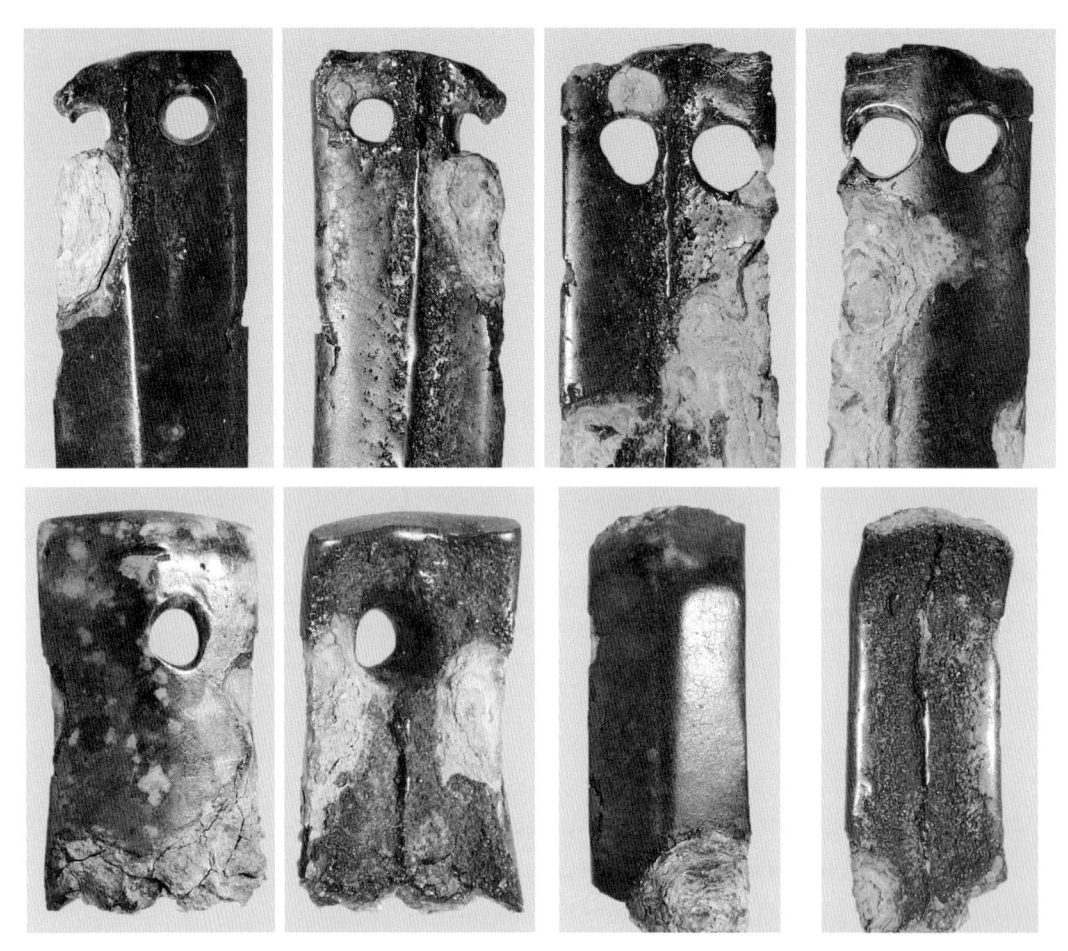

写真13　埼玉県宮台・宮原遺跡有鉤銅釧（両面のマメツと穿孔部分のマメツ）

⑫　千葉県市原市北旭台遺跡65号住居跡有鉤銅釧

　鉤の基部が大きいわりに短いので、欠損した再加工品である可能性があるが、マメツしていることから不明（市原市 1990）。破損しているが図4-12のように復元すると、上辺部と下辺部の区別と、突起部の屈曲が区別でき、長さ8.5cm、幅約6.5cm、環の幅0.51～0.6cm、厚さ0.18～0.3cmの計測値をもつ。大きさの割に細い釧であり、横断面形では内外の区別ができない（図4-12、写真14）。

⑬　石川県金沢市南新保C遺跡有鉤銅釧

　銅釧は、2号墳とされる方形墳の周溝から古墳前期の土師器と共伴している（伊藤編 2002）。
　銅釧は、現状での長さ4.7cm、幅4.5cm、最大厚0.75cm、下辺（上辺）幅2.4cmの計測値をもつ。釧は埋没以前に欠損しており、欠損した両側に両側穿孔がある。全体に中マメツして、外湾する外側の稜線が多マメツで丸みをもつ（図4-13）。写真15右上のように内湾する稜線が少マメツに止まっている。釧内側の下辺部には鋳型合せ目のバリが残るが、写真15左下のように側面が多マメツでその痕跡がない。釧が破損した後に穿孔されたものの、写真のように孔には全くマメツの痕跡がないことから、破損後にほとんど使用されていないことになる。ただし、2個の孔には

100

6　有鈎銅釧

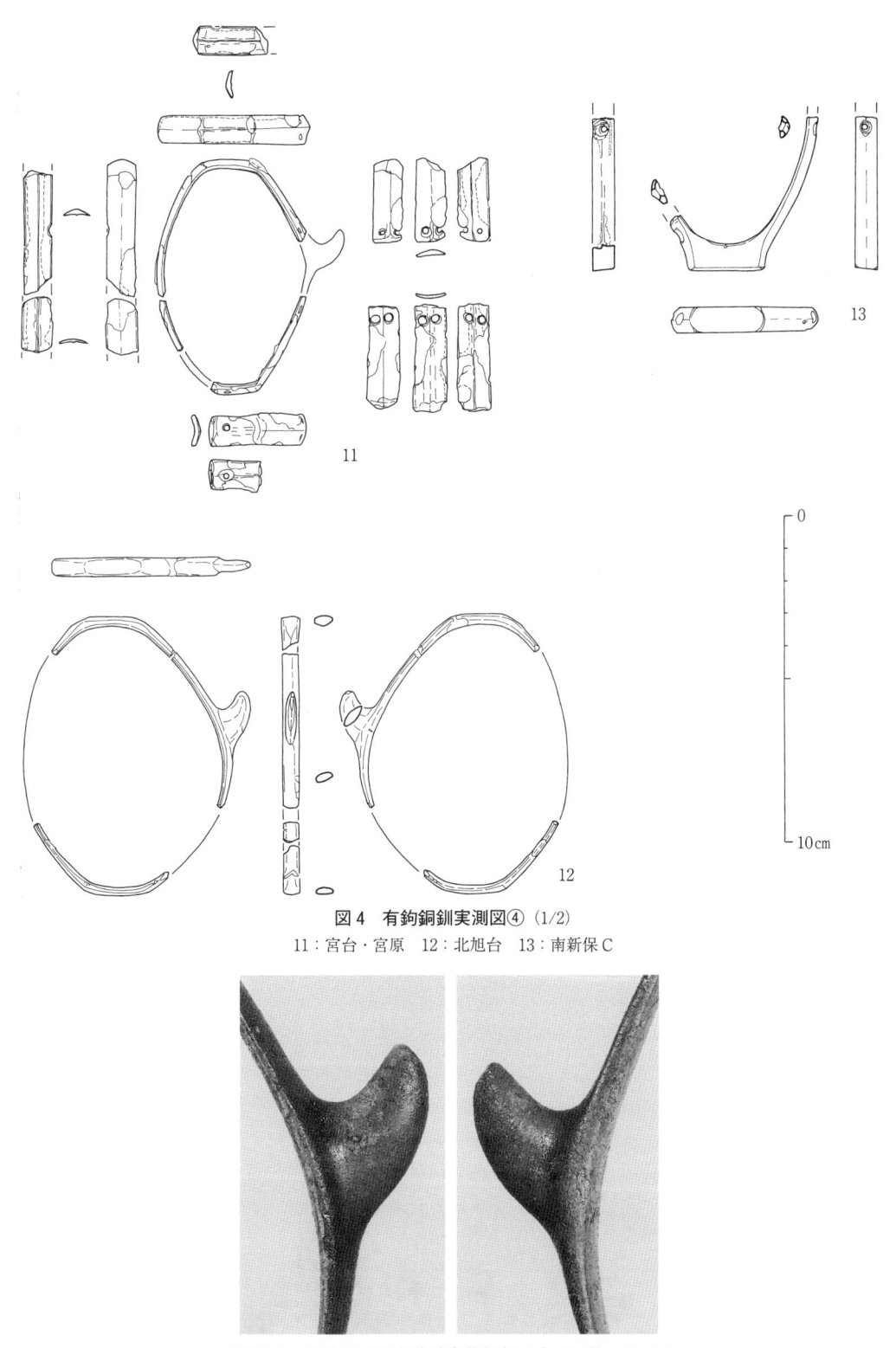

図4　有鈎銅釧実測図④（1/2）
11：宮台・宮原　12：北旭台　13：南新保C

写真14　千葉県北旭台遺跡有鈎銅釧の小ぶり鈎とマメツ

101

第4章　青銅器形式・型式の検討

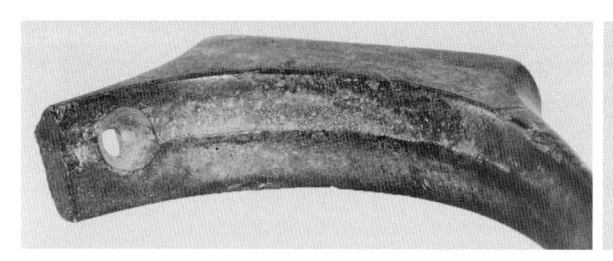

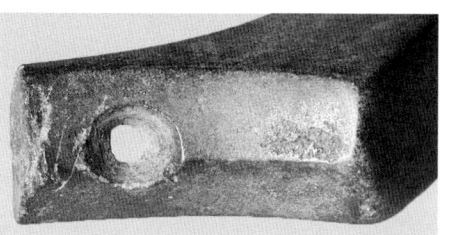

写真15　石川県南新保C遺跡有鉤銅釧

穿孔技術の差があることから、左側が先行して（写真15上）、再度欠損したことから右側を穿孔したが全く使用しなかった可能性が強い（写真15下）。
　銅釧の型式は、下辺部形体と環が左右対称的らしい特徴から富雄丸山古墳例に近いものと考える。

参考文献
赤星直忠　1975「持田遺跡発掘調査報告書」『逗子市文化財調査報告書』6
天石夏実　2002「静清平野出土銅釧・鉄釧・銅環」『ふちゅーる』10　静岡市教育委員会
市原市埋蔵文化財センター編　1990「市原市北旭台遺跡」『財団法人　市原市埋蔵文化財センター調査報告書』39
伊東秀吉・杉山博久　1986「根丸島遺跡」『秦野市史別巻考古編』
伊藤雅文編　2002「金沢市南新保C遺跡」『金沢市西部地区土地区画整備事業にかかる埋蔵文化財発掘調査報告書』14
岡村　渉　1993「駿府城内遺跡出土の有鉤銅釧」『ふちゅーる』1　静岡市教育委員会
かながわ考古学財団　1999「池子遺跡群Ⅹ」『かながわ考古学財団調査報告』46
埼玉県埋蔵文化財調査事業団　2006「宮台・宮原遺跡」『埼玉県埋蔵文化財調査事業団報告書』318
斎藤　優　1966「西山公園出土の銅釧」『福井県鯖江市王山・長泉寺山古墳群』福井県教育委員会
静岡県教育委員会　2006『特別史跡登呂遺跡再発掘調査報告書（考古学調査編）』
下田市史編纂委員会　2010『下田市史　資料編1　考古・古代・中世』下田市教育委員会
鈴木悦之　2000「曲金北遺跡」『ふちゅーる』8　静岡市教育委員会
東京国立博物館　2005「福井県鯖江市西山町西山公園出土品」『東京国立博物館図版目録弥生遺物篇（金属器）増補改訂』
沼津市教育委員会編　1980「御幸町遺跡第2次発掘調査概報」『沼津市文化財調査報告』21
文化財保護委員会編　1963「有鉤釧形銅製品」『埋蔵文化財要覧』3
柳田康雄　1986「青銅器の創作と終焉」『九州考古学』60　2002『九州弥生文化の研究』学生社に所収

7 銅鐸

柳田康雄・楠恵美子

① 愛知県清須市・名古屋市朝日遺跡銅鐸鋳型

銅鐸鋳型はク区SK01南半側の埋土中から、弥生時代中期の土器片（朝日Ⅲ期か）少量と共に出土している（写真1、図1）。鋳型は砂岩製で、縦3.6cm、横3.0cm、重さ20.6gの小破片となっている。凹面の鋳型面には、斜格子文帯と綾杉文帯が一条の界線で区切られて、緩く立ち上がる部分がわずかに残されていることから、鐸身から舞の縁に相当するものと考えられている。銅鐸は鋳型面の湾曲と舞の残り具合から、全高20cmを若干上回る大きさと推定されている。したがって、銅鐸の型式は、菱環鈕1式に相当する銅鐸最古式の一群に位置付けられる可能性が高いとされる。その所属時期は、朝日Ⅲ期頃である蓋然性が高く、朝日Ⅳ期まで降る可能性はないと考えられている（名古屋市教育委員会 2006）。

このように朝日遺跡銅鐸鋳型は当該地で中期前葉（寺沢 2010）といわれているが、北部九州の同時期と併行するとは考えていないことは本稿の全体的な趣旨である。

（柳田康雄）

② 愛知県清須市・名古屋市朝日遺跡銅鐸 （愛知県指定県宝）

当資料（写真2）は、朝日遺跡の平成元（1989）年調査によって、Ⅴ期の方形周溝墓SZ245の間にある埋納抗から出土したものであり、鈕を北に向け、所謂「鰭立て」の状態で埋納されていた（宮腰 1992）。銅鐸は、扁平鈕式の中でも三遠式（島根県埋蔵文化財調査センター・島根県古代文化センター 2002）に分類される。

残存状態は錆が非常に付着しており、外面全体に紐状の植物とみられる付着物が多量に張り付いており、一部文様は潰れているか剥落してしまっている。欠損部の接合部や裾部は膨れたり、強く外湾しているが、これは出土後の年月により変化したものであるという。表面の多量の錆の

写真1 愛知県朝日遺跡銅鐸鋳型　　図1 同実測図（1/2）（名古屋市教育委員会 2006を改変）

ため、研磨痕やケズリ痕は不明である。
　外形は、A面身部の左の鰭とB面身部の右約3分の1が欠損している。総高は約46.3cmである。鈕は、菱環の外縁・内縁が発達しており、やや縦長の鈕孔が見られる。飾耳は、A面右に一箇所のみ現存している。また、鈕から鰭にかけての外周や、身の6区袈裟襷文を形成する横帯・縦帯中央に、2条1組の突線が施されている。
　文様は、鰭と鈕外縁の第1文様帯・第2文様帯に内向鋸歯文、菱環文様帯に綾杉文、内縁に重弧文が用いられている。身には、横帯3条と縦帯1条による6区袈裟襷文が配され、第1横帯から第3横帯に斜格子文、下辺横帯に内向鋸歯文が施された。なお、本例の鋸歯文は、いずれも隣り合う鋸歯文を充填する斜線の傾斜方向が平行せず反対になっている。
　鋳上がりはやや不良であり、湯回り不良により鈕の上部や横帯に文様が消えている部分がある。鋳造が良かったと考えられる部分の文様は非常に鮮明に見えるが、文様突線の厚みはやや薄い部分が多い。明瞭な鋳造欠陥としては、身の各所に鬆が認められ、特にA面下部の袈裟襷文内から裾部に鬆が目立つ。また、同じ部分は全体的にでこぼこしており、文様が見えない部分もあり、鋳造の方法が今後課題となるだろう。全体的な厚みは比較的厚い。
　鈕孔の最上部と、A面の鈕中央部に磨滅が見受けられるが、使用痕か否かは判断し難い。身の型持孔は、円形で、特に欠損・磨滅などは見受けられなかった。舞の型持孔は、概ね正円形を呈しており、両方がやや近接しているが舌を懸垂していた明瞭な痕跡は確認できない。
　内面の突帯は、両端にカマボコ形の断面を見ることができるが、A面側中央部の横幅約10cm弱、B面側中央部の横幅約7cmほどが台形断面形状を呈している。突帯上面の幅は潰れて広くなり、平坦になっている。台形断面形状の一部は肩部の端部が形成されている。これは、何らかの人為的行為による磨滅の痕跡と考えるのが妥当であろう。

③　愛知県清須市・名古屋市朝日遺跡銅鐸飾耳残片（愛知県指定県宝）
　当資料（写真3上中）は、朝日遺跡の昭和54（1979）年次調査によって、南居住区域のⅢ1A23区から出土したものである（七原1982）。突線鈕5式銅鐸の中でも近畿式（島根県埋蔵文化財調査センター・島根県古代文化センター 2002）の鈕に伴う双頭渦文を施した飾耳であり、直径約5.3cm、厚さ約0.54cmのほぼ正円形を呈する片側渦文部分のみ残存する。A面に横1.0cm、縦1.4cmの石が錆によって付着している。石の周囲には粘土状の付着物がある。周辺からは山式期の土器が出土している。
　器面の磨滅はほとんど無い。耳の外周端部は、概ね縁が尖っている。文様線は丸みを帯びているものの、高さが0.03cm程残存している。これらの状況から二次加工痕や特徴的な磨滅痕は見られないため、二次的な使用はされなかった可能性が高い。

④　愛知県清須市・名古屋市朝日遺跡銅鐸飾耳残片
　当資料（写真3下）は、朝日遺跡の昭和51（1976）年次調査によって、北居住域に含まれるⅣ2G11区の山中式期から欠山器の遺物包含層である黒色土層から出土したものである（七原1982）。突線鈕3〜5式（近畿式）銅鐸の鰭に伴う双頭渦文を施した飾耳であり、高さは7.0cm、幅3.6cm、断面0.4cmの片側双頭渦文部分のみ残存する。

7　銅鐸

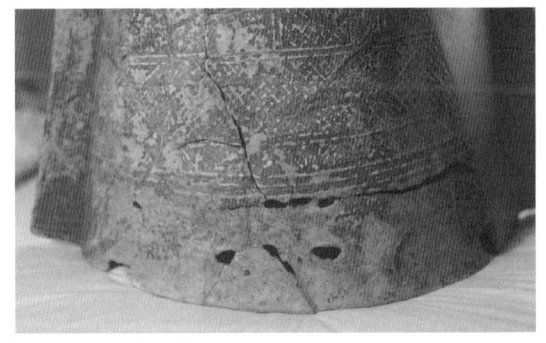

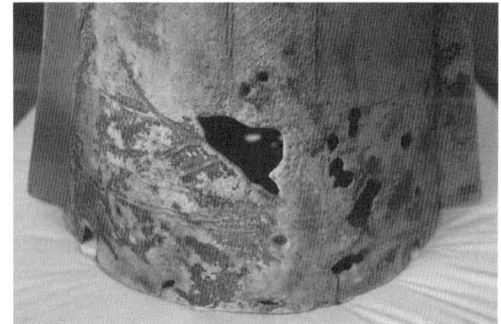

写真2　愛知県朝日遺跡銅鐸

105

第4章　青銅器形式・型式の検討

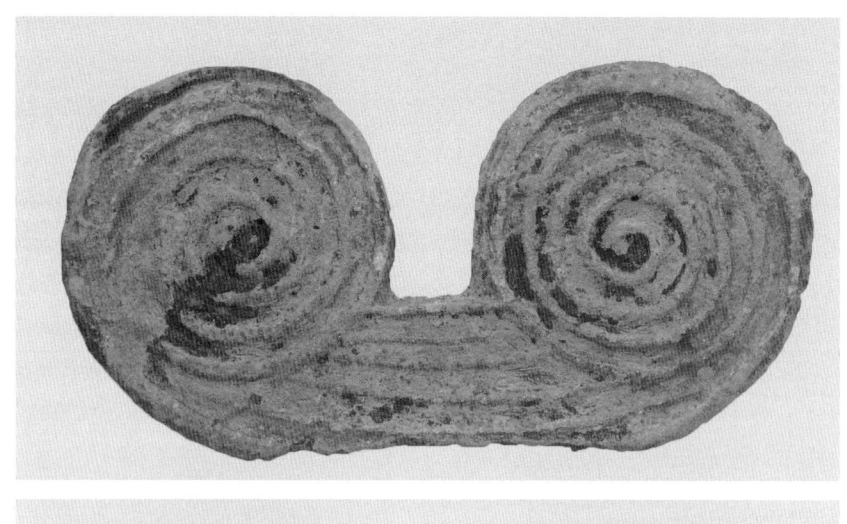

写真3　愛知県朝日遺跡銅鐸飾耳片

7 銅鐸

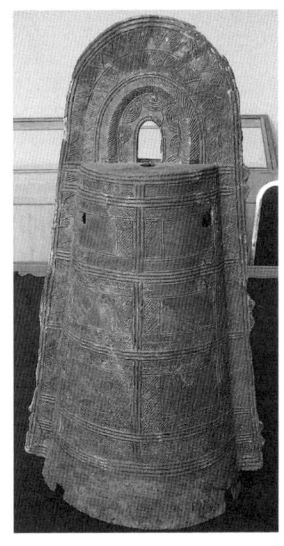

写真4 静岡県七曲り遺跡2号銅鐸

　飾耳は、全体が残っており、文様全体が把握出来る。表面は錆か風化のため、文様突線が剥落している部分が多い。しかし文様突線は、文様を認識するのに約0.05mm程度の十分な厚みが残存しており、断面では突線上部と下部がはっきりと区別できる。

　鋳造状況では、A面のほうがB面より鬆が多い。双丸部分の中央の凹部にはバリがみられるが、両面とも同じ部分にあり、この銅鐸では鋳型のズレは無かったとみられる。外周端部は、やや縁が尖っている。外縁が両面から研がれ、丁寧に整形されていたことがわかる。外縁は丸みを帯び、磨滅しているものの、二次加工痕や特徴的な磨滅痕は見られないため、二次的な使用はされなかったとみられる。

⑤ 静岡県浜松市七曲り遺跡2号銅鐸

　当資料（写真4）は、細江町中川七曲り遺跡から出土した銅鐸2点のうちの1個体である（細江町史料調査会 1966）。ブルドーザーによる耕作の後に発見されたため、正確な出土状況や出土遺構はわかっていない。突線鈕3式・三遠2式（島根県埋蔵文化財調査センター・島根県古代文化センター 2002）に分類される。

　ブルドーザーの影響で破損が甚だしいが、全形が復元できる程度の破片が残存しており、復元総高は約65.0cmである。鈕は、菱環の外縁・内縁が発達しており、縦長の鈕孔が見られる。飾耳は、左右の鰭に3箇所ずつ設けられているが、鈕には伴わない。また、鈕から鰭にかけての外周や、身の6区袈裟襷文を形成する横帯・縦帯中央に、3条1組の突線が施されている。

　文様は、鰭と鈕外縁の第1文様帯・第2文様帯に内向鋸歯文、菱環文様帯に綾杉文、内縁A面に重弧文、内縁B面に内向鋸歯文が用いられている。身には、横帯4条と縦帯1条による6区袈裟襷文が配され、第1横帯と第4横帯に斜格子文、第2横帯と第3横帯に外側へ頂点を向けた綾杉文、下辺横帯に内向鋸歯文が施された。なお、本例の鋸歯文は、いずれも隣り合う鋸歯文を充填する斜線の傾斜方向が互い違いになっている。なお、B面の鈕内縁では、最上部の鋸歯文

第4章 青銅器形式・型式の検討

写真5 静岡県穴の谷遺跡銅鐸

が一部複合鋸歯文状になっている点が特徴である。文様の割付けミスである可能性もあるが、その成因については即断できない。

　鋳上がりは非常に良く、鋳型から出した直後であるかのように文様が鮮明であり、文様の突線にも鋭さが見られる。しかし、鰭の外周にバリが残存しており、綺麗に整形されなかった個体とも考えられる。鈕孔付近に磨滅は認められず、鐸身を懸垂した可能性は低い。身の型持孔は、破損部分との境が多く詳しい観察所見は得られなかった。舞の型持孔は、概ね正円形を呈しており、舌を懸垂していたと思しき明瞭な磨滅痕は確認できない。内面の突帯は、カマボコ型の断面を呈しており、特に摩耗した部分は認められない。なお、錆はA面に顕著であるのに対し、B面に少ない傾向がある。

⑥　静岡県浜松市穴の谷遺跡銅鐸

　当資料（写真5）は、「銅鐸の谷」（向坂1968）と称されてきた滝峯の谷の支谷を造成する際に偶然発見された資料であり、明確な埋納状況は不明だが、長軸を等高線と平行にして横たわっていた可能性があるという。突線鈕3式（島根県埋蔵文化財調査センター・島根県古代文化センター

2002）に分類される。

　外縁と飾耳の一部に欠損が見られるものの、概ね完形であり、総高は約59.0cmである。鈕は、菱環の外縁・内縁が発達しており、鈕孔下端に鈕脚壁を持つ。飾耳は、左右の鰭に3箇所ずつ、鈕の外縁に3箇所設けられている。また、身には、6区袈裟襷文が施されている。

　文様は、鰭と鈕外縁の第1文様帯・第2文様帯に内向鋸歯文、菱環文様帯に綾杉文、内縁A面に内向鋸歯文、内縁B面に重弧文が用いられている。身には、横帯4条と縦帯1条による6区袈裟襷文が配され、第1横帯から第4横帯に斜格子文、下辺横帯に内向鋸歯文が施された。なお、本例の鋸歯文は、いずれも隣り合う鋸歯文を充填する斜線の傾斜方向が同一方向を向いている。

　鋳上がりは湯の回りが良くなかった部分が多く、B面下部に湯回り不良の孔が複数開いている。その周囲の文様も不鮮明になっており、鬆も多い。A面の鈕右側上部には、明瞭な凹凸を残す鋳かけが施されているが、その上から改めて文様が描き込まれている。文様の突線は、全体的に丸みを帯びており、菱環部や舞の端部に磨滅が目立つ。鈕孔付近に磨滅は認められず、鐸身を懸垂した可能性は低い。身の型持孔は、やや縦に長い長方形を呈している。舞の型持孔は、正円形を呈しており、舌を懸垂していたと思しき明瞭な磨滅痕は確認できない。内面の突帯は、台形状の断面を呈しているが、A面側の一部に低く潰れて平坦になった箇所が見られる。これは、何らかの人為的行為による磨滅の痕跡と考えるのが妥当であろう。なお、錆はB面に顕著であるのに対し、A面に少ない傾向がある。

⑦　静岡県浜松市才四郎谷遺跡銅鐸

　当資料（写真6）は、民間の青銅器研究者が金属探知機によって発見した。その後の発掘調査により、所謂「鰭立て」の状態で埋納坑に納められていたことが判明した。埋納坑は検出されているが、他の遺構・遺物は発見されていない。突線鈕3式（島根県埋蔵文化財調査センター・島根県

写真6　静岡県才四郎谷遺跡銅鐸

第4章　青銅器形式・型式の検討

古代文化センター 2002）に分類される。

　埋納坑周囲の木根によって、Ｂ面の身部が潰れて歪んでいるものの、概ね完形であり、総高は約72.7㎝である。鈕は、菱環の外縁・内縁が発達しており、鈕孔下端に鈕脚壁を持つ。飾耳は、左右の鰭に3箇所ずつ、鈕の外縁に3箇所設けられている。また、身には、6区袈裟襷文が施されている。

　文様は、鰭と鈕外縁の第1文様帯・第2文様帯に内向鋸歯文、菱環文様帯に綾杉文、内縁に重弧文が用いられている。身には、横帯4条と縦帯1条による6区袈裟襷文が配され、第1横帯から第4横帯に斜格子文、下辺横帯に内向鋸歯文が施された。なお、本例の鋸歯文は、いずれも隣り合う鋸歯文を充填する斜線の傾斜方向が同一方向を向いている。

　明確に文様を把握することはできるものの、全体的な鋳上がりはやや不良である。特に、Ａ面の身部左半分、左の鰭、そして鈕下部の一部では文様がほとんど見えない。また、左側の型持穴直下から縦方向に、鋳かけが施されている。鋳かけの後には、失われた第2文様帯の文様が補刻されている。一方、右半分の文様は非常に鮮明である。このような状況から、鋳造時の湯は、右下部から入り、左下部へ抜けて行ったものと考えられる。なお、多数の鬆が目立つＡ面最下部の裾には、横方向の研ぎ痕が明瞭に認められる。また、Ｂ面の左鰭に接した第2文様帯から第3文様帯上端の一部では、斜格子文が丁寧に削り落されている。鈕のＢ面は、上半分の文様が不鮮明であり、両面とも内縁に施された重弧文の中央文様のみ不鮮明になっているが、菱環部の直上に磨滅が見られないため、鐸身が懸垂されていた可能性は低い。鈕孔付近に磨滅は認められず、身の型持孔は、不整方形を呈している。舞の型持孔は、Ｂ面側の欠損が目立つが、整った正円形を呈するＡ面側を見る限り、舌を懸垂していたとは思われない。内面の突帯については、本体が脆弱なため、横倒しにして観察することは避けた。

⑧　静岡県浜松市前原Ⅷ遺跡銅鐸

　当資料（写真7）は、前原Ⅷ遺跡における発掘調査で発見された埋納坑から出土した。所謂「鰭立て」の状態で埋納坑に納められており、突線鈕2式・三遠1式（島根県埋蔵文化財調査センター・島根県古代文化センター 2002）に分類される。

　遺存状態は完存に近く、総高は約68.5㎝である。鈕は、菱環の外縁・内縁が発達しており、縦長の鈕孔が見られる。飾耳は、左右の鰭に3箇所ずつ設けられているが、鈕には伴わない。また、鈕から鰭にかけての外周や、身の6区袈裟襷文を形成する横帯・縦帯中央に、2条1組の突線が施されている。

　文様は、鰭と鈕外縁の第1文様帯・第2文様帯に内向鋸歯文、菱環文様帯に綾杉文、内縁に重弧文が用いられている。重弧文の割りつけは入念でなく、描画もフリーハンドに近い。身には、横帯4条と縦帯1条による6区袈裟襷文が配され、第1横帯と第4横帯に斜格子文、第2横帯と第3横帯に外側へ頂点を向けた綾杉文、下辺横帯に内向鋸歯文が施された。Ｂ面の下辺横帯直下には、外向鋸歯文が見られるが、Ａ面は無文のままとなっている。なお、本例の鋸歯文は、細かいピッチで施されており、隣り合う鋸歯文を充填する斜線の傾斜方向が同一方向を向いている。

写真7　静岡県前原Ⅷ遺跡銅鐸

　全体的な鋳上がりは良いが、鋳型の合わせ目がずれており、湯回り不良の箇所も幾つか認められる。特に、A面右側の型持孔付近から下辺横帯の鋸歯文付近にかけて、縦方向に長い鋳びけが目立つ。また、鋳びけは、B面左側の袈裟襷文2区以上にわたる縦方向や、左鰭の中央部にも見られる。身には、縦方向の研ぎ・ナデが施された。舞には、舞のカーブに沿った半円状の研ぎが明瞭に残る。A面の鈕外縁では、第1文様帯を中心とする頂部一帯の文様が薄くなっているが、他に磨滅等は見られないため、鐸身を懸垂した可能性は想定しにくい。身の型持孔、舞の型持孔ともに不整円形を呈しており、舌を懸垂していたと思しき明瞭な磨滅痕は確認できない。なお、A面左の最下部の飾耳は、欠損面が整形されている。飾耳が欠けた箇所を放置せず、敢えて整えたものであろうか。内面の突帯については、横倒しにしての観察を避けたため実見していない。

第4章　青銅器形式・型式の検討

写真8　静岡県藤井原遺跡銅鐸飾耳片

⑨　静岡県沼津市藤井原遺跡銅鐸飾耳残片再加工品

　当資料（写真8）は、藤井原遺跡第3次調査によって、153号住居跡覆土上層から出土したものであり、確実な遺構には伴わない（杉山1977）。突線鈕式（近畿式）銅鐸の鈕に伴う双頭渦文を施した飾耳であり、直径約6.0cm、厚さ約0.15cmの楕円形を呈する片側渦文部分のみ残存する。

　器面の磨滅が著しく、鋳上がり当初の状況は判然としない。外周は、非常に丸みを帯びているが、それが二次的な研磨加工なのか、単なる磨滅の痕跡なのかは不明である。なお、一端に長径約0.7cm、短径約0.4cmの孔が穿たれており、孔の周囲に鈕状のもので懸垂した痕跡と思われる磨滅が認められた。外周も、孔の付近は薄く摩耗している。出土した153号住居跡覆土上層は五領期に属すると報告されており、古墳時代初頭まで再利用・伝世されていた可能性が高い。

⑩　**静岡県伊豆の国市段遺跡銅鐸飾耳残片**

　当資料は、段遺跡C-10グリッド第Ⅶ層付近から出土したものであり、確実な遺構には伴わない（漆原 1994）。突線鈕式（近畿式）銅鐸の鈕に伴う双頭渦文を施した飾耳であり、推定直径約約7.0cm、厚さ約0.4cmの片側渦文部分のみ残存する。

　飾耳は、全体の4分の1程度しか残っていないが、渦巻文の内周側に破断面ではない部分が存在しており、孔が開けられていた可能性が高い。残存部の渦文に顕著な磨滅痕が見られないため、破断した行方不明の部分が上位となって懸垂されていたのであろう。孔と思われる部分は、残存部分の一辺が約0.4cm以上と長く、一辺が約0.2cmの幅で急なカーブを描いていることから、楕円形を呈していたようである。

　当遺跡からは、弥生時代後期前葉以降の土器が出土しているが、古墳時代の遺構・遺物が主体となっており、当飾耳片も藤井原遺跡の銅鐸残片と同様に、古墳時代前期まで再利用・伝世されていた可能性が高い。

⑪　**長野県塩尻市柴宮遺跡銅鐸**（長野県指定県宝）

　当資料は、柴宮の埋納坑から出土したものであり（大場・原 1961）、鈕を北に向け、所謂「鰭立て」の状態で埋納されていた。突線鈕3式・三遠2式（島根県埋蔵文化財調査センター・島根県古代文化センター 2002）に分類される（写真9）。

　鰭の下端を一部欠くが、概ね完存するものと見てよく、総高は約64.2cmである。鈕は、菱環の外縁・内縁が発達しており、縦長の鈕孔が見られる。飾耳は、左右の鰭に3箇所ずつ設けられているが、鈕には伴わない。また、鈕から鰭にかけての外周や、身の6区袈裟襷文を形成する横帯・縦帯中央に、3条1組の突線が施されている。

　文様は、鰭と鈕外縁の第1文様帯・第2文様帯に内向鋸歯文、菱環文様帯に綾杉文、内縁に重弧文が用いられている。身には、横帯4条と縦帯1条による6区袈裟襷文が配され、第1横帯と第4横帯に斜格子文、第2横帯と第3横帯に軸突線へ頂点を向けた綾杉文、下辺横帯に内向鋸歯文が施された。なお、本例の鋸歯文は、いずれも隣り合う鋸歯文を充填する斜線の傾斜方向が平行している。

　鋳上がりは良好であり、文様も非常に鮮明に見えるが、文様突線は丸みを帯びている。明瞭な鋳造欠陥としては、身の各所に鋳型のヒビ痕や鋳かけが認められ、特に袈裟襷文内の無文方画区に鬆やバリが目立つ。鈕孔の最上部と、A面の鈕中央部に磨滅が見受けられるが、使用痕か否かは判断し難い。身の型持孔は、横に長い長方形で、特に欠損・磨滅などは見受けられなかった。舞の型持孔は、概ね正円形を呈しており、舌を懸垂していたと思しき明瞭な磨滅痕は確認できない。内面の突帯は、両端にカマボコ形の断面を見ることができるものの、ほぼ全体的に平滑な台形状を呈しており、特にA面側の内部突帯が著しく摩耗している。これは、何らかの人為的行為による磨滅の痕跡と考えるのが妥当であろう。

⑫〜⑯　**長野県中野市柳沢遺跡銅鐸**

　柳沢遺跡の青銅器埋納坑から出土した銅鐸資料は、1号銅鐸の型持孔から鈕にかけての部分のみである（長野県埋蔵文化財センター 2008）。2号銅鐸〜5号銅鐸は、廃土中から破片資料として

第4章 青銅器形式・型式の検討

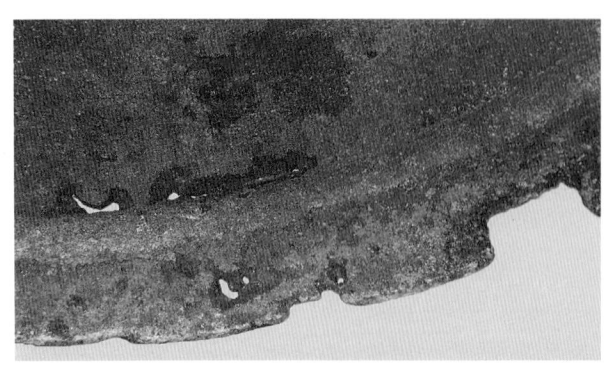

写真9　長野県柴宮遺跡銅鐸

発見された。1号銅鐸は、揃えられた銅戈の切先に接触する位置にあり、A面を検出面に向けていた。鈕が半ば奥の土に埋もれ、裾の方向が土層断面側を向いていたため、残存部以外は重機に破断され、廃土に混入したとみられる。（柳沢遺跡の青銅器出土概要については「第4章3　銅戈」の項を参照。）

⑫　1号銅鐸

外縁付鈕1式に分類される（佐原1960、難波1986）。高さは21.5cmである。型持孔周辺から上部は、埋納坑の中から発見された。埋納坑に残っていた身の上部約3分の1から鈕にかけては、概ね完形である（写真10）。

文様は、身の流水文、鰭の鋸歯紋、鈕の綾杉文で構成されている。欠損部の大きいA面の区画は不明であるが、B面は流水文3区の可能性があり、渦巻文で区画されている。なお鈕の綾杉文は、B面にのみ見られる。

また、A面の身中央、鈕の左上部、そして右鰭には鋳ビケが認められる。特に型持孔同士の中間にある鋳ビケは、孔の間の全体を占めている。身部と裾部に不整形の型持孔がみられるが、B面右身部の孔は湯が回ってしまったため開口していない。内部から見ると型持たせが存在していた形跡が見られる。

内部突帯の復元横幅は約11.5cmであり、全体的に台形断面形状を呈す。B面裏の右から約2.5cmの箇所では高さが約0.25cm、約4cmの箇所では約0.1cmであり、台形断面の高さが、身の端部は高く、中央部は低い、という差がみられる。この状態は中央部では使用が顕著であった、という使用痕跡の可能性がある。扁平化が進み台形の断面が顕著になった部分は、ほぼ中央に位置する約5.0cm幅の範囲である。

鈕の中央に垂直方向に負荷をかけたような抉り状のへこみが見られる。

⑬　2号銅鐸

外縁付鈕1式に分類される（佐原1960、難波1986）。廃土中から発見された破片資料であり、推定高は21.0cmである。A面の身と鰭の右下部半分以外は残存している（写真11）。

文様は、4区袈裟襷文であり、鰭が鋸歯紋で構成される。なお裾の蕨手文はA面のみ認められる。

A面の身の右型持孔は、外面から見ると丸く穿孔されているが内面から見ると四角い型持たせが存在していた形跡が残っている。2箇所あるべき舞の型持孔は、欠損か湯回り不良により鈕脚壁が失われており、一繋がりの孔になってしまっている。

内面突帯は、A面・B面ともに台形断面形状を呈す。A面裏の内部突帯は、左端から0.5cmの箇所で高さ約0.1cm、左端から3cmの部分の箇所で高さ約0.05cmである。B面裏の内部突帯は、右から1cmの箇所で高さ約0.15cm、上部幅が約0.4cmである。一方、身の中央部分では高さが約0.05cmからそれ以下、上部幅が約0.5cmから約0.6cmである。右側1cm側では、断面上部に角が立っているが、中央部分ではなだらかになっている。このように両面の内部突帯で、台形断面の高さが、身の端部は高く、中央部は低い、という差がみられ、B面では幅が身の端部では狭く、中央部では広い、という差がみられる。この状態は中央部では使用が顕著であった、という使用痕

第 4 章　青銅器形式・型式の検討

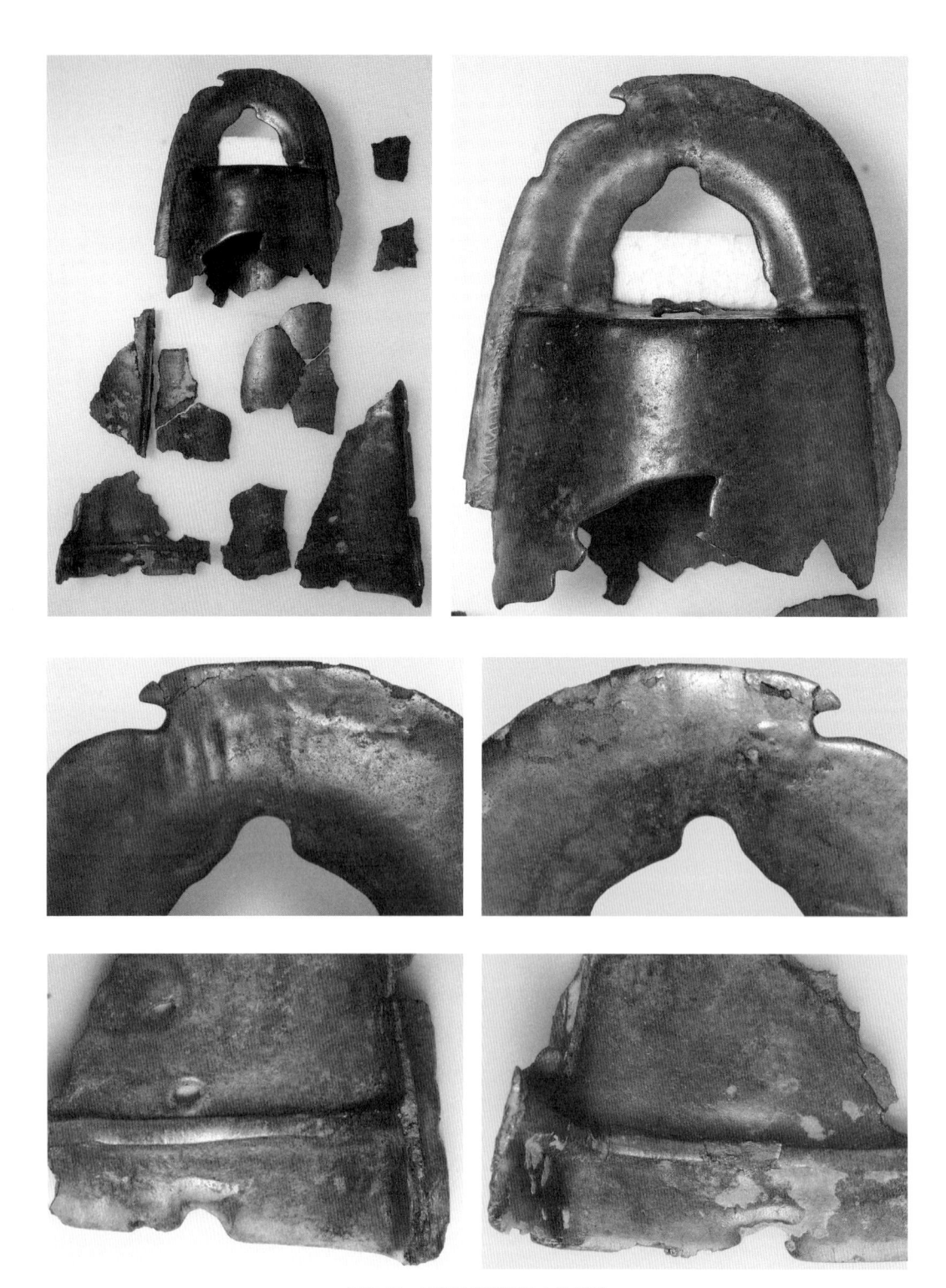

写真 10　長野県柳沢遺跡 1 号銅鐸

116

7 銅鐸

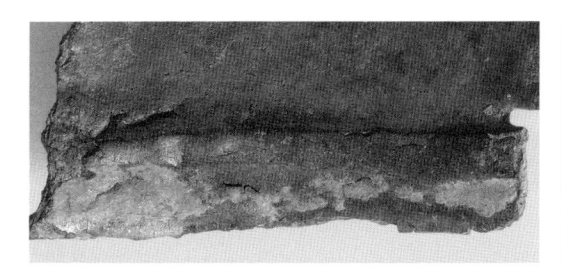

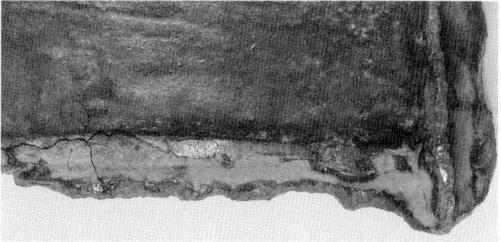

写真 11　長野県柳沢遺跡 2 号銅鐸

第4章　青銅器形式・型式の検討

写真12　長野県柳沢遺跡3号銅鐸

跡の可能性がある。

　鈕には、特に顕著な変形は見られない。

⑭　3号銅鐸

　外縁付鈕2式に分類される（佐原1960、難波1986）。廃土中から発見された破片資料である。鈕の右半分と、身の右半分の一部が部分的に残存する（写真12）。遺存状況は、表面が剥落するなどしておりやや不良であるものの、身の文様ははっきり残っている。全体的な磨滅状況も、その他の銅鐸よりもやや少ないものと言えよう。

　文様は、主に4区袈裟襷文であり、鈕のA面は突帯のみで構成され、B面は斜格子文で構成される。A面の鈕は、縁の湾曲に沿った突線が3条あり、それに直交するように3条から4条の短い突線が入る。身の第2横帯は、組紐文で構成されている。

　内部突帯の状況は、破片が小さい上、湯回り不良が顕著であり、詳細は不明である。

⑮　4号銅鐸

　外縁付鈕2式に分類される（佐原1960、難波1986）。廃土中から発見された破片資料である。鈕から身の型持ち孔周辺にかけてと、裾の一部が残存する（写真13）。残存状況は、身の型持ち

7 銅鐸

写真13　長野県柳沢遺跡4号銅鐸

孔周辺が内湾したり、A面表面の一部や内部のほとんどの表面が剥落しており、良好ではない。
　文様は、4区袈裟襷文を主体とするが B面の鈕は、渦巻文と蕨手文で構成される。A面の鈕は不明である。鰭の身の最上部同じ高さ鰭には、3条の突線がある。裾の最下部には2条の突線が引かれている。
　舞の型持ち孔は、A面には無い。内面側には型持たせが設置された痕跡はあるものの、貫通していない。
　内部突帯は、この部分の破片が少ない上、表面の剥落により詳細は不明である。しかし、わずかな残存部から、鰭に近い端部がカマボコ形の断面形状を呈していたことがわかる。一方、身の

第4章　青銅器形式・型式の検討

写真14　長野県柳沢遺跡5号銅鐸

中央部に近いと見られる残存部には、台形断面形状を呈している部分もある。

⑯　5号銅鐸

　外縁付鈕2式から偏平鈕古段階に分類される（佐原1960、難波1986）。廃土中から発見された破片資料である。最大幅6cmの破片が、13片のみ残存している（写真14）。鈕は断裂しているが、菱環部の形状が把握出来る。

　文様は、4区袈裟襷文であり、A面の右裾に縦約2cm、横約4cmの補刻が施されている。補刻の上部と、その周辺には凹線で文様が描かれている。

　内部突帯の復元幅は約20cmであり、広範囲に亘って、台形断面形状を呈している。B面裏

は、端がカマボコ形の断面形状を呈しており、端から約 0.5cm の箇所が高さ約 0.3cm、上部幅が約 0.2cm である。中央部周辺は台形断面形状を呈しており、高さが約 0.2cm、上部幅が約 0.25cm から約 0.3cm である。内部突帯の形状が異なり、高さが、身の端部は高く、中央部は低い、という差がみられる。この状態は中央部では使用が顕著であった、という使用痕跡の可能性がある。

(楠惠美子)

⑰　長野県松本市宮渕本村遺跡銅鐸片

　銅鐸片は採集品であるが、その後の調査で弥生時代中期末から後期にかけての拠点的集落であることが確認されている（松本市教育委員会 1985・1986・1989）。

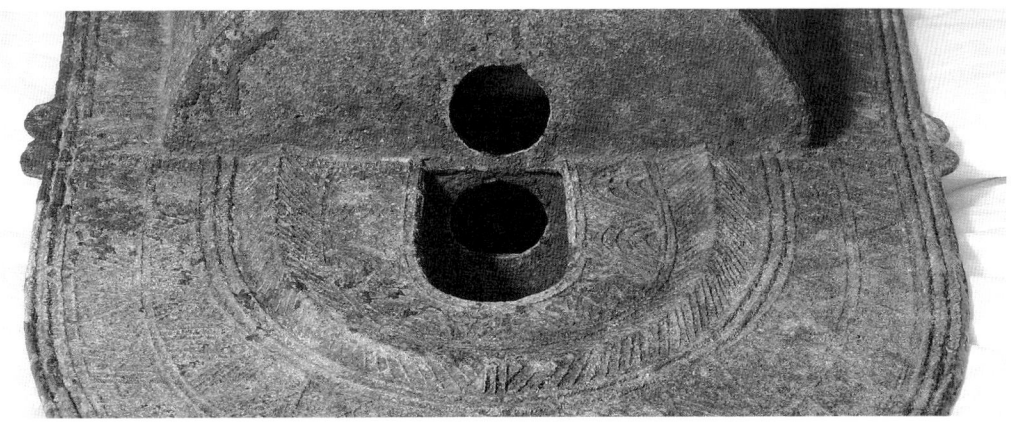

写真 15　長野県宮渕本村遺跡銅鐸片のマメツと柴宮遺跡銅鐸との比較

第4章　青銅器形式・型式の検討

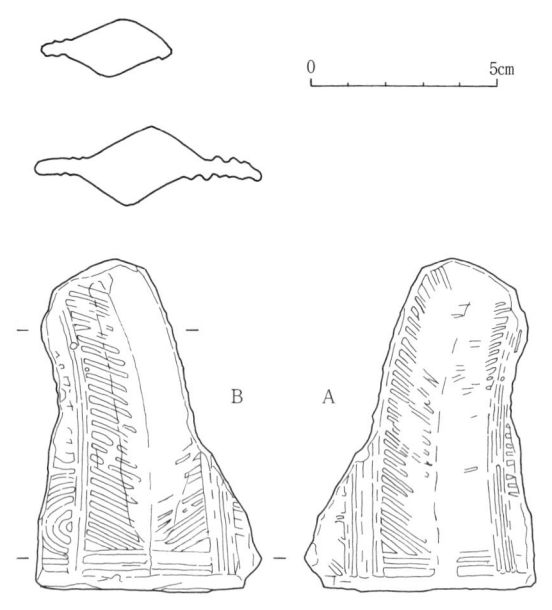

図2　長野県宮渕本村遺跡銅鐸片（1/2）

写真16　新潟県吹上遺跡銅鐸形土製品

写真17　新潟県吹上遺跡銅鐸形石製品

　銅鐸片は長さ 8.85cm、最大幅 6.2cm、最大厚 2.2cm、隆起帯幅 A 面 2.9cm、B 面 3.3cm、隆起帯最大厚 2.04cmの大きさの突線鈕式銅鐸の鈕基部である（写真15、図2）。破片の周縁は破損が古く、その多くがマメツしている。鈕の隆起帯頂部は特に粗い研磨で綾杉部が平坦化している。鈕内側に重弧文、外側に鋸歯文らしき文様が一部残っている。

　本銅鐸片を詳細に検討した三木弘によると、「宮渕鐸が三遠式銅鐸であるとすれば、破片の銅鐸の中ではいまのところこれも唯一の事例である」という（三木 2004）。以下三木論考を筆者なりに抜粋する。

　銅鐸の復元では、鈕の隆起帯幅から総高の推測をしている。隆起帯幅が3cmを超える三遠式銅鐸としては愛知県豊田市手呂銅鐸があり、総高 97.4cmである。隆起帯幅 2.6cm以上の大半が総高70cm以上となる。ちなみに、総高 66.6cmの柴宮銅鐸の隆起帯幅 2.3cm、厚さ 1.0cmであり、三遠2式で最大例とされている（三木 2004）。

　宮渕銅鐸片から推定される大きさからすれば、三遠2式となれば突出した大きさとなることから、手呂銅鐸のような三遠3式となる可能性が強いものと考える。

（柳田康雄）

引用・参考文献

太田好治　1989「浜松市都田町前原Ⅷ遺跡出土銅鐸」『考古学雑誌』75―2　日本考古学会
大場磐雄・原　嘉藤　1961「長野県塩尻市柴宮発見の銅鐸」『信濃』13―4　信濃史学会
漆原　稔　1994『山崎・段遺跡発掘調査報告書』大仁町教育委員会
栗原雅也　1988「静岡県引佐郡細江町穴ノ谷出土銅鐸」『考古学雑誌』73―4　日本考古学会
栗原雅也・佐原　眞　1991『滝峯才四郎谷遺跡発掘調査報告書』細江町教育委員会
佐原　眞　1960「銅鐸の構造」『世界考古学大系』2　平凡社
静岡県教育委員会編　1969『引佐郡細江町中川地区銅鐸分布調査報告』静岡県教育委員会・細江町・細江町史料調査会
芝田文雄　1982「静岡県引佐郡細江町滝峯七曲り2号鐸」『考古学雑誌』68―1　日本考古学会
島根県埋蔵文化財調査センター・島根県古代文化センター　2002「青銅器埋納地調査報告書Ⅰ（銅鐸

第4章 青銅器形式・型式の検討

　　　編)」『島根県古代文化センター調査研究報告書』12
杉山治夫　1977『藤井原遺跡第3次発掘調査概報』沼津市教育委員会
寺沢　薫　2010『青銅器のマツリと政治社会』吉川弘文館
長野県埋蔵文化財センター　2008『北信濃柳沢遺跡の銅戈・銅鐸』信濃毎日新聞社
長野県立歴史館編　2009『山を越え川に沿う―信州弥生文化の確立―』
名古屋市教育委員会　2006「埋蔵文化財調査報告書54　朝日遺跡(第13・14・15次)」『名古屋市文
　　　化財調査報告』69
七原恵史　1982「銅鐸の飾耳」『朝日遺跡Ⅱ』本文篇2・図版篇　愛知県教育委員会
難波洋三　1986「銅鐸」『弥生文化の研究』6　雄山閣
細江町史料調査会　1966「中川滝峯、七曲り出土銅鐸について」『細江のあゆみ』9
松本市教育委員会　1985「松本市宮渕本村遺跡Ⅰ」『松本市文化財調査報告』45
松本市教育委員会　1986「松本市宮渕本村遺跡Ⅱ」『松本市文化財調査報告』52
松本市教育委員会　1989「松本市宮渕本村遺跡Ⅲ」『松本市文化財調査報告』77
三木　弘　2004「信濃の弥生後期社会の実態―柴宮鐸と宮渕鐸の分析からみた予察―」『長野県考古学
　　　会誌』106
宮腰健司　1992「朝日遺跡Ⅲ」『愛知県埋蔵文化財センター調査報告書』32　(財)愛知県埋蔵文化財
　　　センター
向坂鋼二　1968「静岡県引佐郡細江町中川不動平出土の銅鐸」『考古学集刊』4―2　東京考古学会

8 小銅鐸

楠 惠美子・長谷川 千絵

① 石川県金沢市藤江B遺跡小銅鐸

　藤江B遺跡は、金沢市藤江北1・2丁目に位置する。金沢西部地区土地区画整理事業に関わる緊急調査に端を発し、平成4～平成10（1992～1998）年度にかけて発掘調査が行われた。平成4年度は金沢市教育委員会、平成6～9年度は石川県立埋蔵文化財センター、平成10年度は財団法人石川県埋蔵文化財センターが調査を行った。弥生時代から平安時代にかけての遺構・遺物が検出されており、通時的な遺跡と言える（滝川編2001）。

　西方にある金沢港まで2.5kmとやや内陸に位置するが、犀川・浅野川両河川を中心に形成された沖積地のほぼ中央にあり、周辺から河川跡も発見されており、海との関係は密であったとみられる。

　青銅製品は、自然河川跡から銅剣、大溝の中から小銅鐸が出土している。銅剣はⅣ区K-19地点のⅡ層から出土し、中細形銅剣とされている。この地点は自然河川跡であり、銅剣は長時間水に浸かっていたとみられ、全体に鬆が広がっている。

　小銅鐸は平成7年度調査において、大溝のM14区左岸寄りの上層下部から古墳時代中期（5世紀）の遺物と共伴して出土した（松山2002）。銅剣出土地点からは西に30m離れた地点である。大溝は調査区を南東隅から北北西に向かい貫流する溝であり、平成7年度調査で出土した遺物の大半はここからの出土である。小銅鐸は混入遺物であると考えられている。弥生時代の層位は、弥生土器の一部が検出されたシルト質層（いわゆる地山）であり、小銅鐸の製作年代はこの時代に求められる。

　欠損部分は鈕と裾部と、身のB面右下のほぼ全体である。残存部はA面の身の裾部以外と、B面の右型持孔の上部から左側のほぼ全体、鈕はA面の左側が高さ約0.6cm、右側が高さ約0.3cmである。残存状況は、表面が剥落し、器面が薄くなり、剥落部分に更に錆が入り込むなど、良好ではない。身の高さは6.2cm以上、舞は4.3cm×3.3cmのやや不整形な杏仁形で、遺存重量は82.7gである。鰭は約0.3cm存在するが、鰭に連続する鈕が舞の左右端から出ることはない。

　明確な文様は不明であるが、A面左に横方向の凹線がある。傷のようにも観察出来るが、一部の凹線内部に白色のものが詰まっており、どのような要因で線刻された線であるかは不明である。また、B面の身部中央上部に黒色で太い線が、横と、左上から右下への斜め線が外部表面上で切りあっている。しかし、文様線か否かは不明である。

　A面左の型持ち孔は裏面に型持ちの痕跡のみ残っており、表面に貫通はしていない。B面右の型持孔は鋳ビケにより他の型持孔の10倍くらいの大きさに広がっている。鋳ビケは舞の型持孔にも見られ、銅鐸には2箇所ある型持孔は、湯回り不良により、舞全体に広がる大きな一つの孔になっている。銅鐸ではなく小銅鐸のため、本来型持たせがあった状態は不明である。A面左下には右上から左下にかけてと、B面左には縦に長く、細かい調整痕があり、しわ状に残存して

第4章　青銅器形式・型式の検討

写真1　石川県藤江B遺跡小銅鐸　A面傷部分（左）　正面（右）

写真2　石川県藤江B遺跡小銅鐸　B面変色部分（左）　鋳型の調整痕（右）

いる。　　　　　　　　　　　　　　　　　　　　　　　　　　　　　　　（楠惠美子）

② 東京都新宿区高田馬場三丁目遺跡小銅鐸

　小銅鐸は後期後半の7号住居から出土した。本住居は6号住居とともに後世の撹乱によって、竪穴構造のほとんどが削平され、堆積土壌とともに包含されたものである。小銅鐸は住居北壁の立ち上がり付近から、床面直上部よりやや浮いた状態で、型持孔のある面を上にし、鈕は北壁にむいて出土した（橋本・德澤 1994）。

　小銅鐸は鐸身・鈕・鰭からなり、文様は施されていない。A面から見た場合、鈕頭頂部よりやや右寄りの部分が欠け、鈕右側部分が変形している。これは鋳造時に、湯が鈕へと流れる予定であった箇所を型持により阻まれ、さらにその状態で湯が冷えて現在の形となったと思われる。

　身の高さ5.62cm、鈕高1.8cm、舞部の長径25.2cm、短径2.0cmを測り角丸六角形を呈する。型持孔はA面上半部に対をなして2孔あり、向かって右孔は舞部型持孔と一つに繋がる。B面に型持孔はないが、内側から観察したところA面のように上半部に対をなして2箇所に凹みが確認でき、型持の痕跡と思われる。また裾部は長径37.1cm、短径28.6cmを測り楕円形を呈する。鐸身の内側には突帯があるが、ところどころ消失している。これは鋳造時に起きた鋳崩れの可能性が高い。

　舞の形が六角形を呈しているが、これは鐸身にも通じている。B面の中心より左右に0.6～0.7cmほどの箇所に舞部から裾部にかけて出っ張りがあり、これは舞部の六角形の角にあたる。一方、A面にもB面と同様に出っ張りがあるが、さらに左右の鰭から0.4cmほど内側も確認できた。これも裾部まで伸びているが舞部は鋳崩れのための孔があり、六角形の他に角があるか断定はできないが、恐らくA面には少なくとも4角あったと思われる。

写真3　東京都高田馬場三丁目遺跡小銅鐸裾内部拡大図

写真4　東京都高田馬場三丁目遺跡小銅鐸　A面・側面・B面

第4章　青銅器形式・型式の検討

裾部は外反しておらず、突帯があり丸みをおびている。A面裾部右側の鰭の厚さが0.29cmを測るのに対し、左側の鰭の厚さ0.38cmで、さらに鰭付近も厚みがある。これは鋳造時における鋳型のズレの可能性も否めないが湯口ではないかと考える。

③　千葉県市原市天神台遺跡小銅鐸

小銅鐸は古墳早期あるいは前期の1035号竪穴住居の南東辺壁のほぼ中央よりやや北側寄りから、壁面より10cm内側、床面より8.0cmほど浮いて鈕を上にしてほぼ垂直に立った状態で出土した（浅利1983）。

小銅鐸は鐸身と鈕からなり、鰭はなく文様は施されていない。A面の左側面からB面の裾部にかけて大きく欠損している。鐸身の上部から裾部に向かって反りが認められ、裾底部は押しつぶされている。また残存する裾部から内面突帯は見当たらず、舌も伴出していない。

身の高さ6.8cm、鈕高1.7cmを測り、舞部は長径3.75cm、短径2.6cmの楕円形を呈する。型持孔はA、B両面の上部に2個ずつあり、舞部には鋳損じの為か大きく1つの孔になっている。

鈕の側面の厚さが0.5cmを測るのに対し、鈕頂の厚さが0.3cmで横1.3cmに渡り、摩り減っており、紐などで吊るさげて使用していた可能性が高い。

また、両面どちらも左鈕基部に1か所ずつ0.1mmにも満たない孔がある。これは製作時に発生した湯不足か、あるいは二次加工のものか詳細は不明である。

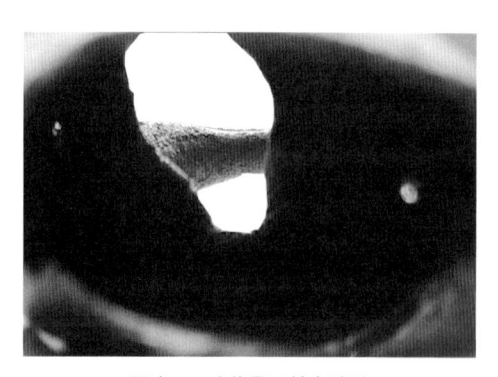

写真5　千葉県天神台遺跡小銅鐸舞部内側拡大図

写真6　千葉県天神台遺跡小銅鐸　A面・側面・B面

④　千葉県市原市川焼台遺跡1号小銅鐸

弥生時代後期に属する001号竪穴住居から出土した。小銅鐸は後期から古墳時代前期に帰属する003号竪穴住居の壁上端の遺構掘り込み面と同じ層から、鈕を南側に向けA面を上にして横に

なった状態で検出された。伴出遺物に土器と管玉がある（相京1989）。

小銅鐸は鐸身・鈕・鰭からなり、B面の裾部が欠損している。

総高12.3cm、鈕高3.25cmを測る。舞部は長径3.8cm、短径2.6cmで扁平な円形をしている。裾部は長径6.9cm、短径3.8cmである。鰭の幅は0.4cmを測る。型持孔はA、B両面の上半部に縦長の孔が2つずつあり、舞部には約1.3cmの瓢箪型の孔が1つ見られる。もともと2つだった孔が、この括れた部分から1つにつながってできたものと思われる。鐸身内部から外側は、鋳造した後、鋳放したままで磨いた痕跡は無い。また、裾部の内面突帯は無い。

写真7　千葉県川焼台遺跡1号小銅鐸　A面・側面・B面

写真8　同A面拡大図　綾杉文・裾の外反部

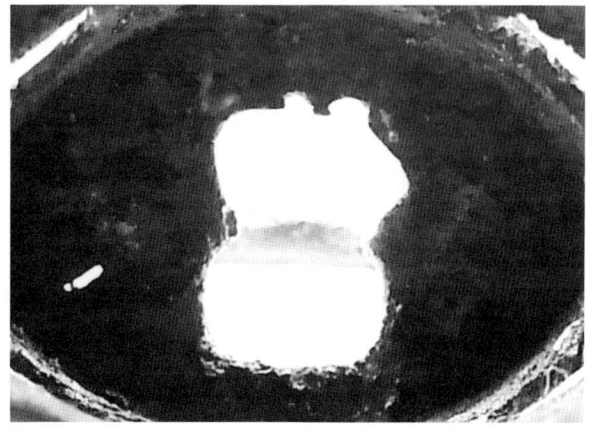

写真9　同舞部内側拡大図

第 4 章　青銅器形式・型式の検討

　文様は、A、Bの両面に縦帯2条と横帯2条からなる綾杉文を持ち袈裟襷文を表したものだと考えられる。しかしA面の左上部とB面の右上部は文様が消失している。また、鰭にも鈕にかけて綾杉文が施されているがその方向が左右の鰭で逆になっているが、これは鈕頂部で向きが変更している。鈕には0.3cmほどの3条の突線がみられる。このように、1号小銅鐸は突線を持つ鈕、綾杉文を持つ鰭、袈裟襷文を持つ鐸身から形成され、視覚的な効果を意識して製作されたものだと考えられる。

　また、鈕の突線の部分には所々に、若干の赤色顔料の付着が認められ、これは鰭にも鈕に近い部分に微量ながら残存している。相京邦彦（1989）はこの赤色顔料について、朱であるとして、製作当時は小銅鐸全面にも朱が施されていた可能性を指摘している。

　さらに観察結果から、川焼台1号小銅鐸は全体的に、文様の線刻が薄くなっていることや文様が消失していることから磨滅していると認められた。

⑤　千葉県市原市川焼台遺跡2号小銅鐸

　278号竪穴住居から出土した。遺構の重複が激しく、小銅鐸周辺で出土した土器から古墳時代前期初頭あたりだとされる（千葉県教育振興財団文化財センター 2009）。B面を上にやや傾いて、床面にほぼ接した状態での出土である。埋納された痕跡は見当たらず、破棄あるいは流れ込んだ可能性が高い（相京 1989）。

　小銅鐸は鐸身・鈕・鰭からなる。A面の裾部に歪みがありB面の裾も若干の欠損があるもののほぼ完形である。1号小銅鐸のように鰭はあるが鐸身は両面とも無文である。

　身の高さ9.9cm、鈕高2.9cm、舞部は長径3.3cm、短径3.2cmを測る。裾部は長径5.9cm、短径3.5cmである。鰭の幅は0.5cmを測る。型持孔はA面には上部に対に2つ、B面には上部右側に1つ現存している。B面の左側には型持孔は塞がっていて見られないが、この内側には型持と思われる痕跡があり鋳造時に閉ざされた可能性がある。また、舞の型持孔は1つでA面側に偏る。その大きさは9.6cm×7.9cmの楕円形を呈する。孔の周囲は内側から外側に向かって鋳バリがそのまま残り、研磨されていない。裾部の内面突帯も見当たらない。

写真10　千葉県川焼台遺跡2号小銅鐸A面鈕拡大図　　　写真11　同B面裾部拡大図

写真12　千葉県川焼台遺跡2号小銅鐸　A面・側面・B面

　鈕には両面とも隆起文が確認できるが、幅も一定しておらず途中で切れていたり鰭まで続くものなど型くずれが認められる。しかし残存状態から考えると2条の隆起文を意図して製作されたものだと思われる。B面の裾部には2点ほどだが鬆と思われる小さな穴を発見した。しかし裾の残存部分からは湯口の存在は確認できない。

⑥　千葉県市原市草刈(くさかり)遺跡H区小銅鐸

　古墳時代前期の397号方墳の北側周溝内土坑から茶色味を帯びた色調の朱塗り壺の破片と共に出土した。小銅鐸は周溝中央部の底面から約30cm上部からで検出された。報告書によると、周溝が埋まりかけた段階で墓坑を掘り込み、被葬者を埋葬して朱塗り壺を置き、これを埋め戻した上に小銅鐸を埋納して、葬送儀礼を行った状況が考えられる、としている（千葉県教育振興財団文化財センター 2010）。

　小銅鐸は鐸身のみからなり、鰭や鈕は鋳出されていない。ほぼ完形である。舞の中央には型崩れのためかA面とB面に段差が生じているのが確認できる。また、文様は施されていない。総高5.9cm、裾幅2.9cmを測る。舞部の長径2.8cm、短径1.6cmで楕円形を呈する。裾部は長径3.2cm、短径2.6cmを測る。裾の厚さは下部にいくほど薄くなており、スカート状に外反している。型持孔は両面の上部に2つずつあり、若干鋳くずれているが正四角形に近い。舞の孔は一つ縦0.4cm横0.3cmの楕円形を呈しA面側に確認できる。B面側の舞の孔は開いていないが、内側から観察したところによると、型持の痕跡だと思われる凹面部分があることを確認できた。また、裾部に内面突帯は見当たらなかった。

第4章　青銅器形式・型式の検討

写真13　千葉県草刈遺跡H区小銅鐸　A面・側面・B面

写真14　同側面拡大図

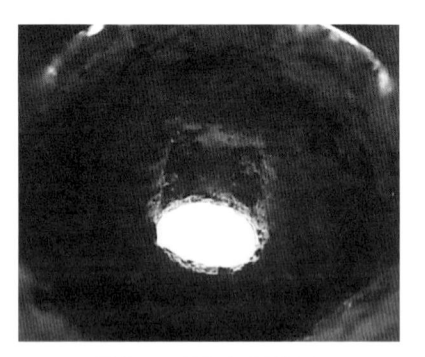

写真15　同舞部内側拡大

⑦　（参考資料）愛知県清須市・名古屋市朝日(あさひ)遺跡筒形銅製品

　後期と思われる包含層より銅鐸の飾耳と共に発見された。

　残存する高さ6.7cm、舞と思われる幅1.9cmを測る。裾部に0.3cmほどの孔が一つ確認できる。舞と思われる内側には、黒色の固形物が上部と側面に付着している。これは観察した結果、土ではなく、何かがこの部分で焼かれた跡と思われる。しかし、詳細は不明である。

　また、舞状部に合わせ目と思われる筋状の膨らみが2つ対をなして存在しており、鋳型と鋳型を接合した際の合わせ目部分と思われる。

　原型が何であったかを推測するのは残存部からは困難である。しかし仮に0.3cmほどの孔がある方を裾部だとすると、その湾曲部分から裾部の直径は約1.5cm～2.0cmになり、舞状部幅を合わせて考えると小銅鐸ではなく筒形の銅製品ではないかと考えられる。

（長谷川千絵）

132

8 小銅鐸

写真16 愛知県朝日遺跡
　　　　筒形銅製品

写真17 同鋳型を接合した際の合わ
　　　　せ目と思われる部分

写真18 同舞状部の内側拡大図
黒色固形物が付着。

表1　小銅鐸一覧

	遺跡	都府県	所在地	遺構	時期	鰭	鈕	文様	舌	出土状態	高さ(cm)	備考	文献
1	三根	長崎	対馬市峰町						−			舞部破片	
2	卯麦		対馬市護藤町	−	−	?	?	?	?		2.8?	詳細不明	
3	本行	佐賀	鳥栖市江島町	竪穴住居	後期	−	○	−	−		4.9		富樫・德澤1995
4	板付		福岡市博多区	竪穴住居	後期	○	○	−	○銅	埋納	7.6	54・59次調査	福岡市1995
5	今宿五郎江			溝	後期初	−	○	−	−		13.5	一部赤色顔料付着	二宮1989
6	元岡・桑原遺跡群		福岡市西区		後期前半	−	○	−	−		6.5		
7				(川岸)		−	−	−	−		7		
8	井尻B		福岡市南区	竪穴住居	後期後半	−	○	−	−		5.3		
9	浦志		糸島市	溝	後期後半〜終末	−	○	−	○銅		6.55	舌のやや下方に磨滅か	常松1984
10	立命寺B	福岡	筑紫野市		後期前半〜中葉	−	−	−	−				島田組2009
11	大南		春日市大谷	溝	中期〜終末	○?	○	−	−		10.1		鈴木・渡辺1960
12	大谷		春日市小倉	竪穴住居	中期	−	○	○	−			鋳型	佐土原1979
13	須玖岡本遺跡群		春日市岡本	2号溝	終末?	−	−	−	−		6.6	中子　3次調査	春日市2011
14					中期	−	○	−	−		5.9	鋳型	
15	須玖坂本		春日市	21号溝I区	後期後半	−	○	−	−		6.3	鋳型未製品1次調査	小田・田村1994
16				34号溝	終末〜古墳早	−	−	−	−		4.1	中子3次調査	
17	原田		嘉麻市馬見	15号木棺墓	中期前半	−	○	−	○銅		5.5	副葬品か	福島1988
18	上日置女夫木	熊本	八代市	SD02の北側立ち上がり部	中期〜後期	−	○	−	○銅	破棄	5.3		八代市2005
19	八ヶ坪		熊本市護藤町		中期前半	−	○	−	−			石製鋳型	林田2005
20												鋳型破片	
21	別府	大分	宇佐市	竪穴住居	終末	−	○	−	−	破棄	11.8		小田1977
22	多武尾		大分市横尾	溝	後期	−	○	−	−	破砕	5.5		埋文研究会1986
23	伝 江原	徳島	美馬市脇町付近	−	?	○	○	−	−	表採	6.1		富樫・德澤1995
24	弘田川西岸	香川	善通寺市仙遊町	包含層	後期前半	−	−	−	−		4		富樫・德澤1995
25	東郷北福	鳥取	東伯郡湯梨浜町	(丘陵)	?	−	○	−	−		9.4		名越・甲斐1973

133

第4章　青銅器形式・型式の検討

	遺跡	都府県	所在地	遺構	時期	鰭	鈕	文様	舌	出土状態	高さ(cm)	備考	文献
26	長瀬高浜		湯梨浜町はわい	古墳時代集落	古墳前期末	○	○	−	−		8.8	舌は200m離れて発見	清水1982
27	下ノ瀬		真庭市	井戸	後期	○	○	−	−		6.6		新東1973
28	足守川矢部南向	岡山	倉敷市	竪穴住居48埋納坑	後期後半	−	−	−	−	埋納	6.4	わずかに炭粒あり	岡山県1995
29	横寺		総社市新本	竪穴住居	弥生						5.5		富樫・德澤1995
30	高篠谷ノ郷		三木市細川町	溝	(平安後期)	○	○				6	内面突帯摩滅	富樫・德澤1995
31	月若	兵庫	芦屋市		末期～古墳初						6.6残高		芦屋市2009
32	平方		三田市	竪穴住居	中期後半	○	○	○	−		8.7	鋳型	富樫・德澤1995
33	東奈良		茨木市	溝	中期後半	−	○	○	○銅		14.2	内面に摩耗痕	茨木市2006
34	寛弘寺		河内町	竪穴住居	後期中～後半	○	○	−	−		6.1	集落最大住居	奥1988
35	本郷	大阪	柏原市	溝	後期	−	○	−	−	破棄	10.5		富樫・德澤1995
36	上フジ		岸和田市三田町	竪穴住居	後期						3.5現高	50個以上に細片	村上1993
37	松原内湖		彦根市松原町矢倉川口	包含層	後期	−	○	−	○		5.5	銅鐸を転用舌とする	浜崎1986
38	志那	滋賀	草津市	(湖)	不明	○	○	○	−		12.7	文様摩滅	梅原1935
39	下鈎		栗東市	溝A1042	中期末か					破棄	3.4		滋賀県2003
40	瓜生助	福井	越前市	竪穴住居	後期	−	−	−	−	破棄	6.0残高	草刈H地区出土に似る	齋藤2008
41	藤江B	石川	金沢市藤江北・藤江南	大溝M14	古墳中期	○?	○	−	−	破棄	6.2現高		松山2002
42	草山		松坂市下村町	溝	後期～古墳初	−	○	−	○		5.4現高	銅鐸を転用舌とした可能性	榎本1988
43	白浜	三重	鳥羽市浦村町	包含層	中期～後期	○	○	○	−		12	飾耳あり	富樫・德澤1995
44	余野神明下		大口町	包含層	後期	?	−	−	−		5.6		富樫・德澤1995
45	朝日	愛知	名古屋市	包含層	後期か	−	−	−	−		6.7	鋳損じ品、筒型青銅製品	吉田2000
46	伊場		浜松市中区	?	後期	○?	○	−	−		7.8	個人が発掘	松井2005
47	船津陣ヶ沢		富士市	古墳石室	古墳前期?	−	−	−	−		5.7	亡失	後藤1933
48	閑峯		沼津市井出	(丘陵)	?	−	○	○?	−		7.9		後藤1933
49	原町		沼津市	?	?	?	○	−	−			表採・詳細不明	富樫・德澤1995
50	有東（第一）	静岡	静岡市駿河区	集落跡	中期?	−	○	−	−		6.4		杉原1951
51	向山Ⅱ		袋井市愛野	L字状溝	後期中	−	○	−	○		7.7	銅鐸を転用舌とする	松井1989
52	青木原		三島市南二日町	包含層	後期～古墳前期	○	○	○	−		12.6	同層位中から再加工の銅釧	岩名2011
53	東中溝Ⅱ	群馬	太田市新田小金井町	竪穴住居	古墳前期?	○	−	−	−		4.2現高		白井2002
54	田間	栃木	小山市	(麦畑)	古墳前期	○	○	−	−		10.3		野口1967
55	高田馬場三丁目		新宿区	竪穴住居	後期～古墳前期	○	○	−	−		5.8		橋本・德澤1994
56	中郷	東京	八王子市長房町	竪穴住居	終末～古墳初	○	○	−	−		3.35		八王子市1998
57	本郷			竪穴住居	古墳前期						8.2		伊東1985
58	河原口坊中	神奈川	海老名市		後期				?		7.9	小礫が付着	かながわ考古学財団2007
59	公所遺跡群内沢		平塚市広川	溝	終末	○	○	−	−		10	胴部分が2つにわかれて2m離れて出土	白井2002
60	天神台		市原市	竪穴住居	古墳早～前期か	−	○	−	−		6.8		浅利1983
61	川焼台1号		市原市ちはら台	竪穴住居001号	後期	○	○	○	−	破棄	12.3	朱付着	相京1989
62	川焼台2号		市原市ちはら台	竪穴住居278号	古墳前期初か	○	○	○	−	不明	9.9		
63	草刈遺跡H区		市原市ちはら台	方墳H397周溝内土坑	古墳前期	−	−	−	−	埋納	5.93		白井・福田1989
64	草刈遺跡Ⅰ区	千葉	市原市	竪穴住居?	古墳前期?	?	?	?	−		4.95現高	破片	白井2002
65	八木		君津市大井戸	土坑墓	後期		○				9	管玉の原産は弥生後期佐渡産	當眞2010
66	文脇		袖ヶ浦市野里	土坑墓	終末～古墳初	−	○	−	−		10.8		古内・西口1989
67	中越		木更津市大久保	竪穴住居SI19	古墳前期末	○	○	−	○石	破棄か	6.33	舌は砂岩	千葉県2002

（長谷川千絵作成）

引用・参考文献

相京邦彦　1989「千葉県市原市川焼台遺跡出土の小型銅鐸」『考古学雑誌』75―2　日本考古学会
浅利幸一　1983「千葉県市原市天神台遺跡出土の小銅鐸」『考古学雑誌』68―3　日本考古学会
芦屋市教育委員会　2009「月若遺跡発掘調査報告書」『都市計画道路山手幹線街路事業に伴う発掘調査Ⅷ―』76
伊東秀吉　1985「本郷遺跡出土の小銅鐸について」『海老名本郷（Ⅰ）』本郷遺跡調査団編
茨木市教育委員会　2006「文化財シンポジウム―銅鐸の謎を知る―資料集編」
岩名健太郎　2011「青木原遺跡Ⅱ」『静岡県埋蔵文化財調査研究所調査報告』244　静岡県埋蔵文化財調査研究所
梅原末治　1935「近江発見の小銅鐸」『人類学雑誌』50―10　東京人類學會
榎本義譲　1988「草山遺跡の小銅鐸」『考古学雑誌』73―4　日本考古学会
岡山県教育委員会　1995「足守川河川改修工事に伴う発掘調査　足守川矢部南向遺跡」『岡山県埋蔵文化財発掘調査報告』94　岡山県古代吉備文化財センター
奥　和之　1988「寛弘寺遺跡出土の小銅鐸」『考古学雑誌』73―4　日本考古学会
小田富士雄　1977「宇佐の朝鮮小銅鐸」『日本のなかの朝鮮文化』34　朝鮮文化社
小田富士雄・田村圓澄監修　1994『奴国の首都　須玖岡本遺跡　奴国から邪馬台国へ』春日市教育委員会編　吉川弘文館
春日市教育委員会　2011「須玖岡本遺跡4」『福岡県春日市岡本所在遺跡の調査　春日市文化財調査報告書』61
かながわ考古学財団　2007「河原口坊中遺跡」『発掘調査成果発表会・公開セミナー発表要旨』
後藤守一　1933「駿河浮島村出土の小銅鐸」『考古学雑誌』23―4　日本考古学会
齋藤秀一　2008「福井県越前市（旧武生市）瓜生助遺跡出土の小銅鐸について」『岡山理科大学埋蔵文化財研究論集』岡山理科大学埋蔵文化財研究論集刊行会
佐土原逸男　1979「大谷遺跡」『春日市文化財調査報告書』5
滋賀県教育委員会　2003「下鈎遺跡　栗東市下鈎・苅原［本文編］」『中ノ井川放水路事業に伴う発掘調査報告書1』滋賀県文化財保護協会
株式会社島田組　2009「立明寺地区遺跡B地点」『（仮称）イオン筑紫野SC開発事業に伴う発掘調査報告書』
清水真一　1982「鳥取県東伯郡羽合町・長瀬高浜遺跡出土の小銅鐸について」『考古学雑誌』68―1　日本考古学会
白井久美子　2002「小銅鐸圏の東縁」『千葉大学考古学研究業書2　古墳から見た列島東縁世界の形成』千葉大学考古学研究室
白井久美子・福田依子　1989「千葉県市原市草刈遺跡出土の小銅鐸」『考古学雑誌』75―2　日本考古学会
新東晃一　1973「岡山県下一瀬遺跡出土の小型銅鐸について」『考古学雑誌』59―2　日本考古学会
杉原荘介　1951「静岡市有東第一遺跡」『日本考古学年報』1
鈴木基規・渡辺正気　1960「福岡県筑紫郡春日町出土の銅鐸」『九州考古学』10　九州考古学会
滝川重徳編　2001「金沢市藤江B遺跡Ⅱ」『金沢西部地区土地区画整備事業にかかる埋蔵文化財発掘調査報告書』9　財団法人石川県埋蔵文化財センター
千葉県教育振興財団文化財センター　2009「千原台ニュータウン市原市川焼台遺跡」『千葉県教育振興財団調査報告』610

第 4 章　青銅器形式・型式の検討

千葉県教育振興財団文化財センター　2010「千原台ニュータウン市原市草刈遺跡（H区）」23『千葉県教育振興財団調査報告』633
千葉県埋蔵文化財センター　2002「木更津市中越遺跡」『東関東自動車道千葉富津線埋蔵文化財調査報告書』436
常松幹雄　1984「浦志遺跡A地点」『福岡県糸島郡前原町大字浦志所在遺跡群の調査』前原町文化財調査報告書 15 集　前原町教育委員会編
當眞紀子　2010「君津市大井戸八木遺跡　大井戸八木古墳群Ⅱ」『飯田建材工業株式会社砂利採取に伴う埋蔵文化財調査報告書第 2 冊』君津市教育委員会
富樫雅彦・徳澤啓一　1995「小銅鐸の基礎的研究」『國學院大學考古学資料館紀要』11　國學院大學考古学資料館編　國學院大學
名越　勉・甲斐忠彦　1973「鳥取県東郷町出土の小銅鐸」『考古学雑誌』59―2　日本考古学会
二宮忠司　1989「福岡市西区今宿五郎江遺跡出土の銅鐸型銅製品」『考古学雑誌』75―2　日本考古学会
野口義麿　1967「栃木県小山市田間発見の小銅鐸について」『考古学雑誌』52―4　日本考古学会
橋本充史・徳澤啓一　1994「東京都新宿区高田馬場三丁目遺跡」『（仮称）区営戸塚四丁目アパート建設事業に伴う緊急発掘調査報告書』新宿区遺跡調査会
八王子市中郷遺跡発掘調査団　1998「東京八王子市　中郷遺跡」『都営長房団地建替え事業に伴う埋蔵文化財発掘調査 』
浜崎悟司　1986「2. 松原内湖遺跡　埋蔵文化財研究会第 20 回研究集会」『弥生時代の青銅器とその共伴関係』第Ⅲ分冊　近畿以東篇
林田和人　2005「八ノ坪遺跡Ⅰ」熊本市教育委員会
福岡市教育委員会　1995「板付遺跡　環境整備遺構確認調査」『福岡市埋蔵文化財調査報告書』410
福島日出海　1988「福岡県嘉穂郡嘉穂町原田遺跡出土の小銅鐸について」『考古学雑誌』73―4　日本考古学会
古内　茂・西口　徹　1989「千葉県袖ヶ浦町文脇遺跡出土の小銅鐸」『考古学雑誌』75―2　日本考古学会
埋蔵文化財研究会　1986「33. 多武雄遺跡」埋蔵文化財研究会第 20 回研究集会『弥生時代の青銅器とその共伴関係』第Ⅰ分冊　九州篇
松井一明　1989「静岡県袋井市愛野向山Ⅱ遺跡出土の小銅鐸」『考古学雑誌』75―2　日本考古学会
松井一明　2005「伊場遺跡出土小銅鐸にかんするコメント」『浜松市博物館報』17
松山和彦　2002「金沢市藤江B遺跡Ⅳ」『金沢西部地区土地区画整理事業に係る埋蔵文化財発掘調査報告書』11　石川県埋蔵文化財センター
村上　隆　1993「第 5 節　上フジ遺跡出土小銅鐸の材質・構造調査と保存処理について」『上フジ遺跡Ⅲ・三田古墳　都市計画道路泉州山手線建設に伴う発掘調査報告書　財団法人大阪府埋蔵文化財協会調査報告書』80　大阪府埋蔵文化財協会
八代市教育委員会　2005「上日置女夫木遺跡」『九州新幹線新八代駅東口及び南口駅前広場整備事業に伴う埋蔵文化財発掘調査　八代市文化財調査報告書』26
吉田　広　2000「朝日遺跡の青銅器生産―青銅器生産の東方展開に占める位置―」『朝日遺跡Ⅵ―新資料館地点の調査　本文編　愛知県埋蔵文化財センター調査報告書』83　愛知県教育サービスセンター

第5章　青銅器模造石器の検証

1　磨製石剣

柳田康雄・久保田健太郎・大久保聡

　磨製石剣・磨製石戈の識別は困難である。かつて近畿地方で打製石槍と言われたものが、着装された巻物や柄が発見されたことにより打製石剣とされたように、石戈でも木柄が着装された打製石戈の発見から「目釘式石戈」が設定された（寺前 2010）。磨製石剣と磨製石戈には有樋式があり識別は安易であるが、細片であれば識別が困難となる。

　さらに、青銅武器が稀有な東日本では間接的に模倣されることから、その識別は困難さが増幅する。したがって、本項では基部（茎）に一孔を穿つ型式を石戈として扱うことになる（石川 2009）が、幅広で扁平な型式は目釘がなくとも石戈の可能性を考えている。

①　長野県松本市石行遺跡磨製石剣

　本例は、氷Ⅰ式土器群とそれに後続する土器と共伴した縞状石脈のある製材を使用した石製武器鋒先端破片である（設楽 1996）。鋒が幅広であることから形態的には石戈としたいところであるが、石材の石脈が気になり石剣とした。磨製石剣であるとすると、北部九州から四国瀬戸内沿岸を経て愛知県豊橋市若松に達する朝鮮半島系有柄式磨製石剣である可能性も出てくる。現存長3.7cm、最大幅2.8cm、復元最大厚0.9cmの計測値をもち、鎬に丸みがあり、再研磨されているが、有茎式となる可能性も含めて、朝鮮半島系磨製石剣である可能性が強い（図1、写真1）。

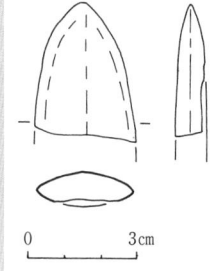

写真1　長野県石行遺跡磨製石剣

図1　長野県石行遺跡石剣実測図（1/2）

第5章　青銅器模造石器の検証

② 石川県小松市八日市地方遺跡磨製石剣

　磨製石剣は、遺跡の26地区埋積浅谷のvii～viii層で出土し、集落Ⅱ～Ⅲ期に帰属する年代が与えられ、集落のⅡ～Ⅲ期が八日市地方土器編年で6～10期にあたり、近畿のⅢ～Ⅳ様式に併行するという（小松市教育委員会2003）。

　木柄が装着された状態で出土した磨製石剣は、全長24.4cm、木柄長12.3cm、石剣長16.7cm、剣身長11.2cm、剣身最大幅2.65cm、関部幅2.61cm、剣身最大厚0.68cmの計測値をもつ。石剣元部は長さ5.6cmの両側側面が面取されて刃がなく、そのうちの約4.9cmが木柄に隠れている。

　剣身は黒色頁岩製で、一応中心部に鎬が通り、刃部が二段刃を形成する。剣身中央の鎬は両側が面取されている元部付近から不明瞭になり、元部がほぼ平坦であることがわかる。

　カヤ材の木柄は、口部幅2.6cm、同厚1.22cm、柄尻口幅2.55cm、同厚1.69cm、把頭最大幅2.88cm、同最大厚1.97cmの計測値をもつ。木柄には蔓状の樹皮巻物があることから詳細は不明ながら、剣身側約半分が2枚の組合せであるらしく、巻物が失われたために長方形の柄組状細工がしてあるのが見える（図2、写真2）。

　柄のない石剣は、黒色頁岩製で、全長15.2cm、身部長8.7cm、関部最大幅3.3cm、茎最小幅2.9cm、関部最大厚0.89cm、茎最小厚0.58cmの計測値をもつ。最大幅をもつ関部から鋒側が身部で、側面から見るとここまで刃が形成され、茎側が面取りされている。平面形でもほぼこのあたりから茎に鎬がなく、身と茎の区別ができる。身には中央に鎬があり、刃部は丸みのある二段刃を形成する。茎尻の一部は研磨痕跡がないことから、欠損した可能性もある（図3、写真3）。

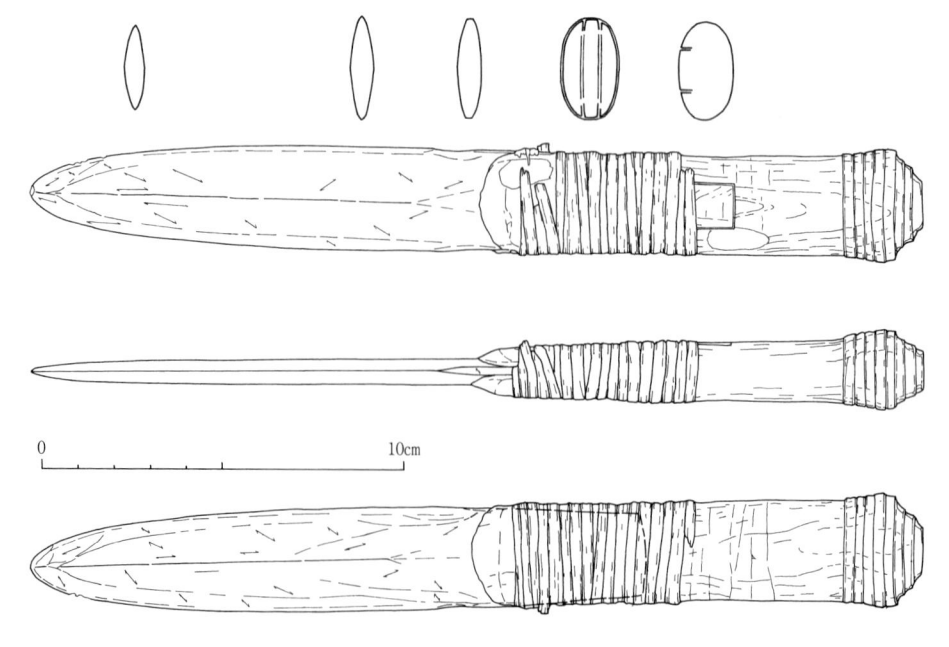

図2　石川県八日市地方遺跡木柄付磨製石剣実測図（1/2）

1　磨製石剣

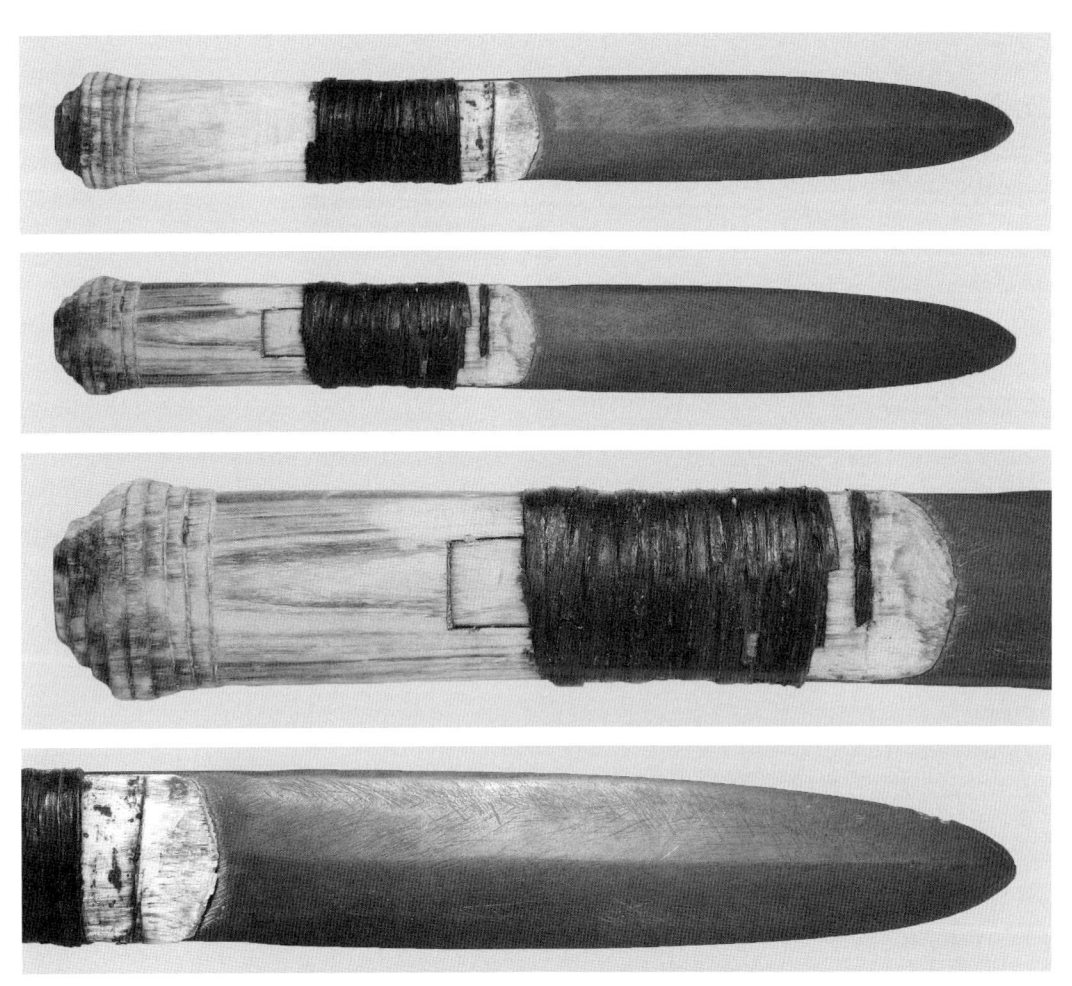

写真2　石川県八日市地方遺跡木柄付磨製石剣

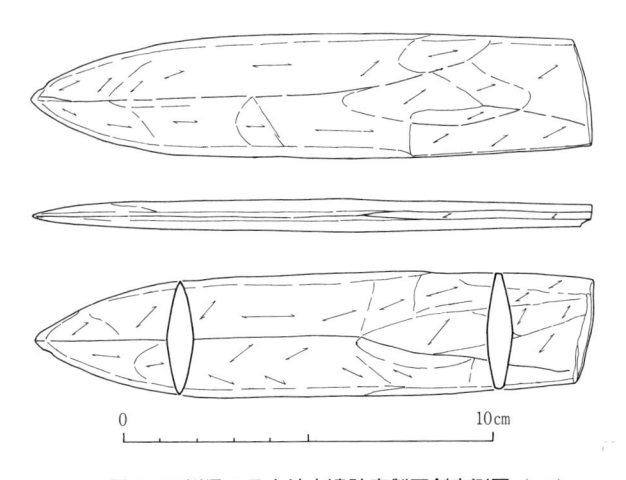

図3　石川県八日市地方遺跡磨製石剣実測図（1/2）

139

第5章 青銅器模造石器の検証

写真3 石川県八日市地方遺跡磨製石剣

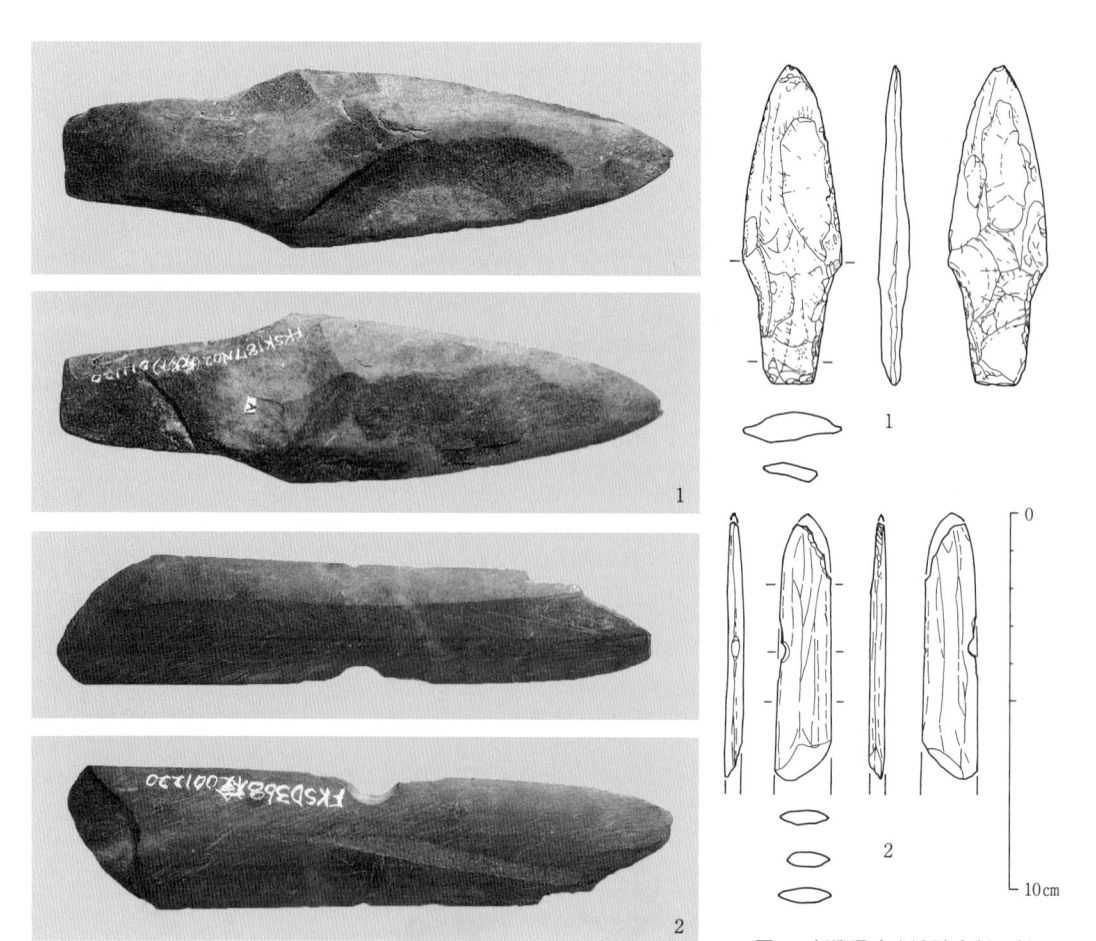

写真4 新潟県吹上遺跡磨製石剣

図4 新潟県吹上遺跡磨製石剣実測図（1/2）

③　新潟県上越市吹上遺跡磨製石剣

　図4-1の磨製石剣は、現長8.32cm、関幅2.65cm、現身長5.3cm、関部最大厚0.88cmの小型である。全体的に研磨された部分もあるが、大きな剥離面が残るなど研磨段階の未成品である。

　図4-2の磨製石剣は、剣身と鋒を欠損した全長6.66cm、最大幅1.54cm、最大厚0.43cmの計測値をもつ小型品である。これも研磨段階の未成品らしく、鎬が形成されていない。　　　（柳田康雄）

④　長野県松本市蟻ヶ崎遺跡

　図5-1・2（写真5-1・2）は最大厚8mm程度と薄身で中央には鎬を有する。1は現長8.62cm、現身長6.01cm、関幅2.54cm、2は現長10.67cm、現身長7.19cm、関幅2.43cmである。いずれも器体の2/3弱を刃部が占めている。図5-1の刃部平面形は刃部―茎部境の最大幅から切っ先に向けて、緩やかな二等辺三角形を形成している。図5-2は側縁が平行し、先端部付近で切っ先に向けて湾曲する。茎部は逆台形状を呈し、断面形はいずれも扁平六角形状である。

　器体全面が研磨されているが、研磨に先行する平坦剥離痕が散見され、打ち割りによって素材の厚みが削減されるなど成形されていたことがうかがえる。磨痕には粗く深度の大きなものと、ほとんど磨痕が残らないほど粒子の細かい対象物で磨かれた痕跡とがある。図5-1の研磨の方向は必ずしも一定でない。実測図正面の刃部は概ね鎬を境に左側が左傾する磨痕、右側が右傾する磨痕を有する。茎部はその反対である。即ち、鎬の左右を研ぎ分ける際、器体を支持する手と刃部を研磨する側の手を持ち替えているものと推測される。また刃部と茎部で磨痕の傾きが逆転するということは、それぞれを研磨する際に先端と末端の位置関係が反転されたことを示している。これは刃部と茎部の境に最厚部があることとも対応する。一方図5-2は、刃部も茎部も表裏面ともに右傾する磨痕に覆われている。器体を支持するための手と、研磨する際に刃部に添える手は持ち替えられなかったものと思われる。

　図5-1の両側縁には、刃こぼれ状の剥離痕が認められる。図正面の剥離痕は概ね「正面」からの加撃によるもので、右側縁は先端部を除き裏面からの加撃による。いずれの痕跡も摩耗している。

　写真5-3は宮渕本村遺跡例で図5-1・2と異なり、器体中軸線上に鎬は作出されていない。平坦な表裏面の縁辺に、側縁形状に沿って刃を形成している。図5-1・2に比して細長く、平面形は基部から先端部に至る一連で湾曲の緩やかな両側縁によってなる。切っ先部分のみ中軸線上に鎬が形成される。茎部は末端が若干窄まる台形状を呈する。研磨に先行する剥離面が茎部を中心に散見され、節理の発達した石材を打ち割りによって薄い板状に加工・成形し、研磨によって整形したことがうかがえる。磨痕は表裏面とも全て右傾している。

⑤　長野県長野市塩崎郡―塩崎遺跡群松節地点鉾形石製品

　写真6、図6は断面が厚い凸レンズ状を呈する刃部と楕円形を呈する柄部よりなる。現長13.05cm、現身長7.25cm、幅2.25cm、厚さ1.21cmである。先端は尖鋭にならず円みを帯び、蛤刃状をなす。柄部側縁には目視では確認できないほどの括れがそれぞれ3箇所程度あり、使用時の保持や他の器具の支持に関連する痕跡であると考えられる。

　成形時の打ち割りによる剥離面が散見されるとともに、末端面には敲打成形の痕跡が残存している。　　　　　　　　　　　　　　　　　　　　　　　　　　　　（久保田健太郎・大久保聡）

第5章　青銅器模造石器の検証

… 注記シール

1：蟻ヶ崎　2：宮渕本村
3：1の模式図

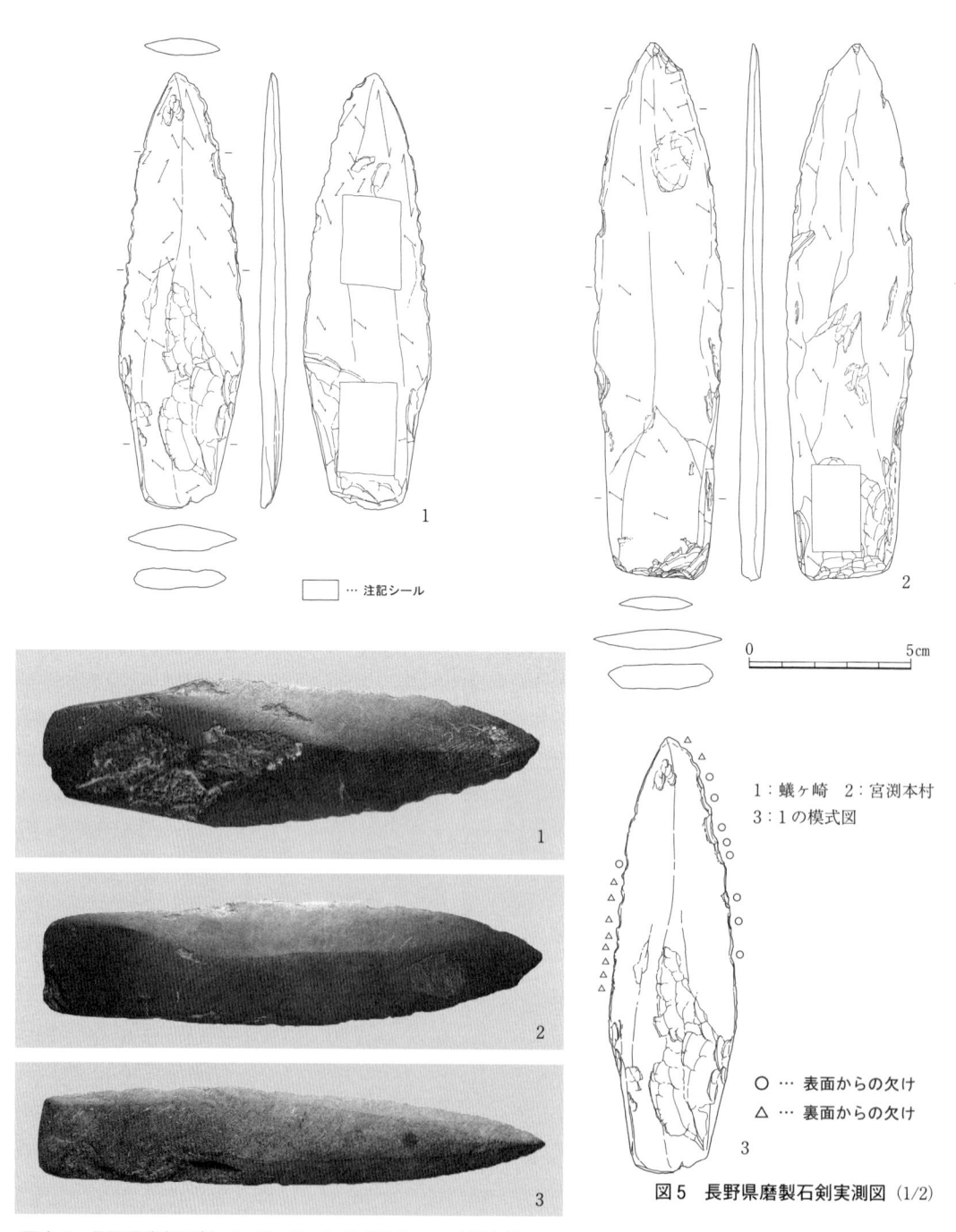

○ … 表面からの欠け
△ … 裏面からの欠け

図5　長野県磨製石剣実測図（1/2）

写真5　長野県磨製石剣　1：蟻ヶ崎　2：宮渕本村　3：宮渕本村

142

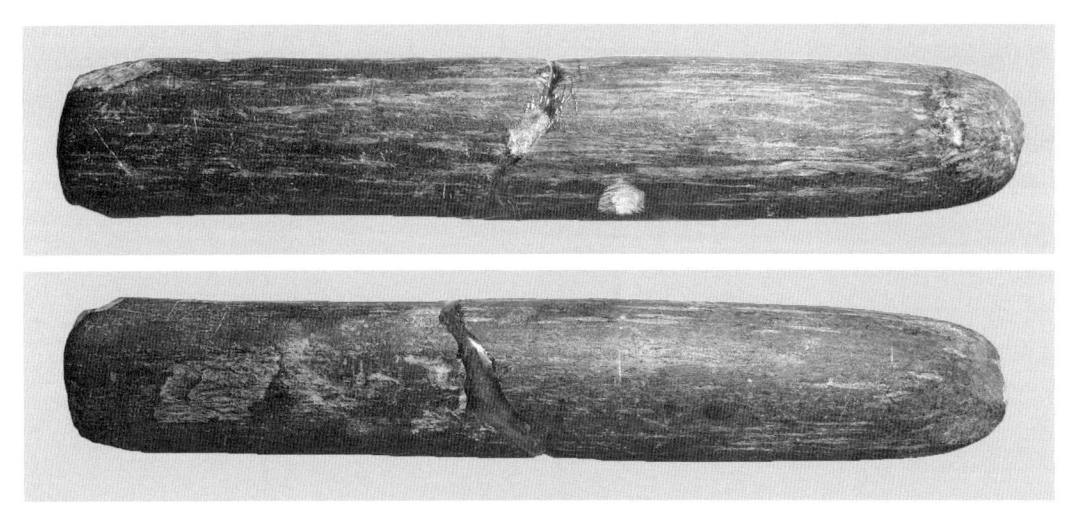

写真6　長野市塩崎遺跡群松節地点鉾形石製品

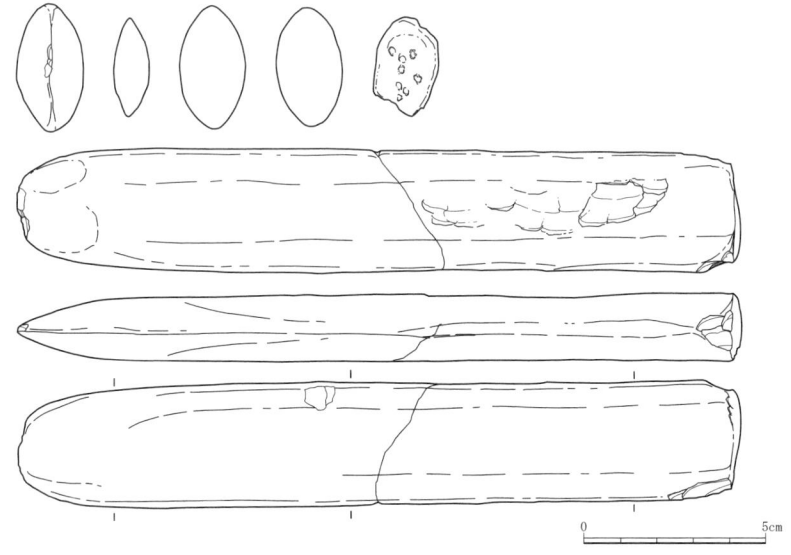

図6　長野市塩崎遺跡群松節地点鉾形石製品

引用・参考文献

石川日出志　2009「中野市柳沢遺跡・青銅器埋納坑調査の意義」『信濃』61―4　711　信濃史学会
小松市教育委員会編　2003「八日市地方遺跡Ⅰ」『小松駅東土地区画整理事業に係る埋蔵文化財発掘調査報告書』
設楽博己　1996「木目状縞文のある磨製石剣」『信濃』47―4　信濃史学会
寺前直人　2010『武器と弥生社会』大阪大学出版会

第5章　青銅器模造石器の検証

2　磨製石戈

柳田康雄・久保田健太郎・楠惠美子・大久保聡

（1）磨製石戈
① 長野県長野市榎田遺跡石戈

　SB1482住居跡から出土し、鋒側を折損した磨製石戈の未製品である。現存長9.9cm、闌幅8.05cm、内最大幅5.1cm、援最小幅4.9cm、最大厚2.5cmの計測値をもつ。製品は粗欠きから整形段階の敲打痕が平面や縁辺部加工に見られることから、加工が研磨直前段階まで進行していたことがわかる。しかも、内両面には中央部に敲打痕が集中していることから、松本市宮淵本村磨製石戈のように敲打穿孔を始めた段階にあったことになる。時期は中期後半の栗林式新段階である（長野県埋蔵文化財センター1999）。未成品であるが、内が大きいことから磨製石戈では古式に属するものと考える（写真1、図1-1）。

② 長野県松本市宮渕本村遺跡磨製石戈

　内が大きな東日本では稀有な磨製石戈であるが、鋒部の大半を折損している。現存長7.5cm。闌幅7.1cm、内最大幅5.3cm、内最小幅4.3cm、援最小幅4.4cm、闌最大厚1.9cm、孔径0.87×0.72cmの計測値をもつ。内にある敲打穿孔部以外を丁寧なほぼ一定方向の研磨で仕上げているが、胡には粗研磨があり刃がつぶされている（写真2、図1-2）。

　北部九州製最古式磨製石戈のように闌と内に段差はないが、内が大きく平面形が長方形を呈することから東日本で最古式磨製石戈である。

③ 長野県松本市沢村遺跡磨製石戈

　援の鋒側の大半を折損した有樋式磨製石戈で、現存長8.7cm、援最小幅4.5cm、援最小厚1.22cm、闌幅9.7cm、闌厚1.44cm、内最大幅2.8cm、内最小幅1.8cm、内最大厚0.95cm、脊最大幅1.35cm、孔径0.44〜0.52cmの計測値をもつ。穿は両面からのドリル穿孔で、樋は磨り切り技法が採用さ

写真1　長野県榎田遺跡石戈（未製品）

2 磨製石戈

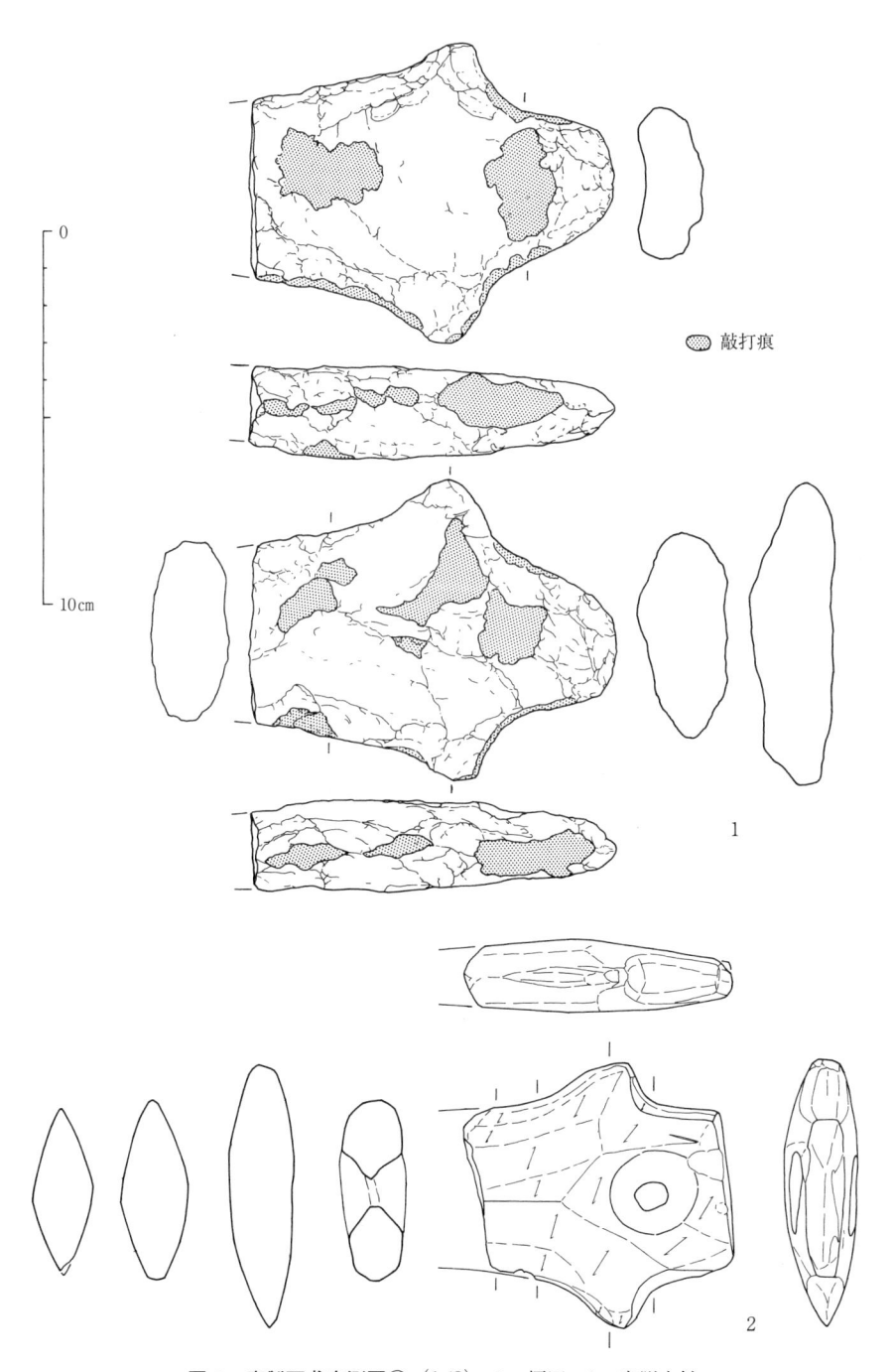

敲打痕

図1 磨製石戈実測図①（1/2） 1：榎田 2：宮渕本村

第5章　青銅器模造石器の検証

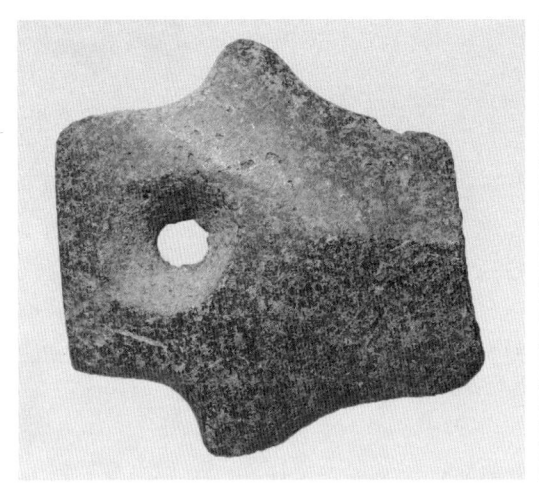

写真2　長野県宮渕本村遺跡磨製石戈

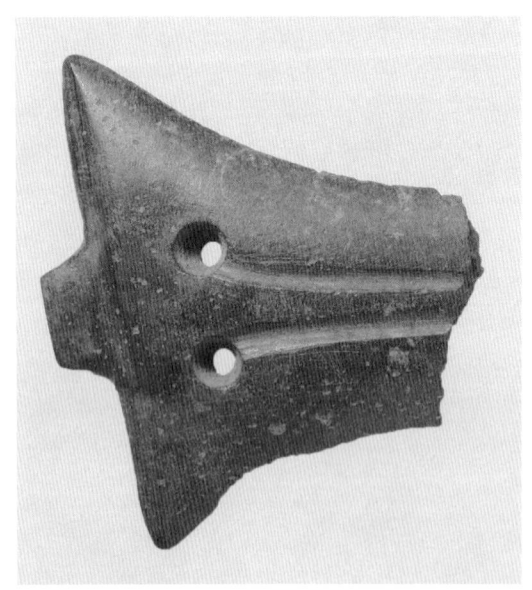

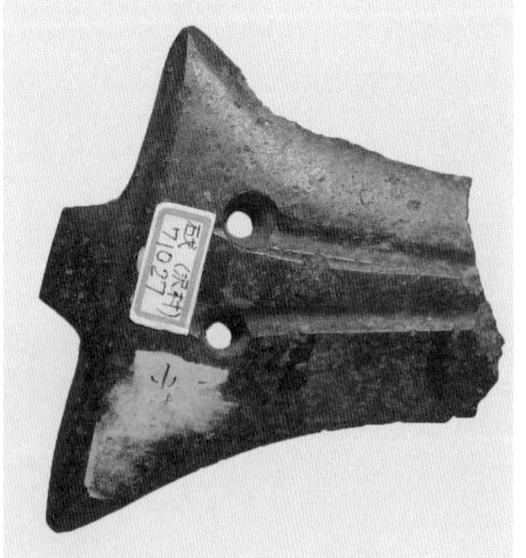

写真3　長野県沢村遺跡磨製石戈

れ、脊は平坦である（写真3、図2-3）。
　闌厚と内厚に段差があり、主軸と闌の角度からⅣB型式銅戈（柳田2008）の模倣石戈である。
④　**長野県佐久市北裏遺跡磨製石戈**
　北裏遺跡のM1号溝から出土した有樋式磨製石戈で、援から鋒側の大半と両胡を折損する。溝の底面から出土する土器は栗林期であるが、石戈は上層出土である（小林2008）。現存長6.8cm、現存闌幅6.5cm、最小援幅4.0cm、内最大幅3.5cm、闌厚1.3cm、援最小厚1.22cm、脊最大幅2.2cm、孔径0.45～0.47cmの計測値をもつ。内は割合大きめだが闌との段差はなく、脊にはわずかに鎬がある。穿は両側穿孔であり、片面に穿孔途中の孔もある。樋は磨り切り技法で丸く溝状にくぼん

146

2 磨製石戈

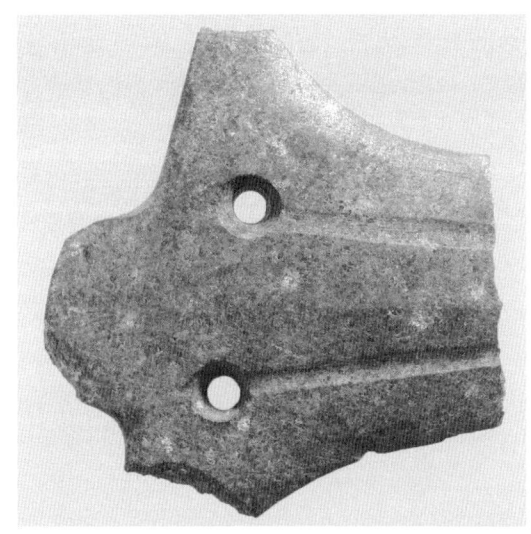

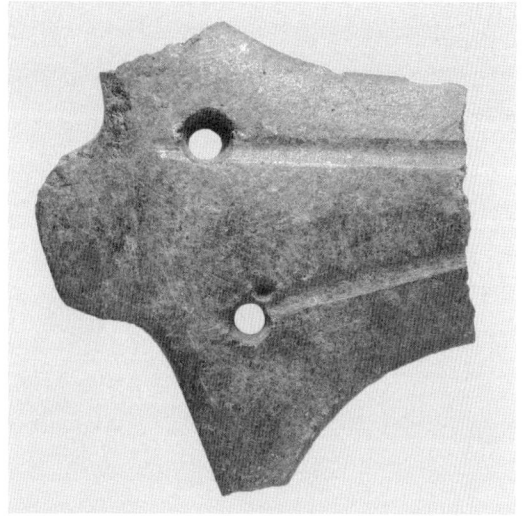

写真4 長野県北裏遺跡磨製石戈

で基部で湾曲しており、一部穿をはみ出している（写真4、図2-4）。
⑤ 長野県長野市松原遺跡25号住居跡磨製石戈1
　中期後葉（栗林式期）の25号住居跡の3次面から出土した、完形の有樋式磨製石戈である。全長8.4cm、鋒幅4.8cm、闌幅11.4cm、内最大幅4.5cm、内最小幅3.5cm、脊最大幅1.5cm、鋒最大厚1.2cm、闌最大厚1.25cm、穿径0.35～0.5cmの計測値をもつ（写真5、図3-5）。
　石戈は現状で完形品であるが、援が大きく折損した後で二次的に鋒を斧状刃に仕上げたものである。内幅は大きいものの、長さがなく形式化していることから、援長も短かったものと考えるが、それでも太い援が折損するほど強力な衝撃が加えられ折損したことになる。にもかかわらず、現状の鋒刃部半分には古い小さな刃こぼれが連続するような使用法もあったことになる。
　穿は両側穿孔で、ほぼ平行して丸くくぼむ直線的な樋が穿を越して刻まれている。
⑥ 長野県長野市松原遺跡磨製石戈2
　大溝から栗林式土器と出土した石戈は、援だけでなく闌部も半分折損した破片であり、闌幅が約9cmに復元できるにすぎない。内は形式化して短小で、樋も穿と闌を大きく越している。闌厚1.0cm、穿孔径0.33cmの計測値をもつ（写真6、図2-6）。石材は、長野県にも産出するホルンフェルスという（中村1996）。
⑦ 長野県中野市松原遺跡磨製石戈3
　大溝から出土した石戈破片は、有樋式磨製石戈の鋒部破片と認定できる現存する唯一の資料である。残念ながら樋と脊先端を欠損するが、両者が平行する形式化したものではなく、古式の様相を呈している。樋は浅く、脊が平坦である（写真7、図2-7）。
⑧ 長野県中野市松原遺跡磨製石戈4
　松原遺跡で栗林式土器と共伴して出土している。内をもたない形式化した有樋式磨製石戈で、援を大きく折損している。現存長5.2cm、復元闌幅約8.6cm、最大厚0.98cm、脊幅1.1cm、穿孔径

第5章 青銅器模造石器の検証

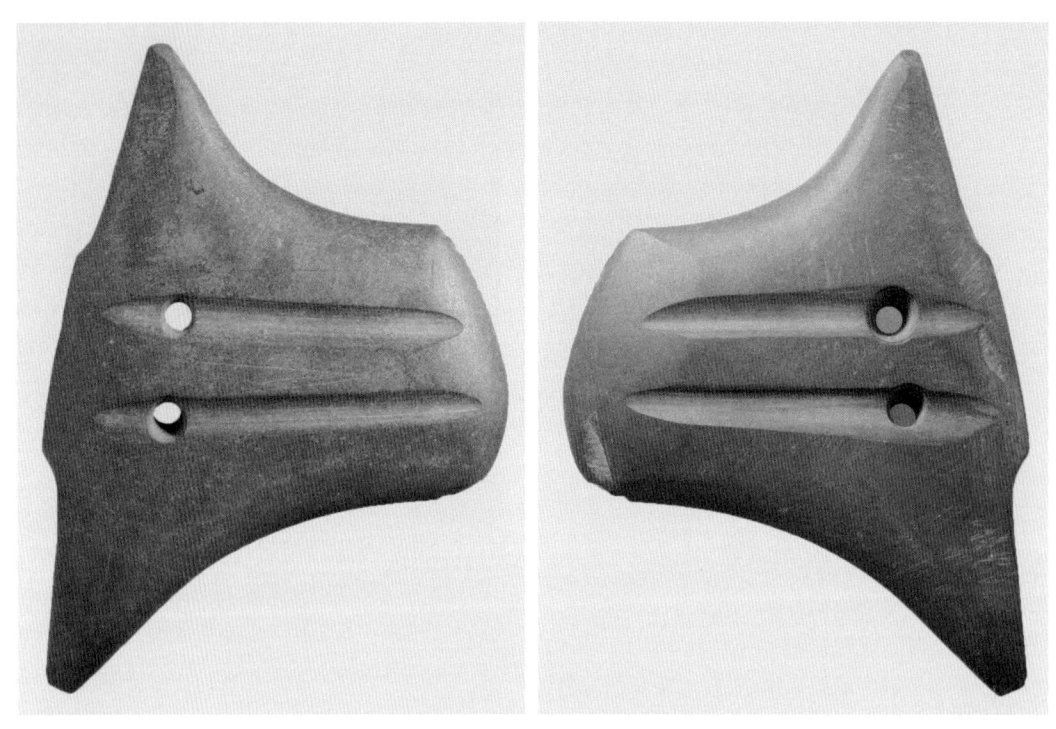

写真5 長野県松原遺跡25号住居跡磨製石戈1

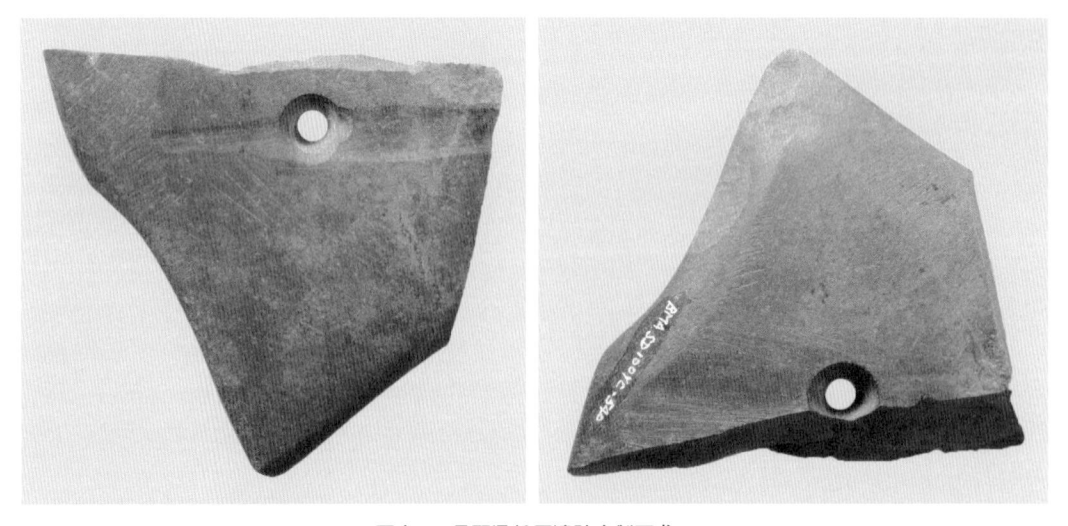

写真6 長野県松原遺跡磨製石戈2

0.52～0.55cmの計測値をもつ（写真8、図2-8）。
　穿は両側穿孔で、幅広の樋が浅く丸くくぼみ、穿をはるかに越し、脊が平坦である。胡には刃がない。材質は、珪質凝灰岩製という（中村 1996）。

⑨ **長野県中野市栗林遺跡石戈**
　現存長4.3cm、最大厚1.43cm、穿孔径0.48cmの計測値をもつ有樋式磨製石戈の闌部破片資料であ

2 磨製石戈

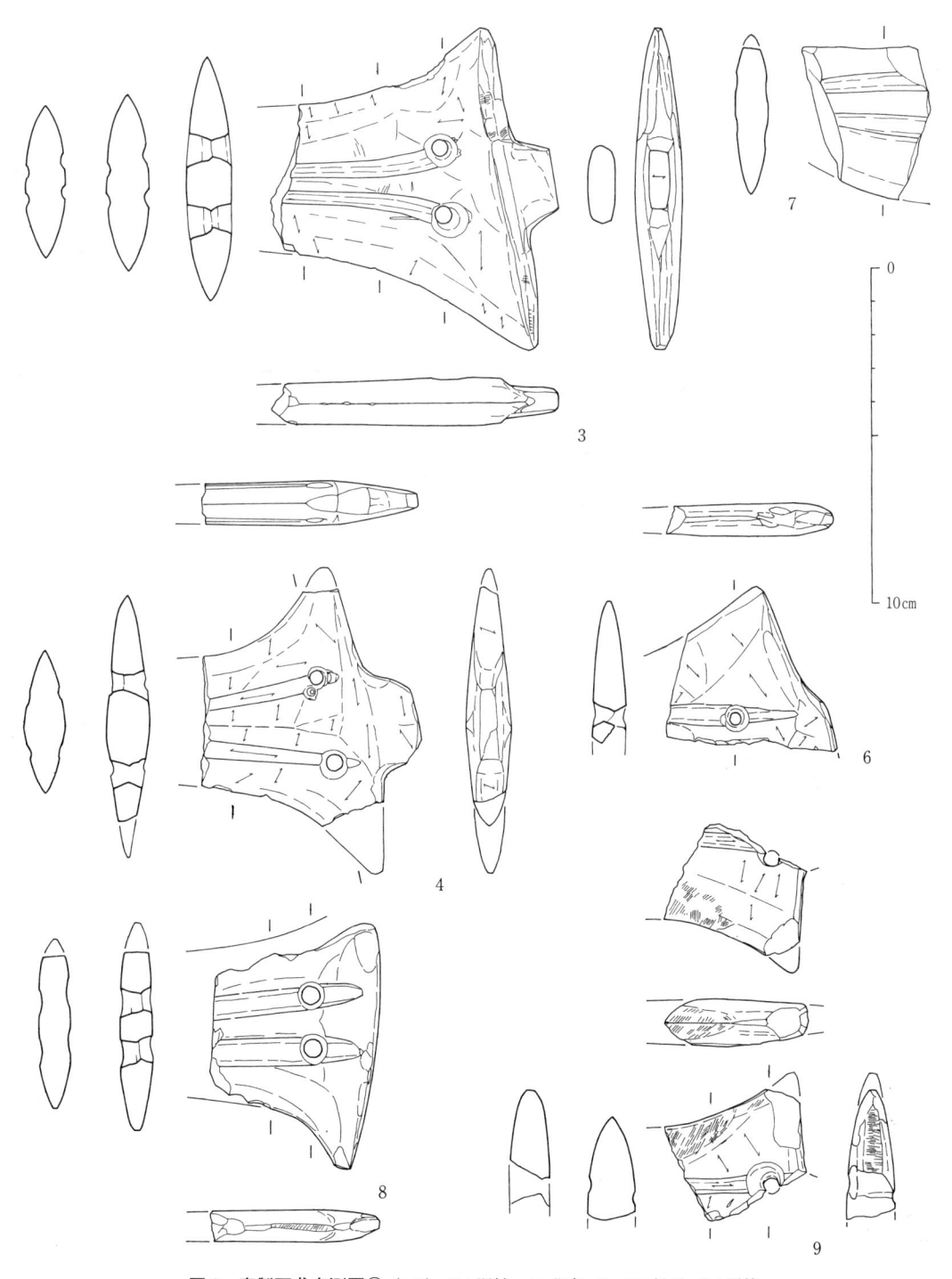

図2 磨製石戈実測図②（1/2） 3：沢村　4：北裏　6〜8：松原　9：栗林

第5章 青銅器模造石器の検証

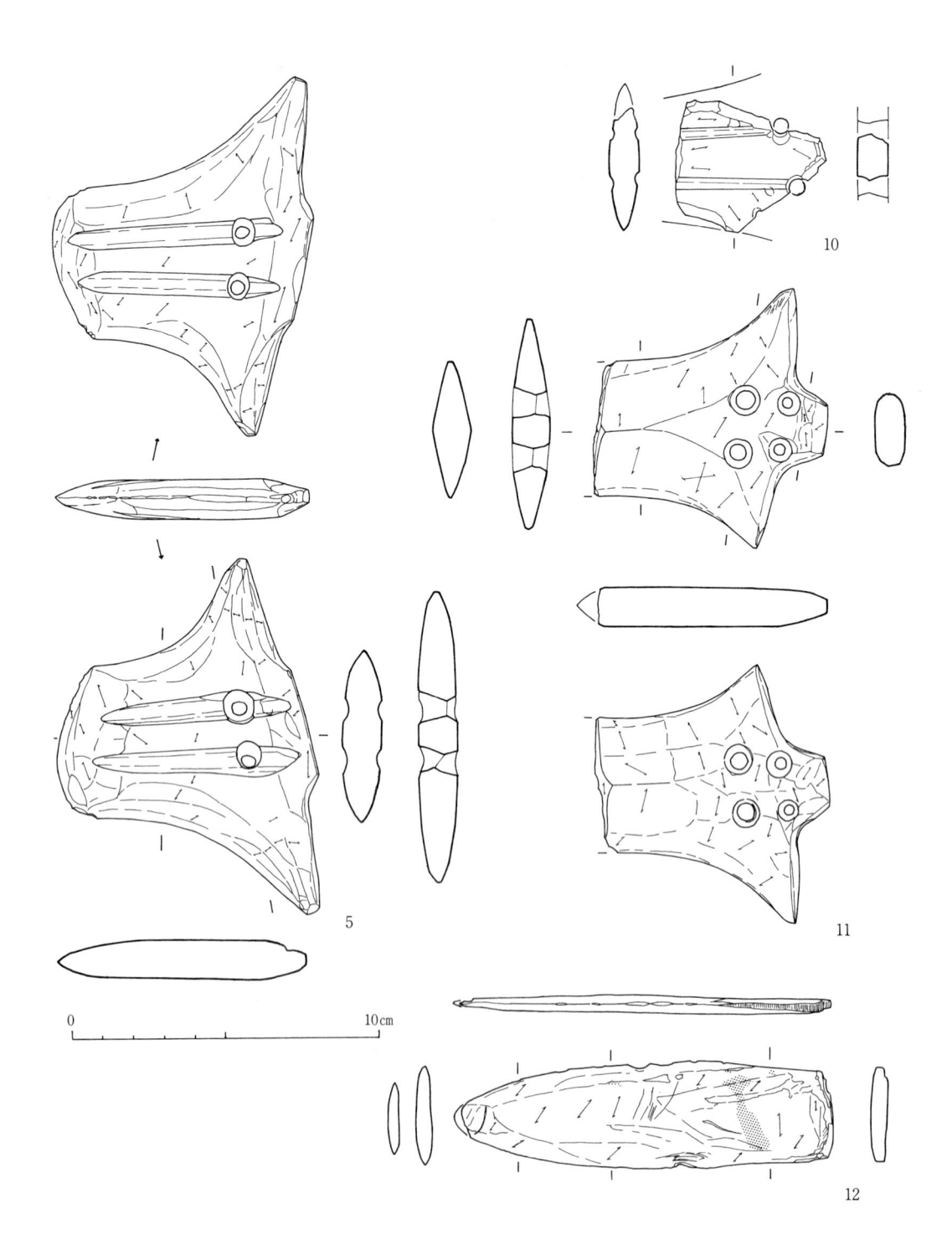

図3 磨製石戈・無胡石戈実測図③（アミは赤色顔料）
5：松原25号住居跡　10：平畑　11：古立東山42号住居跡　12：蟻ヶ崎

写真7　長野県松原遺跡磨製石戈3

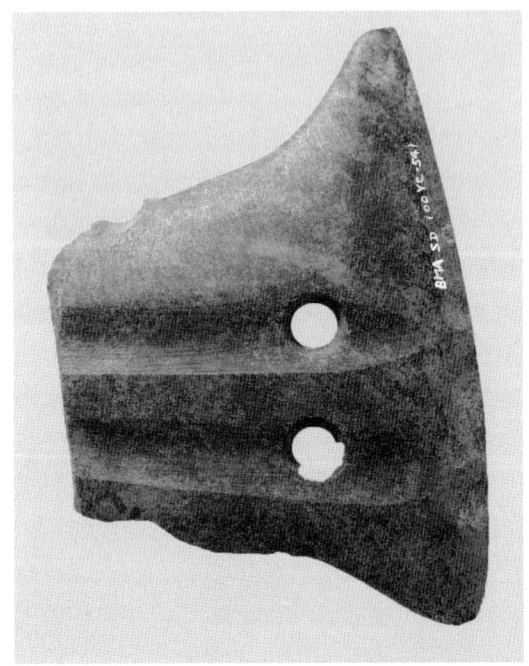

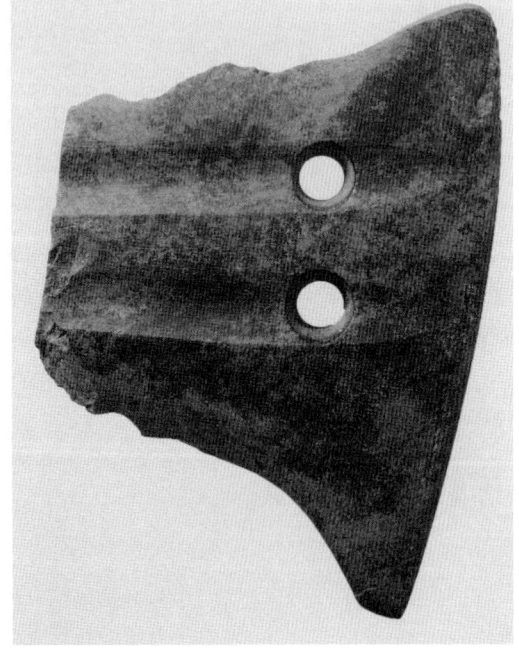

写真8　長野県松原遺跡磨製石戈4

る。穿は両側穿孔で、樋が浅く丸くくぼみ脊が平坦。胡の一部に刃はないが、援には刃がある（写真9、図2-9）。

⑩　長野県松本市平畑遺跡磨製石戈

　最大脊幅は1.6cm、脊最大厚0.98cmを計測できるにすぎない有樋式磨製石戈破片資料である。

151

第5章　青銅器模造石器の検証

写真9　長野県栗林遺跡磨製石戈

写真10　長野県平畑遺跡磨製石戈

脊幅が広く、樋幅が狭く浅いが、穿が平行しないことから、闌の角度が強いことになる。灰褐色頁岩製か（写真10、図3-10）。

⑪　群馬県甘楽町古立東山遺跡42号住居跡磨製石戈

　中期後葉（竜見町式期）の42号住居跡から出土した鋒部を折損する無樋式磨製石戈で、現存長7.5cm、援幅4.25cm、闌幅8.2cm、内最大幅3.0cm、内最小幅1.6cm、援厚1.2cm、闌厚1.2cmの計測値をもつ。

　援の折損部を観察すると、既存の実測図にはないが、鎬が途切れて蛤刃状鋒部を形成することが明らかである。したがって、援を大きく折損後に斧状蛤刃を研ぎ出した後に、再度短い鋒を欠損するような強い衝撃を受ける使用が実行されたことになる。この磨製石戈の特殊性は穿が二対存在することでもある。通常の位置の穿孔径は大きく0.57～0.59cm、内基部の穿孔径が小さく0.34～0.37cmで全て両側穿孔されている。内基部の一対の穿孔の用途が不明確で推測の域を出な

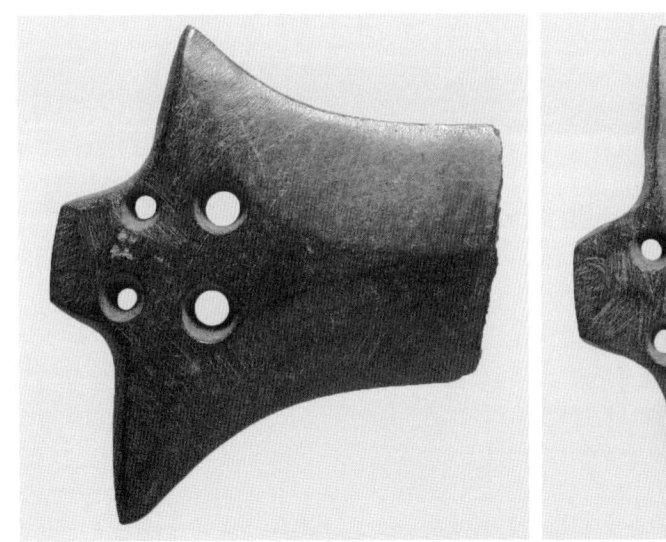

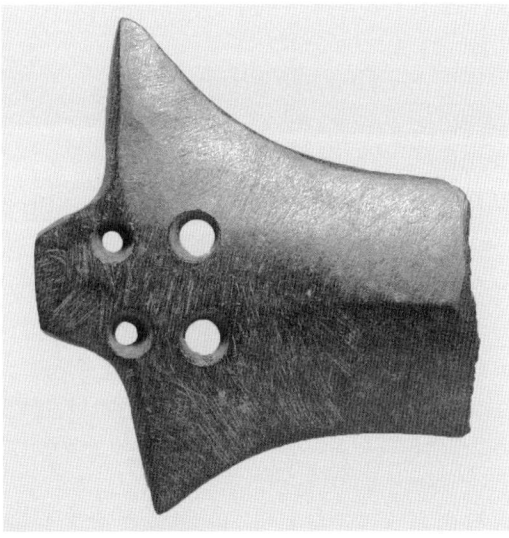

写真11　群馬県古立東山遺跡42号住居跡磨製石戈

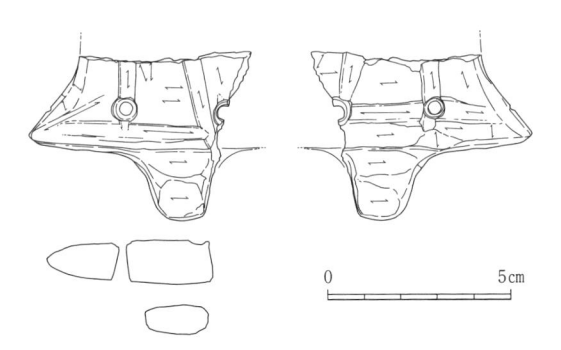

図4　群馬県八木連西久保遺跡磨製石戈実測図（1/2）

いが、柄に闌まで埋め込む着装方法が存在するのだろう。現存する援と胡には明確な刃が形成されていない。ハンレイ岩製（写真11、図3-11）。

(柳田康雄)

⑫　群馬県富岡市八木連西久保遺跡磨製石戈

　磨製石戈の援の上部大半を欠損した資料である。樋や穿、内、側縁刃部が明瞭に作出される。穿は円形の穿孔によって表現されている。樋は断面が弧状を呈する溝を切ることで表現され、穿表現の穿孔に先行している。2つの穿表現の孔はそれぞれ片面から大部分穿孔し、反対側からの僅かな穿孔によって貫通させている。穿孔の方向は、1つは表面から、もう1つは裏面からである。援には鎬が表現されていない（写真12、図4）。

(久保田健太郎)

(2) 銅戈形土製品

新潟県上越市吹上遺跡

　銅戈形土製品は、遺構検出時に出土。現存長4.12cm、最大幅3.15cm、最大厚0.7cmの計測値を

第5章　青銅器模造石器の検証

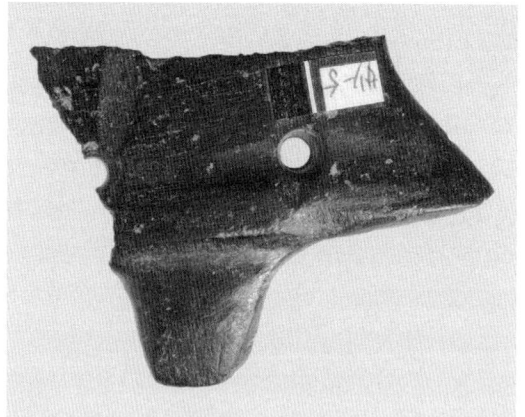

写真 12　群馬県八木連西久保遺跡磨製石戈

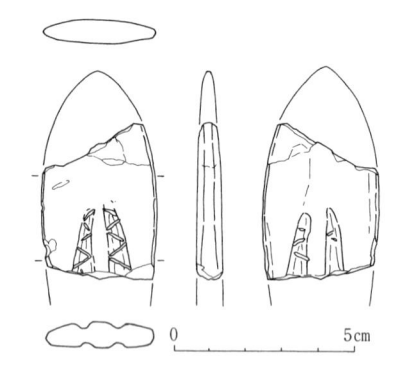

図5　新潟県吹上遺跡銅戈形土製品実測図（1/2）

もつ樋先端から鋒部の破片で、樋内に線刻の鋸歯文を施すことからⅣB型式（大阪湾型）銅戈の土製模造品である。脊が平坦で、鋒が復元長3.5cmの丸みをもつ特徴はⅣB型式銅戈にはないが、鋸歯文が施されることからはⅣBb型式以後を模倣していることになる（柳田2008）。樋内には鋸歯文の間に無数の小さなくぼみが見られるが、これは意図されたものではなく、樋を彫る際に胎土の砂粒が脱落した可能性が考えられる。しかし、戈表面は粗いハケ目仕上げされているが、砂粒は脱落していない（写真13、図5）。

写真 13　新潟県吹上遺跡銅戈形土製品

写真14　長野県蟻ヶ崎遺跡磨製石戈

(3) 無胡石戈

長野県松本市蟻ヶ崎遺跡磨製石戈

　鋒と身両側に刃こぼれをもつ現存長11.8cm、身最大幅3.4cm、茎最小幅2.8cm、身最大厚0.55cmの石剣状武器である。石剣とするには身中央に鎬がなく幅広で扁平であることに難点がある。身と茎の識別は、側面図にあるように身最大幅から下に刃が形成されていない部分があり茎あるいは内となる。その茎となる部分に赤色顔料らしき付着物がある（図3-12のアミ部分）。表面は粗い研磨痕が残されている（写真14左、図3-12）。

（柳田康雄）

(4) 有孔石戈

①　長野県中野市栗林遺跡磨製石戈1

　図6は、刃部の一部と茎部の穿孔部上半までを残して折損している資料である。最大厚は8mmと薄身で、中軸線上には鎬が作出されている。刃部の両側縁は直線的で、側縁観も整っている。茎部と刃部は明瞭に研ぎ分けられ、表裏両側から穿孔されている。茎部は折損しているため全体の形状は不明であるが、刃部―茎部転換点から面取りによって反弓なりに窄まっており、逆台形状を呈するようである。

　刃部の磨痕は長く鎬に平行するのに対し、茎部の磨痕は粗く方向も形状に合わせて不規則である。刃部側縁成形にともない形成された側縁に平行する稜線は茎部の磨痕に先行しており、刃部作出後に茎部が削り出され成形されたことがわかる（写真15、図6）。

②　長野県中野市栗林遺跡磨製石戈2

　図7-1は刃部の折損した資料である。末端部は、研磨された他の面と異なり荒れている。平面観、側縁観いずれも刃部と茎部は明瞭に作り分けられているが、闌の表現はみられない。厚さは刃部と最大厚部分で24mmと厚く、闌こそ表現されていないが、図7のように闌を有する資料と同類とみられる。茎部は両側縁が面取りされるとともに、表裏面両側から穿孔されている。穿孔の断面は擂鉢の底面が結合する形状を呈するのではなく、表面近くで1.3mm〜1.5mm程度に皿状に広がり、8mm〜6.5mmの径で穿孔される（写真17、図7-1）。

　研磨の方向は表裏面とも右傾している。穿孔は全面が研磨によって整形された後に行われている。

③　長野県佐久市西一本柳遺跡磨製石戈

　図7-2は刃部と茎部（内）の間に闌が表現されているが、本来の石戈のように発達していない。先端部は折損している。厚さは最大厚の闌部で27mm、内の最大厚部分で21mmと磨製石剣と比して著しく厚い。穿孔部の断面は擂鉢状を呈する。

第 5 章　青銅器模造石器の検証

写真 15　長野県栗林遺跡磨製石戈 1

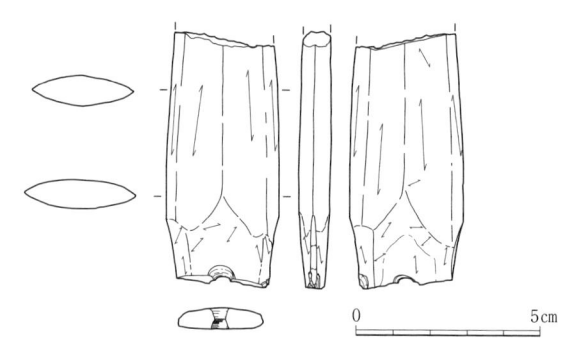

図 6　長野県栗林遺跡磨製石戈 1 実測図（1/2）

　研磨の方向は中軸に対して概ね直交し、ところにより右傾する。磨痕に先行する成形時の敲打痕が散見される。右側縁には刃部形成—研磨後に敲打が施された痕跡がある。その後の研磨によるかは不明であるが、敲痕は磨滅している。穿孔部にも敲打痕が認められる（写真 16、図 7-2）。

④　長野県中野市栗林遺跡磨製石戈 3
　図 8 は平面形が撥形を呈し、先端は尖鋭にならず蛤刃状である。最大厚は 22mm と先の変形石戈形石製品とほぼ同程度で、厚手である。両側縁には刃部は作出されておらず、断面は凸レンズ状を呈さない。末端部には表裏両面からの穿孔が施されている。表裏面は比較的平坦な面が形成されている。製作に関する痕跡は最終工程の研磨痕しか残されていない。研磨の方向は全て右傾する。特に先端部の磨痕は細かい（写真 18、図 8）。
　　　　　　　　　　　　　　　　　　　　　　　　　　　　　　　（久保田健太郎・大久保聡）

⑤　長野県松本市宮渕本村遺跡磨製石戈
　鋒先端をわずかに欠損する現存長 15.8cm、身最大幅 3.9cm、最大厚 2.23cm、内最小幅 2.2cm、内孔径 0.43cm の計測値をもつ石製模造武器。全体に厚みと丸みがあることから石剣・石戈の識別ができないものの、円孔をもつことから磨製石戈に分類したが、石矛である可能性も残している。色調は全体に灰色で、部分的に灰褐色を呈する。内部分は急激に面取されて尖り、平坦面に両側穿孔されている（写真 19、図 9）。
　　　　　　　　　　　　　　　　　　　　　　　　　　　　　　　　　　　　　（柳田康雄）

(5)　有角石器
① 　千葉県市原市御林跡遺跡有角石器 1
　御林跡遺跡は、上層の古墳群が辺田古墳群、下層の集落跡が御林跡遺跡と設定されており、本

2 磨製石戈

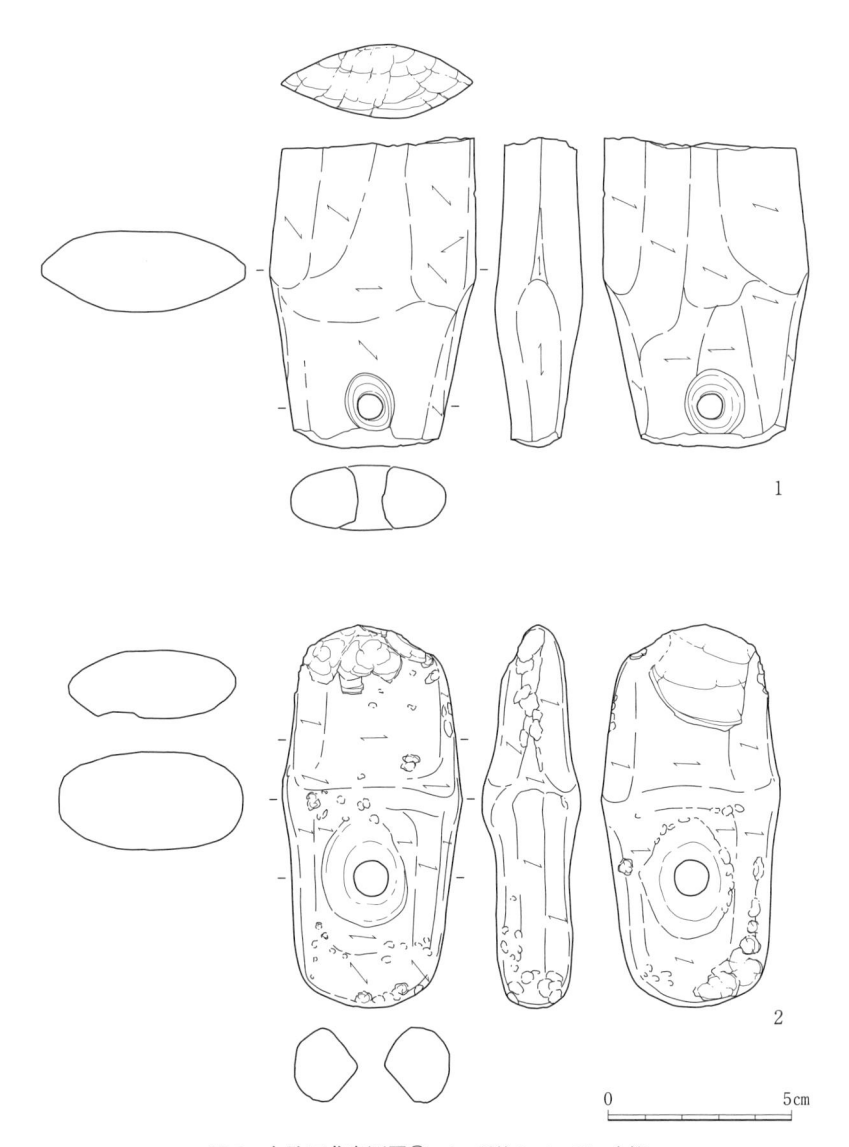

図7 有孔石戈実測図①　1：栗林2　2：西一本柳

第5章　青銅器模造石器の検証

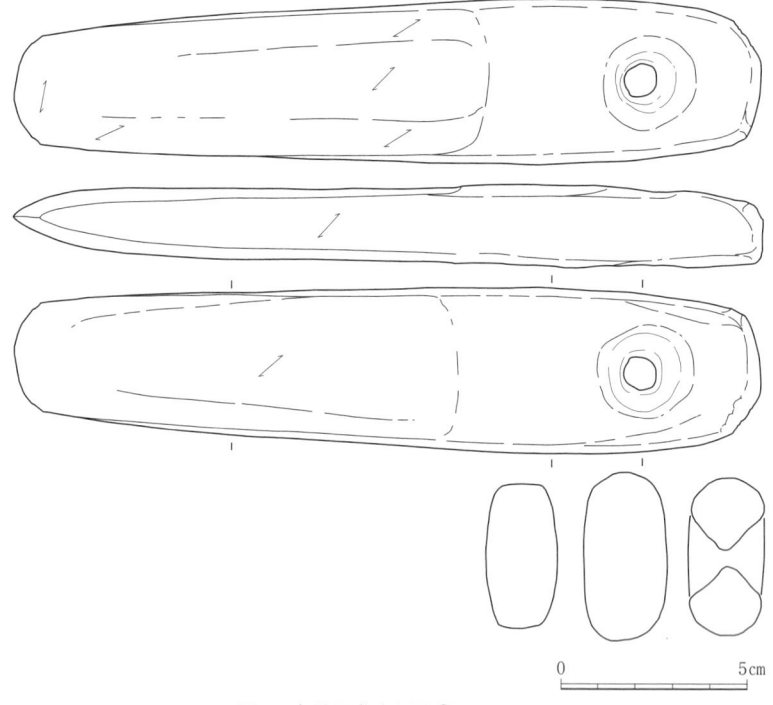

図8　有孔石戈実測図②　栗林3

写真16　長野県西一本柳遺跡磨製石戈

158

2 磨製石戈

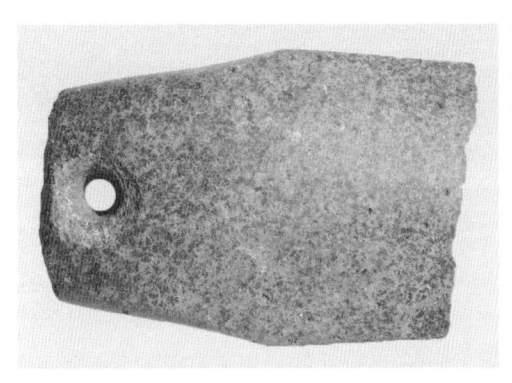

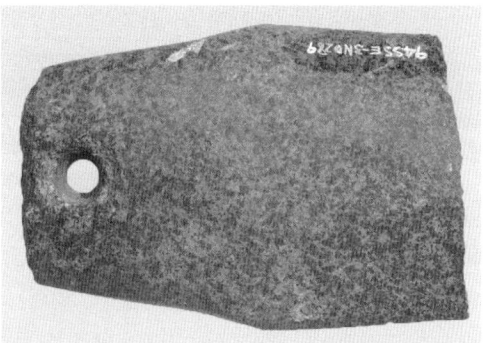

写真 17　長野県栗林遺跡磨製石戈 2

写真 18　長野県栗林遺跡磨製石戈 3

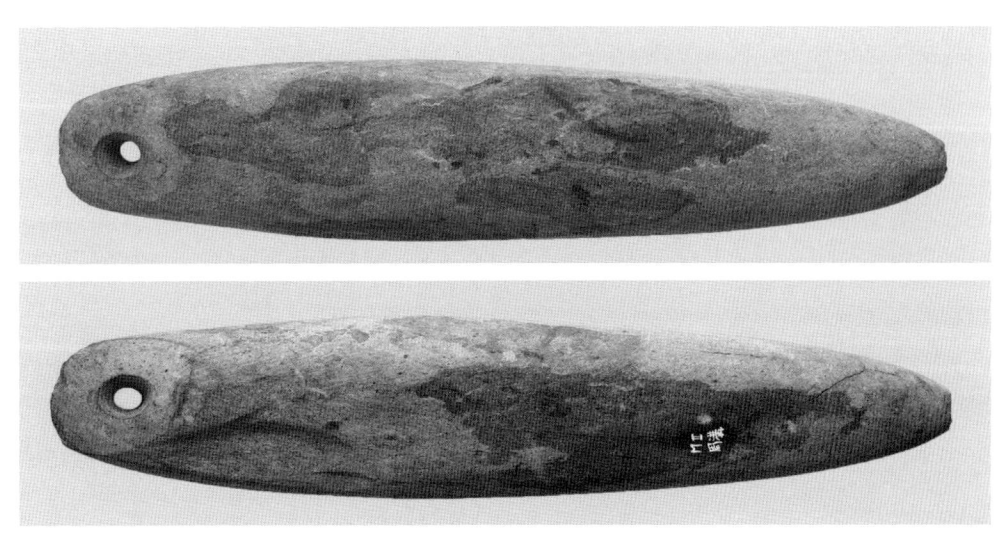

写真 19　長野県宮渕本村遺跡磨製石戈

159

第5章　青銅器模造石器の検証

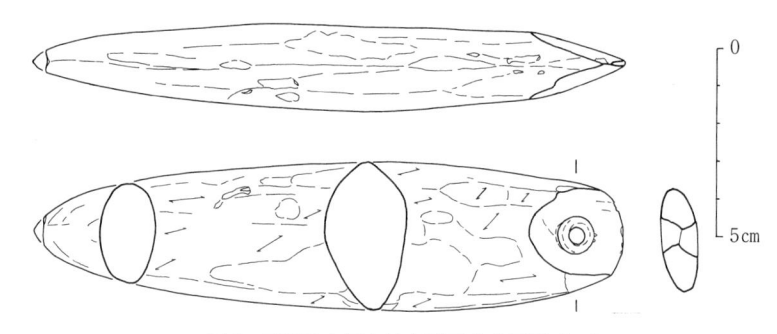

図9　長野県宮渕本村有孔石戈実測図（1/2）

来は「辺田古墳群・御林跡遺跡」と称するのが正しい。しかし今回は集落跡出土の遺物を扱うため、「御林跡遺跡」と述べる。

当資料は発掘調査によって272遺構から出土した。遺構は竪穴住居跡であり、共伴遺物には463点の土器片、4点の礫、1点の砥石、1点の紡錘車があるが、全て宮ノ台式期の遺物であり、当遺物も同じ時期に帰属すると推定される。

石材は輝石安山岩であり、強度は弱い。市原市周辺の石斧は輝石安山岩で製作されているものが多いが、石材産地は千葉県周辺には無い。輝石安山岩は本来、緑色を呈するが、当資料は風化が強く、褐色を呈している。

重さは210g、長径は15.9cm、最大幅は8.0cmである。薄く研がれている刃部が最大幅の部分であり、基部から扇状に広がり、側面はやや外湾している。刃部は非常に扁平であるが、基部先端に向かうにつれて、円形の断面に変化する。棘状突起とみられる突起が、左側面は刃部から6.0cm、右側面は刃部から6.5cmの箇所に残存している。両突起間の幅は6.1cmであり、突起の最短残存幅が、左は1.4cm、右は0.9cmと広いことから、復元長は充分あったとみられる。おそらく突起部分が最大幅であっただろう。基部は丸みを帯びている。

刃部の稜線は二段に成形されている。刃部は4箇所の欠損がみられるが、これが使用痕であるのか、否かは不明である（写真20）。

② 千葉県市原市御林跡遺跡有角石器2

当資料は刃部と基部から棘状突起の周辺までの胴部の2個体であり、刃部は、発掘調査によって竪穴住居跡である、61号遺構の床面3cmから検出された。胴部は遺構外からの一括出土品である。石材は①有角石器と同様、輝石安山岩であり、①ほど風化してはいないが、緑褐色を呈する。

2個体は接合出来る1個体と考えられているが、実際に接合作業を試みた結果、上手く接合せず、形状が合わない。もし一個体として接合するならば、両面・側面が湾曲した形状になることになり、有角石器としてはあり得ない形状になる。よって、報告の二個体接合は誤りで、刃部とそれ以外の部分の2個体である可能性が高い。

刃部は、残長6.4cm、残幅5.4cm、残厚2.2cm、重さ103gである。表面の剥離が著しい面は磨

2 磨製石戈

写真20 千葉県御林跡遺跡有角石器1

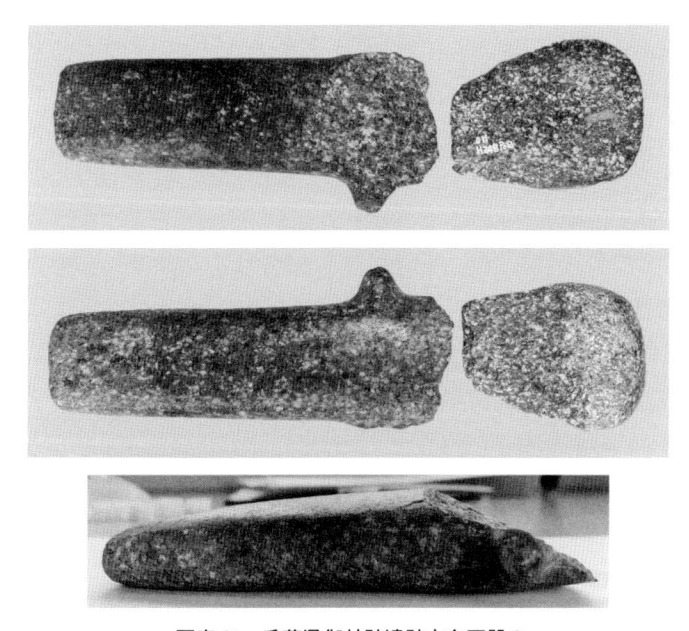

写真21 千葉県御林跡遺跡有角石器2

161

第5章　青銅器模造石器の検証

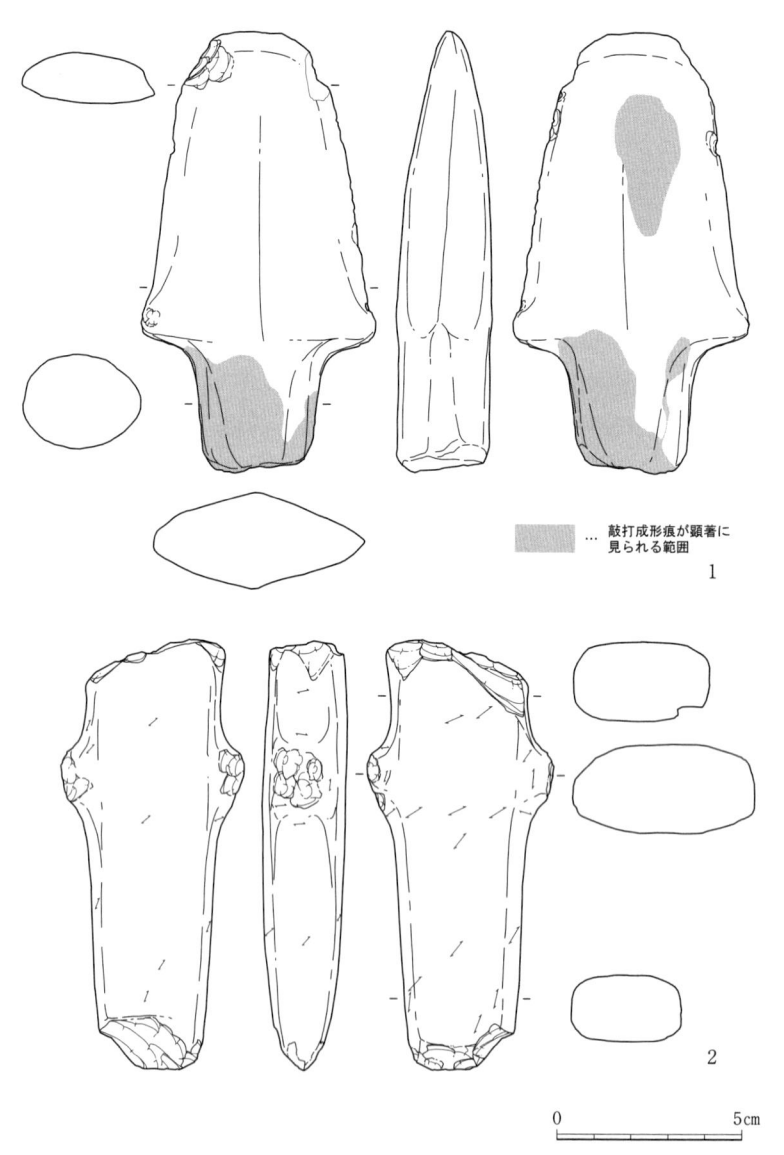

…敲打成形痕が顕著に見られる範囲

図10　國學院大學学術資料館蔵石戈・有角石器実測図（1/2）

滅しており、滑らかさを帯びる。刃部先端は厚のほぼ中央に、両面から鋭利に磨がれている。刃部には欠損がみられない。

　銅部は残長12.8cm、残幅5.2cm、残厚2.5cm、重さ220gである。基部は、先端に向けて尖るのでは無く、長方形を呈し、扁平である。棘状突起は右のみが1.1cm残存しているが、先端が欠損している。左は幅約1.2cmの欠損部とその周辺が盛り上がっており、棘状突起があったことがわかる。欠損部はB面の表面が大きく剥落しており、剥落部分は細かい凹凸があり、ざらついている（写真21）。

（楠恵美子）

（6）國學院大學学術資料館所蔵資料
① 石　戈

　図10-1は國學院大學学術資料館所蔵の出土地不明石戈である（國學院大學考古学資料館編1982）。二等辺三角形の刃部と闌幅の約1/2程度の幅をもつ内とで構成されている。先端は尖鋭に作出されておらず、蛤刃状に整形されている。鎬が刃部主軸上に表現されており、刃部断面形は菱形状を呈する。内の断面形はやや横長の円形である。刃部の側縁にはほぼ全周に刃が研ぎ出されているが、最末端には研磨が及んでおらず、闌状の微突部が形成されている。それが闌であると仮定すると、本資料は闌と刃部の主軸はほぼ直交する。鎬は主軸にほぼ重なるものの、表裏共に内の側がやや右側縁側によっている。内の部分には敲打成形の痕跡が顕著にみられる。刃部にも一部鎬附近に敲打の痕跡が残るも、ほぼ全面が研磨によって整形されている。肉眼観察では線条痕が観察できず、研磨の方向は不明である。刃部側縁には上半を中心にいくつかの潰れ状剥離がある（写真22）。

② 有角石器

　図10-2は神奈川県三殿台遺跡出土の有角石器である。國學院大學学術資料館が所蔵している

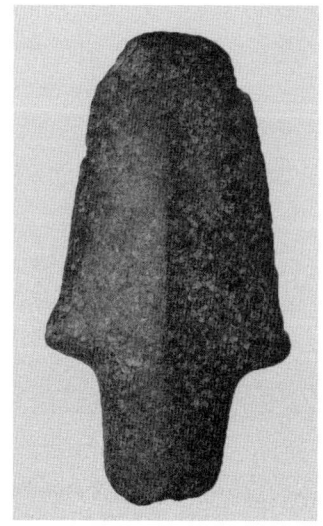

写真22　國學院大學所蔵石戈

第5章　青銅器模造石器の検証

写真 23　國學院大學所蔵有角石器

野口義麿コレクションの中の1点である（國學院大學考古学資料館編 1983）。片端に向けてやや搾まる直線的な両側縁の開端よりに凸部が形成されている。断面形は角部を除き隅円方形である。両端に剥離面があるが、いずれも剥離後に研磨された痕跡のある面と、そうでない面とがある。2つの角部にはどちらの先端にも敲打の痕跡がある。図上端には表裏面に剥離が施されており、側縁観は蛤状を呈する（写真23）。

　　　　　　　　　　　　　　　　　　　　　　　　　　　　　　　　　　　（久保田健太郎）

参考文献

石川日出志　2009「中野市柳沢遺跡・青銅器埋納坑調査の意義」『信濃』61—4　711　信濃史学会
國學院大學学術資料館編　1982『國學院大學学術資料館要覧』
國學院大學学術資料館編　1983『國學院大學学術資料館要覧』
小林眞寿　2008「北裏遺跡Ｉ」『佐久市文化財調査報告書』155
長野県埋蔵文化財センター　1999「榎田遺跡」『長野県埋蔵文化財センター発掘調査報告書』37
中村修身　1996「本州四国地方出土の石戈」『地域相研究』23　地域相研究会
柳田康雄　2008「銅戈の型式分類と生産・流通」『古代学研究』180　古代学研究会

3 磨製石鏃

柳田康雄・大久保聡

① 石川県小松市八日市地方遺跡

　埋積浅谷出土層位から集落のⅡ～Ⅲ期で、弥生中期中葉から後葉だという（小松市教育委員会編 2003）。図1-1と写真1-1は、流紋岩aを素材とした磨製石鏃の未成品で、全長3.95cm、最大幅1.6cm、最大厚0.54cmの大きさがあり、無茎式に研磨されるものと考える。図1-2と写真1-2は、輝石安山岩製で、全長3.92cm、最大幅1.8cm、最大厚0.21cmの大きさがあり、完成品と思われるが、基部が直線状を呈する。図1-3と写真1-3は、碧玉質岩製で、全長3.65cm、最大幅1.75cm、最大厚0.35cmの大きさがあり、基部が腸抉式の優美な製品である。図1-4と写真1-4は15地区集落域土坑出土で、全長2.73cm、最大幅1.65cm、最大厚0.27cmあり、基部が腸抉式を呈する。図1-5と写真1-5は先端部を欠き、現存長3.71cm、最大幅1.2cm、最大厚0.34cmある。図

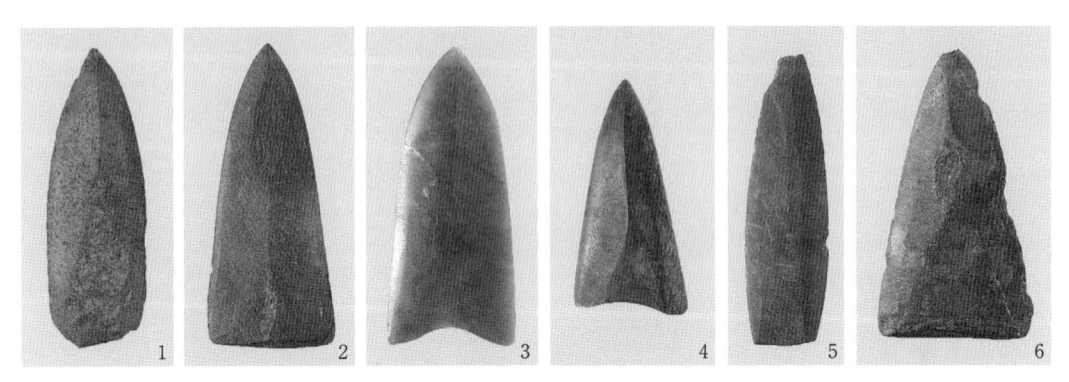

写真1　石川県八日市地方遺跡磨製石鏃

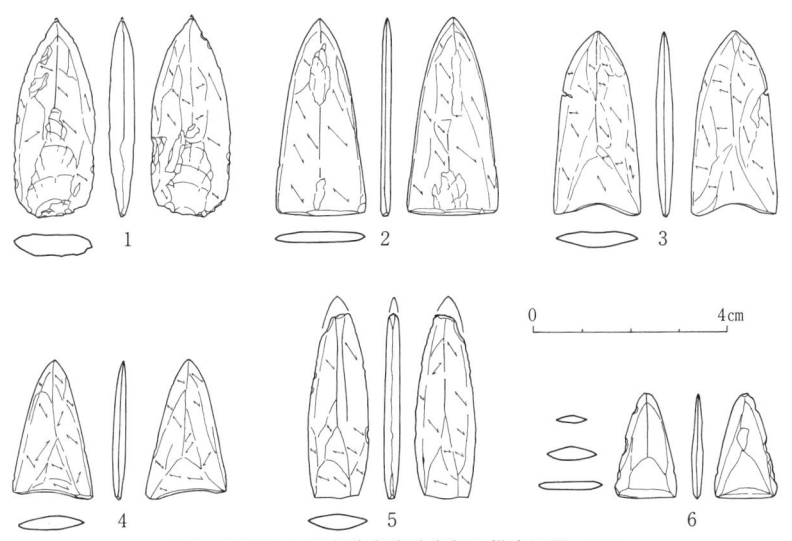

図1　石川県八日市地方遺跡磨製石鏃実測図（2/3）

第5章　青銅器模造石器の検証

1-6と写真1-6は未成品らしく、基部が直線を呈する。

② 新潟県上越市吹上遺跡

　写真2-1は、ほぼ完形品で全長3.64cm、関幅1.39cm、最大厚0.37cm、茎最小幅0.28cm、茎最小厚0.22cmの計測値をもつ、茎が短小な二等辺三角形磨製石鏃。石材は黒色から灰黒色を呈する。写真2-2は、1号方形周溝墓出土の腸抉式無茎磨製石鏃で、1孔をもつ。完形品で、全長3.32cm、最大幅1.52cm、最大厚0.31cmの計測値をもつ。写真2-3は、2号方形周溝墓出土の有孔式磨製石鏃で、切先と両逆刺先端を欠く。残存全長3.8cm、残存最大幅1.7cm、最大厚0.31cmの計測値をもつ。石材は、灰黒色を呈する。

(柳田康雄)

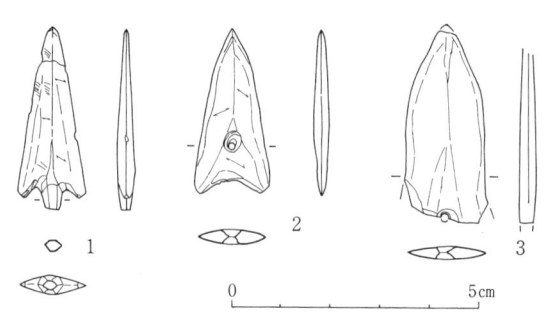

図2　新潟県吹上遺跡磨製石鏃実測図 (2/3)

写真2　新潟県吹上遺跡磨製石鏃 (左からSK428、1号方形周溝墓、2号方形周溝墓)

3 磨製石鏃

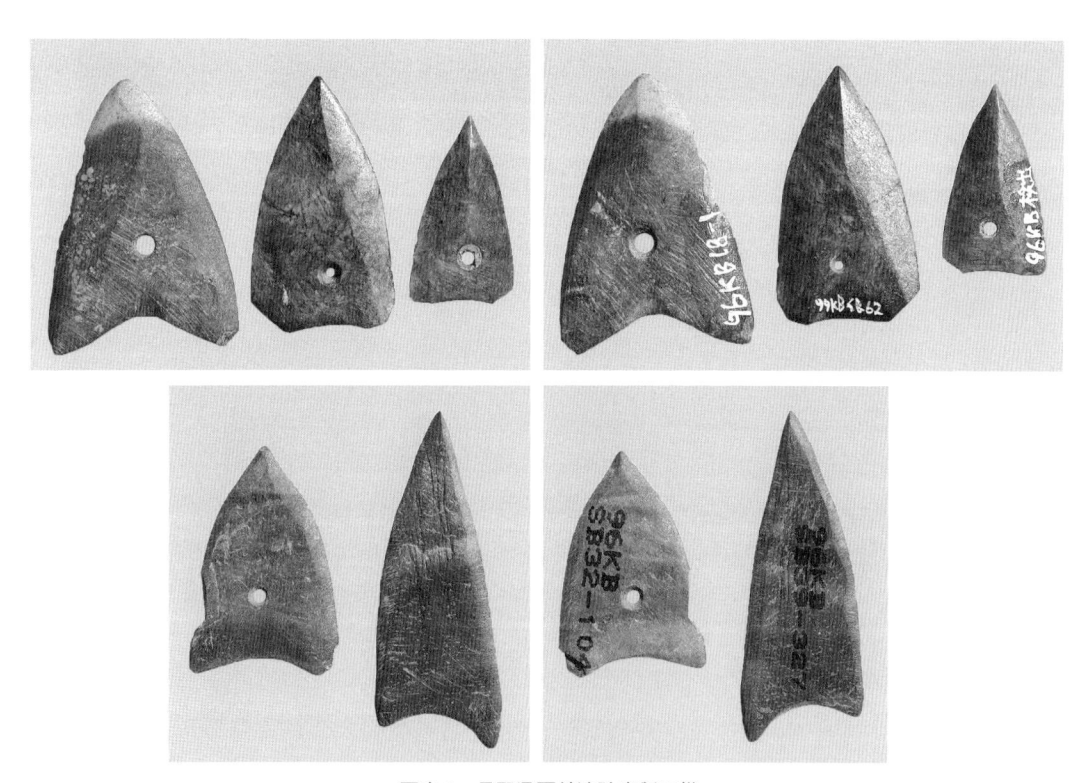

写真3 長野県栗林遺跡磨製石鏃

③ 長野県中野市栗林遺跡磨製石鏃
④ 長野県松本市県町遺跡磨製石鏃

　写真4-1は、全長4.25cm、最大幅1.56cm、最大厚は中央部にあり0.23cmの計測値をもつ無茎腸刳式磨製石鏃。写真4-2は、全長4.07cm、最大幅1.57cm、最大厚は孔部分で0.17cmの計測値

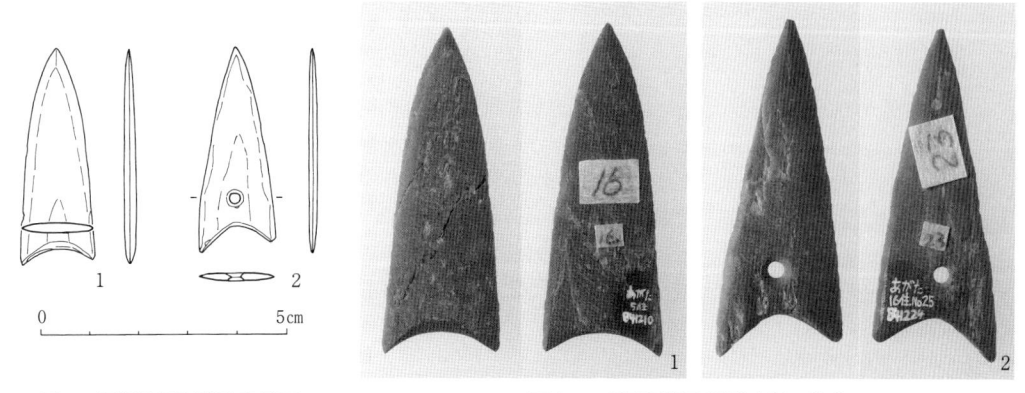

図3 長野県県町遺跡磨製石鏃実測図（2/3）

写真4 長野県県町遺跡磨製石鏃①

第 5 章　青銅器模造石器の検証

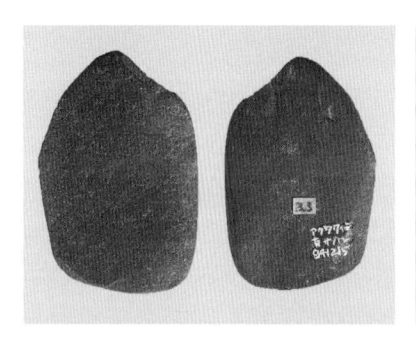

写真 5　長野県県町磨製石鏃②

写真6　長野県県町磨製石鏃③

第5章 青銅器模造石器の検証

写真7 長野県県町磨製石鏃④

3 磨製石鏃

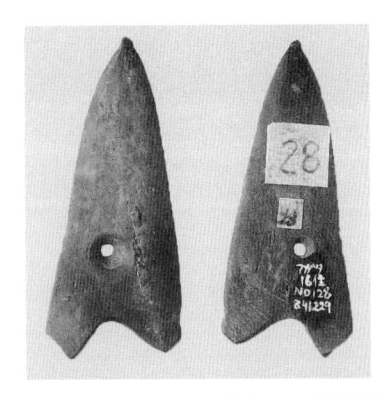

写真8 長野県県遺跡磨製石鏃⑤

写真9 松本市立考古博物館蔵磨製石鏃

写真10 松本市立考古博物館蔵磨製石鏃

をもつ有孔無茎式磨製石鏃である。　　　　　　　　　　　　　　　　　　　　　　　　（柳田康雄）

⑤　長野県松本市松原遺跡磨製石鏃

　図4-1は、側縁が緩やかに弧を描く二等辺三角形を呈する有孔磨製石鏃である。脚部はやや内湾する。左脚部がやや短く、左右非対称である。全面に細かい研磨が施されるが、右脚部に一部、剥離面が残る。また、先端部はさらに微細な研磨で整形されている。穿孔は両面とも右に傾いて施されており、表面からの穿孔が深くなっている。

　図4-2は、側縁が緩やかに弧を描く二等辺三角形を呈する有孔磨製石鏃である。先端部を欠損する。縦方向の剥離面が認められ、衝撃剥離痕かと思われる。脚部はやや内湾し、抉りはやや深めである。全面を研磨するが、器体中央（穿孔付近）に荒い研磨痕が残る。穿孔は両面から施されており、表面からの穿孔が深い。

　図4-3は、側縁が緩やかに弧を描く二等辺三角形を呈する有孔磨製石鏃である。脚部は外側にやや張り出す形状を呈する。抉りは浅めである。全面を研磨し、器体中央に鎬が認められる。部分的に整形時の剥離面と思われる段差が残る。両面から穿孔されており、特に裏面からの穿孔は、先端部方向からの斜めに施されている。遺存状況は悪く、裏面基部付近は剥落している。

　図4-4は、側縁が緩やかに弧を描く二等辺三角形を呈する有孔磨製石鏃である。脚部が不明瞭である。一部に剥離痕が残る。全面に研磨され、左斜め上方向の研磨痕が主体になり、他の研磨方向は少ない。穿孔は、裏面で左右に傾いて施されているようであり、穿孔範囲が左右に広がる。

　図4-5は、側縁が緩やかに弧を描く二等辺三角形を呈する無孔の磨製石鏃である。裏面の先端部に小さな剥離面を有する。末端部は横に溝状の段差があり、「施溝切断技法」（女屋1991）の痕跡と推測される。未報告資料。

　図4-6は、側縁が緩やかに弧を描く二等辺三角形を呈する磨製石鏃である。脚部先は四角形を呈する。全面に研磨が施されるが、先端部に打ち割り整形時の剥離痕が若干残る。側面基部側に平坦面が認められる。穿孔は、完全には貫通しておらず、表面からのみで終えている。

　図4-7は、胴部上半から先端を欠損する。欠損部には上方向からの剥離面が認められる。脚部先はやや尖る。脚部に斜めの抉りが入る特徴があり、その抉りの上の側縁はわずかに内向する。基部の抉りは深い。全面に細かい研磨が施されるが、右側縁の一部に荒い擦痕が認められる。また裏面に黒色の付着物が認められる。

　図4-8は、穿孔部より下部を欠損する。両側縁は直線的で、先端部付近で屈曲する。先端部は折れているが、接合している。先端はとても鋭利に尖る。全面を研磨するが、中でも側縁付近はより細かい研磨で仕上げられている。表面の穿孔付近に剥離面が残る。器体中央に縦に鎬が認められる。

　図4-9は、先端部が寸詰まりの五角形を呈する有孔磨製石鏃である。脚部先は四角形を呈する。先端右側縁はやや丸みを帯びる。基部の抉りはやや深く、円形を呈する。全面に細かい研磨が施されるが、先端部の研磨はより細かく、光沢が認められる。パティナの状態も胴部とでは異なる。本資料は、報告文で再研磨の可能性が指摘されている（長野市教育委員会1991）。寸詰まりの先端、

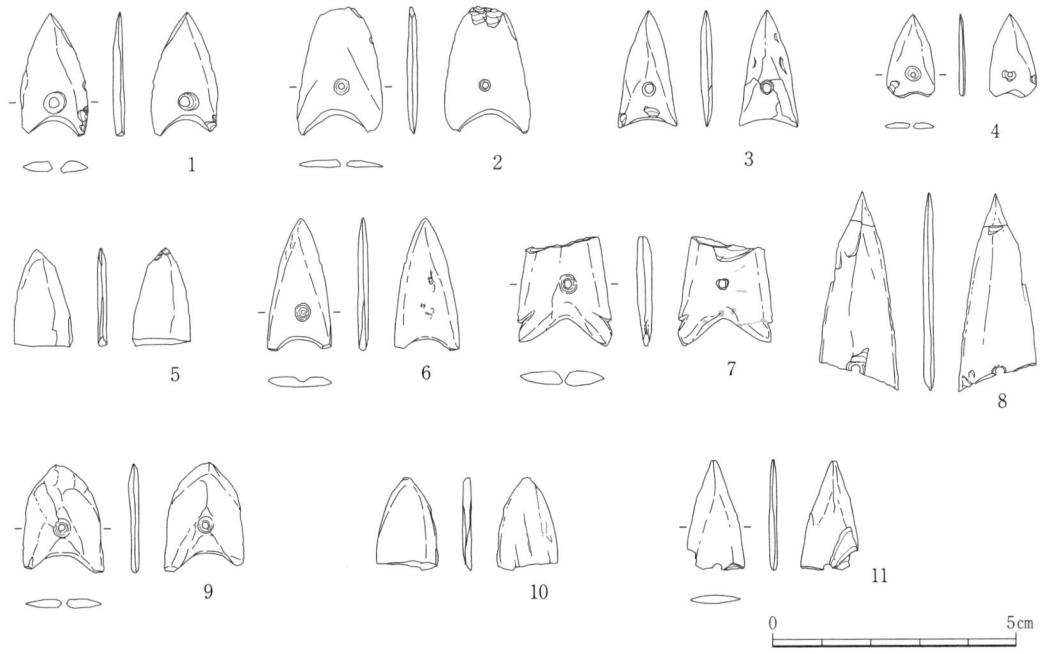

図4　長野県松原遺跡磨製石鏃実測図（2/3）

また最大厚が先端部にあることなどは、他の磨製石鏃とは異なる傾向である。しかし、これらの属性がどう関係しているか詳細がわからないため、再研磨を論じることは難しい。

図4-10 は、側縁が緩やかに弧を描く二等辺三角形を呈する磨製石鏃である。基部は形成されておらず、横方向に溝状の段差が認められる。「施溝切断技法」の痕跡と推測される。全面に研磨されるが、側面は平坦になっており、製作段階の初期のものと思われる。未報告資料。

図4-11 は側縁が直線的で二等辺三角形状を呈する有孔磨製石鏃である。基部を欠損する。先端部はやや平坦になっている。下方向からの剥離痕が認められる。全面に研磨が施され、特に先端部中央の鎬が明瞭である。穿孔は、下半分を欠損するが、垂直に貫通しているようである。

⑥　群馬県富岡市八木連西久保遺跡

写真11-1 は、胴部が平行し、先端部に向かって丸みを帯びる有孔磨製石鏃である。先端部は窄まり、先端はやや欠けている。脚部は胴部がややくびれる状況から、外湾する形態を呈する。全面に研磨が施されており、先端部付近に節理で段差ができているが、その段差内にも研磨が入る。一部に荒い研磨痕が残る。穿孔は主に表面から施されており、深い。逆に裏面は浅い穿孔である。裏面の中央に鎬が観察される。

写真11-2 は、胴部が平行し、先端部に向かって丸みを帯びる有孔磨製石鏃である。先端は窄まり、非常に先鋭である。基部以下を欠損する。全面に研磨が施され、一部に荒い研磨痕が残る。荒い研磨痕は細かな研磨痕によって切られている。末端部にわずかに穿孔痕跡が残るが、縦方向の研磨によって磨かれている。

写真11-3 は、やや丸みのある三角形を呈する有孔磨製石鏃である。先端部を欠損する。左脚

第5章 青銅器模造石器の検証

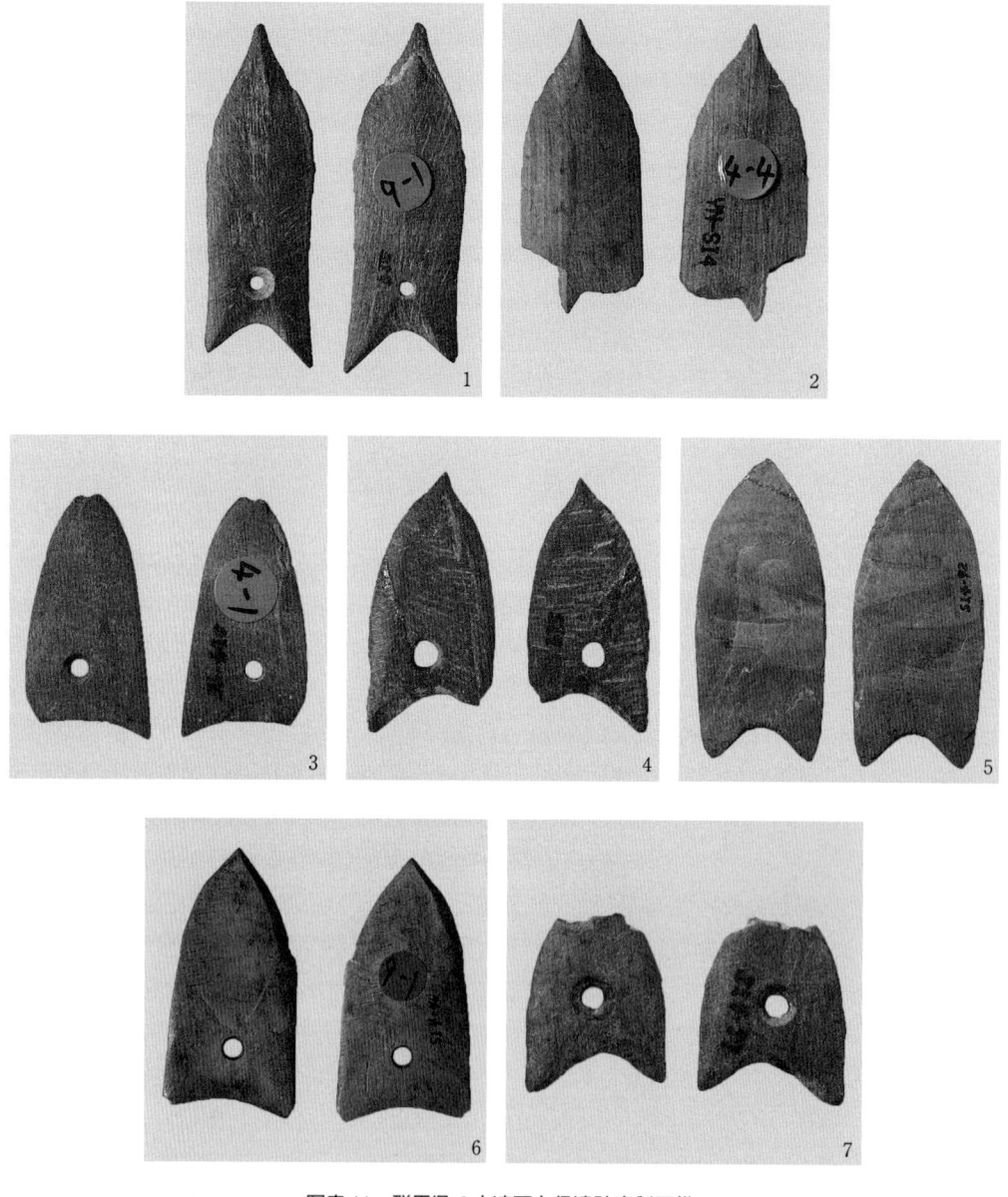

写真11 群馬県八木連西久保遺跡磨製石鏃

部は形成されず、非対称である。抉りは浅い。全面に研磨され、特に縦方向の研磨が主体である。また先端部には末端が階段状になる剥離痕が残るが、その段差内にも研磨痕が認められる。

　写真11-4は、胴部が平行し、先端部に向かって丸みを帯びる有孔磨製石鏃である。先端部は窄まり、先鋭である。右脚部を欠損するが、左脚部と同様に長く形成されていたわけではなく、元々左右非対称であったと思われる。先端から右脚部にかけて溝状の段差が認められる。「施溝切断技法」の痕跡と推測される。全面に研磨が行き届き、側縁に沿って鎬を形成している。

　写真11-5は、側縁が丸みのある五角形状を呈する無孔磨製石鏃である。胴部では緩やかに弧

を描き上部で丸みをつけて先端へいたる。脚部は内湾しないが、三角形を呈する。側面は稜形成されてなく、平坦面である。研磨されているが、一部に剥離面や、素材面が残る。素材面には節理が認められ、段差が生じている。その段差内域研磨は施されていない。器面上の研磨は荒い研磨痕が多い。また基部の抉りの研磨は非常に荒い研磨痕である。

写真11-6は、ゆるやかな五角形を呈する有孔磨製石鏃である。左脚部を若干欠損するが、ほぼ完形である。基部の抉りは浅い。全面に研磨が施され、側縁に沿って鎬を形成する。

写真11-7は、先端部を欠損する。縦方向の剥離が認められる。脚部の抉りはやや深く、脚部先は三角形状を呈する。全面に研磨が施され、側縁に沿って鎬が認められるが、あまり明瞭ではない。

(大久保聡)

引用・参考文献

女屋和志雄　1991「第2節　弥生時代磨製石鏃の製作工程について」『熊野堂遺跡(2)まとめ編』上越新幹線関係埋蔵文化財発掘報告第14集　群馬県埋蔵文化財事業団

小松市教育委員会編　2003「八日市地方遺跡Ⅰ」『小松駅東土地区画整理事業に係る埋蔵文化財発掘調査報告書』

長野市教育委員会　1991『松原遺跡』長野市の埋蔵文化財第40集　長野市教育委員会

第6章　青銅器祭祀の考察

1　東日本の銅鏡

柳 田 康 雄

(1) 多鈕鏡
①　多鈕細文鏡の副葬と破砕

　朝鮮半島では、多鈕粗文鏡の時期に武器を伴わない北部と、多量の武器を含む青銅器を共伴副葬する南部との明確な地域差が存在する（村松 2005、柳田 2004・2009a）。拙稿ではこの時期を韓式銅剣が出現した前3世紀初頭とし、この時期には朝鮮半島北部に韓式銅剣が存在しないことを述べているが（柳田 2004・2005b）、遼寧式銅剣が存続していながら、多鈕粗文鏡に武器が伴なわないことが明らかであろう。

　北部九州では、多鈕細文鏡が弥生時代中期初頭にその他の青銅器と共伴して出現する。ところが、中期初頭の典型的な金海式甕棺墓に副葬されているのは玄界灘沿岸の首長墓に限定され、その他の地域では若干遅れる。多鈕細文鏡は単に副葬品としてだけではなく、破砕され棺内に供献されるもの、伝世されて埋納されるものがあり、ここに北部九州での銅鏡を祭器とした儀礼の初源をみることができる。

　弥生時代早期・前期には、大陸の青銅武器を模倣した有柄式磨製石剣や磨製石鏃などの石製武器を副葬する首長権継承儀礼があり、中期初頭に青銅武器と多鈕細文鏡が流入すると武器と鏡による儀礼が階層により分離するものがある。多鈕細文鏡の場合は大型・中型鏡を地域共同体が共有し、小型鏡を首長が占有する。

　北部九州では玄界灘沿岸の首長は小型多鈕細文鏡と武器・玉類を占有するが、佐賀平野と長崎県里田原遺跡では小型多鈕細文鏡と武器が共伴しないことから、地域間の格差、青銅武器と多鈕細文鏡の扱いの格差が存在していたことがわかる（柳田 2003b・2005b）。

　これらの事実は、多鈕鏡が必ずしも政治権力と直結していないことを明示していることになり、後の北部九州での漢式鏡と対照的な存在となる。

　また、佐賀市増田遺跡SJ6242甕棺墓では、多鈕細文鏡を破砕して棺内に供献していることから、儀礼と祭祀のための伝世と破砕を伴う儀礼の実体が明らかであり、近年韓国でも完州新豊遺跡での破砕多鈕細文鏡副葬の実態が明らかになりつつある。

②　多鈕細文鏡の伝世と埋納

　多鈕細文鏡は、マメツ（柳田 2002b）のない小型鏡が首長墓に副葬されると同時に、中型・大型鏡が地域共同体で共有され、中期中頃の福岡県小郡若山遺跡の埋納多鈕細文鏡では、1面が微

マメツと他の1面が少マメツ、大阪府大県遺跡の埋納多鈕細文鏡では微マメツ、奈良県名柄遺跡の埋納多鈕細文鏡では多マメツしているように、伝世しないものと一定期間伝世した後に埋納される両者が存在することが明らかである（柳田2002b）。

柩前即位儀礼（西嶋1983）では、継承者にも相応の複数の鏡や武器があれば被葬者に副葬されるが、なければ共同体の儀礼・祭祀のために伝世され、埋納保管と永久埋納されることになる（柳田2005b）。

近畿地方に多鈕細文鏡はあるが同時期の青銅武器がないことから、佐賀平野と同じく権力と無縁の社会構造体制の段階であることになる。青銅武器は北部九州でも中枢部以外は規制されていることになる（柳田2010a・b）。

近畿地方の大阪府大県遺跡例と奈良県名柄遺跡例の2例と福岡県小郡若山遺跡の2面例は、多鈕細文鏡が埋納されているが、長野県社宮司遺跡例との違いはあるのだろうか。

③ 社宮司遺跡多鈕無文鏡

多鈕細文鏡は、朝鮮半島墳墓Ⅳ-2段階以後の型式が中期初頭に北部九州に流入していると考えている（柳田2004・2009a）が、一方では同時期に北部九州に分布する銅矛・銅剣・銅戈と把頭飾などの青銅器のほとんどが北部九州製であることも主張している（柳田2003a・2005a・2006・2007・2008a・b・2009b・c・2010b・2011a・b・c）。したがって、日本で出土する多鈕細文鏡にも北部九州製品が存在するものと考えるが、現在のところ特定できていない。

宮里修の研究では、多鈕鏡の変遷の第4・5段階が日本へ伝わり、「多鈕鏡は日本で製作されなかったため、他の青銅武器のように日本化（大型化）することはなかった」といい、朝鮮半島の多鈕無文鏡を例示して、社宮司遺跡多鈕無文鏡を検討しているが、「多鈕鏡の体系の中にうまく収まらない」ともいう（宮里2011）。鈕の形態から伝韓国霊岩鋳型との類似性を指摘している点は肯定できるが、霊岩鋳型の表面は二次加工されて文様が失われている可能性が強いことが前提となることを忘却されている。

社宮司遺跡多鈕無文鏡の金属質は錫分が多く、第4章1で保存状態は良好であるが、一方で全体に目立つ鬆が多いことも述べている。朝鮮半島の多鈕無文鏡の実態を把握していないが、宮里も述べるように日本で製作された可能性もあるものと考える。いずれにしても、多鈕細文鏡が北部九州では福岡県吉武高木遺跡3号木棺墓の中期初頭の最古例から福岡県小郡若山遺跡例の中期中頃まで見られることから、この時期以後東漸したものと考えるが、北部九州を一歩出ると山口県梶栗浜遺跡例のようにマメツがないにもかかわらず中期後半となることを確認しておく（柳田2006）。

破鏡の分布の中心は北部九州にあるように理解されている（小山2011）が、北部九州の中枢部であるイト国・ナ国には鏡片はあっても破鏡は少なく、破鏡は豊前・豊後などの周辺部で多く出土する。また、社宮司遺跡多鈕鏡を多鈕鏡であることと共伴土器が中期後半であることから、最古の破鏡であるかのような説がある（小山2011）が、本書の随所で述べるように中部地方と北部九州の中期後半という時期が併行することはない。

社宮司遺跡破鏡については、埋納破鏡はあるのかという大きな問題が残されている。青銅器の

埋納に関連しても同じであるように、社宮司遺跡についても想像の域をでない（小林 2011）。そこで、考古学で証明できる範囲で事実関係を確認しておきたい。社宮司遺跡のように玉類が共伴する遺跡は、西側ではIVAb式銅戈（「中細形銅戈b類」）とヒスイ勾玉が共伴する島根県真奈井遺跡以外にない。ところが、長野県では玉類などがまとまって出土する例がある。岡谷市天王垣外遺跡で壺・ヒスイ勾玉多数・碧玉管玉多数・鉄石英管玉多数・ガラス小玉多数（中期後半）、長野市光林寺裏山遺跡で壺・ヒスイ勾玉2・碧玉管玉多数・鉄石英管玉多数・板状鉄斧（中期後半）、塩尻市中挟遺跡でヒスイ勾玉・碧玉管玉・鉄石英管玉・水晶小玉・ガラス小玉（後期）がそれである。これらが確実に埋納であることが確認できていれば問題ないが、柳沢遺跡墳丘墓の礫床木棺墓に管玉が副葬されている事実が存在するからには、玉類などの一括出土例を墳墓の副葬品として再考する必要性もあり、問題が山積している。

漢鏡3期以後になると北部九州外にも若干分布するようになるが、破鏡ではこの段階に懸垂のために穿孔されることはない（南 2010a・b、岡村 2011）。したがって、懸垂孔をもつ社宮司多鈕無文鏡が使用された時期は上限が漢鏡4期以後になることを確認しておく。

奈良県御所市長柄遺跡（葛城川）で多鈕細文鏡と外縁付鈕1式銅鐸が共伴しており、多鈕鏡と銅鐸の共伴例としては唯一例であり、多マメツした完形品であるが、埋納時期などは不明。

北信地方と北部九州との関連について、磨製石斧と赤彩土器から述べられているのは管見による限り設楽博己だけである（設楽 2011）。かつて、北部九州の中枢部で見られる窓付土器と東海地方の円窓付土器の関連を述べたことがあるが、この時点ではあまり論評されなかった（柳田 2002a）。その後は、岐阜市瑞龍寺山遺跡の「長宜子孫」銘内行花文鏡を当該地域で弥生時代とするからには、北部九州との関連なしでは説明できないことや北部九州系青銅器が関東まで分布することなどを含めて両地域の関連を述べている（柳田 2008c・2010a）。本稿のように、青銅器だけではなく、その模造品である磨製石器の系譜が北部九州に求められるようになってくると、当然のこととして北陸・中部・東海地方に分布する「赤い土器」も他人の空似では済まされない。

（2）前漢鏡
① 漢鏡3期以前

漢鏡3期以前の完形鏡は、イト国の58面を中心に、福岡県内で100面以上が分布することが知られている。これに次ぐ佐賀県になると4面に激減する。

一方、漢鏡3期の破鏡は佐賀県白石町湯崎東遺跡の異体字銘帯鏡らしき例があり、包含層出土であることから時期が特定できないが、弥生時代終末以後であろう。本例は鏡片周縁だけでなく鈕孔のマメツも著しい（南 2010b）。

近畿地方における漢鏡3期鏡の分布は、兵庫県森北町遺跡例・大阪府瓜破北遺跡例・奈良県清水風遺跡例・滋賀県下鈎遺跡例がある。奈良県清水風遺跡異体字銘帯鏡片は、破片となる前に鏡縁などが多マメツしていることから破鏡ではなく、伝世の末に破砕破棄されたものと考える。その時期が弥生時代であるか否かが問題となる。

南健太郎は「近畿地方では弥生時代の遺構からは主に破鏡が出土しており」、「本論では弥生時

第 6 章　青銅器祭祀の考察

写真 1　奈良県清水風遺跡異体字銘帯鏡縁のマメツ　　写真 2　兵庫県森北町遺跡破鏡

代の遺構から出土したものについて検討を行っていく」（南 2009）というが、漢鏡 3 期に限定すると清水風遺跡例がⅥ様式方形周溝墓より上層で出土しているなど、古く見積もっても弥生時代終末以後であり特定できないのが現実である（写真 1）。

　兵庫県森北町遺跡鏡片は、異体字銘帯鏡の重圏銘帯鏡の一部で、内圏の「心忽揚而願忠」銘のうち「心忽」部分と考えられている。破棄されたのは、出土した包含層から弥生時代終末ないし古墳時代初頭と考えられている（神戸市教育委員会 1988）。鏡片は、圏帯を中心に内側に「心忽」銘、外側に櫛歯文帯と銘の一部があり、圏帯の両角が丸く、銘と櫛歯文の上面が平坦になるようにマメツが著しい。しかし、鏡片周縁が保存されている部分ではマメツが見られない。やはり、磨滅鏡が再分割されたらしい鏡片である（写真 2）。

　漢鏡 3 期の異体字銘帯鏡は、中期後半の二大王墓の三雲南小路王墓・須玖岡本王墓で多量に副葬する以外に、新しい例として北部九州では福岡県平原 5 号墓の磨滅鏡が後期初頭で出現し、佐賀平野では同時期であるが佐賀県六の幡 29 号甕棺墓出土鏡がマメツしていない。

　北部九州においては、三雲南小路王墓（1 号棺・2 号棺）・須玖岡本王墓・平原 5 号墓・平原王墓が伝世マメツした鏡を保有し、王墓級首長墓における伝世鏡副葬儀礼でることも述べている（柳田 2000b・2002a・2005b・2010a）。マメツした漢鏡 3 期鏡が東漸していながら、なぜ破棄直前に再分割されるのか。滋賀県下鈎遺跡破鏡は、破鏡となる前にもマメツが少なく、鏡片周縁もマメツがないところとマメツがあるところの差がある。これは破棄された時期が特定できないものの、弥生時代のうちに当遺跡にもたらされた可能性がある（南 2010a・b）。これも破棄直前

180

に再分割されていることから、北部九州の墳墓での破砕とは違った破砕鏡の儀礼が存在した可能性を指摘しておきたい。ちなみに、北部九州では後期前半にイト国の井原ヤリミゾ墳墓群や佐賀平野で見られるようになり、平原王墓の弥生時代終末まで継続している。近畿地方に破砕鏡の儀礼がもたらされるのは、京都府黒田古墳などのように古墳時代早期になってからである（柳田2002a）。

② 漢鏡4期

次に東日本の漢鏡4期の鏡について出土例を検討してみよう。

異体字銘帯鏡 異体字銘帯鏡は、福井県福井市花野谷1号墳例（福井市教育委員会 2000）・長野県長野市川柳将軍塚古墳例がある。このうち花野谷1号墳例について、出土直後に見た森岡秀人は魏晋代鏡の踏み返し鏡としている（森岡2005）。

花野谷1号墳鏡は直径18mの円墳で、異体字銘帯鏡が三角縁神獣鏡と共伴している稀有な例である。異体字銘帯鏡は径9.6cmで、著しくマメツしている。鈕が著しいマメツのために擦り切れたために鏡縁に2個の円孔を穿孔している。鈕頂部欠損は、一方の鏡縁がわずかに厚ければ片寄り摩耗することは述べている（柳田2002b）。

川柳将軍塚古墳は全長90mの前方後円墳で、鏡27面と筒形銅器2個・車輪石・玉杖などが共伴している。現存している銅鏡は、異体字銘帯鏡・小型仿製鏡（写真4）・勾玉などである。共伴している小型仿製鏡にはマメツがないが、異体字銘帯鏡は著しいマメツのために鈕孔が片寄りマメツしている（写真4）。古墳の時期は、小型仿製鏡からみても前期新段階に属するものと考える。

小型鏡には鈕孔のマメツが著しいものがあり、中には鈕頂部が擦り切れたものもあることから、これらは懸垂携帯していたものであり（柳田2002b）、花野谷1号墳鏡例はその最たるもので、鏡縁に懸垂のための2孔を穿孔している。川柳将軍塚鏡は鈕孔が片寄り摩耗する過程を明快に演出している（図1、写真3・4）。北部九州においても、佐賀県椛島山古墳鏡（柳田1982b・2002a）のように全体のマメツが進行した漢鏡4期の異体字銘帯鏡（写真3）があるが、弥生後期前半のものとして扱われている（小田1968、寺沢2005）。拙稿では古墳前期としており、鋳造直後の鏡にどんな研磨が施されるか知られていないためにおこる錯誤である（柳田1982b・2002b）。

小形仿製鏡における鈕頂部欠損後鏡縁に穿孔した例は、福岡県藤崎遺跡3次調査土坑出土鏡・熊本県夏目遺跡—1の23号住居跡出土鏡・鹿児島県永山遺跡3号地下式板石積石室鏡・兵庫県奥山遺跡鏡などがある（田尻2007）。

虺龍文鏡 虺龍文鏡は、東日本で石川県羽咋市吉崎次場(よっさきすば)遺跡の破鏡・愛知県清須市朝日遺跡SK01の破鏡・名古屋市高蔵遺跡34次SK4の4破鏡（後期前葉）が知られている。

吉崎次場遺跡は、羽咋川左岸の三角州上に営まれた弥生〜奈良・平安から近世にかけての集落で、V-8号土坑上面で出土した虺龍文鏡の鈕・鈕座からなる割れ口がマメツした破鏡。鈕孔もかなりマメツしていることから、破鏡となっても懸垂されていたらしい。大きさは3.3cm×3cmの三角形をしている。昭和38（1963）年に小形仿製鏡が出土（石川県埋蔵文化財センター1988）しているが、北部九州では弥生時代終末から古墳時代初頭に編年される型式である（図3）。

第6章 青銅器祭祀の考察

写真3 佐賀県椛島山古墳異体字銘帯鏡

写真4 長野県川柳将軍塚古墳異体字銘帯鏡と共伴鏡

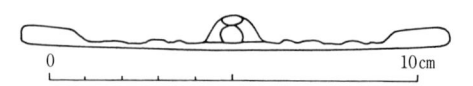

図1 長野県川柳将軍塚古墳異体字銘帯鏡断面図
(1/2)

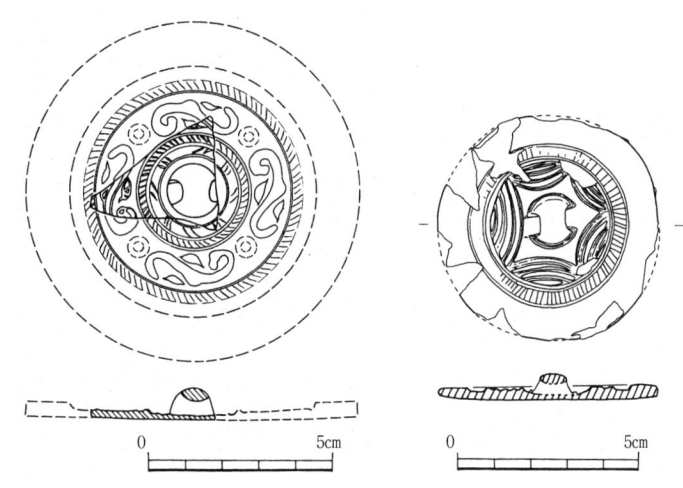

図2　和歌山県滝ヶ峯遺跡虺龍文鏡
　　　　　拓本（実大）

図3　石川県吉崎次場遺跡虺龍文鏡と小形仿製鏡（1/2）
　　　　　（石川県埋蔵文化財センター 1988）

　虺龍文鏡の時期は、漢鏡4期の紀元前後に製作され、北部九州では佐賀県三津永田遺跡などで後期前半から、福岡県平原遺跡1号墓では伝世マメツして弥生時代終末に、古墳時代前期前半の北九州市南方浦山古墳でも伝世マメツした完形品が出土している。

　近畿では、和歌山県滝ヶ峯遺跡環壕で鈕の一部を含む破鏡が出土し、Ⅴ期初頭（森岡 1993）や畿内Ⅴ-1〜2（寺沢 2005）とされている。破鏡であるにもかかわらず、時期区分で判断すると、北部九州の完形品と同時期に出現しているような錯覚に陥る。この破鏡は、鈕座・乳座に鋳造直後の同心円状研磨痕がないばかりか、鈕破損面や櫛歯文が平坦にマメツしているが、鏡片周縁がほとんどマメツしていないことから、伝世マメツした完形鏡を破砕後破棄したらしい（図2）。

　東海地方でも、マメツの著しい朝日遺跡破鏡が山中式末葉の土器と共伴していることから、当該地の後期前半から中頃の過渡期にあたるのだろうが、北部九州でも佐賀平野ではマメツしない同型式鏡が北部九州の後期前半であることから、両地域の年代が併行しないことが一目瞭然である。マメツの度合いで伝世期間を割り出すのは困難ではあるが、前述してきたように同時期以内の短期間ではすまない。

　このように近畿地方周辺部ではⅤ様式初頭になると鏡が出土するが、この朝日遺跡破鏡の存在価値が瑞龍寺山「長宜子孫」銘内行花文鏡と共に重要な位置を占めている。破鏡となる前に鏡縁の著しいマメツがあり、さらに破鏡周縁のマメツ度合いの違いから、再分割されているにもかかわらず、当該地で後期前半から中頃とすると破鏡としては最古級となる。

　北部九州では破鏡の最古例が福岡県みくに保育園内遺跡1号住居跡例で、方格規矩鳥文鏡である。漢鏡6期とされるこの方格規矩鳥文鏡は（藤丸 1996）、乳・L字・銘帯が省略されていることから、6期でも新しい時期に編年できる。住居跡で共伴した土器は後期後半であることから、北部九州で最古級に属する（片岡編 1981）。

　鏡片の出土は漢鏡3期鏡から見られ、鏡片周縁のマメツが少なく、漢鏡4期破鏡と一線を画することから、この時期から東漸したことは確実ではあるが、当該地の時期と北部九州の時期との

第6章　青銅器祭祀の考察

併行関係が問題となるので、瑞龍寺山遺跡「長宜子孫」銘内行花文鏡でも検討する。

方格規矩四神鏡　漢鏡4期の方格規矩四神鏡は、破砕鏡の岐阜県美濃市観音寺山古墳例（径23.6cm）が小型仿製鏡（重圏文）と共伴している。観音寺山古墳方格規矩四神鏡は径23.6cmの大型鏡である。銅鏡は、全長22mの前方後方墳の組合式木棺を主体部とする棺内頭部両側で破砕された状態で出土した。この方格規矩四神鏡は文様構成からすれば漢鏡4期であるが、乳先端が丸く、文様突線が平坦化するなど伝世マメツしている。古墳の時期は、小山田宏一（2005）は弥生時代終末、寺沢薫（2005）は土師器第3様式（布留0様式古段階）とする。共伴する小型仿製鏡は、4乳・綾杉文・重圏文などを配し、斜縁をもつことから古墳時代のものと考える。

弥生時代終末とする研究者は庄内併行期を古墳と認めないが、本稿では古墳時代早期とする。

「長宜子孫」銘内行花文鏡　瑞龍寺山「長宜子孫」銘内行花文鏡のように全体が少マメツであれば伝世期間が短いが、漢鏡3期鏡以後見られる破鏡の鏡縁の多マメツは伝世が長期間であり、破鏡が破棄された時期がその実態を証明している。

瑞龍寺山遺跡「長宜子孫」銘内行花文鏡を最初に取り上げた段階では、楢崎・山田の資料紹介（楢崎・山田 1967）によって後期後半としたことがある（柳田 1982b）。その後北部九州との関連から後期中頃としているが、当該地では近畿Ⅴ様式初頭併行期とされている（赤塚 1992）。

漢鏡4期の大型の「長宜子孫」銘内行花文鏡・方格規矩四神鏡を副葬する前期古墳は近畿地方にあるが、早期古墳ではどうか。近畿の兵庫県西条52号墳はあるが、東海地方では岐阜市瑞龍寺山墳丘墓・観音寺山古墳がある。

瑞龍寺山鏡は破砕鏡であるのか疑問であるが、欠損するのが細片であることから破砕鏡である可能性は少ないとはいえ、北部九州では福岡県井原ヤリミゾ17号木棺墓のように完形鏡に復元できる場合もあるので、北部九州中枢部との関連は無視できないだろう。

寺沢薫は、中四国以東の鏡を以下のように編年する。

後期3様式—畿内Ⅴ-1～Ⅴ-2で愛知県高蔵34次SK44虺龍文鏡ⅡB式破鏡・和歌山県滝ヶ峰環壕虺龍文鏡ⅡB式破鏡・石川県吉崎次場Ⅴ区SK8虺龍文鏡ⅡB式破鏡・京都府城山2号台状墓D09細線式獣帯鏡Ⅳ式破鏡。

後期5様式—畿内Ⅴ-3で鳥取県青木H区60号住居跡鳥文鏡破鏡・高知県田村34B区SP1方格規矩鏡ⅤA～ⅤB式破鏡・岐阜県瑞龍寺山墳丘墓「長宜子孫」銘内行花文鏡Ⅰ式。

後期6様式—畿内Ⅳ-1で高知県田村45区1号住居跡方格規矩四神鏡ⅤA～ⅤB式破鏡・大阪府芥川西区1号住居跡方格規矩四神鏡Ⅲ式破鏡・兵庫県大中7-A住居跡「長宜子孫」銘内行花文鏡Ⅲ式破鏡。

後期7様式—畿内Ⅳ-2で兵庫県西条52号墓石槨「長宜子孫」銘内行花文鏡Ⅲ式破砕鏡・鳥取県秋里9溝「長宜子孫」銘内行花文鏡Ⅲ～Ⅳ式破鏡。

土師器第1様式—畿内庄内様式古段階で山口県朝田3号台状墓石槨蝙蝠座内行花文鏡Ⅱ′式鏡・広島県壬生西谷M33内行花文鏡Ⅰ式鏡・愛知県朝日北環壕D虺龍文鏡ⅡB式破鏡・愛媛県土壇原ⅦD38方格規矩四神鏡Ⅶ式破鏡・石川県無量寺BⅡ区1溝双頭龍文鏡ⅠC式破鏡。

土師器第2様式—畿内庄内様式新段階で岡山県鋳物師谷1号墳石槨A虺龍文鏡ⅡB式鏡・徳

島県萩原1号墳石囲木槨画文帯神獣鏡破砕鏡・奈良県ホケノ山古墳石覆木槨画文帯神獣鏡破砕鏡などを例示するが、東日本では唯一千葉県鳥越古墳M2方格規矩四神鏡Ⅵ式鏡をあげる。

土師器第3様式—畿内布留0様式古段階で広島県中出勝負峠8号墳M8異体字銘帯鏡Ⅴ式・香川県鶴尾神社4号墳石槨方格規矩四神鏡Ⅲ式破砕鏡などと東日本の福井県風巻神山4号墳M斜縁画像鏡破砕鏡・同岩内山D区D1斜縁飛禽鏡・岐阜県観音寺山古墳M方格規矩四神鏡Ⅳ式鏡・長野県弘法山古墳礫槨斜縁獣帯鏡・同中山36号墳斜縁獣帯鏡・千葉県高部30号墳M斜縁神獣鏡破砕鏡・高部32号墳斜縁獣帯鏡破砕。

布留0様式新段階で石川県分校マエ山1号墳M方格規矩四神鏡・同国分尼塚古墳夔鳳鏡2A式鏡・同宿東山1号墳M方格規矩四神鏡・岐阜県象鼻山1号墳夔鳳鏡2A式鏡をあげる（寺沢2005）。

以上のように時期が確定できた資料を例示しており、時期不明の漢鏡3期鏡が見当たらないばかりか、近畿地方中央部の大阪府芥川遺跡西区1号住居跡で出現するのは6様式（畿内Ⅵ-1）になって漢鏡4期の方格規矩鏡片である。完形鏡は、兵庫県西条52号墓の漢鏡4期の破砕鏡の「長宜子孫」銘内行花文鏡（径19.5cm）で、7様式（畿内Ⅵ-2）になってからである。

寺沢は、虺龍文鏡の破鏡である愛知県高蔵34次SK44（虺龍ⅡB）・和歌山県滝ヶ峰遺跡環壕（虺龍ⅡB）・石川県吉崎次場Ⅴ区SK8（虺龍ⅡB）を紀元100年頃の畿内Ⅴ-1～Ⅴ-2とする（寺沢2005）ことから、年代的に北部九州が先行して、時期的にも整合性がとれる。

なお、寺沢は、漢鏡4期の福岡県南方浦山古墳鏡・山口県国森古墳鏡・広島県中出勝負峠8号墳鏡・岡山県鋳物師谷1号墳鏡・兵庫県天王山4号墳鏡・島根県小屋谷3号墳鏡・高知県高岡山2号墳鏡・福井県花野谷1号墳鏡を庄内様式新段階から布留0様式新段階の「踏み返し」鏡とする（寺沢2005）。

さらに、長野県川柳将軍塚古墳の異体字銘帯鏡を俎上にのせるのは管見によるかぎり寺沢以外にない。寺沢は、この異体字銘帯鏡が仿古鏡で、さらに踏み返した鏡とする。

文様が朦朧とした鏡を磨滅鏡ではなく、踏み返し鏡とする研究者（藤丸1994、立木1994、清水ほか2002、寺沢2005、南2010a）に問いたい。拙稿（2002b）で磨滅鏡とする現象の鏡を踏み返し鏡とするならば、同じ現象の中四国以東の青銅武器と古式銅鐸も「踏み返し銅剣」（銅戈・銅鉾）としなければならなくなる。特に、古式銅鐸は全て「踏み返し銅鐸」となるがいいのだろうか。北部九州では、一括埋納武器形青銅器に複数型式は混在しないが、中四国では複数型式が混在して古式型式の鎬などにマメツが見られる（柳田1986・2006・2008a）。

拙稿（2000a・b・2002a・b）では、平原王墓「大宜子孫」銘内行花文鏡・超大型内行花文鏡・方格規矩四神鏡を2世紀後半の仿製鏡とする。これらは少なくとも一連の鏡のように朦朧とはしていないし、仿古鏡とは中国で製作されたのであろうから、日本だけで多量に出土する実態を説明されていない。

拙稿では、踏返し鏡だからこそ鋳造後の鏡縁にはバリを除去した粗研磨痕が残り、鈕の片寄りマメツなど踏み返しでは説明できない多数の現象を指摘している。踏返し鏡には当該時期の研磨技術が反映された粗研磨が鏡縁や鏡背面に見られる（柳田2002b）。

(3) 後漢鏡

① 漢鏡5期

石川県加賀市分校マエ山1号墳 全長36.7mの纏向型前方後円墳で、出土した方格規矩四神鏡は径16.4㎝の大きさである。鏡は全体にマメツはないが、図4の方格から右側部分の青龍を含む画像と櫛歯文の頂部が二次的に研磨されて平坦化している。文様構成は鈕座の十二支が省略され、玄武の亀と蛇が分離するなど福岡県平原王墓19号鏡に酷似している（図5）。拙稿（2000a・b・2002a・b）では、平原王墓出土方格規矩四神鏡32面を2世紀末の仿製鏡としているが、小山田は両者を径や文様構成が酷似することから同一工房の作とし、古墳の時期を布留0～1式としている（小山田2004）。また、小山田は、平原王墓の方格規矩四神鏡を3世紀の第1から第2四半期の模倣鏡としている（小山田2004）が、拙稿では鋳造技術・研磨技術から「青龍三年」銘鏡に先行することを述べている（柳田2002b）。しかも、小山田の論考では、拙稿のような鋳造技術・研磨技術・使用痕跡を考慮されていない。

石川県宿東山1号墳（纏向型前方後円墳） 本古墳出土の方格規矩四神鏡（径17.9㎝）は、文様構成からすれば漢鏡5期に編年されるところであるが、鋳造技術では平原王墓方格規矩四神鏡と同様な稚拙さがある（柳田2000a・b・2002a・b）。漢鏡5期鏡として文様構成・鈕座十二支の書体には問題ないが、銘帯の「敷四海」銘のうち「四」が「三」と表現されている。型式的には岡村のVA式であるから、省略されながらも「敷四海」銘が存在するが、「三」字が使用されて良いのだろうか、疑問が残る（岡村1991・1993）。

鋳造技術としては、鈕孔が通例の玄武・朱雀側方向ではなく、白虎・青龍方向にある。平原王墓方格規矩四神鏡では20・21・28号鏡にあるが、この場合鈕座の十二支も同じ方向にある。岡村は平原王墓20・21・28号鏡を漢鏡4期とするが、20・21号鏡には「三」ではなく「四」字が使用されている（図6）。さらに、図拓本の玄武の右側を中心と朱雀側鏡縁に鬆が発生し、全面的に鋳引け・型崩れも発生、および方格・T・L・Vのケズリが粗いところが平原王墓方格規矩四神鏡と酷似している。湯口は玄武と白虎の間にあるようだ（図6）。ただし、鏡が全体的にマメツしており、鈕孔・鏡縁両角・乳頂・文様突線が丸みをもつことから、若干伝世しているものと考える。文様構成が酷似する例に『巌窟蔵鏡』の径18㎝の河南省出土鏡（239）（図7）があるが、鈕孔方向は通例どおりであるし、鋳造技術が明記されていない（梁1989）。

寺沢は、宿東山1号墳方格規矩四神鏡・分校マエ山1号墳方格規矩四神鏡を、布留0様式新段階の仿古鏡・復古鏡または踏み返し鏡の可能性の高いものとする（寺沢2005）。

② 漢鏡6期以後

漢鏡6期鏡は、長野県弘法山古墳「上方作」銘獣帯鏡（写真6）・長野県中山36号墳「上方作」銘獣帯鏡（写真5）・千葉県高部30号墳画像鏡（径14.45㎝）・高部32号墳四像式「上方作」銘獣帯鏡（径11.0㎝）が出土している。

高部30号墳は、墳丘全長34.6mの前方後方墳で、主体部に長さ3.12m、最大幅0.54mの箱形木棺を安置して、副葬品として棺内東部に破砕した二神二獣鏡と鉄短剣2本が出土した。高部32号墳は全長31.9mの前方後方墳で、主体部に長さ2.65m、最大幅0.96mの箱形木棺を安置し

図4 石川県分校マエ山1号墳方格規矩四神鏡

図5 福岡県平原王墓19号鏡（1/2）
（柳田 2000a）

図6 石川県宿東山1号墳方格規矩四神鏡
（石川県 1987）

図7 『巌窟蔵鏡』239 中国河南省出土鏡
（梁 1989）

て、副葬品として棺内頭部左側に破鏡、足元両側に鉄槍2本が出土している（西原 2002）。墳丘出土の土器は、東海系が赤塚次郎編年廻間I-4〜II-1段階に位置付けられ、近畿の庄内2・3式に併行するといい（小山田 2004）、30号墳と共に弥生終末に編年する（小山田 2005）。寺沢は高部30・32号墳を布留0様式古段階に編年する（寺沢 2005）。

　漢鏡6期鏡の分布は福岡県に集中し、その直後の「上方作」銘獣帯鏡を岡村秀典は漢鏡7期1段階に編年する（岡村 1999）。「上方作」銘獣帯鏡と漢鏡7期3段階の斜縁神獣鏡の大半が伝世マメツしている（写真5・6）。これらを「仿古鏡・復古鏡または踏み返し鏡の可能性の高いもの」とする寺沢によれば、漢鏡7期第1段階に製作された「上方作」獣帯鏡のオリジナル（原）鏡が日本に存在しないことになる。

第6章 青銅器祭祀の考察

写真5 長野県中山36号墳「上方作」銘獣帯鏡　　写真6 長野県弘法山古墳「上方作」銘獣帯鏡

　漢鏡7期第2段階の画文帯神獣鏡は、京都府椿井大塚山古墳例・奈良県ホケノ山古墳例・同黒塚古墳例のようにマメツしていないもの、奈良県天神山古墳例のように複数の同型式鏡のマメツに差がある例がある（柳田 2002b）。少なくとも、漢鏡6期と7期第1段階鏡は北部九州に直接流入するものと考えることから、これらがマメツしている事実を真摯に受け止めれば、北部九州弥生人が伝世鏡の東漸に深く関与しているものと考える（柳田 2008c・2010a・2011d）。当該地は、漢鏡の存在すら知らないと同時に、漢鏡を入手する術を知らないのであるから、当然のこととして鏡に関する知識・習慣を享受できたのは弥生時代終末から古墳時代早期になってからである。
　破鏡が出土する当該地で再分割されて若干の伝世マメツする事実から、当該地での短期間の伝世が証明できたが、完形鏡が当該地に到着した時期を特定することはできない。しかし、再分割される前の破鏡の鏡縁のマメツが完形鏡と同じであることから、弥生時代終末期以後であることが確実となった。
　ちなみに、踏み返し鏡の最古の製作例は、マメツがなくて研磨技術が粗い岡山県花光寺山古墳「長宜子孫」銘内行花文鏡例・奈良県天神山古墳方格規矩四神鏡例・静岡県松林山古墳「長宜子孫」銘内行花文鏡例を提示している。これらは大阪府安満宮山古墳「青龍三年」銘方格規矩四神鏡の研磨技術と同様であることから、3世紀前半以後と考えている（柳田 2002b）。

引用・参考文献

赤塚次郎　1992「瑞龍寺山山頂墳と山中様式」『弥生文化博物館研究紀要』1
石川県埋蔵文化財センター　1987「宿東山遺跡」『一般国道159号押水バイパス改築工事に係る埋蔵文化財発掘調査報告書』
石川県埋蔵文化財センター　1988「吉崎・次場遺跡」『県営ほ場整備事業に係る埋蔵文化財発掘調査報告書第2分冊（資料編（2））』
岡村秀典　1991「秦漢金文の研究視角」『古代文化』43—9　古代學協会
岡村秀典　1993「後漢鏡の編年」『国立歴史民俗博物館研究報告』55
岡村秀典　1999『三角縁神獣鏡の時代』吉川弘文館
岡村秀典　2011「青谷上寺地遺跡出土の漢鏡　青谷上寺遺跡出土品調査研究報告6　金属器」『鳥取県埋蔵文化財センター調査報告』39
小田富士雄　1968「佐賀県桃島山石棺の出土遺物」『考古学研究』51　考古学研究会
小山田宏一　2004「古墳時代前期前半の暦年代」『考古資料大観』10　小学館
小山田宏一　2005「前方後方形墳墓」『平成17年春季特別展東海の弥生フロンティア』大阪府立弥生文化博物館
片岡宏二編　1981「みくに保育所内遺跡　吹上・北畠遺跡」『小郡市文化財調査報告書』8
川西宏幸　1975「銅鐸の埋蔵と鏡の伝世」『考古学雑誌』61—2　日本考古学会
神戸市教育委員会　1988『昭和60年度神戸市埋蔵文化財年報』
小林青樹　2011「社宮司遺跡出土の多鈕無文鏡をめぐって」『佐久考古通信』108　佐久考古学会
小山岳夫　2011「多鈕鏡埋納状況の復元」『佐久考古通信』108　佐久考古学会
設楽博己　2011「社宮司遺跡の多鈕無文鏡によせて」『佐久考古通信』108　佐久考古学会
清水克明・清水康二・笠野　毅・菅谷文則　2002「伝世鏡の検討Ⅰ—鶴尾神社4号墳出土方格規矩四神鏡について—」『古代学研究』156　古代学研究会
田尻義了　2007「弥生時代小形仿製鏡の保有者と使用方法」『古代文化』59—1　古代學協会
立木　修　1994「後漢の鏡と3世紀の鏡」『日本と世界の考古学　岩崎卓也先生退官記念論文集』雄山閣出版
寺沢　薫　2005「古墳時代開始期の暦年代と伝世鏡論」『古代学研究』169・170　古代学研究会
楢崎彰一・山田友治　1967「岐阜市瑞竜寺山山頂出土の古鏡について」『考古学雑誌』53—1　日本考古学会
西嶋定生　1983「漢代における即位儀礼」『中国古代国家と東アジア世界』東京大学出版会
西原崇浩　2002「高部古墳群Ⅰ—前期古墳の調査—」『千葉県木更津市千束台遺跡群発掘調査報告書Ⅵ』
福井市教育委員会　2000『花野谷1号墳発掘調査概報』
藤丸詔八郎　1994「わが国出土の虺龍文鏡の様相—館蔵鏡の紹介を兼ねて—」『研究紀要』Ⅰ　北九州市立考古博物館
藤丸詔八郎　1996「後漢鏡について—北部九州地域の破鏡を中心にして—」『古文化研究会第100回例会記念シンポジュウム古墳発生期前後の社会像』
本田岳秋　1998「良積遺跡Ⅱ」『北野町文化財調査報告書』11
南健太郎　2009「近畿地方における漢鏡・小形仿製鏡の拡散と銅鏡生産」『月刊考古学ジャーナル』582　ニュー・サイエンス社
南健太郎　2010a「漢代における踏み返し鏡製作について—日本列島出土漢鏡の観察を中心に—」『FUSUS』2　アジア鋳造技術史学会

南健太郎　2010b「破鏡拡散開始期の再検討」『甲元眞之先生退任記念先史学・考古学論究Ⅴ』龍田考古会
宮里　修　2011「朝鮮半島からみた社宮司出土の多鈕鏡」『佐久考古通信』108　佐久考古学会
村松洋介　2005「多鈕鏡調査の成果」『東アジアにおける鏡祭祀の源流とその展開』國學院大學21世紀COEプログラム考古学・神道シンポジウム予稿集
森岡秀人　1993「近畿地方における鏡の受容」『季刊考古学』43　雄山閣出版
森岡秀人　2005「銅鏡研究の動向と庄内式前後の日本列島事情（上）」『考古学論集』6　考古学を学ぶ会
柳田康雄　1982a「原始」『甘木市史』甘木市
柳田康雄　1982b「三・四世紀の土器と鏡」『森貞次郎博士古稀記念古文化論集』
柳田康雄　1985「三雲遺跡南小路地区編」『福岡県文化財調査報告書』69
柳田康雄　1986「青銅器の仿製と創作」『図説発掘が語る日本史』6　九州・沖縄編　新人物往来社
柳田康雄　1987「北部九州の国産青銅器と共伴関係」『古文化談叢』17　九州古文化研究会
柳田康雄　2000a「平原遺跡」『前原市文化財調査報告書』70
柳田康雄　2000b『伊都国を掘る』大和書房
柳田康雄　2002a『九州弥生文化の研究』学生社
柳田康雄　2002b「摩滅鏡と踏返し鏡」『九州歴史資料館研究論集』27
柳田康雄　2003a「短身銅矛論」『橿原考古学研究所論集』14　八木書店
柳田康雄　2003b「「イト国」王墓と初期ヤマト王権の出現」石野博信編『初期古墳と大和の考古学』学生社
柳田康雄　2004「日本・朝鮮半島の中国式銅剣と実年代論」『九州歴史資料館研究論集』29
柳田康雄　2005a「青銅武器型式分類序論」『國學院大學考古学資料館紀要』21
柳田康雄　2005b「多鈕鏡と漢式鏡の祭祀」『日本列島における祭祀の淵源を求めて―考古学から見た中国大陸・韓半島との比較研究―』國學院大學21COEプログラム国際シンポジュウム予稿集21COE考古学シリーズ5
柳田康雄　2006「中国地方の青銅武器」『喜谷美宣先生古稀記念論集』
柳田康雄　2007「銅剣鋳型と製品」『考古学雑誌』91―1　日本考古学会
柳田康雄　2008a「青銅武器・武器形青銅祭器の使用痕」『橿原考古学研究所論集』15　八木書店
柳田康雄　2008b「銅戈の型式分類と生産・流通」『古代学研究』180　古代学研究会
柳田康雄　2008c「弥生時代の手工業生産と王権」『國學院雜誌』109―11　國學院大學
柳田康雄　2009a「中国式銅剣と磨製石剣」『國學院大學大学院紀要―文学研究科―』40
柳田康雄　2009b「弥生時代青銅器土製鋳型研究序論」『國學院雜誌』110―6　國學院大學
柳田康雄　2009c「武器形青銅器の型式学的研究」『月刊考古学ジャーナル』590　ニュー・サイエンス社
柳田康雄　2010a「弥生王権の東漸」『日本基層文化論叢　椙山林継先生古稀記念論集』雄山閣
柳田康雄　2010b「日本出土青銅製把頭飾と銅剣」『坪井清足先生卒寿記念論集』
柳田康雄　2011a「佐賀県中原遺跡青銅器鋳型の実態」『古文化談叢』65―3　九州古文化研究会
柳田康雄　2011b「銅戈型式分類の補足」『趙由典博士古稀記念論叢』
柳田康雄　2011c「青銅器とガラスの生産と流通」『講座日本の考古学5　弥生時代上』青木書店
柳田康雄　2011d「沖ノ島出土銅矛と青銅器祭祀」『「宗像・沖ノ島と関連遺跡群」研究報告Ⅰ』福岡県
梁上椿　1989『巖窟蔵鏡』同朋舎出版

2 武器形青銅器と創作青銅器

柳田康雄

(1) 武器形青銅器
① 銅　剣

　長野県千曲市若宮箭塚遺跡の銅剣は、第4章2で記述したように管見による限り「細形銅剣」とされてきたが、剣身中央より鋒側でありながら内傾斜樋を形成することから、北部九州製のⅡBa式銅剣である。以下、中四国以東における銅剣の流入実態から検証する。

　拙稿では、中国地方西端の前期末といわれていた山口県梶栗浜遺跡多鈕細文鏡と銅剣が、北部九州の中期後半まで下降することから、中四国以東で中期前半期に銅剣の流入は考えられない（柳田2006）。しかも、分布しているのは舶載のBⅠ型式銅剣ではなく、ⅡAa式以後の北部九州製である（柳田2007a・2008c）。近畿地方では、兵庫県あわじ市古津路遺跡で北部九州製BⅠ型式大型銅剣（14号）が出土しているが、伝世マメツ（柳田2006・2008a）していることから当該地に流入した時期は特定できない。ただ共伴するⅡBb式・ⅡBd式銅剣の時期以後に埋納されている事実が判明しているにすぎない。古津路遺跡で共伴する最新型式は1号・10号銅剣がⅡBd式であり、北部九州のⅡBc式が中期後半、ⅡBd式の鋳型の兵庫県田能遺跡鋳型がⅡ～Ⅲ様式であり齟齬がある。ⅡBc式は堅牢で実戦にも使用できるが、ⅡBd式は幅広で脊の扁平化から後出する型式である（柳田2010b・2011b・2011d）。これ以外の武器形青銅器の鋳型は、兵庫県神戸市雲井銅戈鋳型がⅡ～Ⅲ様式、大阪府鬼虎川遺跡銅剣鋳型がⅣ様式、滋賀県服部遺跡銅戈鋳型と大阪府東奈良遺跡の銅戈鋳型・銅鐸鋳型がⅣ様式である事実が存在し、実戦青銅武器であるⅡBa式以前の型式の完形品が近畿中央部に流入した形跡がない。

　以上の事実を確認したうえで長野県若宮箭塚遺跡のⅡBa式銅剣を改めて検証すると、近畿以東で唯一の実戦武器として使用可能な銅剣であることが明らかとなる。若宮箭塚遺跡例はⅡBa式銅剣の鋒側が半裁された再加工品であるが、京都府長岡京市神足遺跡銅剣鋒が切先片の副葬はありえても、当該地に完形品が存在する根拠にはならず、兵庫県玉津田中遺跡銅剣鋒例と合わせて敵である侵入者が銅剣を所有していた可能性が限りなく強いことになるにすぎない（柳田2008c）。

　しかも、若宮箭塚遺跡銅剣は北部九州中枢部銅剣と違い、中四国出土銅剣以上（柳田2006）にマメツが著しく、鎬などの丸みが特徴でもある（写真1）。写真2は、北部九州中枢部の周辺部に

写真1　若宮箭塚遺跡銅剣全体のマメツ　　　　写真2　北九州市御家老屋敷遺跡銅剣の鎬

第6章　青銅器祭祀の考察

あたる遠賀川以東地域の北九州市小倉城御家老屋敷遺跡中期前半石棺墓出土BⅠa式4段階研磨銅剣であるが、鎬にマメツがほとんどない（柳田2011d）。

　石川県藤江B遺跡銅剣片はⅡBb式銅剣の新しい段階であること、名古屋市志段味遺跡銅剣が扁平な島根県神庭荒神谷遺跡銅剣と同型式のⅡC式であることから、若宮箭塚遺跡銅剣の特異さと存在価値が増幅する。藤江B遺跡銅剣片が破棄されたのが当該地の弥生時代終末であることは判明しているが、流入時期が不明であり、志段味遺跡銅剣も同じである。現在のところ、兵庫県を特例として近畿地方にこれらの型式が流入していないことを強調しておきたい。

　銅剣ではないが、奈良県唐古鍵遺跡SD-120から出土した「細形銅矛」とされる破片再加工品（藤田1989）は、樋先端が内傾斜することから、「中細形銅矛」のb式またはc式であり、拙稿のⅡB型式・ⅡC型式・ⅡD型式のいずれかである（柳田2003b）。報告書の図1（写真3）ほどではないが、脊の中空部分が楕円形を呈することからも、少なくとも「中細形銅矛a式」以前ではありえない（柳田2009b）。銅矛片は、共伴土器から大和第Ⅱ-2様式に限定されていることから（藤田1989）、大和第Ⅱ-2様式が北部九州の同型式銅矛が出現する中期前半以後となり（柳田2011a・c・d）、ここでも北部九州と近畿の時期差が証明できる。

　ちなみに、吉田広は独自の実測図を掲載して、本例銅矛を身長が比較的短めの「細形銅矛」としている（吉田2010）ので、詳細は別稿において先の型式を絞り込みたいが、ここでは実戦武器のいわゆる「細形銅矛」の完形品が遠賀川を越していない事実を確認しておくにとどめる。

　さらに、奈良県田原本町多遺跡の深樋式銅剣切先は、北部九州には後期前半以後に流入するもので、激しく使用された末折損した切先であり、先述したように当該地に完形品が存在したことにならない（柳田2008a）。

　近畿地方中央部にはない北部九州製古式銅剣が長野県に存在する訳は、北部九州のヒスイ勾玉の原石が糸魚川産であることに起因するものと考える。北部九州は中期前半には定形勾玉を誕生させているが、原石産地では定形勾玉が出土しないことから、定形勾玉に加工するのは北部九州においてである。したがって、両地域間の直接交流は遅くとも中期前半には実現していたことから、飛び地ではあるが実戦武器がもたらされる可能性がありうるのではないだろうか。

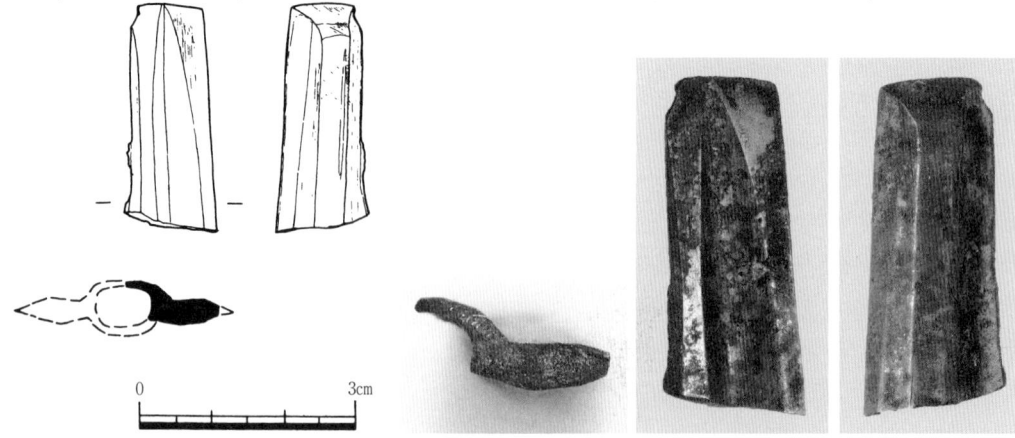

図1　奈良県唐古鍵遺跡銅矛片実測図
　　　（実大）（藤田1989）

写真3　奈良県唐古鍵遺跡銅矛片

② 銅　戈

　銅矛と同じように、遠賀川以東で完形品のいわゆる「細形銅戈」はなく、存在するのはⅣAb式が島根県真名井例、広島県広島市福田木の宗山遺跡例、高知県高加神社例・同天神溝田遺跡例、「鉄戈型」が広島県三原市宮内鉾が峯遺跡例、岡山県笠岡湾干拓地遺跡例、「中広形銅戈」が伝奈良県明日香村檜前例、「大阪湾型銅戈」(三木 1969) が兵庫県桜ケ丘遺跡例でⅣBb 式が7本、同神戸市北畑保久良神社境内遺跡例でⅣBd 式、和歌山県山地遺跡例でⅣBa 式・ⅣBc 式が各1本とⅣBb 式が4本、大阪府瓜生堂遺跡例でⅣBd 式、長野県大町市海ノ口上諏訪神社旧蔵例のⅣBb 式、同中野市柳沢遺跡例でⅣAc 式1本とⅣBa 式4本、ⅣBb 式2本、ⅣBc 式1本が共伴している (柳田 2008b)。

　近畿地方での武器形青銅器の生産は、田能・鬼虎川両遺跡のⅡBd 式銅剣石製鋳型、雲井遺跡・服部遺跡のⅣBa 式銅戈石製鋳型、東奈良遺跡のⅣBc 式銅戈土製鋳型から明らかなように、北部九州の中期後半以後に併行する (柳田 2008b・c)。隣接地に青銅武器があればその石製模造品が出現可能であるが、武器形青銅器が普及すればその模造品は不必要である。なおかつ石製模造品が流通しているのであれば、その武器形青銅器は少量存在しても普及していないことになる (柳田 2004)。銅剣形石剣が普及している近畿地方などの地域は、実戦青銅武器だけでなく、武器形青銅器も普及していない。近畿地方中央部には、Ⅳ様式になって大阪府瓜生堂遺跡ⅣBd 式銅戈のように「大阪湾型銅戈」の最終型式が発見されているにすぎない (柳田 2008b・2010a)。

　近畿地方は、銅鐸をⅢ様式から製作していたとしても (寺沢 2010)、北部九州のような実戦で実用できる青銅武器を製作できていない。銅鐸を中期初頭から製作しているのであれば、より技術的に平易な青銅武器が製作できないはずがない (柳田 2009b)。近畿以東は実戦青銅武器を必要としない政治的に未発達な社会体制であり、銅鐸は政治的社会性が希薄で、一般共同体共有の青銅祭器であろう (柳田 2010a)。

　長野県の銅剣・銅戈・石戈などは、近畿地方中央部より古式型式が分布する。古式の「大阪湾型銅戈」と銅鐸は、奈良県・大阪府のような近畿地方中央部では出土しないことから、当該地が近畿弥生文化の中心地となるのはⅣ様式以後である。

　古式銅鐸は、島根県神庭荒神谷遺跡では「中細形銅矛・中広形銅矛」と共伴し、長野県柳沢遺跡では「大阪湾型銅戈」・「中細形銅戈 C 類」と共伴している事実が存在する。

　銅戈と銅鐸の共伴例は和歌山県有田市山地遺跡例と兵庫県神戸市桜ケ丘遺跡例に先例があり、山地遺跡例は鰭に複合鋸歯文を施す北部九州製銅鐸が古式「大阪湾型銅戈」6点の近隣で出土している (高橋 1925)。桜ケ丘遺跡例では銅戈・銅鐸も山地遺跡例より型式的に新しいことから、共伴関係で柳沢遺跡例の時期を示唆している。山地遺跡例では6本全部の銅戈に脊研磨後のマメツがあり、桜ケ丘銅戈では未研磨ながら多マメツの1号、中マメツの3号・5号・6号、少マメツの2号・4号がある (柳田 2009b)。

　ちなみに、北部九州での斜格子文の出現は福岡県原田遺跡 15 号木棺墓小銅鐸と佐賀県宇木汲田遺跡 17 号甕棺墓ⅢAc 式銅戈などの中期前半、複合鋸歯文の出現が佐賀県久里大牟田遺跡2号甕棺墓ⅡC 型式銅矛 (「中細形 b 類銅矛」) の中期後半古段階、北部九州製複合鋸歯文銅鐸の製

第 6 章　青銅器祭祀の考察

作時期が福岡市博多区赤穂ノ浦遺跡、佐賀県鳥栖市安永田遺跡・同本行遺跡の 3 遺跡で中期末から後期初頭であることが実証されている。神庭荒神谷遺跡の重弧文銅鐸も、同型式の本行遺跡鋳型では中期後半以後である（柳田 2005a）。

　③　柳沢遺跡を理解するために
　柳沢遺跡の青銅器埋納坑の時期は、当該地の中期後半の包含層に切り込まれていることと、北部九州で中期末に製作されたⅣAc 型式 1 号銅戈の刃部に若干のマメツが見られることから、少なくとも北部九州の後期初頭以後に併行することを確認しておきたい。
　柳沢遺跡の青銅器について具体的な見解が論じられている文献は、管見によると「中野市柳沢遺跡・青銅器埋納坑調査の意義」（石川 2009）と「柳沢遺跡出土の銅鐸と銅戈」（難波 2009）のみである。その見解の概要を箇条書きすると、
　石川日出志は、銅戈 7 点のうち 1 号が九州型で 2 ～ 7 号が近畿型とし、「両者のもっとも顕著な違いは、脊の両側に走る樋の特徴で、九州型では樋の先端が合し、多く樋内に綾杉文をもつ。一方、近畿型では樋の先端が合することなく、樋内には複合鋸歯文が施されるものが多い」という。個別の特徴については、「5 号だけが山地例とよく似るほかは、長大かつ幅広な 7 号、鋒部の丸みが強い 3・4 号など、1 点ずつ長さも形態も文様にも違いがあるし、刃部の研ぎの甘さが目立つのも特徴である。近畿型銅戈の成立年代を絞り込むことは難しいが、弥生中期中葉の範疇で考えて大きな誤りはないだろう」という（石川 2009）。
　難波洋三は、「大阪湾型銅戈」を模倣して弥生時代中期の栗林式の時期に有樋石戈が作られた。「大阪湾型銅戈 a 類」は、朝鮮系遺物タイプの鉛を含んでおり外縁付鈕 1 式銅鐸と同時期あるいはそれ以前に製作されたと考えられる。
　外縁付鈕 1 式銅鐸の製作時期については、第Ⅲ様式になってからで、栗林式の成立時期と外縁付鈕 1 式銅鐸の製作時期は重複する可能性が高い。外縁付鈕 1 式銅鐸や「大阪湾型銅戈 a 類」が中部高地にもたらされたのも、栗林式土器が成立した頃かその後まもなくであった可能性が高い。そして、柳沢遺跡出土の外縁付鈕 2 式銅鐸や九州型の「中細形銅戈 c 類」は、その後もこの地域への銅鐸や銅戈の搬入が継続的に行われたことを示している。
　柳沢遺跡の「大阪湾型銅戈」について、難波洋三は 8 本すべてが a 類で、「樋の文様構成は多様である」、「大きさや形態の差異も目立つ」として、「外縁付鈕式以前の古い型式の銅鐸は、同一工人集団が同時期に製作した製品であっても、大きさや文様構成などがきわめて多様である。すなわち、この段階の銅鐸の製作工人集団は、緩やかな「範型」に基づいた銅鐸を製作していたと考えられる。大阪湾型銅戈 a 類の前記のような多様性は、このような緩やかな「範型」に基づいて青銅器を製作していた銅鐸製作工人集団がこれも製作していたことを示しているのかもしれない」（難波 2009）という。
　石川・難波両氏の「大阪湾型銅戈」についての見解は旧態依然とした型式分類に依拠しており、「武器形青銅器の型式学的研究」（柳田 2003a・b・2005a・b・2007a・2008b・2009b・c）の現状を把握されていない。本稿の第 4 章で記述しているように山地遺跡銅戈と同じくⅣBa 式とⅣBb 式に細分しており、8 号銅戈が厚みはあるがⅣBc 式に近いものである。北部九州でも銅戈の樋

は、無文から斜格子文さらに綾杉文にいたる変化を型式分類している。なおかつ、和歌山県山地遺跡銅戈の樋先端が離れたのは脊に研磨が及んだためであり（柳田 2008b）、同型式の柳沢遺跡銅戈のうち 2 号～4 号銅戈は鋳造後の鋒・刃部の改変が著しく、5 号～8 号銅戈が原型に近いことを指摘しておく。青銅器の鋳造技術とその後の研磨技術と使用痕跡の多様性を考慮すべきであろう。しかし、当該地の青銅器の時期については示唆的であり参考になるが、あくまでも当該地での時期区分であり、北部九州とは併行しない（柳田 2003b・2005b・2006・2008a・b）。

「大阪湾型銅戈」の時期は、樋と鋒の長さがほぼ等しいことなどから、北部九州の「中細形銅戈 c 式」と IIBd 型式銅剣（兵庫県古津路 1 号）の複合鋸歯文と共通しており、北部九州の中期後半以後に併行するものである（岩永 1980、柳田 2008b）。古津路遺跡 1 号・10 号銅剣は関幅と脊の扁平さなどから II～III 様式とされる兵庫県田能遺跡鋳型と同型式であり、北部九州の堅固で実戦武器として実用可能な IIBc 型式は中期後半である（柳田 2007a・2011a）。

九州型といえども、東漸すると島根県真名井遺跡 IVAb 式銅戈のようにわずかであるが脊に研磨が及び鎬が生じている（柳田 2006）。山地遺跡 IVBa 式銅戈も拙稿（2008b）以前の実測図には脊の研磨とそのマメツの表現がない。今回の柳沢遺跡銅戈の観察で、脊が無研磨の 1 号・3 号、脊が研磨された後にマメツした 2 号・4 号～7 号、研磨とマメツが繰り返し実行された 2 号～4 号が存在することが実証できたものと考える。2 号～4 号銅戈 3 本の鋒・刃部の著しい改変は、度重なる欠損と刃こぼれで実施された研磨とマメツによるものである。その研磨は磨製石剣に通じる丸研ぎであることから、青銅器製作ができない地域で研磨されたことになる（柳田 2008a）。この現象は東日本の石戈形態の改変にも通じるところがあり、鋒の折損と著しい刃こぼれが発生するような激しい模擬戦の実態が存在し、武器形青銅器が東漸するほど改変が著しくなることも判明した。3 号・4 号銅戈の同笵関係と 7 号銅戈を含めた土製鋳型の可能性は、実測図が使用可能になってから詳論する。

ちなみに、「大阪湾型銅戈」の古式である柳沢遺跡銅戈だけでなく近畿地方出土の山地遺跡銅戈も丸研ぎであり、当該地に武器形青銅器の研磨技術がないことになり、武器形青銅器の高度研磨技術は鋳造技術と一体のものであることから、製作地から遠隔地にあることを証明している。少なくとも、近畿での III 様式以前では青銅武器は鋳造されていないことになる（柳田 2006・2008a・2009b）。その IVBb 式銅戈を模倣したのが IVBc 式銅戈であり、大阪府東奈良遺跡で土製鋳型が出土していることから、近畿地方中央部で製作できるようになったのも近畿第 IV 様式からである（柳田 2009b）。

したがって、古式「大阪湾型銅戈」の北部九州製作説を支持する（吉田 1998、柳田 2008c・2010a）。兵庫県神戸市雲井遺跡 IVBa 式銅戈石製鋳型は、II～III 様式とされる（神戸市教育委員会 2010）が、鋒側の湯口、側面と小口面の溝などの鋳型製作技法は福岡市八田遺跡 3・5 号 IVAc 式（柳田 2008b）（吉田 2001）の中細形銅戈 C）鋳型（常松 1998）にあり、中期後半に併行する。

IVBa・b 式銅戈（古式「大阪湾型銅戈」）を持った北部九州人が東漸するのは北部九州の中期後半であり、近畿地方南部や中部地方北部に到着するのが、中期末から後期初頭の近畿地方 IV 様式と中部地方栗林期ということになる。群馬県八木連西久保銅戈片例が IVBa 式銅戈であり、信州

第6章　青銅器祭祀の考察

写真4　和歌山県山地遺跡2号ⅣBa式銅戈の樋内突線と脊の鎬

を経由する段階で破片となった事実から、関東人は銅戈の完形品を見たことがないことも判明した。

　海ノ口銅戈はⅣBc式であるが、マメツによって樋内文様が不明なことと扁平化している実態がある。「大阪湾型銅戈」の内に文様を施す例は3例あり、大阪府東奈良遺跡土製鋳型例・兵庫県桜ケ丘遺跡例と海の口銅戈である。東奈良例は×印、桜ケ丘例が三叉形（常松1999）であるが、海ノ口銅戈はA面に鹿とB面に複合鋸歯文である。複合鋸歯文は九州型銅鐸・佐賀県唐津市久里大牟田遺跡2号甕棺墓銅矛・ⅣB型式銅戈にあり、鹿文が銅戈では福岡県小郡市大板井遺跡4号ⅣAb式銅戈・同筑紫野市隈西小田遺跡22号ⅣAc式銅戈・同春日市原町遺跡10号ⅣAc式銅戈にある（常松2006）。鹿の描写法は海の口例が胴体など中実であるのに対して、福岡県3例が胴体を輪郭線とするところが違い、中実とする技法が古いとされる。

　群馬県の銅戈片2点の型式は、八木連西久保遺跡例が脊幅・内厚・闌の角度からⅣBa式であることが明らかとなった。三ツ俣遺跡例も樋内に突線をもつが、樋の湾曲と刃部幅からⅤ型式銅戈（「中広形銅戈」）である可能性が高い。沈線または突線をもつものに、和歌山県山地遺跡2号銅戈があることからその写真を例示しておく（写真4）。

　三ツ俣遺跡例が「中広形銅戈」であれば、その伝来経路が問題になる。再加工品とはいえ柳沢遺跡1号銅戈に継続して伝来したとするのが順当な見解であり、弥生時代後期になっても北部九州との交流が存続していたとするべきだろう。

④　銅鏃

　東日本の銅鏃について新たな見解が出せるほど実測調査ができていない。特に、福井県吉河遺跡と石川県吉崎・次場遺跡の有孔式銅鏃を実測できなかったことが惜しまれる。有孔式銅鏃は近畿地方にはないことから、北部九州との関連と中部地方の有孔式石鏃の系譜を考えるのに欠かせない。

　石川県無量寺遺跡の連鋳銅鏃は、近隣で製作している指標ともなるが、一針B遺跡の弥生時

2 武器形青銅器と創作青銅器

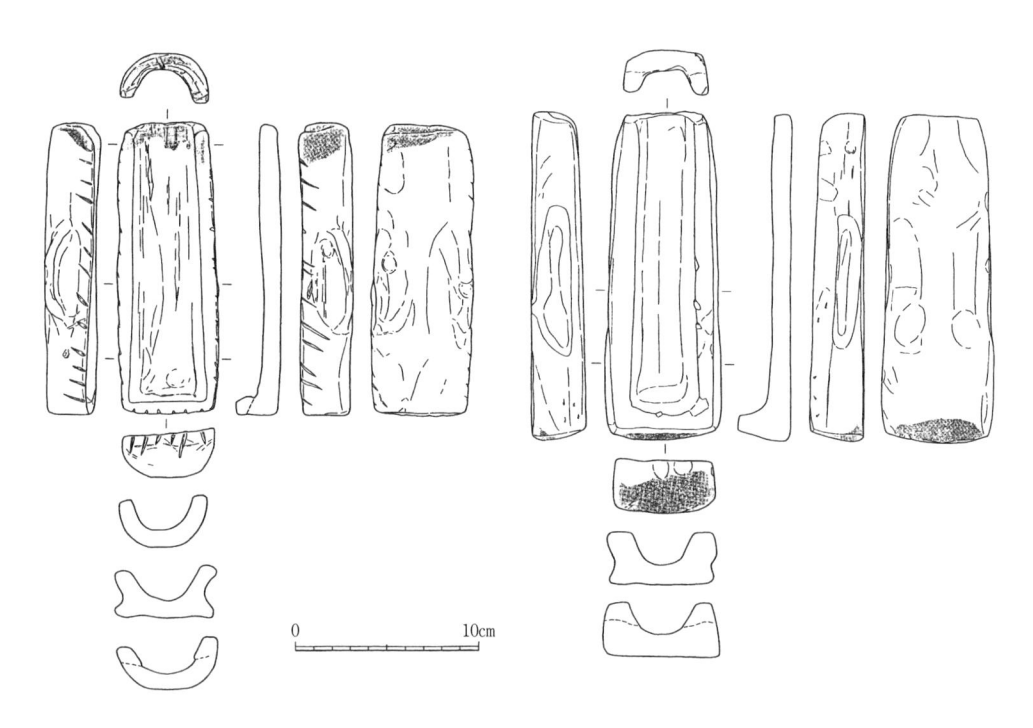

図2 石川県一針B遺跡土製鋳型外枠実測図（1/4）（石川県埋蔵文化財センター 2002）

写真5 石川県一針B遺跡土製鋳型外枠

代後期前半の土製鋳型外枠を関連付けることによって確実性が増幅する。鋳型外枠は完形品が2個あり、118が外形長15.3cm、幅5.3cm、内側長14.6cm、幅3.2〜4.2cm、深さ1.5cm、122が外形長17.6cm、幅6.3cm、内側長16.2cm、最大幅3.7cm、深さ.9cmの計測値をもつことから、銅鏃を4個ほど連鋳するに相応しい外枠である（図2、写真5）。

長野県喬木村帰牛原遺跡多孔式銅鏃は、東海地方を中心に分布することから、塩尻市柴宮遺跡三遠式銅鐸の伝播経路が天竜川を溯ったことの傍証ともなる。

銅鏃は佐久市例や朝日遺跡例のように、西日本では古墳前期のものと知られていて金属質が良くなるものも含まれている。金属質の転換は銅鏡などからもわかるように、古墳時代へ移行したことを明示している。

(2) 創作青銅器
① 巴形銅器

巴形銅器の型式分類は、拙稿（1986）を基本に、その後出土例が増加した橋状鈕・棒状鈕を勘案したものを提示する。

　Ⅰ型式（扁平座直脚型式）—全体に扁平で、6脚の直線的突起の中央部は円形の突線で囲まれた鈕がある。佐賀県東宮裾遺跡例。

　Ⅱ型式（扁平座巴脚型式）—全体に扁平で、中央部は二重の円圏と綾杉文の中心に鈕がある右捩りの5脚。佐賀県東宮裾遺跡例。

　Ⅲ型式（半球座型式）

　A類—中央部が半球形をし、裏面の空洞内に瘤状鈕があり、脚裏面に綾杉文がある。半球座の頂部に脚と同じ鉤が付設されるものとないものがある。佐賀県桜馬場遺跡例・長崎県佐保遺跡例。

　B類—A類と同様であるが、脚裏面に綾杉文ではなく中央の軸線のみのもので、半球座頂部に鉤が付設されるものもある。桜馬場遺跡例。

　C類—A類と同様で、脚裏面に文様がまったくないもの。桜馬場遺跡例。

　　C1類—C類と同様であるが、鈕が橋状になるもの。岡山県谷尻遺跡例・滋賀県五村遺跡例。

　　C2類—C類と同様であるが、鈕が棒状になるもの。愛知県朝日遺跡例。

　Ⅳ型式（円錐台座型式）—中央部が截頭円錐形をするもので、脚裏面の綾杉文の有無で細分できる。

　A類—脚に綾杉文があるもの。福岡県井原鑓溝遺跡例・福岡市那珂遺跡鋳型例。

　B類—脚に綾杉文がないもの。福岡県九州大学筑紫地区遺跡鋳型例・香川県森広天神遺跡例。

　C類—鈕が棒状で、脚が扁平な裏面に突線があるもの。長野県武石上平遺跡例・群馬県荒砥前田Ⅱ遺跡例。

　C'類—鈕が棒状で、脚の外周が円形に連続し、裏面に文様がないもの。茨城県一本松遺跡例。

　この型式分類は、Ⅰ・Ⅱ型式が弥生時代後期初頭、Ⅲ型式とⅣ型式が後期前半から終末となるが、地域的には古墳時代前期まで使用される地域が存在する。拙稿（1986）の型式分類以外に、鈕の形状比較から製作地に関連する地域性が指摘されていた（小田 1974）。後藤直・田尻義了は瘤状・橋状・棒状に形態分類している（後藤 1986、田尻 2008）。

　ところが実際は写真6のように、脚裏面が綾杉文の佐保遺跡例と綾杉文のない桜馬場遺跡例の瘤状鈕に変化はないが、瘤状鈕の森広天神遺跡1～3号例と4～8号例には差があり、瘤状鈕の森広天神遺跡7号例と橋状鈕の宮平遺跡例とには差がない。同じ橋状鈕の宮平遺跡例と谷尻遺跡例では、谷尻遺跡例の上面が直線となっていることから棒状鈕に近いものとなっており、瘤状鈕が漸次形態変化して棒状鈕が出現することがわかり、棒状鈕の系譜が説明できる。ちなみに、森広天神遺跡1～3号例の脚裏面には突線があるが4～8号例にはないことから、ここでも型式変遷が説明できる。

　型式分類の順序は、年代順であることが順当であると考える。桜馬場遺跡を後期初頭としてき

2 武器形青銅器と創作青銅器

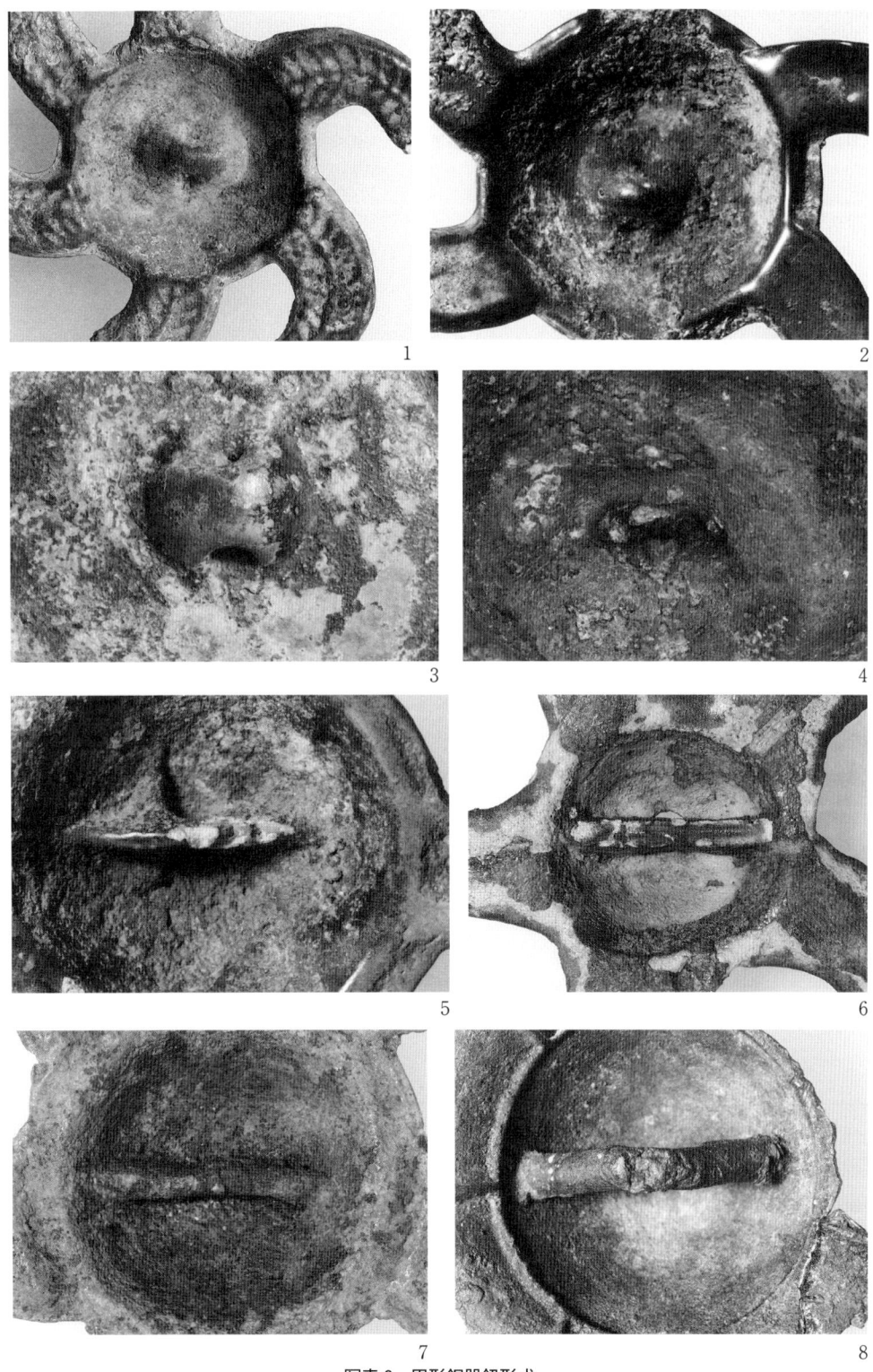

写真6 巴形銅器鈕形式
1: 佐保　2: 桜馬場　3: 森広②　4: 森広⑦　5: 宮平　6: 谷尻　7: 朝日　8: 武石上平

第6章 青銅器祭祀の考察

た研究者と同じであれば知らないが、巴形銅器のみならず共伴品の型式が最古式ではないにもかかわらず、拙稿（1986）の後に後藤は桜馬場遺跡例をⅠa・Ⅰb型式に分類した（後藤1986）。

　昭和19（1944）年発見の桜馬場遺跡巴形銅器は、3点のうち2点の脚裏面に綾杉文がなく（写真6-2）、1点に突線が存在するにすぎない。巴形銅器裏面の綾杉文は、時期が下降するほど省略化の傾向にあることを出土品が証明している。にもかかわらず、桜馬場遺跡例を後期前半としながらもⅠ型式としたことは拙稿の型式分類と年代観を批判したものとなっている。しかしながら、その後に拙稿を追認した高橋徹（1994）の研究があり、ついに2007・2008年の再発掘調査で甕棺とその出土地点が再確認されるに及んだ（仁田坂編2008）。

　その再発掘された甕棺の型式分類を検討した蒲原宏行によると、KⅣb式新相とすることから後期前半新段階となり、拙稿の後期中頃（1980）、後期前半から中頃（1982）、後期前半（1983・1986・1997・1998）、後期中頃（2002）としてきた中間に位置することになる。さらに、現在のところ報告書に掲載されていない甕棺と共伴品と考えられる「長宜子孫」銘内行花文鏡片・巴形銅器2点・ヒスイ勾玉・ガラス小玉多数などがあり、甕棺が後期初頭から後期前半古段階で、巴形銅器2点の脚裏面に粗い綾杉文が施されている。すなわち、古い型式の甕棺と綾杉文をもつ巴形銅器が別に存在することになり、拙稿の（1986）の型式分類が追認されたことになる。

　型式分類で、橋状鈕と棒状鈕をⅢ・Ⅳ型式各々のC類に組み込んだのは、これらの脚裏面が朝日遺跡例のように突線が廻るもの、武石上平遺跡例のように突線を意識しているものが存在することから、独立する型式ではなく、あくまでも綾杉文をもつ北部九州系に属することを意図しており、C類から派生する型式と考えている。この点の系譜・型式変遷を考慮しない後藤の型式分類は、橋状鈕をⅢ類、棒状鈕をⅤ類、截頭円錐形座瘤状鈕をⅣ類とされている（後藤1986）。

　巴形銅器の時期は、Ⅰ・Ⅱ型式が後期初頭、Ⅲ型式が後期前半、Ⅳ型式が後期前半から終末であるが、棒状鈕が古墳時代前期まで見られ、古墳時代の巴形銅器の系譜に継続することを再度強調しておく。

　巴形銅器の分布は、瘤状鈕が長崎・佐賀・福岡・熊本・大分・広島・香川・滋賀県、橋状鈕が岡山・鳥取・大阪・滋賀・岐阜・茨城県、棒状鈕が愛知・長野・群馬・茨城県で発見されている（表1）。表1では茨城県一本松遺跡例を棒状鈕としているが、実測図（図1-6）で明らかなように橋状鈕との折衷形をしていることから、完全な棒状鈕は朝日遺跡例と武石上平遺跡例のみとなる。したがって、武石上平遺跡例は朝日遺跡例との関連が濃密であることになり、柴宮遺跡三遠式銅鐸・帰牛原遺跡多孔式銅鏃の分布と合わせると伝播経路が明瞭となる。武石上平遺跡例と群馬県荒砥前田Ⅱ遺跡例と同笵関係または同一個体であることから、この経路も重要である。

　巴形銅器の石製鋳型は、福岡県福岡市那珂遺跡・春日市九州大学筑紫地区遺跡・佐賀県吉野ヶ里遺跡で出土している。鋳型では鈕部分が欠損していることから確認できないが、瘤状鈕であることが確実視でき、北部九州製が滋賀県まで分布していることになる。分布からすると、橋状鈕が中国地方の山陰と山陽に各1点と少数ながら近畿・東海から跳んで東関東に及んでいる。棒状鈕は東海・中部・関東の東西両側に各1点が点在していることになる。

　少なくとも近畿地方にはない、棒状鈕の巴形銅器は土製鋳型であることを確認していることか

表1 巴形銅器一覧表

No.	遺跡名	所在地	遺構	時期	数量	大きさ（cm）全径	座径	高さ	座形	鈕形	脚数	方向	裏面	型式	備考	文献
1	井原鑓溝	福岡県糸島市井原鑓溝	甕棺墓	後期前半	3	15.3	9.1	—	截頭	瘤状	8	左	綾杉	ⅣA		青柳 1823
2						14.1	9.4	—	截頭	瘤状	8	左	綾杉	ⅣA		
3						16.7	10.4	—	截頭	瘤状	8〜9	左	綾杉	ⅣA		
4	海津横馬場	みやま市高田町	土坑	古墳前期	1	5.5	2.9	0.9	半球	瘤状	6	左	突線	ⅢB		進村 2005
5	桜馬場	佐賀県唐津市桜馬場	甕棺墓	後期前半新	3	6.1	3.1	2.9	半球	瘤状	6	左	無文	ⅢC	鈎同笵	梅原 1950
6						6.1	3.1	2.95	半球	瘤状	6	左	無文	ⅢC		
7						5.6	3.1	1.3	半球	瘤状	6	左	突線	ⅢB		
8			甕棺墓	後期前半古	2	5.6	3.15	2.7	半球	瘤状	6	左	綾杉	ⅢA	鈎同笵	仁田坂編 2008
9						5.6	3.15	2.65	半球	瘤状	6	左	綾杉	ⅢA		
10	東宮裾	武雄市東宮裾	甕棺墓	後期初頭	3	4.9	2.4	0.4	扁平	瘤状	5	右	綾杉	Ⅱ		栄元 1970
11						5.7	1.7	0.5	扁平	瘤状	6	直	無文	Ⅰ		
12									扁平	瘤状	6	直	無文	Ⅰ		
13	佐保	長崎県対馬市豊玉町佐保	不明	後期前半	2	5.4+	2.9	1	半球	瘤状	6	左	綾杉	ⅢA	同笵	永留・小田 1967
14						5.4+	2.9	1	半球	瘤状	6	左	綾杉	ⅢA		
15	方保田東原	熊本県山鹿市方保田	土坑の上		1	12.1	6.9	1.7	截頭	瘤状	7	左	無文	ⅣB		中村ほか 1982
16	五丁中原	熊本市貢町.和泉町	住居跡	後期	1	5.8	2.75	0.5	扁平	瘤状	6	左	無文	Ⅱ		橋口 2004
17	新御堂	城南町新御堂	包含層	終末	1	12.3	6.4	1.5	截頭	瘤状	8	右	無文	ⅣB		島津 1982
18	稲佐津留	玉東町	住居跡		1	6.4	2.9		半球	瘤状	6	左	綾杉	ⅢA		熊本県 2010
19	雄城台	大分県大分市玉沢宮の口	ピット	後期前半	1	5.5			半球	瘤状	6	左	綾杉	ⅢA		小林 1996
20	西山	広島県広島市戸坂町	貝塚		1	10.6	6.4	1.5	截頭	瘤状	7	左	無文	ⅣB		藤田 1965
21	谷尻	岡山県真庭市上水田	191号住居跡		1	7.1+	3.1	1.35	半球	橋状	5	右	無文	ⅢC1	円孔	高畑 1976
22	長瀬高浜	鳥取県羽合町	SK04		1	5.58	2.9	0.81	半球	橋状	6	左	無文	ⅢC1		赤塚 2004
23	森広天神	香川県さぬき市寒川町	埋納	不明	8[10]	11.6	7	1.6	截頭	瘤状	7	左	無文	ⅣB	同笵	後藤 1920 田尻 2009a・b
24						11.6	7	1.6	截頭	瘤状	7	左	無文	ⅣB		
25						11.6	7	1.6	截頭	瘤状	7	左	無文	ⅣB		
26						10.7	5.9	1.7	截頭	瘤状	7	左	無文	ⅣB		
27						10.7	5.9	1.7	截頭	瘤状	7	左	無文	ⅣB		
28						10.7	5.9	1.7	截頭	瘤状	7	左	無文	ⅣB		
29						10.7	5.9	1.7	截頭	瘤状	7	左	無文	ⅣB		
30						10.7	5.9	1.7	截頭	瘤状	7	左	無文	ⅣB		
31	国府	大阪府藤井寺市国府	建築跡	中世	1	5.0+	2.9	1	半球	橋状			無文	ⅢC1		佐久間 1980
32	五村	滋賀県虎姫町五村	包含層		1	6.9	3	1	半球	橋状			無文	ⅢC1		林 1980
33	物部	高月町	住居跡		1				截頭	瘤状						赤塚 2004
34	唐古・鍵	奈良県田原本町唐古・鍵	溝	中世	1	2.8+	約5.5	1.1+	半球	—	1+	左	突線	ⅣB	破片	田原本町 1988
35	朝日	愛知県清須市朝日	住居跡	後期中頃	1	5.8	3.1	1.1+	半球	棒状	5	左	無文	ⅢC2		赤塚 2007
36	荒尾南	岐阜県大垣市	溝		1	7.5			半球	橋状			無文	ⅢC1		岐阜県 1998
37	府中石田	福井県小浜市府中	SD324	後期中葉	1	6.4		1.0	半球	瘤状	5	左	無文	ⅢC		田中ほか 2011
38	武石上平	長野県上田市武石上平	包含層		1	10.4	5.2	2.2	截頭	棒状	7	右	突線	ⅣC		小山 1927
39	荒砥前田Ⅱ	群馬県前橋市荒口町	2区12号住居	古墳前期	1	3.2+	—	0.18	—	—	1	左	突線	ⅣC	破片	小島 2009
40	新保	高崎市新保町	不整形土坑	古墳早期	1	4.8+	—	0.19	—				無文		破片	佐藤 1988
41	宮平	茨城県石岡市宮平	41・42住居跡	古墳早期	1	5.2+	2.5	0.9	半球	橋状			無文	ⅢC1		日立市 2001
42	一本松	大洗町磯浜	53号住居跡	後期	1	7.6	3.5	1.3	截頭	橋状	7	左	無文	ⅣC		井上 2001
43	九大遺跡群	福岡県春日市春日公園	包含層		1	12.1	6.9				6	左	突線	ⅣB	鋳型	田尻 2008
44	那珂	福岡県南区那珂	土坑	後期	1	15					8	左	綾杉	ⅣA	鋳型	久住氏教示
45	吉野ヶ里	佐賀県吉野ヶ里町田手	環壕	後期前半	1	14.5	7.7	1.85	截頭	不明		左	不明	Ⅳ	鋳型	七田 2007

計34

第6章 青銅器祭祀の考察

ら（第4章5、柳田2009b）、東日本に分布しているものは近畿地方で製作されていない可能性が強いことになる。

　九州大学筑紫地区遺跡鋳型は、香川県さぬき市森広天神遺跡出土巴形銅器8点のうち3点と一致したことから、少なくとも森広天神遺跡のA群3点が北部九州中枢部で製作されていることが判明している（田尻2009）。

② 有鈎銅釧

　南海産貝輪は、弥生時代前期に北部九州で創出された腕輪とされている。貝輪はその大半が甕棺墓内の被葬者の腕に着装された状態で発見される（木下1996・2011）が、稀に福岡県安徳台2号甕棺墓のように、腕に着装された以外に遺体右側に置かれた一群が存在する場合もある。金隈型貝輪の出現に関しては、福岡市金隈103号甕棺墓を拙稿では弥生時代中期初頭としている（柳田1986・2002・2003b）。

　弥生後期になると、貝輪を模倣した青銅製腕輪が出現することから貝輪が衰退するが、弥生時代終末期になると、それまで使用しなかった九州・西日本の地域で使用が始まるという（木下2011）。ここでも、京都府大風呂南1号墓の時期を含めて、弥生時代終末期と古墳出現期の時期区分が問題となる。

　南海産ゴホウラ貝輪をデフォルメした有鈎銅釧は、北部九州で後期初頭以後製作される創作青銅器である（柳田1986・2002）。ところが、近畿地方の兵庫県田能遺跡17号木棺墓の中期後半のⅣ様式で鈎なしの銅釧、東海地方では静岡県駿府城内遺跡の中期後半の7-2号住居跡から有鈎銅釧が出土したという（岡村1993）。したがって、この項目でも北部九州と中四国以東との時期差を検証することから始める。

　その前提として、有鈎銅釧は北部九州では墳墓の副葬品だが、東日本では集落から出土する。福井県西山公園遺跡一括例は埋納なのか、副葬品である可能性はないのか、北部九州ではなぜ集落から出土するのは稀なのか、弥生時代終末の貝輪はどのような契機で再登場するのかなど、ここでも疑問が山積している。

　西山公園遺跡有鈎銅釧は、土製鋳型による同范であることから母型が問題となる。同范が多数存在する佐賀県唐津市桜馬場遺跡例26個も同じであるが、桜馬場遺跡例の鈎が反対側に付くなど西山公園遺跡例がより原型のゴホウラ貝輪に近似することから古式となる。かつて桜馬場遺跡の甕棺と副葬品は後期初頭の指標とされていたが、拙稿（1986）以後かなりの年数を経て後期前半の範疇で論議されるようになってきた（高橋1994、北島2011）。桜馬場遺跡甕棺本体のスケッチ図で議論されるなかで、拙稿では銅鏡・巴形銅器・有鈎銅釧の型式論で時期を想定した。巴形銅器で詳論したように再発掘調査によって甕棺が特定されて後期前半新段階と確定できた（蒲原2009）。したがって、西山公園遺跡有鈎銅釧が製作されたのはそれ以前であることになる。本例にはほとんどマメツが見られないことから、伝世することなく埋納されたことになり、当該地での使用期間が短期間であったことになる。

　ちなみに、木下尚子はⅠ段階（鈎概念出現以前）に佐賀県千々賀遺跡イモガイタテ型銅釧・兵庫県田能遺跡17号木棺墓銅釧、Ⅱ段階（有鈎銅釧の誕生）に佐賀県茂手遺跡例・長崎県白岳遺跡

例・同原の辻遺跡例・大阪府巨摩廃寺遺跡例・静岡県駿府城内遺跡例、Ⅲ段階（変容1）に佐賀県桜馬場遺跡例・福岡県宮ノ上遺跡鋳型・岡山県政所遺跡例・福井県西山公園遺跡例・大阪府要池遺跡例・愛知県三王山遺跡例、Ⅳ段階（変容2）に福岡県香椎遺跡鋳型・広島県浄福寺遺跡例・静岡県小黒遺跡例・同矢崎遺跡例・神奈川県池子遺跡例・千葉県北旭台遺跡例、Ⅴ段階（変容3）に奈良県富雄丸山古墳例・静岡県了仙寺古墳例を挙げている（木下 1996）。この錯誤は、型式分類と当該地での時期区分が検証されなかったことに起因するものと考える。型式分類では、原の辻遺跡例が出現期のものではなく終末段階のものであり、西山公園遺跡例と桜馬場遺跡例が併行しないことは前述のとおりである。

　また、木下は後期前半に貝輪が存在するとする（木下 2011）が、桜馬場遺跡が再発掘調査で確認されたからといって、後期初頭の甕棺型式が後期前半になるのではなく、桜馬場遺跡甕棺のみが下降して後期前半新段階になるのである。たとえば例示されている福岡県道場山48（木下はK49とする）号甕棺墓は典型的な中期後半例で、橋口達也のKⅣa式の大半が拙稿（2003b）の中期末である。貝輪から有鉤銅釧への転換は、むしろ桜馬場遺跡が後期前半新段階であれば、より古式の茂手遺跡例・西山公園遺跡例が後期初頭から後期前半古段階に属する可能性が高く、後期初頭以後姿を消す貝輪が材質転換していることが信憑性を強くする（柳田 1986・2002）。

　中四国以東の有鉤銅釧の時期は、古い例で前記した田能遺跡例と駿府城内遺跡例の中期後半を筆頭に、大阪府巨摩廃寺遺跡例が後期初頭、岡山県荒神峪遺跡例が後期前半である以外は後期後半から古墳前期に属する。北部九州中枢部との時期差を無視すると、貝輪に精通していない近畿と東海で有鉤銅釧が出現したことになる。有鉤銅釧は弥生時代終末には形式化するが、それ以前では型式変遷が少ないことから、北部九州中枢周辺部との型式差がほとんどない。だからといって、拙稿で最古式の佐賀県茂手遺跡例より古式ではないことは原型の貝輪と比較するまでもない。

　したがって、有鉤銅釧でも少なくとも東海地方以東の中期後半は、北部九州中枢部の後期前半以後になる。

　東日本の有鉤銅釧は、西山公園遺跡例・駿府城内遺跡例・静岡県登呂遺跡例以外は総じてマメツが著しく、破損しても穿孔して再利用している。マメツ・破損した有鉤銅釧は弥生時代終末から古墳時代前期まで使用されているが、特例として静岡県了仙寺遺跡例のみ古墳後期がある。

　今回実見できなかったが、形式化した愛知県名古屋市三王山遺跡例が後期後半とされている。直後型式の京都府大風呂1号墓例で判断するかぎり、写真7のように製作された真新しい製品で、使用された痕跡がない。特に内面が粗研磨のままであることは、着装する意図がなかったことになる。本例は中四国以東で唯一の副葬品であるが、棺内出土品ながら着装されていなかったことがそれを証明している。大風呂1号墓は弥生終末とされるが、有鉤銅釧の金属質を見ると少なくとも弥生時代後期後半の金属質ではない。同時期で同様な金属質をもつ製品は福岡県平原王墓の仿製鏡群に限定されており、大風呂1号墓例がイト国産でない限り同時期に併行する可能性はない。かつて弥生時代終末とされる金属質がよい福岡県久留米市西屋敷遺跡小形仿製鏡の鉛同位体比を測定したところ、三角縁神獣鏡と同じであるとの結果を得たことがある（馬淵・平尾 1990、柳田 1990）。古墳時代前期になると鉛同位体比は違うものの、北部九州の後期前半以前の

第6章 青銅器祭祀の考察

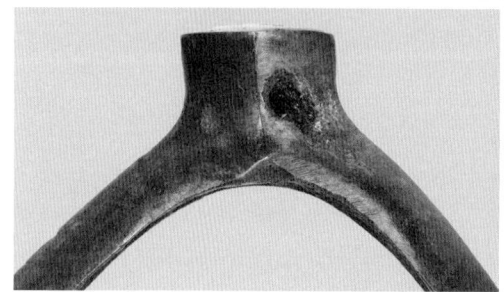

写真7 京都府大風呂南1号墓有鉤銅釧 上:7～13 下左:6 下右:5

ような金属質に回復することから、大風呂1号墓は古墳早期でも新段階に属するものと考える。したがって、三王山遺跡例も大風呂1号墓直前に併行するものとなる。

　伝世マメツした東海から関東の有鉤銅釧は、破損・穿孔しても有鉤銅釧であることを認識していることから、帯状銅釧とは違った価値観のもとで使用継続されていることになり、後期後半に途切れながらも弥生時代終末・古墳時代早期に復活した貝輪と同じく、古墳時代前期の貝製品模造石製品へその思想が継承されるものと考える。

　有鉤銅釧の分布は、九州では福岡・佐賀・長崎の北部九州3県に限定され、山陽地方に3個、近畿地方に15個、北陸地方に10個、東海地方に2個、および大井川以東の太平洋沿岸に16個が集中する。このうち型式的に下降する大風呂南1号墓13個、三王山遺跡2個、石川県南新保C遺跡1個を除外すると、後期前半期に近畿・北陸地方にまで達していることは容易に理解できるが、これも北部九州産と考える大井川以東の有鉤銅釧をどう理解したらいいのだろうか。大井川以東の駿府城内遺跡2個、登呂遺跡1個はマメツが少ないことから後期前半期に到着しているが、その他のマメツ・再加工されたものも、同時期に到着して当該地で伝世したものと理解するのが自然であろう。先に除外した3遺跡例と奈良県富雄丸山古墳例は、古墳時代早期から前期に当該地で製作されたものである。

204

表 2 有鉤銅釧一覧表

	遺跡名	所在地	遺構名	時期	数	伴出品	備考	文献
1	宮の上	福岡県筑前町朝日字宮の上	住居跡	弥生後期中頃	1	土器片	鋳型	佐藤 1999
2	香椎	福岡市香椎		弥生後期後半	1		鋳型	森 1963
3	桜馬場	佐賀県唐津市桜馬場	甕棺墓	弥生後期前新	26	方格規矩鏡 2・ガラス小玉 巴形銅器 3・刀剣		吉村・松尾 1949
								梅原 1950
4	茂手	武雄市橘町	掘立柱建物	弥生後期前半	1			武雄市 1982
5	原ノ辻	長崎県壱岐市芦辺町	甕棺墓	弥生後期後半	3		採集	長崎県 1978
			集落		1			福田ほか 2005
6	白岳	対馬市佐護白岳	箱式石棺墓	弥生後期前半	2	深樋式銅剣・銅製刀子柄 銅製剣把頭飾・無文土器		東亜 1953
7	浄福寺 2 号	広島県東広島市	SB63 号住	弥生後期	1			山田ほか 1993
8	加茂政所	岡山県岡山市加茂政所	土坑 310	弥生終末	1	土器		正岡 1999
9	荒神峪	津山市荒神峪	住 H12 柱穴	弥生後期前半	1	土器片・砥石	破片	小郷 1999
10	巨摩廃寺 21 区	大阪府東大阪市若江西新町	沼状下層Ⅲ層	弥生後期初頭	1	土器		大阪府 1981
11	要池	泉大津市	溝状	古墳前期	1			大阪 1981
12	大風呂南 1 号墓	京都府岩滝町岩滝	台状墓	古墳早期	13	ガラス釧・貝釧・鉄剣・		白数 1998
13	西山公園	福井県鯖江市長泉寺山			9	鉄剣		斎藤 1966
14	南新保 C	石川県金沢市南新保		古墳前期	1		鉤不明	伊藤編 2002
15	三王山	愛媛県名古屋市	SD02	弥生後期後半	2	銅鏃・鉄鏃・土器		名古屋市 1999
16	矢崎	静岡県清水町徳倉	包含層	弥生後期	1			江藤 1951
17	御幸町	沼津市御幸町	260 号住居跡	弥生後期後半	1			沼津市 1980
18	小黒	静岡市			1			天石 2002
19	駿府城内	静岡市駿府城内	7-2 号住居跡	中期後半？	2			岡村 1993
20	曲金北 6 次	静岡市	98MGK					鈴木 2000
21	登呂 21 次	静岡市登呂			1			静岡県 2006
22	了仙寺洞窟	下田市了仙寺	洞窟	古墳後期	1	装身具	小型	宮本 1984-
23	根丸島	神奈川県秦野市鶴巻	住居跡	弥生中期末	1			根丸島 1976
24	手広八反目	鎌倉市	51 号住居跡	弥生後期	1		鉤	永井 1984
25	持田	逗子市	8 号住居跡	弥生後期	1		鉤不明	赤星 1975
26	池子 1-A	逗子市	旧河道	終末〜古墳初	1			かながわ 1999
27	赤坂	三浦市	2 号住居跡	弥生後期	1			かながわ 2010
28	河原口坊中	海老名市			1			未刊行
29	宮台・宮原	埼玉県朝霞市	16 号土坑	不明	1			埼玉県 2006
30	北旭台	千葉県市原市	65 号住居跡	古墳前期	1			市原市 1990
31	富雄丸山古墳	奈良県奈良市大和町丸山	古墳	古墳前期	1	三角縁神獣鏡等		末永 1968
32	田能	兵庫県尼崎市田能	17 号木棺墓	弥生中期末	1		無鉤	尼崎市 1982

205

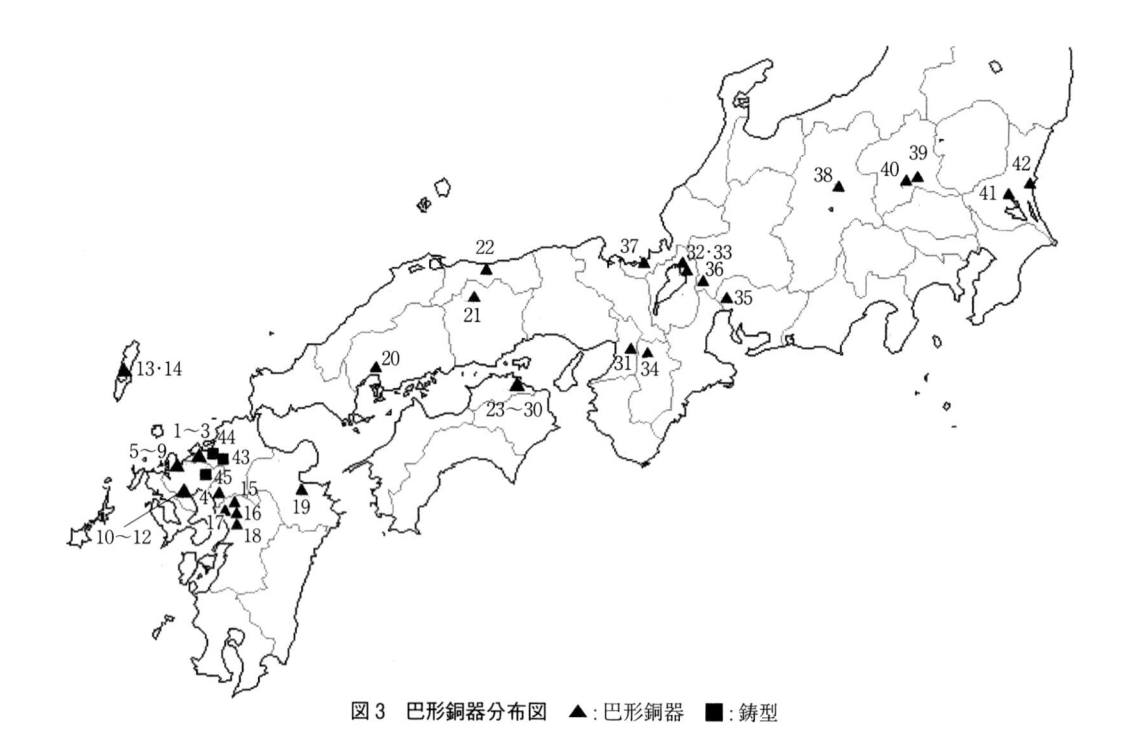

第6章　青銅器祭祀の考察

図3　巴形銅器分布図　▲:巴形銅器　■:鋳型

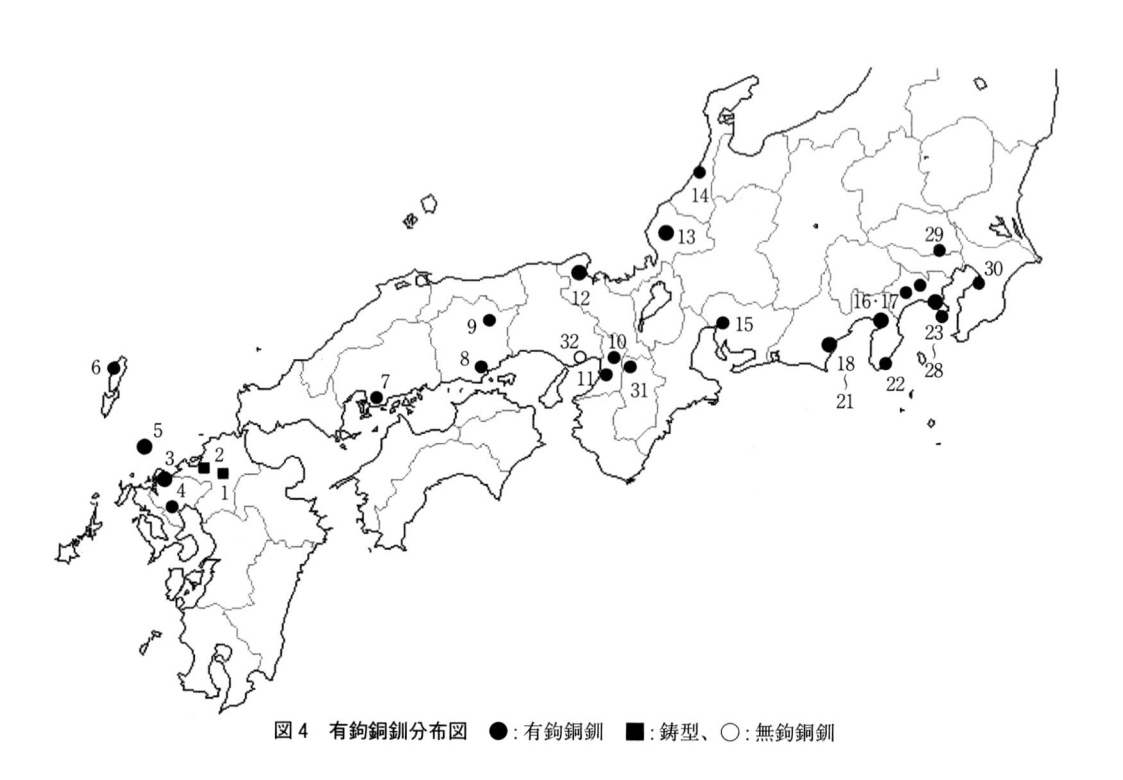

図4　有鈎銅釧分布図　●:有鈎銅釧　■:鋳型、○:無鈎銅釧

有鉤銅釧の地位を考えるには、ゴホウラ貝輪における共伴品を確認することから始める。中期初頭では福岡県金隈103号甕棺墓で磨製石鏃、中期前半の隈西小田109号甕棺墓で貝輪8個と「細形銅剣」、中期中頃の佐賀県切通4号甕棺墓で貝輪10個と「細形銅剣」、中期後半の立岩34号甕棺墓で貝輪14個と小型前漢鏡、佐賀県吉野ヶ里Ⅸ区甕棺墓で貝輪36個（イモガイ縦型25、横型11）と小型前漢鏡、福岡県安徳台2号甕棺墓で貝輪43個とガラス勾玉3個・ガラス管玉334個・ガラス塞杆2個・鉄戈・鉄剣、上り立2号石棺墓で貝輪8個と鉄戈、大分県吹上4号甕棺墓で貝輪15個と銅戈・鉄剣・ヒスイ勾玉・ガラス管玉490以上が知られている（柳田2008c）。ここで特記できるのが吉野ヶ里甕棺墓で、熟年女性で初の小型前漢鏡を保有していることが判明した（佐賀県教育委員会文化課2007）。

後期前半では、佐賀県桜馬場遺跡で有鉤銅釧26個と大型・中型前漢鏡各1面・素環頭大刀・巴形銅器3個・ヒスイ勾玉・ガラス管玉多数・ガラス小玉多数、長崎県対馬市白岳石棺墓で有鉤銅釧2個・銅剣・鉄剣・把頭飾、弥生時代終末になると原の辻遺跡甕棺墓で有鉤銅釧3個が知られているに過ぎない。

これを整理すると、貝輪段階では中期前半期に銅剣を伴うものが出現して、中期後半期になると小型前漢鏡と鉄製武器を伴うまでに成長するが、中型鏡以上を伴うことはない。ところが、後期前半の有鉤銅釧段階になると桜馬場甕棺墓のように大型後漢鏡を伴うことから、地域のオウ墓級が有鉤銅釧を26個所有していることになる（柳田2007b）。

北部九州以外では、西山公園遺跡の2組の同笵品で構成される9個が型式的に先行することから、遅くとも同時期に北部九州の首長級を含む東漸、または両地域間の直接交流が実現していたものと考える。

引用・参考文献

青柳種信　1823『柳園古器略考』

赤星直忠　1975「持田遺跡発掘調査報告書」『逗子市文化財調査報告書』6

赤塚次郎　2004「弥生後期巴形銅器の研究」『地域と古文化』六一書房

赤塚次郎　2007「朝日遺跡Ⅶ　青銅器」『愛知県埋蔵文化財センター調査報告書』138

赤澤徳明　2009「福井県における弥生時代の集落様相」『まいぶん講座フォーラム報告2弥生時代の北陸を探る』石川県小松市教育委員会

天石夏実　2002「静清平野出土銅釧・鉄釧・銅環」『ふちゅーる』10　静岡市教育委員会

尼崎市教育委員会　1982「田能遺跡発掘調査報告書」『尼崎市文化財調査報告』15

石川県埋蔵文化財センター　1988「吉崎・次場遺跡」『県営ほ場整備事業に係る埋蔵文化財発掘調査報告書』2

石川県埋蔵文化財センター　2002「小松市一針B遺跡・一針C遺跡」『県営ほ場整備事業（一針地区）に係る埋蔵文化財発掘調査報告書』

石川日出志　2009「中野市柳沢遺跡・青銅器埋納坑調査の意義」『信濃』61—4　711　信濃史学会

市原市埋蔵文化財センター編　1990「市原市北旭台遺跡」『財団法人　市原市埋蔵文化財センター調査報告書』39

伊藤雅文編　2002「金沢市南新保C遺跡」『金沢市西部地区土地区画整備事業にかかる埋蔵文化財発

掘調査報告書』14
井上義安　2001『一本松遺跡』茨城県大洗町一本松埋蔵文化財発掘調査会
岩永省三　1980「弥生時代青銅器型式分類編年再考」『九州考古学』55　九州考古学会
梅原末治　1950「肥前唐津市発見の甕棺遺物」『考古学雑誌』36—1　日本考古学
江濱千萬樹　1951「駿河矢崎の弥生式遺跡調査略報」『考古学』8—6　東京考古学会
小郷利幸　1999「荒神峪遺跡」『津山市埋蔵文化財発掘調査報告書』64
大阪府教育委員会　1981『巨摩・瓜生堂』
大阪文化財センター　1981『考古展―河内平野を掘る』
岡村　渉　1993「駿府城内遺跡出土の有鉤銅釧」『ふちゅーる』1　静岡市教育委員会
小田富士雄　1974「日本で生まれた青銅器」『古代史発掘5　大陸文化と青銅器』講談社
小野真一　1964「駿河矢崎遺跡第3次調査略報」『考古館報』4　沼津女子商業高等学校
かながわ考古学財団　1999「池子遺跡群X」『かながわ考古学財団調査報告』46
かながわ考古学財団　2010「神奈川県内出土の弥生時代金属器（2）」『研究紀要』15
蒲原宏行　2009「桜馬場「宝器内蔵甕棺」の相対年代」『地域の考古学　佐田茂先生佐賀大学退任記念論文集』
北島大輔　2011「弥生青銅器の発達と終焉」『弥生時代の考古学4　古墳時代への胎動』同成社
木下尚子　1996「貝輪から銅釧へ」『南島貝文化の研究』法政大学出版局
木下尚子　2011「装身具から威信財へ」『弥生時代の考古学4　古墳時代への胎動』同成社
岐阜県文化財保護センター　1998「荒尾南遺跡」『大垣環状線建設工事に伴う緊急発掘調査報告書』
熊本県文化財保護協会　2010「稲佐津留遺跡・西安寺遺跡」『熊本県文化財調査報告書』263
神戸市教育委員会　2010『雲井遺跡第28次発掘調査報告書』
小島敦子　2009「荒砥前田II遺跡」『財団法人群馬県埋蔵文化財調査事業団調査報告書』472
後藤守一　1920「巴形銅器」『考古学雑誌』11—3　日本考古学会
後藤　直　1981「青柳種信の考古資料（一）」『福岡市立歴史資料館研究報告』5
後藤　直　1986「巴形銅器」『弥生文化の研究6　道具と技術II』雄山閣
小林昭彦　1996「雄城台遺跡（9次調査）」『大分県埋蔵文化財年報』4
小山真夫　1927「信濃国武石村出土の巴形銅器」『考古学雑誌』17—4　日本考古学会
埼玉県埋蔵文化財調査事業団　2006「宮台・宮原遺跡」『埼玉県埋蔵文化財調査事業団報告書』318
斎藤　優　1966「西山公園出土の銅釧」『福井県鯖江市王山・長泉寺山古墳群』福井県教育委員会
佐賀県教育委員会　1992「吉野ケ里」『佐賀県文化財調査報告書』113
佐賀県教育委員会文化課　2007「吉野ケ里」12『となりの卑弥呼』
佐久間貴士　1980『国府遺跡発掘調査概要』X　大阪府教育委員会
佐藤明人ほか　1988「新保遺跡II―弥生・古墳時代集落編―」『関越自動車道（新潟線）地域埋蔵文化財発掘調査報告書』18
佐藤正義　1999「宮ノ上遺跡」『夜須町文化財調査報告書』44
静岡県教育委員会　2006『特別史跡登呂遺跡再発掘調査報告書（考古学調査編）』
静岡市教育委員会　1993「駿府城内遺跡出土の有鉤銅釧」『ふちゅーる』1
七田忠昭　2007「吉野ヶ里遺跡」『佐賀県文化財調査報告書』173
柴元静雄　1970「北方町東宮裾遺跡」『新郷土』7
島津義昭　1982「巴形銅器二例」『森貞次郎博士古稀記念古文化論集』
下田市　2010『下田市史　資料編一　考古・古代・中世』

白数真也　1998「与謝郡岩滝町大風呂南墳墓群出土のガラス釧」『京都府埋蔵文化財情報』70
進村真之・宮地聡一郎　2005「梅津横馬場遺跡Ⅰ」『九州新幹線関係埋蔵文化財調査報告1』
末永雅雄　1968「伝丸山古墳出土遺物」『奈良市史　考古編』
杉原荘介　1971「巴形銅器」『考古学集刊』4―4　東京考古学会
鈴木悦之　2000「曲金北遺跡」『ふちゅーる』8　静岡市教育委員会
高橋健自　1925『銅鉾銅剣の研究』聚精堂
高橋　徹　1994「桜馬場遺跡および井原鑓溝遺跡の研究―国産青銅器、出土中国鏡の型式学的検討をふまえて―」『古文化談叢』32　九州古文化研究会
高畑知功ほか　1976「谷尻遺跡　中国縦貫自動車道建設に伴う発掘調査6」『岡山県埋蔵文化財発掘調査報告』11
武雄市教育委員会　1982「茂手遺跡」『六角川河川改修工事に伴う埋蔵文化財調査概報』2
田尻義了　2008「九州大学筑紫地区出土巴形銅器鋳型の位置づけ」『九州と東アジアの考古学―九州大学考古学研究室50周年記念論文集』
田尻義了　2009a「九州大学筑紫地区出土巴形銅器鋳型と香川県森広天神遺跡出土巴形銅器」『奴国の南―九大筑紫地区の埋蔵文化財―』
田尻義了　2009b「弥生時代巴形銅器の生産と流通―九州大学筑紫地区出土巴形銅器鋳型と香川県森広天神遺跡出土巴形銅器の一致―」『考古学雑誌』93―4　日本考古学会
田中祐二ほか　2011「府中石田遺跡」『福井県埋蔵文化財調査報告』121
田原本町教育委員会　1988「唐古・鍵遺跡―第21・23次発掘調査概報」『田原本町埋蔵文化財調査概要』6
常松幹雄　1998「伝福岡市八田出土の鋳型について」『福岡市博物館研究紀要』8
常松幹雄　1999「弥生時代の銅戈に鋳出された絵画と記号」『福岡市博物館研究紀要』9
常松幹雄　2006「鹿と鉤の廻廊」『原始絵画の研究論考編』六一書房
寺沢　薫　2010『青銅器のマツリと政治社会』吉川弘文館
東亜考古学会　1953「對馬」『東方考古学叢刊』乙種6
永井正憲　1984『手広八反目遺跡発掘調査報告書』手広遺跡発掘調査団
長崎県教育委員会　1978「原ノ辻遺跡」『長崎県文化財調査報告書』37
永留久恵・小田富士雄　1967「対馬豊玉佐保発見の馬鐸・巴形銅器調査報告」『九州考古学』32　九州考古学会
名古屋市教育委員会　1999「三王山遺跡（第1次〜5次）」『名古屋市文化財調査報告』40
仁田坂聡編　2008「桜馬場遺跡」『唐津市文化財調査報告書』147
中村幸四郎ほか　1982『方保田東原遺跡』山鹿市教育委員会
難波洋三　1986「戈形祭器」『弥生文化の研究』6　道具と技術Ⅱ　雄山閣
難波洋三　2009「柳沢遺跡出土の銅鐸と銅戈」『開館15周年　平成21年度秋季企画展　山を越え川に沿う―信州弥生文化の確立―』長野県立歴史館
沼津市教育委員会　1980「御幸町遺跡第2次発掘調査概報」『沼津市文化財調査報告』21
根丸島遺跡調査団　1976『根丸島遺跡』
林　純　1980「滋賀県虎姫町五村遺跡出土の巴形銅器に就て」『土盛』11　京都産業大学考古学部
林原利明　2001「神奈川県の青銅製品（1）―弥生・古墳時代前期集落関連遺跡出土品の集成―」『西相模考古学』10
日立市郷土博物館　2001『常陸の弥生文化』

第 6 章　青銅器祭祀の考察

橋口達也　2004「巴文と巴形銅器」『護宝螺と直弧文・巴文』学生社
福島日出海　1987「嘉穂地区遺跡群Ⅳ」『嘉穂町文化財調査報告書』7
福田一志・中尾篤志　2005「原の辻遺跡総集編」『原の辻遺跡調査事務所調査報告書』30
藤田三郎　1989「昭和62・63年度唐古・鍵遺跡第32・33次発掘調査概報」『田原本町埋蔵文化財調査概要』11
藤田　等　1965「巴形銅器を出した西山貝塚調査概報」『日本考古学協会　昭和40年度大会発表要旨』
正岡睦夫　1999「加茂政所遺跡」『岡山県埋蔵文化財発掘調査報告』138
馬淵久夫・平尾良光　1990「福岡県出土青銅器の鉛同位体比」『考古学雑誌』75—4　日本考古学会
三木文雄　1969「大阪湾型銅戈について」『MUSEUM』223　東京国立博物館
宮本達希　1984「伊豆半島における洞穴遺跡と古墳」『静岡県考古学研究』10　静岡県考古学会
森貞次郎　1963「福岡県香椎出土の銅釧鎔范を中心として」『考古学集刊』2—1　東京考古学会
柳田康雄　1980「青銅製鋤先」『鏡山猛先生古稀記念古文化論攷』
柳田康雄　1982「三・四世紀の土器と鏡」『森貞次郎博士古稀記念古文化論集』
柳田康雄　1983「伊都国の考古学—対外交渉のはじまり—」『九州歴史資料館開館十周年記念大宰府古文化論集』上巻　吉川弘文館
柳田康雄　1986「青銅器の創作と終焉」『九州考古学』60　九州考古学会
柳田康雄　1990「なまり同位体比法による青銅器研究への期待」『考古学雑誌』75—4　日本考古学会
柳田康雄　1997「二世紀の北部九州について」『東アジアの古代文化』92　大和書房
柳田康雄　1998「伊都国の繁栄」『西日本文化』345　西日本文化協会
柳田康雄　2002『九州弥生文化の研究』学生社
柳田康雄　2003a「出土遺物の観察」『古代学研究』160　古代学研究会
柳田康雄　2003b「伯玄社遺跡「ナ国」の甕棺編年」『春日市文化財調査報告書』35
柳田康雄　2003c「短身銅矛論」『橿原考古学研究所論集』14　八木書店
柳田康雄　2004「日本・朝鮮半島の中国式銅剣と実年代論」『九州歴史資料館研究論集』29
柳田康雄　2005a「佐賀県本行遺跡鋳型再考」『古代学研究』168　古代学研究会
柳田康雄　2005b「青銅武器型式分類序論」『國學院大學考古学資料館紀要』21
柳田康雄　2006「中国地方の青銅武器」『喜谷美宣先生古稀記念論集』
柳田康雄　2007a「銅剣鋳型と製品」『考古学雑誌』91—1　日本考古学会
柳田康雄　2007b「卑弥呼を共立したクニグニ」『季刊考古学』100　雄山閣
柳田康雄　2008a「青銅武器・武器形青銅祭器の使用痕」『橿原考古学研究所論集』15　八木書店
柳田康雄　2008b「銅戈の型式分類と生産・流通」『古代学研究』180　古代学研究会
柳田康雄　2008c「弥生時代の手工業生産と王権」『國學院雑誌』109—11　國學院大學
柳田康雄・平島博文　2009「福岡県筑前町東小田峯遺跡出土銅矛土製鋳型」『古代学研究』183　古化学研究会
柳田康雄　2009a「中国式銅剣と磨製石剣」『國學院大學大学院紀要—文学研究科—』40
柳田康雄　2009b「弥生時代青銅器土製鋳型研究序論」『國學院雑誌』110—6　國學院大學
柳田康雄　2009c「武器形青銅器の型式学的研究」『月刊考古学ジャーナル』590　ニュー・サイエンス社
柳田康雄　2010a「北部九州と東日本の青銅器文化」『佐久考古学会講演資料』浅間縄文ミュージアム
柳田康雄　2010b「弥生王権の東漸」『日本基層文化論叢　椙山林継先生古稀記念論集』雄山閣
柳田康雄　2010c「日本出土青銅製把頭飾と銅剣」『坪井清足先生卒寿記念論集』

柳田康雄　2011a「佐賀県中原遺跡青銅器鋳型の実態」『古文化談叢』65—3　九州古文化研究会
柳田康雄　2011b「銅戈型式分類の補足」『趙由典博士古稀記念論叢』
柳田康雄　2011c「青銅器とガラスの生産と流通」『講座日本の考古学5　弥生時代上』青木書店
柳田康雄　2011d「沖ノ島出土銅矛と青銅器祭祀」『「宗像・沖ノ島と関連遺跡群」研究報告Ⅰ』福岡県
山田繁樹ほか　1993「浄福寺2号遺跡」東広島ニュータウン遺跡群『広島県埋蔵文化財調査センター調査報告書』75
吉田　広　1998「鉄戈形銅戈考」『愛媛大学法文学部論集人文科学編』4
吉田　広　2001「弥生時代の武器形青銅器」『考古学資料集』21　国立歴史民俗博物館
吉田　広　2006「武器形青銅器の流通と地域性」『歴博国際シンポジュウム2006古代アジアの青銅器文化と社会—起源・年代・系譜・流通・儀礼—』国立歴史民俗博物館
吉田　広　2010「弥生時代小型青銅利器論—山口県井ノ山遺跡出土青銅器から—」『山口考古』30　山口考古学会
吉田　広・増田浩太・山口欧志　2008「青銅器の対立構造」『弥生時代の考古学7　儀礼と権力』同成社
吉村茂三郎・松尾禎作　1949「唐津桜馬場遺跡」『佐賀県史跡名勝天然記念物調査報告』8

3 青銅武器・武器形青銅器模倣品

柳田康雄

(1) 石　剣

　本稿では、磨製石剣を朝鮮半島系とその模倣品、および青銅武器・武器形青銅器の模倣品に二大別して扱うことになる。

　長野県石行遺跡の磨製石剣鋒の時期については、共伴した氷Ⅰ式が標識とされている小諸市氷遺跡の土器群よりも新しい傾向をもつものであることと、東海地方の樫王式系土器が混入していて、それが畿内第Ⅰ様式中段階に併行するという（設楽 1996）。宮城県丸森町河原囲遺跡例と含めて考えると、寺前直人（2010）は石材の特徴から弥生時代前期に属する可能性を説くので、一応有柄式磨製石剣と有茎式磨製石剣の時期を確認しておきたい。

　有柄式は、小郡市横隈鍋倉遺跡42号貯蔵穴例が前期末、佐賀県吉野ヶ里遺跡志波屋六の坪乙地区SH089住居跡例が中期初頭であるが、縞模様のある磨製石剣鋒になると、最新で中期前半の福岡県糸島市木舟三本松遺跡11号甕棺墓例が存在する（村上 1994）ことを確認しておく。

　中四国以東の有柄式磨製石剣では、四国の瀬戸内沿岸部出土例以外の寺前が例示する図8の一体式磨製短剣は朝鮮半島系有柄式磨製石剣の模倣製品である。これらには副葬品と認定できるものも存在するが、前期と認定できる確実な資料はない。ただ、島根県原山遺跡例は採集品ではあるが縞模様を呈する石材を使用していることと、前期の土器も採集されている（村上・川原 1979）。

　近畿地方になると、大阪府池上曽根遺跡の前期新段階の溝SF081出土例は、剣身部に鎬がなく刃部も丸みをもつが、柄部は一段厚みがあり丸みもある模倣品である（第2阪和国道内遺跡調査会 1971）。ただし、福岡県曲り田遺跡例をB類とするのであれば、池上曽根遺跡例はC類以降となるので注意を要する。

　吉野ヶ里遺跡例のように北部九州の周辺部では有柄式磨製石剣の中期初頭例があるように、中四国以東では北部九州の前期に併行する例は原山遺跡例のように稀有なことになる。

　以上が北部九州と東日本との交流第一段階で、漸次的自然な東漸である。

　銅剣形石剣のうち有樋式石剣は、東日本では福井県で2例と石川県で1例が分布することが知られているが、東海地方では出土例がない。種定淳介によると、Ⅰ式銅剣形石剣は「銅剣のより忠実な模倣形態を示す一群であり、最古型式の銅剣形石剣である」。最古例は、島根県鰐石遺跡例でⅠ期末からⅡ期初頭、京都府神足遺跡例でⅡ期からⅢ期であるが、「石剣の多くは、確実なところⅢ期からⅣ期にかけて廃絶されたことを伴出した土器が教えている」という（種定 1990a・b）。

　この論考から読み取れることは、島根県・高知県内あるいはその近隣にⅡ期以後に銅剣が流入していて、それを模倣したⅠ式銅剣形石剣が存在すること、近畿地方ではⅢ期以後にⅠ式銅剣形石剣が製作されたという可能性と、そのほとんどがⅣ期に使用されていたという事実である。山

3 青銅武器・武器形青銅器模倣品

陰地方に流入している銅剣は、伝島根県出土品2本が「細形銅剣」に似てはいるが北部九州製ⅡAa式銅剣であり、研磨が4段階まで進行していることから北部九州では中期前半以後に出現する（柳田 2006・2007・2008a）。高知県では「細形銅剣」2本が所在不明で確認できない。

さらに、近畿地方で「細形銅剣」を模倣している銅剣形石剣で確実なのは、京都府神足遺跡の方形周溝墓付近の包含層から出土した茎と元部の一部からなる現存長4.3cmの小破片が存在するに過ぎない。種定がⅠ式銅剣形石剣の復元図に使用している瓜生堂遺跡例は、平面形が幅広で「細形銅剣」ではなく「中細形銅剣」に通じる。Ⅱ式銅剣形石剣を見ると、製作後の二次研磨が少ない伝兵庫県垂水遺跡例・京都府日置塚谷遺跡例で明らかなように、比較的鋒部が長く元部が短いところが拙稿（2007・2011a）の田能遺跡鋳型と同型式のⅡBd式銅剣に酷似する。一方で、Ⅱ式銅剣形石剣になっても元部の脊に鎬を設けながら刃が形成されないなど、実物に忠実ではないところが、原型の「細形銅剣」と「中細形銅剣」が普及していないがために銅剣形石剣が普及している証拠ともなる（柳田2008c）。現実的なところ、銅剣形石剣の大半がⅣ様式に流通していたことから想定されるのは、同時期には少なくともⅡBd式銅剣が近畿中部に実在するが、「細形銅剣」の模倣から始まった銅剣形石剣がそのⅡBd式銅剣が普及しなかったことから、双方の銅剣を混同した形式となったものと考えるようになった（柳田2008c）。

以上、前項で指摘したように銅剣の実態に即した型式分類・時期・分布が未確定な段階で論を展開した種定説では、北部九州との型式・時期差が理解できなかったのであろう。

Ⅲ式銅剣形石剣は、福井県小和田遺跡例が双孔の位置で銅剣の模倣と認定できるが、兵庫県梅谷遺跡例は双孔が関部にあることなど、時期が下降すれば鉄剣の模倣である可能性が生じてくる。小和田遺跡例は石戈が共伴した埋納品として知られているが、両者は退化形式であり、日本海側を銅剣・石剣・石戈が通過した後の所産であろう。近畿ではそのほとんどが破砕されるほど激しく使用された後に破棄されているにもかかわらず、小和田遺跡例が石剣と石戈の完形品であることから、墳墓の副葬品としての可能性はないのであろうか。いずれにしろ、武器形青銅祭器の埋納という祭祀に伴う行為も北部九州中枢部周辺から開始されたと考えることから（柳田2006）、中四国以東で武器形石製品も含めて地域的にどこまで辿れるかを試みたい。

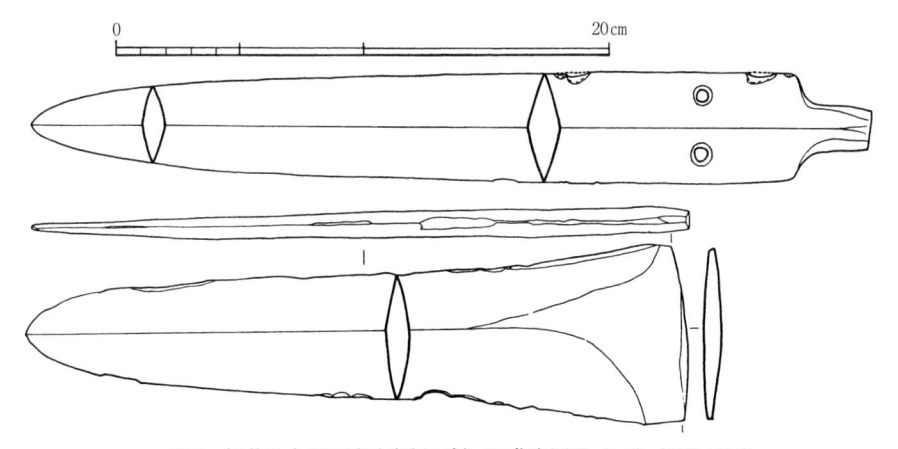

図1　福井県小和田遺跡磨製石剣・石戈実測図（1/3）（下條 1982）

213

第6章　青銅器祭祀の考察

　中四国以東の武器形磨製石剣で完形品の出土例を概観すると、朝鮮半島系有柄式磨製石剣が四国瀬戸内沿岸に散見されることが知られている（武末1982、柳田1982）。その模倣品を含めて寺前直人は一体式磨製短剣に分類し、その退化形式が愛媛県松山市持田町3丁目遺跡SK32木棺墓から管玉10点と共伴している。だが、ここでも柄尻が欠損していることから島根県原山遺跡例と合わせて組合式との区別が困難である。持田町3丁目遺跡では、SK34から退化形式の一体式C2類も出土していることが以東地域での模範となることから重要である（寺前2010）。

　そこで、磨製石剣の完形品は中四国以東では激減するが、銅剣形石剣で高知県川北例・伝兵庫県垂水遺跡例・同七日市遺跡例・京都府観音寺遺跡例と福井県小和田遺跡例がある。

　大阪湾岸と若狭湾岸に分布が集中するが、これこそ近隣に銅剣が迫っている証拠であり、モデルの銅剣と石剣のさらなる型式の細分化が進行すれば、時期的な推移を含めて銅剣形石剣の役割が明らかになり、その祭祀の実態も詳らかになるだろう。

　実は、種定論考の1年前に西口陽一の「近畿・磨製石剣の研究」が著されている（西口1989）。この論考は、磨製石剣全体の型式分類において鉄剣形石剣の名称を使用するなど粗雑さは否めないものの、銅剣形石剣においてはⅠ式からⅥ式に細分化され、時期的に実態を把握していることから引用したことがある（柳田2008c）。西口が銅剣形石剣をⅢ様式新段階からⅣ様式に限定しているところを評価したが、近畿に限定したためか福岡県川島遺跡例・鰐石遺跡例・神足遺跡例のような種定のⅠ式が欠落しているのが惜しまれる。種定にもいえるが、銅剣は北部九州から伝播するのであるから、より西側に古式銅剣形石剣が存在するのが道理であろう。

　石川県小松市八日市地方遺跡26地区磨製石剣を検証するには、同型式の系譜と分布を把握していなければならない。八日市地方遺跡石剣を寺前直人は「組合式磨製短剣」とする。寺前は組合式磨製短剣を有茎無加工型・有茎有抉型・有茎突出型・有茎有孔型・無茎無加工型・無茎有抉型・無茎有孔型の7型に分類している。一方、一体式磨製短剣を明瞭な柄部を作り出している有柄式磨製石剣をA類、その模倣品をB類、わずかに刃部と柄部の表現が段表現として残ったもの、握り研磨面の存在から一体式と認識できるものをC類としている。この寺前の分類で問題なのは、一体式磨製短剣が先行するのは当然として、一体式磨製短剣C類と組合式磨製短剣の無茎無加工型との区別である。例示されている「図70 北部九州地域と愛媛県の一体式磨製短剣C類」の実測図を見ると、3の福岡県平塚大願寺遺跡例以外は組合式磨製短剣としか思えない。平塚大願寺遺跡例は、全長22.6cmに対して柄部が10cm～12cmであるから一体式とできるが（柳田編1984）、他例の柄部は8cm前後にすぎない。八日市地方遺跡磨製石剣の柄部長が5cm前後であるから、これよりは柄部が長いことになるが、柄部が8cm前後では成人男性の親指を含めない掌幅が9cm以上となる実態に副わないだろう。すなわち、有柄式磨製石剣一体式柄のように両側（鐔・剣首）に滑り止めが存在すれば9cm未満でもよいが、柄部が10cm未満であれば組合せる木柄が必要になることから、時期・分布論の再考が必要となる。実際に、奈良県唐古鍵遺跡打製石剣のように、樹皮巻部分は木鞘内に納まることから、鞘から飛び出した部分が茎となる事実がある。寺前論文図75-2（大阪府恩智遺跡例）・3（同鬼虎川遺跡例）・4（兵庫県玉津田中遺跡例）の打製石剣の柄尻には樹皮巻がない（寺前2010）。

ちなみに、平塚大願寺遺跡例が出土した1号住居跡は、上層に中期中頃、下層に中期前半の土器が共伴し、石剣が住居跡壁に立て掛けられていたことから中期前半古段階とすることに問題なく（柳田編 1984）、中四国以東に影響を及ぼすことはあっても、寺前説のようにC類の系譜を中部瀬戸内に求めることはできない。特に、小郡市井上北内原遺跡45号住居跡出土例は、全長35.7cm、柄部9cm～10cmの計測値をもち、共伴した土器が報告書では中期後半とするが（速水編 1984）、甕口縁下に突帯をもたないことから中期中頃古段階であり、北部九州周辺地域例が中四国以東例より古式に属する。

　以上の銅剣形石剣の実態を確認したうえで、東日本に分布する磨製石剣を考えてみたい。前項で近畿以東の銅剣の実態を検証していることから、若宮箭塚遺跡銅剣の特殊性が把握できたが、磨製石剣をしてもその伝播経路がつかめない。福井県・石川県には銅剣形石剣が分布するが、新潟県・長野県に分布しないからである。

　石川県八日市地方遺跡26地区例は、共伴土器から八日市地方遺跡編年9～10期の中期中葉～後葉に属する。寺前は、組合式磨製短剣の代表例として八日市地方遺跡木柄付磨製石剣を挙げる。さらに、組合式は京都府北部以東の日本海沿岸に八日市地方遺跡例とは違ったほとんど把握研磨面を有さない組合式が分布するという。近畿地域に少ない組合式が、北部九州地域から北陸地方にかけての日本海沿岸地域で一体式は少数派にとどまり、一貫して組合式が主体を占めるともいっている（寺前 2010）。

　では、寺前が対象としなかった東日本の福井県敦賀市吉河遺跡（赤澤 2009）・新潟県上越市吹上遺跡の磨製短剣（第5章1写真4-1）と長野県の宮渕本村遺跡例・蟻ヶ崎遺跡2例（第5章1写真5-1）はどうだろうか。当該地で磨製石剣として扱われているものは多いが、本書ではその一部を石戈とし、この4例は当該地では磨製石剣の典型であろう。だとすると、組合式磨製短剣となるが、いずれも写真上例は身幅が広く、下の蟻ヶ崎遺跡例が細い。身幅が広いうえに身に鎬を持つことから石剣としたが、身が扁平な石戈との違いがあるのだろうか。石戈とした扁平な型式も目釘がないことから、木柄の装着法次第でどちらにもなる形式である。

　寺前が指摘するように、北部九州から日本海沿岸に組合式磨製短剣が分布することから、信濃への一つの伝播ルートが磨製石剣でも明らかになった。その第一波が前期末から中期前半期の朝鮮半島系組合式磨製石剣、第二波が中期後半期の組合式磨製短剣である。若宮箭塚遺跡銅剣が存在していながら、その模倣磨製石剣が現在のところ発見されていないところから、銅剣の当該地への到着が遅かったことが推測できる。

(2) 石　戈

　長野県の石戈などは、近畿地方中央部より古い型式が分布する。宮渕本村遺跡石戈は内が太いことから「大阪湾型銅戈」を模倣したもの（難波 2009）ではなく、北部九州遠賀川以東の石戈を模倣している。石川日出志は、「有樋石戈が近畿型銅戈、無樋石戈が九州型石戈にそれぞれ系譜を辿れ」るとしている（石川 2009）ことが大筋で肯定できる。

　さらに特記すべきは、中四国以東で未成品の石戈が唯一発掘調査で出土し、時期が当該地の中

第6章 青銅器祭祀の考察

期後半の栗林式新段階という（町田 1999）。そこで、磨製石戈の系譜を辿ってみよう。
　無樋型石戈Ⅰ類は東北部九州で中期初頭から、有樋型石戈Ⅰ類は近畿第Ⅳ様式からという（中村 1997）。その後出土した福岡県金丸遺跡1号土坑墓有樋型石戈は中期前半であり、原型の銅戈に酷似することから研磨が進行した舶載銅戈を模倣したと考える（柳田 2011c）。しかし、中四国以東に分布する石戈は闌と内に段差がないことからも闌が突出する銅戈を模倣したものではなく、石戈を模倣したもので時期的な型式差が存在する。すなわち、東北部九州の中期初頭は北部九州中枢部（玄界灘沿岸）の中期前半であり、ⅠA型式・ⅡA型式の古式銅戈の完形品が分布しない中四国以東では九州型銅戈自体を模倣できるはずがない。
　青銅器では特に前期と中期、中期と後期の変換期の年代的齟齬が問題となる。北部九州では中期初頭から青銅器の流入や生産が開始されるのに、遠賀川以東でその模倣品が前期末から始まるといわれている（下條 1982、寺前 2010）。
　そこで、近畿地方に青銅武器がどの時期に流入するのかを検証したい。寺前直人が提唱する目釘式石戈A類が奈良県唐古鍵遺跡で前期新段階土器と共伴している（田原本町 1981）。これが銅戈を模倣しているのであれば、近畿地方で前期末から中期初頭に完形品の銅戈が流入していれば時期的齟齬を無視すればいいが、北部九州玄界灘沿岸で銅戈が出現するのが中期初頭であるから、近畿地方の前期新段階が北部九州の中期初頭以後となる。この傾向はすでに遠賀川以東の東北部九州でも散見され、寺前が例示する遠賀町尾崎天神遺跡5号不明遺構、みやこ町徳永川ノ上遺跡1号貯蔵穴出土の目釘式石戈A類が前期末であることから例証できる（寺前 2010）。東北部九州では隣接地に銅戈が存在するのであるから中期初頭に石戈が存在することが説明できるが、中四国・近畿地方以東はさらに時期が下降する。東日本になればなおさらであり、有樋式石戈が普及しているのは当該地の中期後半の栗林期である。
　ちなみに、北部九州での目釘式石戈の下限は、佐賀市村徳永遺跡SH102号住居跡例のように後期初頭例がある（佐賀市 1990）。
　これらの年代観は、青銅器が副葬される金海式甕棺を前期末としてきた九州の土器と青銅器研究者に責任の一端があるが、青銅器に関しては近畿の先進性を主張する近畿の研究者の存在があるように（岩永 1980）、このような研究姿勢に責任の大半がある（柳田 2009b）。しかし、少なくとも1984年以後の福岡市吉武遺跡群の発掘調査で金海式甕棺墓に城ノ越式小壺と青銅器が共伴して（力武ほか 1996）、拙稿（1981・1983～）の中期初頭説が証明されたにもかかわらず、金海式

写真1　奈良県唐古鍵遺跡の前期末とされる打製石戈

甕棺と出土青銅器の前期末説に固執する研究者が実在するのも現実である（武末 2004・2011、橋口 2007）。

　長野県での石戈の製作地は、中野市榎田遺跡で磨製石戈の未成品が出土しており、榎田遺跡は太型蛤刃石斧が製作されていることからも当該地で製作されたと考えられる。

　石戈が栗林式期に盛行している同一地域に、銅戈が存在するであろうか。北部九州では、古式石戈（下條のA型式・BIa式）が銅戈の分布しない東北部九州で出現することは知られている。ところが、新式石戈（BIb式・BII式・C式）になると北部九州の中枢部にも分布するようになる（下條 1976・1982）。古式石戈は遠賀川流域で出現すると同時に墳墓に副葬されることも知られていることから、下位首長段階の武器であったことにもなるが、時期が下降すると北部九州では集落や墓などの祭祀に使用される丹塗土器に共伴することも知られている（中村 1999）。

　再度「大阪湾型銅戈」が普及分布しているのに、その模倣品である石戈が同一地域に分布するであろうか。やはり、柳沢遺跡の埋納坑の時期が重要な鍵を握っている。埋納坑が中期後半の包含層に切り込まれているのであれば、後期以後である可能性が限りなく強いことになる。本書では、青銅器を物差しとした北部九州と以西地域との併行関係を追究してきた。青銅武器が普及していれば、その模倣品である石製武器は必要ないはずである（柳田 2004）。すなわち、宮渕本村遺跡石戈のような九州型石戈が中期後半以前に当該地に到着していたところに、「大阪湾型銅戈」の情報が遅れて到着することによって、その模倣品である有樋式石戈が当該地で製作されたのである。したがって、従来のような当該地に存在する「大阪湾型銅戈」を模倣して有樋式石戈が製作されたという図式は成立しない。

　武器形青銅器のように武器形石製模倣品も、東漸するほど形態改変が著しい。無樋型石戈では、鋒の折損で鋒を蛤刃に改変する手法は滋賀県鴨田遺跡石戈に見られるが、有樋型石戈では奈良県鴨都波遺跡石戈のように援部の折損にもかかわらず、再加工で鋒を尖るように努力している。しかし、東日本の新潟県巻遺跡石戈・長野県松原遺跡1号石戈・群馬県古立東山遺跡石戈・富岡市鏑川遺跡石戈のように援部折損時に短鋒になると鋒部蛤刃研磨が恒常化している。いかに、激しい使用法が存在したかが想定できる。

　石川日出志は、無樋式石戈I類に長野県黒沢川右岸遺跡例、IIa類に長野県宮渕本村遺跡例と長野県榎田遺跡未製品例、IIb類に長野県普門寺遺跡例・同笠倉遺跡例・同西一本柳遺跡例などを例示する。さらに、西一本柳遺跡例を斧刃と想定して、有樋式石戈の斧刃から合わせて「有角石器」への型式変遷も想定している（石川 2009）。黒沢川右岸遺跡例・宮渕本村遺跡例の時期が不明であるが、型式変遷としては肯定できるし、筆者もこれが九州型と考える。長野県普門寺遺跡例・笠倉遺跡例は西日本的に鋒を尖らす努力をしていること、内部分に大きな穿孔が存在することを考慮すると、「有角石器」に型式変遷するとは考えられない。石川のIIb類は、九州型の単孔式石戈に系譜をもつと考えている。

　有樋式石戈が援を折損した後に斧刃化することは肯定できるが、松原遺跡25号住居跡例・群馬県古立東山遺跡42号住居跡例のように、斧刃になるのはあくまでも二次的加工であり、型式設定できるものではない。しかも、「有角石器」の型式分類が完成できているとはいえない現状

第 6 章　青銅器祭祀の考察

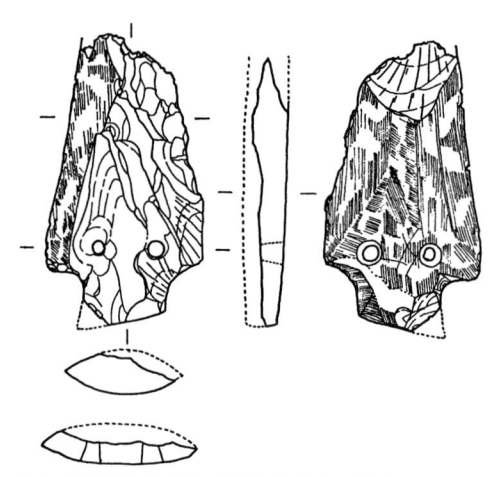

図 2　長野県黒沢川右岸遺跡石戈実測図（山田 1980）

を打破することが前提である。

「有角石器」には、弱い樋をもつ例があり、かつて難波は「石斧化した有樋石戈が有角石斧の成立に関与した可能性」を述べていた（難波 1986）。今回紹介した石戈に酷似する國學院大學資料館蔵品（図 10-1）など問題が山積している。「有角石器」は東関東から東北地方東南部に分布することが知られている。これを「有角石斧」とする説もあったが、1959 年の小林行雄『古墳の話』に「弥生時代の三つの地域」という有名な分布図以後、神庭荒神谷遺跡発見以後の 1985 年に近藤喬一が著し、多くの図録が採用する分布図が「有角石斧」とされている（近藤 1985、岩永 1997）。

石川はこれまで有孔石剣とされていた栗林遺跡 3 例（第 5 章 2 の写真 15・17・18）の存在と変化を想定していないことから、無樋式石戈から「有角石器」への型式変化は考えられない。さらに、これも有孔石剣とされている西一本柳遺跡例・笠倉遺跡例・御社宮司遺跡例を九州型磨製石戈からの中部地方での変化と考える。

以上を整理して無樋式石戈を型式分類すると、Ⅰ型式―福岡県熊野神社遺跡例（中村Ⅰ類）、Ⅱ型式―馬場山遺跡 1 号戈（中村Ⅱ類）、Ⅲ型式―元松原遺跡例（中村Ⅲ類）、Ⅳ型式が内を省略された型式とする（中村 1997）。東日本に分布する型式は、Ⅲ型式の中に黒澤川右岸遺跡例（石川Ⅰ類）と細分して群馬県古立東山遺跡例を位置づけ、石川日出志のⅡa 類がその亜種とする。

なお、目釘式石戈の型式分類は、寺前直人の業績を尊重してこれに準じるが、B 類のうち穿孔式を C 類として追加し、北部九州の古段階を CⅠ式、中段階を CⅡ式、新段階を CⅢ式、最新段階を CⅣ式とする。長野県宮渕本村遺跡例・同榎田遺跡例（石川Ⅱa 類）が古段階の可能性があり、長野県栗林遺跡例（第 5 章 2 写真 15・17）が中段階、長野県普門寺遺跡例・笠倉遺跡例・西一本柳遺跡例（石川のⅡb 類）が新段階、長野県栗林遺跡例・同宮渕本村遺跡例（第 5 章 2 写真 15・17・18・19）が最新段階。長野県の目釘がない無胡形の扁平な蟻ヶ崎遺跡 2 例（第 5 章 2 写真 14）を B 類に含めて位置づける。

有樋式石戈の型式分類は、Ⅰ型式―福岡県金丸遺跡 1 号土坑墓例、Ⅱ型式―奈良県鴨都波遺跡

3 青銅武器・武器形青銅器模倣品

例・大阪府東奈良遺跡例・同西ノ辻遺跡例（中村Ⅰ・Ⅱ類）、Ⅲ型式—新潟県潟町巻遺跡例・長野県沢村遺跡例・群馬県西久保遺跡例と細分して新段階に長野県松原遺跡25号住居跡例・群馬県鏑川川底例、Ⅳ型式—長野県松原遺跡例（中村Ⅳ類）とする。

　磨製石戈が信州に早く伝搬する訳は、ヒスイ勾玉の獣形・定形勾玉は北部九州に限定して分布することから、早ければ前期、遅くとも中期前半には新潟県西部の糸魚川流域との交流が実現していたからに他ならない。

(3) 磨製石鏃

　磨製石鏃に関しては、考察できるほどの数を実測していないので、その概要をまとめるにとどまる。磨製石鏃は長野県に多出することから、町田勝則の論考を参考にしたい（町田1999）。町田は、1.製作技術的特徴、2.機能的特徴、3.型式的特徴を考察しているので、この順番にまとめてみる（町田1999）。

　製作技術的特徴では、石材が粘板岩・泥岩・凝灰岩などの堆積岩、あるいは千枚岩・緑色片岩などの変成岩類の軟質であること。第5章3で写真を掲載した松本市県町遺跡では、46点中19点（41％）が千枚岩、31％が珪質凝灰岩、22％が粘板岩で、県町遺跡の主要な石材だという。しかも、中期後半の集落の1/4以上の住居で磨製石鏃の生産が行われており（関沢1990）、長野県内23遺跡中未製品の占める割合が50％を超える遺跡が13ヶ所、そのうち75％を超える遺跡が8ヶ所存在する（町田第46図）。

　機能的特徴は、磨製石鏃の大きさ（長さ）には2群があり、長さ3cm以下の一群と3cm以上5cm未満の一群がある。材質の軟らかさから殺傷威力の弱さを指摘した藤森栄一（1951）後、県町遺跡で「打製」と「磨製」の法量比較から幅と重量の属性に関しての相似性と、長さに関しての差異を明らかにし、磨製石鏃の長さの優位性を指摘した関沢聡（1990）を評価している。

　その関沢は、「狩猟に依存する割合が低いと考えられる弥生時代の中期後半に突然現れ、しかも狩猟に適さない低地の集落で大量生産が行われた磨製石鏃の用途については人間を標的とする武器と考えたい」とする（関沢1990）。

　型式分類では、大別して有茎式・無茎式の2種が設定されている。長野県を中心とする中部日本地域の磨製石鏃が無茎を主体とし、かつ有孔式であることを先学の多くが指摘していたとする。

　有孔式磨製石鏃が信濃での特徴といわれていながら、その系譜について議論されたことがあるのだろうか。北部九州を含む西日本地域の磨製石鏃が無孔だから対照にされなかったらしいが、少なくとも北部九州の朝鮮半島系B型式無茎式磨製石鏃は中期前半までであり、それも銅鏃の模倣である（柳田2004）。そもそも、磨製石製武器は金属製武器の模倣であることからすれば、その系譜を金属製鏃に求めるのが正論ではなかろうか。

　有孔式磨製石鏃の系譜について管見では、関沢聡が県内では湯倉洞窟遺跡・唐沢岩陰遺跡で縄文時代後・晩期～弥生時代にかけての有孔の骨鏃に求めている（関沢1990）ものしかないが、その骨鏃も時期が確定できるものではなさそうで、同時期に共存するものであろう。

第6章 青銅器祭祀の考察

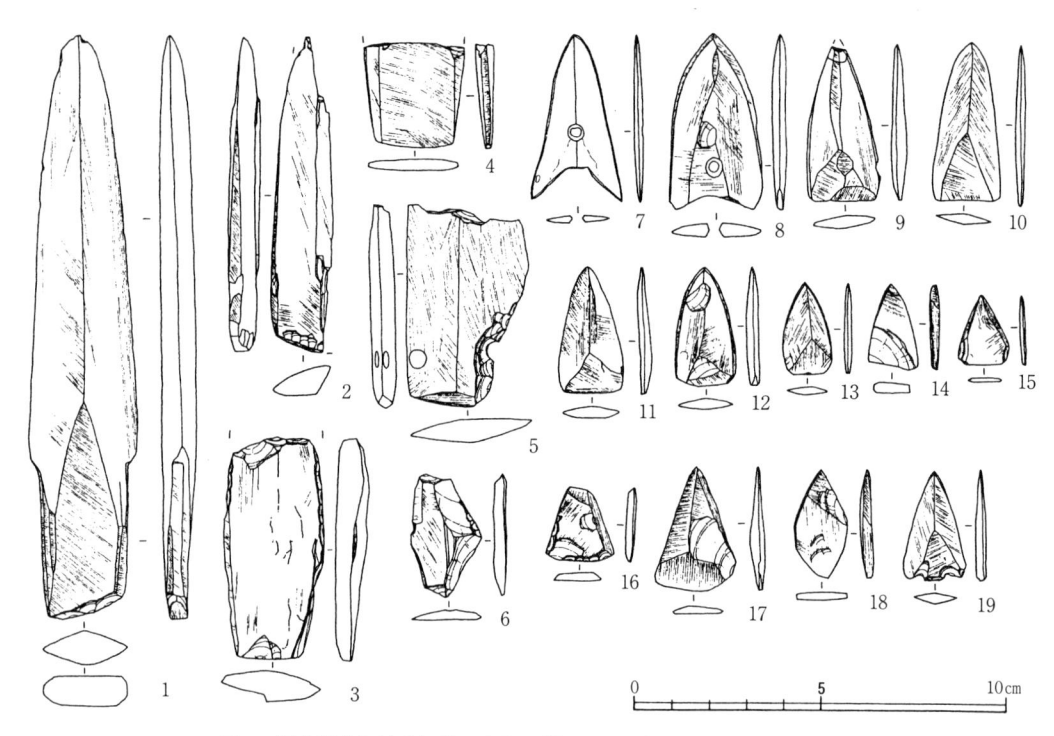

図3 福井県吉河遺跡銅鏃・磨製石剣・磨製石鏃 (1/2)（赤澤 2009）

　北部九州では、弥生中期後半になると佐賀県三津永田遺跡例のような無茎有孔式銅鏃が出現し、後期初頭以後になると無茎有孔式鉄鏃が出現することが知られている（柳田 1986・2002）。福井県敦賀市吉河遺跡（赤澤 2009）・石川県吉崎次場遺跡（石川県埋蔵文化財センター 1988）の有孔式銅鏃の存在を考慮すると、中四国以東から近畿地方で稀有な有孔式磨製石鏃が、なぜ長野県を中心とした中部地方に分布するのかを、太型蛤刃石斧・赤塗り土器・墓制を含めて北部九州との関連を真摯に考えるときにきている。

引用・参考文献

赤澤徳明　2009「福井県における弥生時代の集落様相」『まいぶん講座フォーラム報告2弥生時代の北陸を探る』石川県小松市教育委員会

石川県埋蔵文化財センター　1988「吉崎・次場遺跡」『県営ほ場整備事業に係る埋蔵文化財発掘調査報告書』2

石川日出志　2009「中野市柳沢遺跡・青銅器埋納坑調査の意義」『信濃』61—4　信濃史学会

岩永省三　1980「弥生時代青銅器型式分類編年再考―剣矛戈を中心として―」『九州考古学』55　九州考古学会

岩永省三　1997『歴史発掘⑦　金属器登場』講談社

近藤喬一　1985「銅剣・銅鐸と弥生文化」『古代出雲王権は存在したか』山陰中央新報社

佐賀市教育委員会　1990「村徳永遺跡」『佐賀市文化財調査報告書』32

設楽博己　1996「木目状縞文様のある磨製石剣」『信濃』47—4　信濃史学会

下條信行　1976「石戈論」『史淵』113
下條信行　1982「武器形石製品の性格」『平安博物館研究紀要』7
関沢　聡　1990「松本市県町遺跡緊急発掘調査報告書―磨製石鏃について」『松本市文化財調査報告』82
第2阪和国道内遺跡調査会　1971『第2阪和国道内遺跡発掘調査報告書』4
武末純一　1982「有柄式石剣」『末盧國』六興出版
武末純一　2004「弥生時代前半期の暦年代」『福岡大学考古学論集―小田富士雄先生退職記念―』
武末純一　2011「沖ノ島祭祀の成立前史」『「宗像・沖ノ島と関連遺産群」研究報告Ⅰ』福岡県
種定淳介　1990a「銅剣形石剣試論（上）」『考古学研究』36―4　144　考古学研究会
種定淳介　1990b「銅剣形石剣試論（下）」『考古学研究』37―1　145　考古学研究会
田原本町教育委員会　1981『唐古・鍵遺跡第10・11次発掘調査概報』
寺前直人　2010『武器と弥生社会』大阪大学出版会
中村修身　1997「石戈の形態分類と編年（再考）」『地域相研究』25　地域相研究会
中村修身　1999「戈からみた祭祀と埋納」『北九州市教育文化事業団埋蔵文化財調査室研究紀要』13
長野県　1988『長野県史　考古資料編』
難波洋三　1986「戈形祭器」『弥生文化の研究6　道具と技術Ⅱ』雄山閣
難波洋三　2009「柳沢遺跡出土の銅鐸と銅戈」『開館15周年　平成21年度秋季企画展　山を越え川に沿う―信州弥生文化の確立―』長野県立歴史館
西口陽一　1989「近畿・磨製石剣の研究」『大阪文化財論集』財団法人大阪文化財センター設立15周年記念論集
橋口達也　2007『弥生時代の戦い―戦いの実態と権力機構の生成』雄山閣
速水信也編　1984「井上北内原遺跡」『小郡市文化財調査報告書』20
藤森栄一　1951「信濃北原遺跡出土石器の考古学的位置について」『諏訪考古学』6　諏訪考古学研究会
町田勝則　1999「榎田遺跡4.考察（1）磨製石鏃」『長野県埋蔵文化財センター発掘調査報告書』37
村上　敦　1994「木舟・三本松遺跡」『二丈町文化財調査報告書』9
村上　勇・川原和人　1979「出雲・原山遺跡の再検討―前期弥生土器を中心にして―」『島根県立博物館調査報告』2
柳田康雄　1981「三雲遺跡Ⅱ」『福岡県文化財調査報告書』60
柳田康雄　1982「原始」『甘木市史』甘木市
柳田康雄　1983「伊都国の考古学―対外交渉のはじまり―」『九州歴史資料館開館十周年記念大宰府古文化論叢』吉川弘文館
柳田康雄編　1984『甘木市史資料　考古編』福岡県甘木市
柳田康雄　1986「青銅器の創作と終焉」『九州考古学』60　九州考古学会
柳田康雄　1995「弥生時代の諸形式とその時代への疑問」『東アジアの古代文化』85　大和書房
柳田康雄　2002『九州弥生文化の研究』学生社
柳田康雄　2003「出土遺物の観察」『古代学研究』160　古化学研究会
柳田康雄　2004「日本・朝鮮半島の中国式銅剣と実年代論」『九州歴史資料館研究論集』29
柳田康雄　2005「青銅武器型式分類序論」『國學院大學考古学資料館紀要』21
柳田康雄　2006「中国地方の青銅武器」『喜谷美宣先生古稀記念論集』
柳田康雄　2007「銅剣鋳型と製品」『考古学雑誌』91―1　日本考古学会

柳田康雄　2008a「青銅武器・武器形青銅祭器の使用痕」『橿原考古学研究所論集』15　八木書店
柳田康雄　2008b「銅戈の型式分類と生産・流通」『古代学研究』180　古代学研究会
柳田康雄　2008c「弥生時代の手工業生産と王権」『國學院雑誌』109―11　國學院大學
柳田康雄　2009a「弥生時代青銅器土製鋳型研究序論」『國學院雑誌』110―6　國學院大學
柳田康雄　2009b「武器形青銅器の型式学的研究」『月刊考古学ジャーナル』590　ニュー・サイエンス社
柳田康雄　2010a「弥生王権の東漸」『日本基層文化論叢　椙山林継先生古稀記念論集』雄山閣
柳田康雄　2010b「日本出土青銅製把頭飾と銅剣」『坪井清足先生卒寿記念論集』
柳田康雄　2011a「佐賀県中原遺跡青銅器鋳型の実態」『古文化談叢』65―3　九州古文化研究会
柳田康雄　2011b「青銅器とガラスの生産と流通」『講座日本の考古学5　弥生時代上』青木書店
柳田康雄　2011c「沖ノ島出土銅矛と青銅器祭祀」『「宗像・沖ノ島と関連遺産群」研究報告Ⅰ』福岡県
山田瑞穂　1980「黒沢川右岸遺跡」『三郷村誌』Ⅰ　三郷村教育委員会
力武卓治・横山邦継編　1996「吉武遺跡群Ⅷ」『福岡市埋蔵文化財調査報告書』461

4 東日本の弥生−古墳時代移行期 —シナノにおける初期古墳と副葬鏡の様相から—

深澤太郎

(1) シナノの地域性
① フロンティアとしての「信濃−天竜」線

　考古学による時期区分は、あくまでも現代人の設定した便宜的な物差しに過ぎず、所謂「弥生時代」から「古墳時代」への移行過程に関しても、地域的な事情を鑑みれば、一様に進展したとは思われない。「日本」国家形成に至る道程も、3世紀前半から半ばにおける凡列島規模の社会的統合が画期の一つにはなろうが、既に弥生時代中期以降の九州北部では、前漢・後漢王朝という既製の「国家」と出会うことによって、同地域を中心とする社会的統合と、それに伴う首長間の階層分化が進んでいた（柳田 2002a）。そこでは、列島の外部から将来された様々な文物、とりわけ韓半島由来の武器形青銅器や、漢の鏡などが「威信財」として機能したのである。

　かかる弥生時代の大陸・半島系青銅製品に関しては、首長墓における武器形青銅器や鏡の副葬から始まった九州北部、武器形青銅器や銅鐸などの埋納行為に終始した瀬戸内・山陰・近畿・東海西部・中部、戈の模造品と思われる有角石器を用いた関東・東北南部のように、地域によって扱いの差異が認められる。また、青銅器を模倣した石製品・土製品・木製品などを用いた集団や、青銅器や青銅器関係の情報を受容しなかった集団も、モザイク状に分布していた。

　その内、信濃川（千曲川）・天竜川によって列島を縦断する地域より東側では、今のところ武器形青銅器や銅鐸の埋納例が見られない。青銅器を埋納する行為の意味する所については、なお議論を要するものと思われるが、この「信濃−天竜線」こそ、日本列島における青銅器祭祀のフロンティアと看做すことは可能であろう。しかも、長野県中野市の柳沢遺跡（長野県埋蔵文化財センター編 2008、石川 2009 ほか）のように、東日本唯一の銅戈・銅鐸共伴埋納例が、弥生時代後半に認められる事実は看過できない。何となれば、東日本有数の地域間交流拠点が、当時のシナノに存在した可能性が示唆される。つまり、この地域における弥生−古墳時代移行期の社会動向を把握するためには、限られた古墳出現期のみに注目するのではなく、少なくとも弥生時代後期から古墳時代前期まで見通した理解が必要になる（寺沢 1985）。

② 弥生時代後期から古墳時代前期のシナノ

　令制の「信濃国」域に相当するシナノには、千曲川下流域の善光寺平、同上流域の佐久平、犀川流域の松本平、そして天竜川流域の伊那谷などといった主要な生産・生活基盤が認められる。これらの地域は、それぞれ北信・東信・中信・南信の中枢を占めたが、養老5（721）年から天平3（731）年にかけて、南信の一部が「諏方国」として分置されるなど、歴史時代に至ってもなお、各々独自の地域性を保っていた。当然のように、弥生時代に遡ってシナノ全域が一体的な社会的統合を果たしていたとは評価できず、北信を中心とする中期後半の栗林・百瀬式土器分布圏、後期の箱清水式土器分布圏と、南信を中心とする中期の北原・恒川式土器分布圏、後期の座光寺原・中島式土器分布圏が対峙していた事実は、ここで改めて指摘するまでもなかろう。とりわけ

第6章　青銅器祭祀の考察

　弥生時代後期の北信は、ベンガラを塗った「赤い土器」が盛行し、後期後半になると刃関双孔鉄剣や螺旋状鉄釧が集中するなど、他地域に比べて特異な様相を示している（野島・高野 2002、野島 2004）。ちなみに、千曲市若宮箭塚出土のⅡAa式銅剣鋒部は（柳田 2007）、刃関双孔鉄剣の姿を思わせる大幅な加工を受けており、後期後半まで伝世・再利用されていた可能性も否定できない。

　それは一先ず措くとしても、弥生時代後期後半から古墳時代前期にかけて、土器の広域流通に見出されるような地域間交流が展開する中で、在地の墓制ではない周溝墓や高塚古墳が出現した（松澤 1980・1983、土屋 1998、直井 1998 ほか）。信越国境に近い北信地域では、鉄釧・硬玉製勾玉を伴う飯山市須多ヶ峯遺跡の方形周溝墓や、北陸系土器が纏まって出土した飯山市上野遺跡の方形周溝墓が知られる。また、千曲川を遡上した佐久平では、佐久市瀧の峯2号墳といった前方後方形低墳丘墓が営まれ、下流の飯山市勘介山古墳・中野市蟹沢古墳などの前方後方墳が続くようだが、発掘調査事例に乏しく具体像は詳らかでない。一方、中信でも、鉄釧やガラス玉の副葬が見られる塩尻市丘中学校遺跡や、同剣ノ宮遺跡の方形周溝墓が現れた。中信の高塚古墳としては、前方後方墳である松本市弘法山古墳が古い。もっとも、これらの出現期古墳等は、個々の事例が示すデータに粗密が著しいため、年代的な並行関係にも議論が残る所である。

(2) 鏡を副葬する初期古墳
①「弥生-古墳時代移行期」の社会システム

　ところで、ここで標題に掲げた弥生-古墳時代移行期とは、弥生時代後期から古墳時代前期に至る時期の仮称である。むしろ所謂「古墳時代」的、或いは「古墳」的なものは、弥生時代中期末以降の北部九州で成立した社会システムの変奏が、広く日本列島に波及したものと捉えることができよう。即ち、首長墓と見られる個人墓の造営と、鏡を頂点とする威信財分配システムの存在が（柳田 2002a・b・2010 ほか）、弥生-古墳時代移行期の特徴なのである。

　さて、このような前提に立って、改めてシナノを中心とする弥生-古墳時代移行期の様相を窺おうとすれば、畢竟松本平の様子を点検することが必要になってくる。本来であれば、この時期に初期古墳が多数見られる北信地域との比較が求められようが、正式な発掘調査によって、鏡の副葬が明らかとなったシナノの初期古墳は、中信のツカマ（筑摩）地域に所在する松本市弘法山古墳と、中山36号墳を措いてほかにないのである。

② 松本市並柳　弘法山古墳

　全長約63mの前方後方墳である弘法山古墳（斎藤・原・大塚・小林 1978、神沢・関沢・直井 1993）は、松本平東南部、中山丘陵北端の尾根上に位置する。墳丘は、主軸を東南-北西に取り、葺石を施す。後方部頂中央に営まれた全長約5.5m・横幅約1.3mの埋葬施設は、全長約8.8m・横幅約5.5mの墓壙に川原石を充填した礫槨であり、北東方向に頭位を向ける。

　礫槨内からは、斜縁獣帯鏡1面、ガラス製小玉738点以上、鉄製武器（鉄剣1口・鉄槍2口・銅鏃1点・鉄鏃24点）、鉄製農耕具（斧1点・不明農工具残片3点）が出土した。遺物出土状態から礫槨内部の様子を推察すると（図1）、ガラス小玉を連ねた頭飾・腕飾を身に付けた被葬者が納

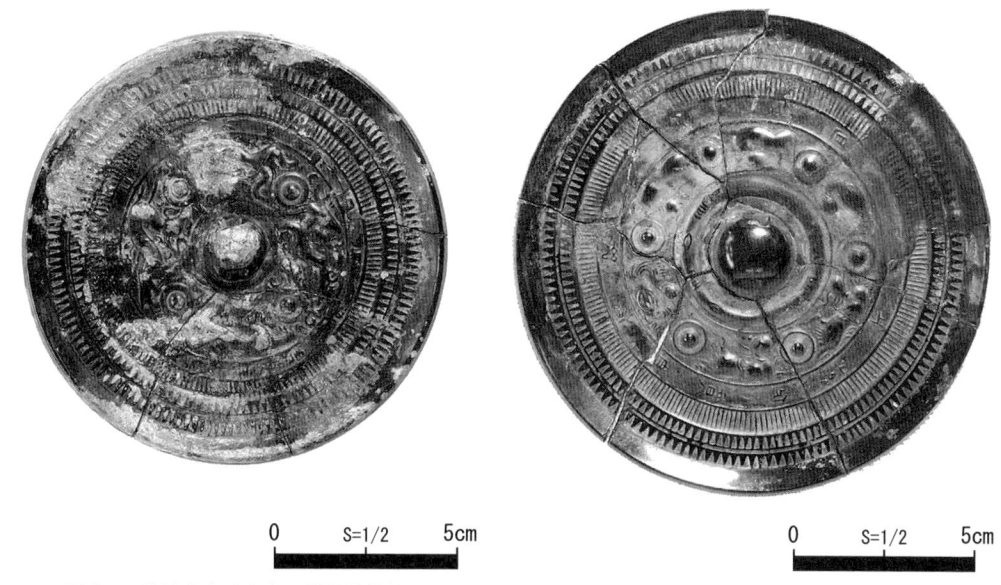

4 東日本の弥生–古墳時代移行期 —シナノにおける初期古墳と副葬鏡の様相から—

0　S=1/2　5cm　　　　　　　　　　　0　S=1/2　5cm

写真1　弘法山古墳出土　斜縁獣帯鏡　　　　写真2　中山36号墳出土　斜縁獣帯鏡

写真3　弘法山古墳出土　斜縁獣帯鏡　鈕孔

写真4　中山36号墳出土　斜縁獣帯鏡　鈕孔

(写真　柳田康雄)

第6章　青銅器祭祀の考察

められていたようである。ここで「頭飾」とした玉類は、原報告において「頸飾」と判断されていたものだが、腕飾の位置から 0.7m も離れた場所から出土しており、頸飾と考えることは難しい。また、3口出土したとされる「鉄剣」の内、把縁を山形に造形した2口は、呑口式の「槍先」である可能性が高い（菊地 1996）。鏡と銅鏃は、遺体の胸部付近に当たる場所に置かれていた。腰周りには、遺体周辺に撒かれていた朱の痕跡が残る。木棺の痕跡は残されていないが、棺の左右には、足元へ鋒を向けた鉄槍各1口が配され、石室北東隅に他の鉄剣・鉄鏃や鉄製農工具類が集中していた。なお、後方部頂からは、復元可能な畿内系壺1点、東海系の影響を受けた壺2点・高杯6点・小型高杯6点、手焙形土器1点を含む推計30点ほどの土器群が検出されている。

　出土遺物の内、面径 11.6cm の斜縁獣帯鏡（写真1・3）は、2世紀後半に製作された漢鏡7期第一段階の斜縁上方作系浮彫式獣帯鏡であり、銘帯に「上方作竟自有□青□左白虎居右」の文字を持つ。不鮮明な鏡背文様について、原報告は「鋳上りの悪さ」に起因するものと判断しているが、鈕孔周辺が明らかに「マメツ」しており、むしろ長期間の伝世が想定される。

③　松本市中山　中山 36 号墳

　仁能田山古墳とも呼ばれる中山 36 号墳は（原・小松 1972）、中山丘陵北端から和泉川を挟んだ東隣、棺護山の頂に位置する。直径約 20m の円丘状を呈するが、墳丘形態は不明である（原智之氏の教示によれば、方墳ないし、前方後方墳である可能性も指摘されているという）。度重なる盗掘を受けており、埋葬施設の実態も詳らかでない。しかし、その一部と見られる粘土層は、墳頂部中央の地下約 0.5m において認められ、全長約 4.0m・横幅約 1.5m・厚さ約

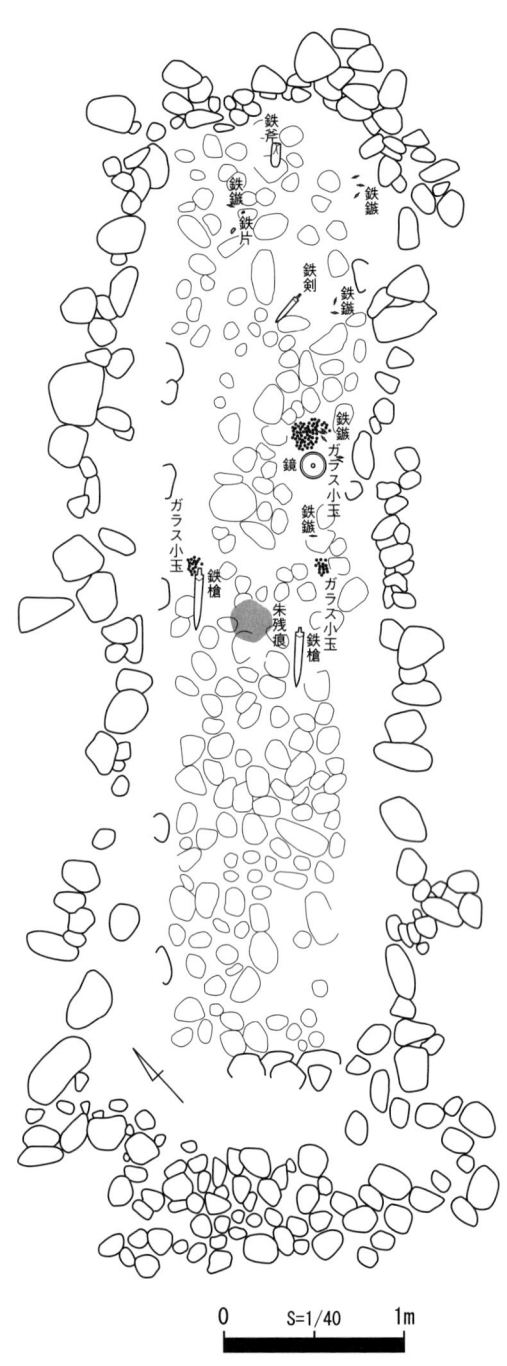

図1　弘法山古墳　遺物出土状況
（斎藤ほか 1978 再トレース一部改変）

0.1mにして、南北に主軸を取ることが判った。この粘土層は、直上に遺物が散布していることから、棺床と考えるのが妥当であろう。粘土層の南端では、若干の集石が確認されているが、原報告に「上面が乱れているのに、基部が小口積みになっていた」とあり、埋葬施設の一部を構成していた可能性がある。

　粘土層上からは、斜縁獣帯鏡1面、鉄鏃茎部残片1点が出土した。また、復元可能な東海系の影響を受けた壺1点を含む土器群が伴う。粘土層の南端に鏡、北端に鉄鏃・土器が認められたが、原位置を保ったままでの検出とは限らない。なお、鏡の背面に朱が付着しており、埋葬施設に朱の散布があった事実を窺わせる。

　出土遺物の内、面径13.0cmの斜縁獣帯鏡（写真2・4）は、2世紀後半に製作された漢鏡7期第一段階の斜縁上方作系浮彫式獣帯鏡であり、銘帯に「上方作竟自有紀宣□□」の文字を持つ。原報告では、「髪の毛ほどの細かい条痕が幾筋か全面に残り、その伝世の古さを語っている」との所見が示されており、鈕孔についても「長い伝世の結果、縁は丸くなり、摩滅が著しい」と報告されている。

(3) 副葬鏡の来歴とツカマ首長
① 初期古墳と鏡の伝世

　このように、松本平のツカマにおける初期古墳では、東海・近畿地方の影響を受けた土器群のほか、ガラス製装身具、銅鏡、有稜系鏃、鉄製武器といった、様々な由来のものが出土する。その年代観については、弘法山古墳出土の土器を検討した上で、畿内における庄内式期に併行すると評価した立場もあった（石野1985）。

　しかし、鏃群を見てみると（斎藤・原・大塚・小林1978）、庄内式期まで鉄鏃に限られていた有稜系の銅鏃が加わっているため、弘法山古墳の造営が古墳時代前期以降に降る事実は明白である（松木1991・1996）。また、有稜系鉄鏃に特徴的な亜種頸部（筧袋）を持つ事例が見られることから、水野B類に併行するものと考えるのが妥当であろう（水野2009）。そうすると、弘法山古墳の築造時期は、古墳時代前期前葉、およそ4世紀初頭あたりと見積もっておくことができる。弘法山古墳から首長系譜を受け継いだ可能性が高い中山36号墳も、時期的に大きく降ることはなく、4世紀前半の内に築造されたものと見たい。

　先述した通り、弘法山古墳・中山36号墳から出土した斜縁上方作系浮彫式獣帯鏡は、共に後漢後期の漢鏡7期第一段階に属するものとされ、2世紀後半に山東南部・江蘇北部で作られた徐州系統の鏡と考えられている（岡村1999）。つまり、これら後漢で製作された鏡は、古墳に副葬されるまで150年ほど伝世したことになる。両鏡ともに、鏡背文様が模糊としていることから、踏み返し鏡である可能性も指摘されているが（寺沢2005）、鈕孔の著しいマメツ状態から判断すれば、一定期間の伝世を認めざるを得ない（柳田2002b、写真3・4）。

　ところで、漢鏡7期第二段階に製作された鏡になると、分布の中心が北部九州から畿内へ移動するため（岡村1999）、後漢から畿内へ直接送られたと考えるのが妥当であろう。一方、それ以前の第一段階に属する本例は、北部九州を通してシナノに将来されたものと思われる。勿論、両鏡

が長期間伝世・使用された場所については、直ちに特定するための材料を持ち合わせていない。但し、北部九州から近畿北部・中部高地・東海・関東に分布する刃関有孔鉄剣は、早くも中期後葉前後から東日本へ伝播している。また、同じく北部九州に由来する鉄釧も、畿内を介さずに関東・中部に展開した。これらの事実は（野島 2004）、北部九州から近畿北部・北陸を経て、中部・関東までを結んだ社会経済関係の存在を示唆する。そうすると、一部の後漢鏡が、ある程度早い時期に、北部九州から東日本へもたらされた例外的な可能性も、あながち否定できないと思うのである。

② ツカマ首長の姿

では最後に、弘法山古墳の鏡に共伴する資料から、松本平のツカマにおける最初の王の姿を垣間見ておきたい。礫槨内に安置された被葬者の両脇には、鋒を足元に向けた鉄槍が1口ずつ配され、有稜系鉄鏃を含む鏃群が各所に副葬されている状況が看取される。これらの武器類は、九州北部や山陰・近畿北部での多量副葬は顕著でないため（野島 2004）、瀬戸内北岸・畿内とシナノの直接的な関係によって入手された可能性が高い。弥生時代後期に日本海ルートで北部九州と結びついていたシナノは、古墳時代に入ると新式の鉄槍や有稜系鉄鏃といった儀仗類を、ヤマト政権との関わりにおいて手に入れたのであろう。なお、原報告が「頸飾」としていた頭飾は、ヘアバンド状の布にガラス小玉を縫い込んだものが想定されるが、これは弥生時代後期の首長層にとって、最高級の装身具であった（仁木 2007）。ここに埋葬されたツカマ首長は、北部九州を経てもたらされた後漢鏡や、ガラス小玉の頭飾といった前時代的姿を示す一方、鉄槍や有稜系銅鏃という新式の副葬品を用いるなど、まさに「古墳時代」的な姿をも見せている（川西 1990）。

このような様相は、威信財のトレンドを発信する地域が、北部九州から畿内、すなわち西日本と東日本の結節点へ中心を遷したことと無関係ではない。ここ松本平も、日本海側の北信と太平洋側の南信を結ぶ、「信濃－天竜」線の結節点であり、弥生時代後期後半の田川流域では、座光寺原・中島式土器分布圏の特徴を持つ方形周溝墓に、箱清水式土器分布圏に顕著な鉄釧や、多量のガラス小玉を副葬していた（青木 2001）。これに続く弘法山古墳の首長系譜は、中山36号墳を経て、直径約30mの円墳と見られる中山35号墳などが連なるようだが（桐原 1980）、その後はシナノの他地域と比べ、大型古墳の造営に力を振るわない。しかし、塩尻から安曇野まで見渡すことができるツカマが、シナノ各地を結ぶ要衝の地として、弥生－古墳時代移行期に重きをなしたことは、地理的な環境から見ても合理的な事実と言うことができる。

引用・参考文献

青木一男　2001「倭国大乱期前後の箱清水土器様式圏」『信濃』53―11　信濃史学会
石川日出志　2009「中野市柳沢遺跡・青銅器埋納坑調査の意義」『信濃』61―4　信濃史学会
石野博信　1985「長野県弘法山古墳の検討」『信濃』37―4　信濃史学会
岡村秀典　1999『三角縁神獣鏡の時代』歴史文化ライブラリー66　吉川弘文館
川西宏幸　1990「儀仗の矢鏃―古墳時代開始論として―」『考古学雑誌』76―2　日本考古学会
神沢昌二郎・関沢　聡・直井雅尚　1993『弘法山古墳出土遺物の再整理』松本市文化財調査報告111

松本市教育委員会
菊地芳朗　1996「前期古墳出土刀剣の系譜」『雪野山古墳の研究』考察編　八日市市教育委員会
桐原　健　1980「松本市中山の古墳、古墳群―既掘古墳記録と中山考古館収蔵資料の提示―」『長野県考古学会誌』36　長野県考古学会
斎藤　忠・原　嘉藤・大塚初重・小林三郎　1978『弘法山古墳』長野県松本市弘井法山古墳発掘調査報告　松本市教育委員会
土屋　積　1998「成果と課題―善光寺平北部の古墳出現前夜―」『上信越自動車道埋蔵文化財発掘調査報告書14』（財）長野県埋蔵文化財センター発掘調査報告書28　長野県埋蔵文化財センター
寺沢　薫　1985「弥生時代舶載製品の東方流入」『考古学と移住・移動』同志社大学考古学シリーズⅡ　同志社大学考古学シリーズ刊行会
寺沢　薫　2005「古墳時代開始期の暦年代と伝世鏡論（上）・（下）」『古代学研究』169・170　古代学研究会
直井雅尚　1998「松本平南部の弥生集落の変遷」『平出博物館紀要』15　塩尻市立平出博物館
長野県埋蔵文化財センター編　2008『北信濃　柳沢遺跡の銅戈・銅鐸』信濃毎日新聞社
仁木　聡　2007「山陰の弥生墓と副葬された玉製品―頭飾を中心にして―」『四隅突出型墳丘墓と弥生墓制の研究』島根県古代文化センター
野島　永・高野陽子　2002「近畿地方北部における古墳成立期の墳墓（3）」『京都府埋蔵文化財情報』第83号　（財）京都府埋蔵文化財調査研究センター
野島　永　2004「弥生時代後期から古墳時代初頭における鉄製武器をめぐって」『考古論集』河瀬正利先生退官記念論文集　河瀬正利先生退官記念事業会
原　嘉藤・小松　虔　1972「長野県松本市中山第36号古墳（仁能田山古墳）調査報告」『信濃』24―4　信濃史学会
松木武彦　1991「前期古墳副葬鏃の成立と展開」『考古学研究』37―4　考古学研究会
松木武彦　1996「前期古墳副葬鏃群の成立過程と構成」『雪野山古墳の研究』考察編　八日市市教育委員会
松澤芳宏　1980「北信濃北半における前方後方墳の発見とその意義」『高井』52　高井地方史研究会
松澤芳宏　1983「飯山・中野地方の前半期古墳文化と提起する諸問題」『信濃』35―3　信濃史学会
水野敏典　2009『古墳時代鉄鏃の変遷にみる儀仗的武装の基礎的研究』平成18年度～平成20年度科学研究費補助金基盤研究（C）『古墳時代鉄鏃の変遷にみる儀仗的武装の基礎的研究』（課題番号18520598）研究成果報告書　奈良県立橿原考古学研究所
柳田康雄　2002a「伊都国研究序説」『九州弥生文化の研究』学生社
柳田康雄　2002b「摩滅鏡と踏返し鏡」『九州歴史資料館論集』27　九州歴史資料館
柳田康雄　2007「銅剣鋳型と製品」『考古学雑誌』91―1　日本考古学会
柳田康雄　2010「弥生王権の東漸」『日本基層文化論叢』椙山林継先生古稀記念論集　椙山林継先生古稀記念論集刊行会

5　東日本の青銅器祭祀 —西日本との比較から—

椙山林繼

（1）はじめに
①　弥生時代の年代観

　弥生時代、弥生文化期とは、どのような文化、どのような政治体制の時代であるのか。そして、それは絶対年代からして何時であるのか、学者間でも多くの意見があり、幅を持った言葉となっている。特に、年代観については、自分の考えを述べておく必要があると思うので、はじめに記しておくことにする。

　弥生時代の始まりについては、近年、佐倉の国立歴史民俗博物館を中心とするメンバーによって、放射性炭素14の半減期を利用した年代から、B.C.1,000年代が提唱された（春成ほか 2003・2004）。これ以前の縄文時代の年代論が、皆この^{14}Cによっている以上、同様の考え方は可能であろうが、まだ文化状況の跡付けがなされてはいない。筆者は、B.C.250年頃に弥生時代中期となり、北九州で青銅製の武器が急激に増加し、多鈕細文鏡と呼ばれる鏡が甕棺墓世界に埋納される時期からが、比較的文化現象の追える時代と考えている。B.C.50年頃には、同じ甕棺墓世界に、中国大陸から直接的に流入した鑑鏡が入り、当時の大陸と列島が即時的に連携を持つ地域となった。A.D.50年頃に統一を果たした北九州勢力は東進しA.D.150年頃に畿内に古墳時代を成立させるに至った。これ以前に、畿内を中心に展開していた弥生文化、特に銅鐸世界は、この北九州から来た世界に呑み込まれ、覆われていく。A.D.0年前後に出現した銅鐸は、急速に発達し、次々に埋められていき、最終的に大型化を迎えて消滅していった。銅鐸世界は、方形周溝墓の世界とは、必ずしも同一と言えないが、多くの重なりを持っている。北九州から興りながら、瀬戸内で育ち、近畿を中心とした後漢鏡を持つメンバーは、かつての銅鐸文化圏と同じ範囲内に先ず定着し、A.D.200年代に関東地方へ、A.D.300年代には東北南部へ、A.D.400年代にはほぼ東北地方全域に勢力を伸長していく。

②　青銅器の地域性

　北九州において、甕棺墓世界がA.D.50年頃に消えていくと同時に、政治の中心が北九州から移動しているのであるが、即近畿に移るのではなく、しばらく時間を必要とした。その間には、近畿を中心とする別の弥生文化が存在していたことになる。つまり、A.D.150年頃に終わる弥生文化は、北九州を中心としていたものと、畿内を中心としていたものに大きく2分されていた。

　青銅製武器については、剣にこだわった九州は半島的であると言える一方、戈にこだわった近畿は大陸的とも言えるが、大陸鏡を多量に入手し得たのは明らかに北九州であり、時期的にも早い。鏡へのこだわりは、北九州文化と言える。しかし、政治の中心が近畿に移った後は、鏡の入手は北九州ではなく、近畿中心となる。但し、A.D.100年頃までは、北九州春日地方に工業生産拠点とでも言うべき地域が残っていた。本稿では、このような前提の下に、東国の状況を考えてみたい。

(2) 東日本の青銅器と祭祀具

　東国と言えば美濃より東を指し坂東と、言うと碓氷・足柄の坂より東であろうが、弥生文化或いは古墳時代初め頃の東国はどの範囲であろうか。今回、縁辺部とも言うべき地域の遺物を再確認することによって、興味深い様相が見えてきた。

　もっとも、弥生文化と言っても長期間であり、その個々の属性や、文化現象を追っていくべきであろうが、集落構造の地域による差異なども、必ずしも明らかな状況ではない。また、弥生文化が古墳文化に急激な変化を見せずに移行する場合と、顕著な変化を見せる場合がある。

① 銅　鐸

　個々の文化現象の一つとして、先ずは銅鐸について見ておこう。銅鐸は、高さ20cmを超す菱環鈕式銅鐸が出現して以来、30cmを超し、50cmを超え、最終的には三遠式や近畿式と呼ばれる巨大化したものになって消えていく。銅鐸は、多発的に出現するのではなく、一ヶ所に出現し、かなり早い期間に分布範囲を拡大したものと考えられるが、未だその出現地は明らかでない。佐原眞氏の言う菱環鈕式が古い型式であることは（佐原2002ほか）、反論の余地がないように考えられるが、この段階から横帯文が優先し、最後まで変化しない。この事実は、銅鐸に対する考え方が大きくは変化しなかったことを示している。また、制作され、使用された時間も、それほど長くなかった可能性を考えさせられる。このような銅鐸は、長野県で6個体以上が発見された。その内、新しく発見された柳沢遺跡の銅鐸は破片となっているが、5個共に高さが20cm強であり、私の考えでは相対的に古いものである（長野県埋蔵文化財センター編2008、石川2009ほか）。同時に発見された銅戈8口も、厚みのあるものである。長野県内から群馬県内で発見されている銅戈の破片も、これに続くものであろう。

　また、小銅鐸とされるものが、静岡県7個、神奈川県3個、東京都2個、千葉県8個、栃木県1個、群馬県1個と、明らかに通常の大きさの銅鐸が認められない東側地域で多く発見されている。これまでにも指摘されていた事ではあるが、この傾向は今後も変化しないであろう。しかし、この小型銅鐸は、通常の大型銅鐸の多くが鰭を上下として、横位に埋められているのに対し、このような形で複数埋納されていた例は無い。小型銅鐸と大型銅鐸の埋納法、強いて言えば祭祀法が同じであったか否かについても、まだ疑問が多いのである。また、報告されている同伴の遺物などから言えば、古墳時代に入る小銅鐸もあるようである。銅鐸形の土製品や石製品にも、同様のことがあり、後に残存した文化現象もあったように考えられる。

② 銅　鏡

　東日本において、漢鏡の明らかなものは、古墳時代に伝世したと思われるものはあるが、弥生時代とされる住居址、墳墓等からの出土は殆ど知られていない。しかし、小型の仿製鏡と思われるものが数面ある。

　昭和39（1964）年夏、東京都八王子市宇津木向原遺跡で、4区5号住居址から直径約6cmの鏡が、赤彩された大型高杯と共に検出された。鈕が欠損し、縁辺に2孔を穿って懸垂したもので、後に八王子市郷土資料館の小川貴司氏が、『郷土資料館だより1982』に、7弧で四葉座を持つ内行花文鏡であろうと報告している（小川1982）。幅広の平縁が、ややカマボコ状となっており、

第6章　青銅器祭祀の考察

鈕まわりの四葉座には少々疑問もあるが、鈕が摩耗して上部を失って以後、懸垂用に2孔を穿っている事実は、かなり長期に使用されたことを物語っており、東海系と思われる大型赤彩高杯が弥生時代終末期としても、伝世地・伝世期間を考えてみなければならない資料である。

また、埼玉県さいたま市三崎台遺跡52号住居址の出土鏡は（笹森・小川・田代編 1996）、本書でも別に報告があるが、面径約7.66cmで、平縁内に櫛歯文、二重凸線などの内側に内行花文を持つものである。群馬県安中市西上磯部の長谷津遺跡でも、竪穴住居址内から3片の鏡片が出土し、同一鏡のものとして平成24（2012）年1月に新聞発表があった（1月19日付『上毛新聞』）。これは、弥生時代後期のものとされ、径約6cm、平縁内に鋸歯文帯、凸線、8個の内行花文を復原することができる。鈕、及び鈕座については明らかでない。

類似した鏡は、古墳時代の例も知られているが、これらの鏡の鏡背文が、何れも内行花文であることは注意される。そして、櫛歯文帯や鋸歯文帯を持ち、これらが前漢末の小型鏡、照明鏡や日光鏡の流れではなく、後漢の内行花文鏡の模倣と思われる点も共通している。石川県金沢市の大友西遺跡から出土した径約6.8cmの鏡も同様であろう（出越・谷口・前田編 2001）。このように見ると、これらは1世紀後半にならないと出現しないものと考えることができる。また、何れも使用痕が見られ、伝世を考える必要があるため、製作年代に加えて、埋没の実年代が遅れることが注目される。

③　木器、その他

木製の祭祀具と思われるものは、琴をはじめ、木製剣等の資料も少なく、祭祀の具体的な把握は難しい。また、卜骨については、神奈川県の間口洞窟遺跡で早くから出土しているが（土屋編 1973）、これも弥生時代に限定すると類例はそれほど多くはなく、地域的な特徴を指摘するところまではいかない。さらに鉄器も、宮の台期、久ヶ原期以降の集落址からも出土し、関東地方でもかなり普及していたことは考えられるが、祭祀の用具として指摘できるものはない。弥生時代の独立した祭祀遺跡を、関東で明らかにできるものはなく、玉類等についても、具体的に祭祀に用いられたものと言える事例は見つかっていないのである。

(3) 墳墓祭祀との関わり

① 方形周溝墓の副葬品

関東の南部では、宮の台期に方形周溝墓が集落址と共に検出され、以後変遷を繰り返しながら弥生時代後期を通して用いられ、一部は古墳時代まで連続していく。方形周溝墓の多くは、中心に土壙による埋葬施設を持ち、四囲に溝を巡らせている。全体の規模は、数mから10数mのものが多く、20m、30mを超すものは殆どない。盛土も四周の溝の掘土を盛る程度で、あまり高いものではなかった。しかし、溝中に木材や樹枝を掘り据えた可能性も指摘されており、この周囲、あるいは墳頂に土器を並べて葬後のまつりが行われた可能性もある。墳頂部には、遺体に着装されていたか、副葬されたものか、ガラス玉、銅釧、少数の武器などが検出されている例がある。しかし、これらも数少なく、古墳時代の墳墓に見られるような、埋葬時、埋葬直後、さらにその後のまつりなどと判別できるような資料はない。筆者は、千葉県木更津市請西遺跡や、福井

県鯖江市王山・長泉寺山墳墓群の調査を担当したが、これらの多くは、やはり古墳時代の産物とすべきであろう。

② 再葬墓と玉を破砕する行為

この方形周溝墓は、近畿から伝播して南関東に定着したと考えられるが、その直前と思われる須和田式などの壺形土器を用いて再葬墓を営む文化圏が、北関東・南東北地域を中心に展開している。この再葬墓には、太い碧玉製管玉を打ち割って散布するなど、特異な行為が見られる。太形管玉という、弥生時代の特徴ある遺物を持ちながら、これを伴う集落遺構は少なく、縄文時代からの再葬墓の流れを汲むなど、その文化現象にはまだ解明されていない点が多い。

管玉を意図的に割ることは、この再葬墓の一つの特徴であるが、埋葬に伴って明らかに物を破壊した例は、佐賀県本庄町増田遺跡の甕棺内から検出された多鈕細文鏡1面（西田編 2000）、千葉県市原市神門4号墳の棺外から出土した翡翠勾玉（田中 1977）、福岡県糸島市平原遺跡の鑑鏡（柳田編 2000）など類例は少ない。もっとも、割られていたであろうとされるものは多いのだが、東日本の再葬墓では広い地域で同様な行為が見られ、土器の形態だけではなく、文化圏としても共通することが知られる。

(4) まとめ

西日本では、弥生時代の信仰に関係する遺跡は、青銅製武器・銅鐸等の埋納地、甕棺墓群の祭祀溝・墳丘墓等の祭祀遺構など多く見られる。この他、低湿地遺跡からの祭祀遺物の出土等もあって、徐々にまつりの復原考察が可能になりつつある。これに対して、東日本では縄文時代や古墳時代の信仰遺跡はあるものの、弥生時代の遺構は殆ど認められていない。

長野県中野市柳沢遺跡の銅鐸・銅戈の埋納遺構は、一部破壊されてしまったとは言え、唯一に近い遺構例である。しかし発見のされ方は単発であり、偶然的であるものの、青銅器、或いは青銅器模倣石製品・土製品なども存在している。今後、注意深く資料を採集することによって、当代の祭祀文化を究明することもできよう。

但し、銅鏡について触れた際にも述べた通り、使用時間の長さ、実年代の遅れなど、古墳時代の始まりとの関係で確認しなければならない問題も多い。土器や墳墓の多くが一部で継続的に移行するのに、青銅器生産は極度に落ち込むか、停滞するようであり、これが集中管理されて鏡生産に結びついていくのか、古墳出現期の状況を見直す必要がある。

引用・参考文献

石川日出志　2009「中野市柳沢遺跡・青銅器埋納坑調査の意義」『信濃』61—4　信濃史学会

小川貴司　1982「宇津木向原の青銅鏡」『郷土資料館だより1982』八王子市郷土資料館

笹森紀己子・小川岳人・田代　治編　1996『三崎台遺跡』大宮市遺跡調査会報告第56集　大宮市遺跡調査会

佐原　眞　2002『銅鐸の考古学』東京大学出版会

田中新史　1977「市原市神門4号墳の出現とその系譜」『古代』63　早稲田大学考古学会

土屋武人編　1973『間口洞窟遺跡』神奈川県立博物館発掘調査報告書第 7 号　神奈川県立博物館
出越茂和・谷口宗治・前田雪恵編　2001『大友西遺跡』金沢市文化財紀要 179　金沢市教育委員会
長野県埋蔵文化財センター編　2008『北信濃　柳沢遺跡の銅戈・銅鐸』信濃毎日新聞社
西田　巌編　2000『増田遺跡群Ⅳ』佐賀市文化財調査報告書第 111 集　佐賀市教育委員会
春成秀爾・藤尾慎一郎・今村峯雄・坂本　稔　2003「弥生時代の開始年代—^{14}C 年代の測定結果について—」『第 69 回総会研究発表要旨』日本考古学協会
春成秀爾・藤尾慎一郎・今村峯雄・坂本　稔　2004「弥生時代の実年代—^{14}C 年代の測定結果について—」『第 70 回総会研究発表要旨』日本考古学協会
柳田康雄編　2000『平原遺跡』前原市文化財調査報告書第 70 集　前原市教育委員会

あとがき

　本書は、例言で触れたような陣容で臨んだが、他事業との重複もあり必ずしも満足できる内容にならなかったことを最初に陳謝しなければならない。しかし、本書は弥生時代青銅器では西日本と比較すると少ないながらも東日本独特の弥生時代青銅器文化を研究できる資料を網羅した集成ができたものと確信できる。

　東日本でも、早い段階から青銅器が発見されて報告されていながら、研究の進展に即した実測図や写真が更新されてこなかった嫌いがある。西日本では、新しく同型式青銅器が発掘調査されることから、必ずしも古く偶然発見されていた資料を研究対象としなくても済んでいたが、東日本はそれでは解決できない。それを如実に物語るのが、長野県柳沢遺跡の多数の青銅器発掘調査を契機に東日本の青銅器文化研究が再燃したことである。しかし、これによって発表された論考では原典をコピーした図面をそのまま使用されて議論されている。原典を尊重する姿勢は何よりだが、青銅器研究の現状を把握されていないのが惜しまれる。特に出土品の実測図・写真には、それを報告した研究者の現時点での認識が表現されているものと考えている。今日でも行政の発掘調査は、必ずしもその遺跡の性格に応じた専門家が担当しているとは限らない。したがって、担当者の力量の内容で報告書が執筆されている。柳沢遺跡のような重要遺跡になると専門家による調査指導委員会が組織され万全を期すが、大半の遺跡ではそうではないことを元行政で発掘調査並びに報告書作成を担当していた一人として反省している。

　本書は、西日本を中心に青銅器文化を研究してきた者として、東日本の青銅器を初心に帰ったつもりで出土品を見直した。研究論文では掲載される図面が小さく、写真は掲載されることがない。そこで本書では可能な限り青銅器だけではなく、その石製模造品を含めて大きな実測図と写真を網羅・掲載して研究者に提示し、青銅器とその模造品が遺したメッセージを読み取る一助になればと願う次第である。

　本書をまがりなりにもどうにか纏めることができたのは、國學院大學に赴任した当初からお世話になってきた同僚の先生達のおかげであると感謝している。また、最後まで各種機関との調整にあたった大学院学生諸君にも感謝している。

　現地調査と実物資料調査に拘ったことから、最後の所蔵一覧表に掲載している博物館・資料館・埋蔵文化財センター・教育委員会などとその担当者に大変お世話になったことに感謝している。

　本書の編集・出版では、実測図と写真を多用したことから、その調整に雄山閣とスタッフの皆様にお世話になった。とくにその調整に奔走していただいた編集担当の桑門智亜紀氏に厚く御礼申し上げる。

柳田康雄

写真掲載一覧

写真掲載一覧

	写真No.	遺跡名	遺物名	所　蔵
第3章2	写真1	三崎山	青銅刀	東京国立博物館
3	写真1	見晴台	円窓付土器	見晴台考古資料館
第4章1	写真1・2	社宮司	多鈕無文鏡	個人蔵（伴野稀一郎）
	写真3	朝日	虺龍文鏡	愛知県埋蔵文化財調査センター
	写真4・5	瑞龍寺山	内行花文鏡	国立歴史民俗博物館
	写真6	無量寺B	双頭龍文鏡	金沢市教育委員会
	写真7	大友西	小形仿製鏡	金沢市教育委員会
	写真8	三崎台	小形仿製鏡	さいたま市教育委員会
2	写真1	藤江B	銅剣	石川県埋蔵文化財センター
	写真2	若宮箭塚	銅剣	佐良志奈神社
	写真3	塩崎松節	銅剣	個人蔵（小島哲夫）
3	写真1・2	海ノ口	銅戈	大町市文化財センター
	写真3	柳沢	1号銅戈	長野県埋蔵文化財センター
	写真4		2号銅戈	
	写真5		3号銅戈	
	写真6・7		4号銅戈	
	写真8		5号銅戈	
	写真9		6号銅戈	
	写真10		7号銅戈	
	写真11		8号銅戈	
	写真12	八木連西久保	銅戈	富岡市教育委員会
	写真13	三ツ俣	銅戈	甘楽町教育委員会
4	写真1	朝日	銅鏃①	愛知県埋蔵文化財調査センター
	写真2	朝日	銅鏃②	愛知県埋蔵文化財調査センター
	写真3	大友西	銅鏃	金沢市教育委員会
	写真4	無量寺B	銅鏃(2)	金沢市教育委員会
	写真5	石川条里宮ノ前	銅鏃(2)	長野県埋蔵文化財センター
	写真6	佐久市内	銅鏃	佐久市教育委員会
	写真7	上田原	銅鏃	信濃国分寺資料館
	写真8	法楽寺	銅鏃(2)	
	写真9	帰牛原	銅鏃	喬木村歴史民俗資料館
	写真10	根丸島	銅鏃(2)	桜土手古墳展示館
	写真11	御幸町	銅鏃(3)	沼津市文化財センター
	写真12	雌鹿塚	銅鏃(3)	沼津市文化財センター
	写真13	小黒	銅鏃	静岡市埋蔵文化財センター
	写真14	三崎台	銅鏃	さいたま市教育委員会
5	写真1	朝日	巴形銅器	愛知県埋蔵文化財調査センター
	写真2	武石上平	巴形銅器	信濃国分寺資料館
	写真3	荒砥前田Ⅱ	巴形銅器	群馬県教育委員会
	写真4	新保Ⅱ	巴形銅器	群馬県教育委員会
	写真5	宮平	巴形銅器	石岡市教育委員会
	写真6	一本松	巴形銅器	大洗町教育委員会
6	写真1・2・3	西山公園	有鉤銅釧8	東京国立博物館
	写真4	御幸町	有鉤銅釧	沼津市文化財センター
	写真5	駿府城内	有鉤銅釧	静岡市埋蔵文化財センター
	写真6	小黒	有鉤銅釧	静岡市埋蔵文化財センター
	写真7	曲金北6次	有鉤銅釧	静岡市埋蔵文化財センター
	写真8	登呂21次	有鉤銅釧	静岡市立登呂博物館
	写真9	了仙寺	有鉤銅釧	下田市教育委員会
	写真10	根丸島	有鉤銅釧	桜土手古墳展示館
	写真11	持田	有鉤銅釧	逗子市教育委員会
	写真12	池子No.1-A	有鉤銅釧	逗子市教育委員会
	写真13	宮台・宮原	有鉤銅釧	埼玉県教育委員会
	写真14	北旭台	有鉤銅釧	市原市埋蔵文化財調査センター
	写真15	南新保C	有鉤銅釧	石川県埋蔵文化財センター
7	写真1		銅鐸鋳型	見晴台考古資料館
	写真2	朝日	銅鐸	愛知県埋蔵文化財調査センター
	写真3		銅鐸飾耳(2)	貝殻山貝塚資料館
	写真4	七曲り遺跡	2号銅鐸	浜松市立博物館
	写真5	穴の谷	銅鐸	
	写真6	才四郎谷	銅鐸	
	写真7	前原Ⅷ	銅鐸	
	写真8	藤井原	銅鐸飾耳	沼津市文化財センター
	写真9	柴宮	銅鐸	塩尻市立平出博物館
	写真10	柳沢	1号銅鐸	長野県埋蔵文化財センター
	写真11		2号銅鐸	
	写真12		3号銅鐸	
	写真13		4号銅鐸	
	写真14		5号銅鐸	
	写真15	宮渕本村	銅鐸片	松本市立考古博物館

236

	写真No.	遺跡名	遺物名	所蔵
	写真16	吹上	銅鐸形土製品	上越市埋蔵文化財センター
	写真17		銅鐸形石製品	
8	写真1・2	藤江B	小銅鐸	石川県埋蔵文化財センター
	写真3・4	高田馬場三丁目	小銅鐸	新宿歴史博物館
	写真5・6	天神台	小銅鐸	市原市埋蔵文化財調査センター
	写真7・8・9	川焼台	1号小銅鐸	千葉県教育振興財団文化財センター
	写真10・11・12		2号小銅鐸	千葉県教育振興財団文化財センター
	写真13・14・15	草刈	小銅鐸	千葉県教育振興財団文化財センター
	写真16・17・18	朝日	筒形銅製品	貝殻山貝塚資料館
第5章1	写真1	石行	磨製石剣	松本市立考古博物館
	写真2	八日市地方	磨製石剣1	小松市教育委員会
	写真3		磨製石剣	
	写真4	吹上	磨製石剣	上越市埋蔵文化財センター
			磨製石剣	
	写真5-1	蟻ヶ崎	磨製石剣	松本市立考古博物館
	写真5-2	宮渕本村	磨製石剣	
	写真5-3		磨製石剣	
	写真6	塩崎松節	鉾形石製品	個人蔵（小島哲夫）
2	写真1	榎田	石戈未成品	長野県立歴史館
	写真2	宮渕本村	磨製石戈	松本市立考古博物館
	写真3	沢村	磨製石戈	松本市立考古博物館
	写真4	北裏	磨製石戈	佐久市教育委員会
	写真5	松原25号住居	磨製石戈1	長野県埋蔵文化財センター
	写真6		磨製石戈2	
	写真7	松原	磨製石戈3	長野県立歴史館
	写真8		磨製石戈4	
	写真9	栗林	磨製石戈	中野市教育委員会
	写真10	平畑	磨製石戈	松本市立考古博物館
	写真11	古立東山	磨製石戈	富岡市教育委員会
	写真12	八木連西久保	磨製石戈	富岡市教育委員会
	写真13	吹上	銅戈形土製品	上越市埋蔵文化財センター
	写真14	蟻ヶ崎	磨製石戈	松本市立考古博物館
			磨製石戈	
	写真15	栗林	磨製石戈	中野市教育委員会
	写真16	西一本柳	磨製石戈	佐久市教育委員会
	写真17	栗林	磨製石戈	中野市教育委員会
	写真18		磨製石戈	
	写真19	宮渕本村	磨製石器	松本市立考古博物館
	写真20	御林跡	有角石器1	市原市埋蔵文化財調査センター
	写真21		有角石器2	
	写真22	出土地不明	磨製石戈	國學院大學伝統文化リサーチセンター
	写真23	三殿台	有角石器	
3	写真1	八日市地方	磨製石鏃(6)	小松市教育委員会
	写真2	吹上	磨製石鏃(4)	上越市埋蔵文化財センター
	写真3	栗林	磨製石鏃(8)	中野市教育委員会
	写真4～8	県町	磨製石鏃	松本市立考古博物館
	写真9・10	松本市立考古博物館蔵	磨製石鏃(5)	松本市立考古博物館
	写真11	八木連西久保	磨製石鏃(13)	富岡市教育委員会
第6章1	写真1	清水風	異体字銘帯鏡	田原本町教育委員会
	写真2	森北町	異体字銘帯鏡	神戸市教育委員会
	写真3	椛島山古墳	異体字銘帯鏡	佐賀県立博物館
	写真4	川柳将軍塚古墳	異体字銘帯鏡	布制神社
			小型仿製鏡	
			小型仿製鏡	
	写真5	中山36号墳	獣帯鏡	松本市立考古博物館
	写真6	弘法山古墳	獣帯鏡	
2	写真1	若宮箭塚	銅剣	佐良志奈神社
	写真2	御家老屋敷	銅剣	北九州市教育委員会
	写真3	唐古・鍵	銅子片	田原本町教育委員会
	写真4	山地	2号銅戈	東京国立博物館
	写真5	一針B	土製鋳型外枠	石川県埋蔵文化財センター
	写真6-1	佐保	巴形銅器	東京国立博物館
	写真6-2	桜馬場	巴形銅器	佐賀県立博物館
	写真6-3	森広天神②	巴形銅器	東京国立博物館
	写真6-4	森広天神⑦	巴形銅器	
	写真6-5	宮平	巴形銅器	石岡市教育委員会
	写真6-6	谷尻	巴形銅器	岡山県教育委員会
	写真6-7	朝日	巴形銅器	愛知県埋蔵文化財調査センター
	写真6-8	武石上平	巴形銅器	信濃国分寺資料館
	写真7	大風呂南1号墓	有鉤銅釧	京都府立丹後郷土資料館
3	写真1	唐古・鍵	打製石戈	橿原考古学研究所附属博物館

237

実測図一覧

写真No.		遺跡名	遺物名	所　蔵
4	写真1・3	弘法山古墳	獣帯鏡	松本市立考古博物館
	写真2・4	中山36号墳	獣帯鏡	

実測図一覧

実測図No.			遺跡名	遺物名	所　蔵	出　典
第3章2	図1		三崎山	青銅刀	東京国立博物館	柳田原図
第4章1	図1		社宮司	多鈕無文鏡	個人蔵（伴野稀一郎）	柳田原図
	図2		瑞龍寺山	内行花文鏡	国立歴史民俗博物館	柳田原図
	図3		大友西	小形仿製鏡	金沢市教育委員会	柳田原図
2	図1		志段味	銅剣	名古屋市博物館	柳田原図
	図2		藤江B	銅剣	石川県埋蔵文化財センター	柳田原図
	図3		若宮箭塚	銅剣	佐良志奈神社	柳田原図
	図4		塩崎松節	銅剣	個人蔵（小島哲夫）	柳田原図
3	図1		海ノ口	銅戈	大町市文化財センター	柳田原図
	図2-1		八木連西久保	銅戈	富岡市教育委員会	柳田原図
	図2-2		三ツ俣	銅戈	甘楽町教育委員会	柳田原図
4	図1-1		朝日	銅鏃	愛知県埋蔵文化財調査センター	柳田原図
	図1-2		朝日	銅鏃	愛知県埋蔵文化財調査センター	柳田原図
	図1-3		西志賀	銅鏃	京都大学博物館	柳田原図
	図1-4		大友西	銅鏃	金沢市教育委員会	柳田原図
	図1-5		無量寺B	銅鏃	金沢市教育委員会	柳田原図
	図1-6					
	図1-7		八日市地方	銅鏃	小松市教育委員会	柳田原図
	図1-8					
	図1-9		石川条里宮ノ前	銅鏃	長野市埋蔵文化財センター	柳田原図
	図1-10					
	図1-11		法楽寺	銅鏃	信濃国分寺資料館	柳田原図
	図1-12		帰牛原	多孔銅鏃	喬木村歴史民俗資料館	柳田原図
	図1-13		根丸島	銅鏃	桜土手古墳展示館	柳田原図
	図1-14					
	図1-15		御幸町	銅鏃	沼津市文化財センター	柳田原図
	図1-16					
	図1-17		小黒	銅鏃	静岡市埋蔵文化財センター	柳田原図
	図1-18		矢崎	銅鏃	京都大学博物館	柳田原図
	図1-19		三崎台	銅鏃	さいたま市教育委員会	柳田原図
5	図1-1		朝日	巴形銅器	愛知県埋蔵文化財調査センター	柳田原図
	図1-2		武石上平	巴形銅器	信濃国分寺資料館	柳田原図
	図1-3		荒砥前田Ⅱ	巴形銅器	群馬県教育委員会	柳田原図
	図1-4		新保Ⅱ	巴形銅器	群馬県教育委員会	柳田原図
	図1-5		宮平	巴形銅器	石岡市教育委員会	柳田原図
	図1-6		一本松	巴形銅器	大洗町教育委員会	柳田原図
6	図1	1-1〜4	西山公園	有鉤銅釧5点	東京国立博物館	柳田原図
	図2	1-5・7・8				
	図2-2		御幸町	有鉤銅釧	沼津市文化財センター	柳田原図
	図2-7		了仙寺	有鉤銅釧	下田市教育委員会	柳田原図
	図2-9		持田	有鉤銅釧	逗子市教育委員会	柳田原図
	図3	3-1・2	駿府城内	有鉤銅釧破片4点	静岡市埋蔵文化財センター	柳田原図
	図3-4		小黒	有鉤銅釧	静岡市埋蔵文化財センター	柳田原図
	図3-5		曲金北6次	有鉤銅釧	静岡市埋蔵文化財センター	柳田原図
	図3-6		登呂21次	有鉤銅釧	静岡市立登呂博物館	柳田原図
	図3-8		根丸島	有鉤銅釧	桜土手古墳展示館	柳田原図
	図3-10		池子	有鉤銅釧	逗子市教育委員会	柳田原図
	図4-11		宮台・宮原	有鉤銅釧	埼玉県教育委員会	柳田原図
	図4-12		北旭台	有鉤銅釧	市原市埋蔵文化財調査センター	柳田原図
	図4-13		南新保C	有鉤銅釧	石川県埋蔵文化財センター	柳田原図
7	図1		朝日	銅鐸鋳型	見晴台考古資料館	名古屋市教育委員会 2006
	図2		宮渕本村	銅鐸鈕	松本市立考古博物館	柳田原図
第5章1	図1		石行	磨製石剣	松本市立考古博物館	柳田原図
	図2		八日市地方	柄付磨製石剣	小松市教育委員会	
	図3			磨製石剣		柳田原図
	図4		吹上	磨製石剣2点	上越市埋蔵文化財センター	柳田原図
	図5-1		蟻ヶ崎	磨製石剣	松本市立考古博物館	久保田原図
	図5-2		宮渕本村	磨製石剣	松本市立考古博物館	大久保原図
	図5-3		蟻ヶ崎	磨製石剣	松本市立考古博物館	久保田原図
	図6		塩崎松節	鉾形石製品	個人蔵（小島哲夫）	久保田原図
2	図1-1		榎田	磨製石戈未成品	長野県立歴史館	柳田原図
	図1-2		宮渕本村	磨製石戈	松本市立考古博物館	柳田原図

実測図 No.		遺跡名	遺物名	所　蔵	出　典
	図 2-3	沢村	磨製石戈	松本市立考古博物館	柳田原図
	図 2-4	北裏	磨製石戈	佐久市教育委員会	柳田原図
	図 3-5	松原 25 号住居	磨製石戈	長野市埋蔵文化財センター	柳田原図
	図 2-6	松原	磨製石戈	長野県立歴史館	柳田原図
	図 2-7				
	図 2-8				
	図 2-9	栗林	磨製石戈	中野市教育委員会	柳田原図
	図 3-10	平畑	磨製石戈	松本市立考古博物館	柳田原図
	図 3-11	古立東山	磨製石戈	富岡市教育委員会	柳田原図
	図 3-12	蟻ヶ崎	磨製石戈	松本市立考古博物館	柳田原図
	図 4	八木連西久保	磨製石戈	富岡市教育委員会	久保原図
	図 5	吹上	銅戈形土製品	上越市埋蔵文化財センター	柳田原図
	図 6	栗林	磨製石戈	中野市教育委員会	久保原図
	図 7-1	栗林	磨製石戈	中野市教育委員会	大久保原図
	図 7-2	西一本柳	磨製石戈	佐久市教育委員会	久保原図
	図 8	栗林	磨製石戈	中野市教育委員会	久保原図
	図 9	宮渕本村	磨製石戈	松本市立考古博物館	柳田原図
	図 10-1	出土地不明	磨製石戈	國學院大學伝統文化リサーチセンター	久保田原図
	図 10-2	三殿台	有角石器		
3	図 1	八日市地方	磨製石鏃 6 点	小松市教育委員会	柳田原図
	図 2	吹上	磨製石鏃 3 点	上越市埋蔵文化財センター	柳田原図
	図 3	県町	磨製石鏃 2 点	松本市立考古博物館	柳田原図
	図 4	松原	磨製石鏃 11 点	長野市埋蔵文化財センター	久保原図
考察編					
第 6 章 1	図 1	川柳将軍塚古墳	異体字銘帯鏡	布制神社	柳田原図
	図 2	滝ヶ峯	夔龍文鏡	紀伊風土記の丘	柳田拓本
	図 3	吉崎次場	夔龍文鏡・小形仿製鏡	石川県埋蔵文化財センター	石川県 1988
	図 4	分校マエ山 1 号墳	方格規矩四神鏡		柳田拓本
	図 5	平原	19 号鏡	伊都国歴史博物館	柳田拓本
	図 6	宿東山 1 号墳	方角規矩四神鏡	石川県埋蔵文化財センター	石川県 1987
	図 7	河南出土	河南省出土鏡		梁 1989
2	図 1	唐古・鍵	銅矛片	田原本町教育委員会	藤田 1989
	図 2	一針 B	土製鋳型外枠	石川県埋蔵文化財センター	石川県 2002
3	図 1	小和田	磨製石剣 / 磨製石戈	東京国立博物館	下條 1982
	図 2	黒沢川右岸	石戈	所在不明	山田 1980
	図 3	吉河	銅鏃 / 磨製石剣 / 磨製石鏃	福井県教育庁埋蔵文化財調査センター	赤澤 2009

編著者紹介

柳田　康雄（やなぎだ　やすお）

國學院大學　教授　博士（歴史学）
1943年生　國學院大學文学部史学科卒
福岡県教育庁文化財保護課長　九州歴史資料館副館長を歴任

＜主要論著＞

2000年『伊都国を掘る』大和書房
2002年『九州弥生文化の研究』学生社
2004年「日本・朝鮮半島の中国式銅剣と実年代論」『九州歴史資料館研究論集』29
2007年「銅剣鋳型と製品」『考古学雑誌』91―1
2008年「銅戈の型式分類と生産・流通」『古代学研究』180
2011年「青銅器とガラスの生産と流通」『講座日本の考古学5　弥生時代上』青木書店

執筆者紹介（掲載順）

吉田恵二（よしだ　えいじ）	國學院大學教授
尾方聖多（おがた　せいた）	熊本県水上村役場臨時職員
深澤太郎（ふかさわ　たろう）	國學院大學学術資料館（考古学）　助教
伊藤　愛（いとう　あい）	國學院大學大学院博士課程前期
野尻義敬（のじり　よしたか）	株式会社パスコ東日本事業部
長谷川千絵（はせがわ　ちえ）	國學院大學大学院博士課程前期
久保田健太郎（くぼた　けんたろう）	國學院大學大学院博士課程後期
楠惠美子（くすのき　えみこ）	國學院大學大学院博士課程後期
大久保　聡（おおくぼ　さとし）	志木市教育委員会
椙山林繼（すぎやま　しげつぐ）	國學院大學名誉教授

2012年5月25日 初版発行　《検印省略》

東日本の弥生時代青銅器祭祀の研究

編著者　柳田康雄
発行者　宮田哲男
発行所　株式会社 雄山閣
　　　　〒102-0071　東京都千代田区富士見2-6-9
　　　　TEL　03-3262-3231(代)／FAX 03-3262-6938
　　　　URL　http://www.yuzankaku.co.jp
　　　　e-mail　info@yuzankaku.co.jp
　　　　振替：00130-5-1685
印　刷　ワイズ書籍
製　本　協栄製本株式会社

©Yasuo Yanagida 2012　　　　ISBN978-4-639-02223-7 C3021
Printed in Japan　　　　　　　N.D.C.210　239p　27cm